主编 刘 坚
副主编 李小云 刘福合

中国农村减贫研究

ZHONGGUO NONGCUN JIANPIN YANJIU

中国财政经济出版社

图书在版编目（CIP）数据

中国农村减贫研究/刘坚主编．—北京：中国财政经济出版社，2009．5
ISBN 978－7－5095－1340－8

Ⅰ．中…　Ⅱ．刘…　Ⅲ．不发达地区－农村经济－经济发展－研究－中国　Ⅳ．F323．8

中国版本图书馆 CIP 数据核字（2009）第 046851 号

责任编辑：李玲兰　　责任校对：王　英
封面设计：陈　瑶　　版式设计：汤广才

中国财政经济出版社出版
URL：http：//www.cfeph.cn
E－mail：cfeph@cfeph.cn

社址：北京市海淀区阜成路甲 28 号　邮政编码：100142
发行处电话：88190406　财经书店电话：64033436
北京财经印刷厂印刷　　各地新华书店经销
787×1092 毫米　16 开　17 印张　405 000 字
2009 年 5 月第 1 版　2009 年 5 月北京第 1 次印刷
印数：1—3 500　定价：34.00 元
ISBN 978－7－5095－1340－8/F·1137
（图书出现印装问题，本社负责调换）
本社质量投诉电话：010－88190744

主　　　编：刘　坚

副　主　编：李小云　刘福合

参加编写人员：

蒋晓华　张　磊　司树杰　徐　晖

吴　忠　刘书文　苏国霞　刘俊文

谭卫平　张　良　曹洪民　王光才

曾佑志　吕　焱　左　停　简小鹰

李秉龙　林万龙　刘燕丽　唐丽霞

赵旭东　仝志辉

前　言

中国人民改革开放的伟大事业已经走过30年的光辉历程。缓解和消除农村贫困是改革开放以来的伟大壮举之一。1978—2007年，中国农村没有解决温饱的绝对贫困人口从1978年的2.5亿下降到2007年的1479万。中国农村减贫事业成就了人类历史上的丰功伟绩，政府主导的大规模扶贫模式也为全球反贫困事业树立了榜样。2008年，在联合国千年发展目标高级别首脑会议上，中国以自1990年以来对全球减贫事业67%的贡献率受到与会者尊重。

在纪念改革开放30年的时候，我国的扶贫开发事业也已进入一个新的阶段。随着党的十七届三中全会的召开，统筹城乡、深化改革的农村发展新局面已经形成。随着绝对贫困人口大幅度减少和农村最低生活保障制度的建立，农村扶贫开发的主要任务从解决生存型贫困转向关注发展型贫困。我们在为扶贫开发成就感到无比自豪的同时，有必要转过身来，回顾我们走过的路程，总结我们创造的经验，从而为新阶段的扶贫开发提供动力。

本项研究正是基于这样的目的而开展的。我们试图把中国农村减贫事业放在30年改革开放的宏观背景下进行分析，突出以下几个特点：一是努力探索中国农村体系的完整框架，找出社会主义市场经济基本制度、增长方式、宏观政策和专项扶贫计划之间的有机联系。二是努力从总结工作经验上升到理论探讨，用发展经济学的一般原理对现有扶贫战略、政策和方法进行分析和研究，总结出一般规律。三是努力做到内容丰富，资料翔实，使其成为热心扶贫事业、愿意了解扶贫历程的朋友们可以查阅的参考工具。

本项研究成果和本书的正式出版，凝结着一大批扶贫理论研究者和实践工作者的心血，他们将多年的研究成果和体会贡献出来。中国农业大学人文与发展学院、中国财政经济出版社为本书的出版提供了帮助，在此一并表示感谢。

编　者

2008年10月

目　录

绪　论

2008年是中国改革开放的第30年，是中国经济社会快速发展的第30年。经过30年长期不懈的努力，中国人民减缓贫困的梦想正在一步一步地变为现实。中国贫困人口的大幅度减少，贫困人口温饱问题的基本解决，“这在中国发展史上是一个伟大的壮举，不仅对促进国民经济的持续快速协调健康发展，对促进社会稳定、民族团结、边疆巩固发挥了重要作用，也为世界的反贫困事业做出了贡献”①。

回顾中国30年艰难的反贫困历程，我们在减缓贫困的实践中取得了哪些成功的经验？形成了哪些有效的机制？这是本书首先要回答的两个问题。对这些问题的回答，一方面对于中国进一步减缓贫困具有现实的指导意义，另一方面对中国参与到世界反贫困的行动中具有长远的战略意义。

从贫困问题的表象上看，中国的贫困问题和世界上任何一个国家的问题并没有本质性的区别。但从导致贫困的原因上，由于不同的政治和制度环境，不同的社会和经济状况，不同的历史和文化渊源，中国的贫困问题则有其特殊的地方。这也就决定了中国在减缓贫困的努力中，所采取的战略和措施需要更有针对性，并符合自身的国情。因此，“政府主导、社会参与、自力更生、开发扶贫、全面发展”这几个有机关联的方面，即是对中国扶贫经验的高度概括，由此而形成了有中国特色的减缓贫困的操作模式。同时，对这几个方面运行的深入分析，有利于探讨形成中国减缓贫困的机制，即在过去的30年时间里，中国的贫困是如何得到有效地减缓的。

本书的目标是对我国农村减缓贫困的过程和行动进行总结、提升，并上升到理论层次，从而构建有中国特色的减缓贫困的体系，包括理论和实践操作两个层面。

下图是中国特色减缓贫困体系的结构框架。其中包含有以下五个有机的组成部分：

1. 减缓贫困的制度体制因素：中国在改革开放前的普遍贫困状态，显然受制于封闭低效的计划经济体制以及单方面强调社会公平的制度安排，其结果是限制了人的主观能动性的发挥。而改革开放正是从根本上开始了以市场为导向的社会经济制度的变革，为农村人口，尤其是处在贫困状态下的人口提供了发展和减缓贫困的机会。因此，制度和体制因素是我们讨论和分析中国减缓贫困行动的前提条件和基础，离开了这一点，很难对中国减缓贫困所取得的极大成就进行客观地分析。

2. 政策因素：在一定的制度和体制框架下，政策的效用在于保证发展目标和发展战略

① 中华人民共和国国务院副总理回良玉在世界银行全球扶贫大会闭幕式上的讲话（2004年5月27日）。

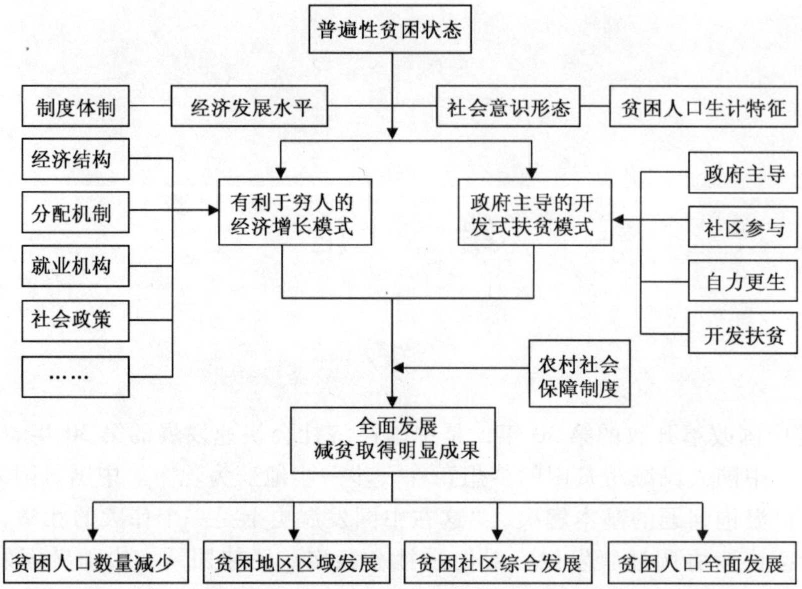

中国特色减缓贫困体系结构框架图

的有效性。在改革开放之初，中国政府便提出在20世纪末全面实现小康社会、到21世纪中叶基本实现现代化，建成富强民主文明的社会主义国家的发展目标，并制定了“效率优先兼顾公平”的战略措施。显然，在这一过程中，包含着从贫困到温饱的跨越和从温饱到小康的跨越，发展经济、减缓贫困、缩小地区间的差异成为中国政府各项政策制定和实施中的基本导向。因此，减缓贫困的努力在一定程度上可以被看作是这些政策在实践中的具体化，尤其是与扶贫开发相关的各项政策。

3. 有利于穷人的经济增长模式：国际反贫困的理论和实践均表明，只有经济增长才能有效地减少和消灭贫困，即社会财富的创造是解决贫困问题的关键性因素。但与其他发展中国家（比如印度）不同的是，中国经济增长的模式更有利于穷人。换句话说，即是在穷人的直接参与下而形成的。中国乡镇企业的发展、建立在劳动密集型的城市工业化进程以及农村劳动力向非农部门以及城市工业部门的转移，都为贫困人口的就业和收入的提高提供了前所未有的机会。更重要的是这一模式有效地开发了贫困人口的人力资源这一减缓贫困的核心要素。

4. 政府主导的开发式扶贫模式：中国政府高度的政治责任感，将减缓贫困的承诺转化为扶贫开发的具体行动。因此，在中国减缓贫困的过程中，政府始终发挥着其不可替代的主导性作用，包括各级政府和政府部门在减缓贫困过程中的组织和领导，对社会资源的调动以及针对农村区域性的、社区性的和贫困人口发展的实际需求，制定和实施的一系列扶贫开发的计划或项目，包括大规模地引进国家资源和采用国际上先进的扶贫开发方式和方法。在实践中，对扶贫开发的努力程度以及扶贫开发的具体成效已经成为对各级政府和政府部门绩效考核的重要指标之一。

5. 农村社会保障制度：在经历了“输血型”救济式扶贫方式到“造血型”开发式扶贫方式的根本性转变后，农村社会保障也在制度和机制上逐步形成和完善。在这一过程中，中央政府和各级地方政府加大了对农村社会保障体系的投入力度，并运用市场机制调动农村人口的实质性参与，加强了对农村社会保障体系运行的监管和透明度，从而不断增加社会保障体系覆盖的农村人口数量，并提高其运行的效率。这在很大程度上成为农村贫困人口自力更生减缓贫困的重要补充，并为减缓贫困的可持续性发展做出了积极的贡献。

相对于上述五个方面而言，在中国特色的减缓贫困体系中，全面发展可以被理解为减贫行动的有效结果，表现在绝对贫困人口数量的下降、贫困地区区域性发展格局的形成、贫困农村社区综合性发展的启动以及贫困人口的全面发展。但从另一个角度来看，全面发展更应被理解为减缓贫困的手段，即只有通过发展，才有可能真正地缓解贫困，单纯的减缓贫困的努力必须融入到农村社会和农村人口的全面发展的行动体系中，才有可能产生更大的影响，从而使减缓贫困行动的经济效益、社会效益和生态效益三者之间相互协调，而最终贡献于贫困人口的发展。这是以人为本的科学发展观的具体体现。

显然，上述几个方面有机关联在一起，构成了一个有机的整体，即在研究贫困问题以及减缓贫困的行动和行为时，每一个方面都和其他方面具有不可分割的联系，忽视了这种联系，便有可能会误入歧途。因此，本书在写作的过程中，尽可能地采用了这种整体性的方法，以致在内容上会不可避免地出现一定的重复。同时，本书还采用空间性和时间性的动态分析方法，以揭示中国减缓贫困的基本规律。

根据上述所描述的中国减缓贫困体系的组成部分，本书分为十章，分别对中国特色的减缓贫困体系从实践和理论两个方面进行研究。

第一章从宏观上描述中国减缓贫困的历程，并对中国2000年前的贫困特征（尤其是贫困的初始状态）进行比较系统的分析，从而加深人们对中国减缓贫困的伟大成就的理解；从整体上对中国特色的减贫体系进行研究，表明制度、政策和扶贫开发战略间高度的一致性以及经济增长、开发式扶贫和农村社会保障体系在保障贫困人口发展的权利和减缓贫困中的系统关联性。

第二章从制度和政策的层面把握减贫战略的特点，突出减贫目标的内涵以及减贫目标的实现对中国经济社会发展的极大影响，展现出减缓贫困是中国跨世纪的伟大工程。显然，减缓贫困一直是中国经济社会发展的重要内容，是中国政府制定符合中国国情的发展战略的根本出发点之一。

第三章将经济增长，尤其是有利于穷人的经济增长模式，作为中国减贫的动力机制，探讨不同的经济政策，包括农业发展、乡镇企业的发展、城市化以及城市经济改革的减贫效应。显然，贫困地区和贫困人口是中国经济快速增长的直接参与者，同时他们也成为中国经济增长的最大受益者之一。

第四章探讨政府在中国减贫过程中所发挥的领导、组织和保障等主导性的作用，尤其是政府在不同阶段所制定和实施的一系列具有连续性的减贫计划和所取得的效果，进一步探讨在不同阶段扶贫的投入机制以及对扶贫资源的管理机制。

第五章研究社会参与的理论基础、运行模式、扶贫方式以及扶贫的效果，进而对社会参与中的东西部协作模式、政府非职能扶贫模式、社会扶贫工程以及企业和企业家在扶贫中的参与模式进行了分析，将社会扶贫资源的调动作为政府扶贫开发的有机组成部分和重要的补充，充分体现出中国社会运行的高度一致性和社会主义制度的优越性。

第六章将自力更生作为减贫的立足点，探讨自力更生的政策内涵和环境条件，并从各级政府、农村社区以及农村贫困人口等不同的层面，阐述自力更生的内容及其在减缓贫困中的作用机制。显然，依靠自身的力量，改变贫困地区和贫困人口“等、靠、要”的传统思维和行为模式，从自己做起和从现在做起，是中国特色减贫体系有效运行和取得较高效率的灵魂。

第七章从中国减缓贫困的战略措施角度，研究开发扶贫的不同模式及其在时间和空间上的适应性和在不同扶贫开发阶段的针对性，从而使各种开发扶贫措施在减贫过程中保持一定的连续性。在开发扶贫的前期，有关部门主要针对农村基础设施条件的改善，为贫困地区和贫困人口的自力更生的减贫行动营造良好的环境条件，而在开发扶贫的中期则将农村产业开发促进人力资源开发作为重点，进入新世纪后以社区综合发展中的整村推进为特色，加大了产业化扶贫和人力资源开发的力度，从而保持和稳定了前期开发扶贫的效果，并逐步建立起可持续性减贫的运行机制。

第八章重点探讨全面发展的理论基础，强调开发扶贫的社会效益、经济效益和生态效益的有机协调性，并运用以人为本的科学发展观，将中国的减贫行动同社会主义新农村建设有机结合在一起。显然，减缓贫困是中国建设小康社会的首要目标，是中国社会经济可持续发展的前提和基础。

第九章将中国减缓贫困放在世界的减贫体系中，重点分析在中国减贫过程中，中国政府对国家扶贫资源的运用以及对国际上先进的扶贫理念、方法和经验的借鉴，以不断提高中国开发扶贫的效率；同时，中国政府在履行其国际义务的过程中，积极开展对外援助，使中国在减贫中的成功经验和做法逐步在发展中国家得到应用，由此而进一步形成国际减贫资源和经验的分享机制。

第十章在分析中国新世纪农村贫困以及反贫困特点的基础上，对中国减缓贫困进行了展望。尽管通过长期坚持不懈的努力，中国的绝对贫困人口数量大幅度降低，但扶贫工作的形势不容乐观，尤其需要针对新世纪贫困状态的新特征，开展更有针对性的开发扶贫，在制度上、组织上和机制上进行不断地创新，以不断满足贫困人口的需求为目标。显然，中国开发扶贫工作任重而道远，要充分认识中国减贫事业的紧迫性、艰巨性和长期性。

本书通过上述的内容，试图构建一个有中国特色的减贫体系的理论框架，但这显然不是一件容易的事。本书尽管沿着这一基本的思路进行了一系列的研究和分析，但其结果仍然是十分浅显的，尤其是缺乏对这一体系中各部分之间有机关系的进一步阐释。而作为减贫体系运行的机制，本书的研究仍然缺乏应有的深度。

在科学研究中，问题的提出相对于问题的解决，有时显得更加重要。但愿本书所提出的有关中国减贫体系的概念，能为中国减贫的进一步理论性研究提供有益的启示，并为中国进一步减贫实践提供积极的指导作用。

从30年的时间跨度和中国整体的空间维度上来探讨中国减贫的经验和模式，本研究难免会存在以偏概全的弊端，同时，也必然会存在广度和深度上的不足，而限于研究者在认识上和方法上的局限性，所出现的错误，只能希望在进一步的研究中予以改正。

第一章 改革开放——中国发展的宏观环境和减贫体系

从1949年至今，中国的发展可以分为三个阶段：一是1949—1956年底，通过对农业、资本主义工商业和手工业的社会主义三大改造，中国初步建立起社会主义制度和较为完善的国民经济体系。二是1957—1978年底是计划经济体制阶段。这一时期资本密集型的重工业优先、“赶美超英”和集体化为主要特征的经济发展战略，加上社会政治发育中存在的种种问题和“闭关锁国”政策使得中国发展脚步停滞，错过了二战以后国际发展的第一个黄金时期。中国国民经济在1978年底处于崩溃的边缘，期间中国的人类发展指数居于全球倒数第四。三是1979年至今是中国的转型发展时期。1978年底中共中央十一届三中全会的召开标志着中国开始进入政治经济体制改革时期，通过中央计划经济向市场经济、农业经济向制造业和服务业、封闭式经济向全球一体化经济等结构性转型（世界银行，2004年），中国经济开始出现高速增长，国家综合国力迅速提高，国民经济高速发展，贫困人口数量急剧减少，社会文化呈现出多元化，国家发展环境十分稳定。

改革开放以来，中国经济持续稳定的高速增长，使中国从全世界最为贫困的国家跨入到了中等收入国家行列。诺贝尔经济学奖得主迈克尔·斯彭斯教授2007年在复旦大学举办的“上海论坛2007”上提出，中国经济发展的高速度具有长期性，至少还可以保持20年。根据国家统计局的最新数据，中国的综合国力已居世界第四位，仅次于美国、日本和德国。在“以华盛顿共识”为参考的拉美发展模式和东欧发展模式相继出现问题的国际背景下，中国的快速发展给全世界处于转型时期的发展中国家提供了新的思路。2004年5月英国著名思想库伦敦外交政策中心发表库伯雷·默博士撰写的题为“北京共识”的论文。该文对中国20多年的经济改革成就作了全面理性的思考与分析，指出中国的经济发展模式不仅适合中国，也是适于追求经济增长和改善人民生活的其他发展中国家。目前，以“北京共识”、“中国模式”以及“中国道路”等为关键词来讨论中国发展的文献和研讨会等日益增多。

以市场机制为核心要素的经济发展战略到一定阶段以后，就很难能够通过涓流效益自动惠及穷人。1985年，当以家庭联产承包责任制为核心的农村经济体制改革的边际效应发挥到最大的时候，中国政府开始考虑政府主导的专项扶贫措施，于1986年成立了国务院扶贫办，开始了有组织有计划的政府专项扶贫行动，补充以追求效率为第一要务的经济发展中对公平的效用不足以及对弱势群体的排斥。从1986年至今，中国政府相继出台了《国家八七扶贫攻坚计划》、《中国农村扶贫开发纲要（2001—2010年）》等一系列重要的扶贫工作指导文件，投入1500多亿元的财政资金，对贫困地区和贫困人口进行专项扶持。

在经济高速发展和有针对性的专项扶贫的共同促进下，中国在减贫方面取得了显著成就，绝对贫困人口从1978年的2.5亿人减少到2007年的1479万人，减少了2.35亿人，贫困发生率从30%下降到1.6%；同时中国贫困地区的交通、教育、医疗、饮水、通信等基础设施和社会公共服务水平也有了显著改善。无论是用世界银行的1美元标准还是中国政府的官方贫困线，都显示出中国在减贫方面的巨大成就。为此，世界银行前行长沃尔芬森认为如果以减贫的人口数量为标准，中国无疑是为全球减贫事业做出最大贡献的国家。1990年以来，世界贫困人口减少的成就中有67%要归功于中国。

一、改革开放之前的中国

（一）经济结构

建国初期，中国政府为了迅速实现工业化，采取了以城市和工业为优先的经济发展政策。为了在较短的时间内迅速建成国家工业化体系，从而迅速实现工业化，在资源稀缺特别是资本积累严重不足的条件下，选择了重工业优先发展的非均衡经济发展战略，即将有限的资金集中投向重工业领域。资本高度密集的重工业具有投资周期长、作为先进技术载体的机器设备需要大量从国外进口、投资规模巨大等三个特征，而当时中国是以农业生产为主的经济不发达国家。其特点是：生产剩余很少，资本积累很低，市场决定的利率很高，不利于投资周期长的重工业项目的发展；可以出口的商品很少，外汇短缺，市场决定的汇率很高，不利于发展重工业所需设备的进口；由于剩余主要来自于农业，而千家万户的小农生产非常分散，导致资金动员能力很低。这样，重工业资本密集的特征与当时中国资本稀缺的农业经济的资源禀赋状况形成了直接的矛盾①。

表1-1　　部门基本建设投资　　单位：%

年　份	1953—1957	1958—1962	1963—1965	1966—1970	1971—1975	1976—1980
重工业	38.7	54.9	48	54.5	52.1	48
建筑业	3.9	1.4	2.2	1.9	1.7	1.9
地质勘探	2.6	1.2	0.4	0.5	0.7	1.3
运输业	16.4	13.8	13.3	16.4	18.9	13.5
小计	61.6	71.3	63.9	73.3	73.4	64.7
轻工业	6.8	6.5	4.1	4.7	6.1	6.9
农业	7.6	11.4	18.4	11.4	10.3	11
商业	3.9	2	2.6	2.3	3	3.9
教育卫生等	8.1	3.9	6	3	3.3	5.7
市政公共事业	2.6	2.3	3	1.9	2	4.2
其他	9.4	2.6	2	3.4	1.9	3.7
小计	38.4	28.7	36.1	26.7	26.6	35.4
总计	100	100	100	100	100	100

资料来源：转引自费正清，《剑桥中华人民共和国史》。

① 林毅夫："当前中国经济的主要问题及未来发展的展望"，http://www.zisi.net/htm/wwzh/2005-05-24-29130.htm。

为了保证对重点项目的资金支持，在缺少资本积累的背景下，中国采取了以工农业产品剪刀差的方式从农业源源不断地抽取剩余为重工业建设提供资本积累。中国农科院农业经济研究所的研究表明，1952—1989 年国家工农业产品剪刀差从农业中提取了 9716.75 亿元，加上农业税 1215.86 亿元，共达 10932.61 亿元。农业资金净流出量达 7140.56 亿元，即农业新创造价值的 1/5 被国家拿走了。仅按此计算，国家对农业的取与给之比为 3∶1。由于片面发展重工业，农业生产明显下降。1952—1978 年，按可比价格计算，工农业总产值由 704 亿元增加到 1650 亿元，增长 1.3 倍，而农业总产值却由 537 亿元下降到 415 亿元，下降 22.7%①。这个阶段的积累为改革开放后中国经济的发展打下了基础。

但是在计划经济体制下，农产品市场要素发育缓慢，国家实施取消农产品的自由市场，把生产和分配全部纳入国家的计划之内的统购统销政策，农民无法通过市场交换来获取农业利润。在国际贸易上，由于政治上的因素，中国没有参与到国际经济体系和市场环境中，失去了二战后全球经济快速发展的黄金时期。

表 1－2　　1979 年之前中国对外贸易在国民经济中的份额　　单位：亿元

年　份	国民收入	出口	出口占国民收入的比例	进口	进口占国民收入的比例
1952	58.9	2.71	4.60%	3.75	6.37%
1957	90.8	5.45	6.00%	5	5.51%
1962	92.4	4.71	5.10%	3.38	3.66%
1965	138.7	6.31	4.55%	5.53	3.99%
1970	192.6	5.68	2.95%	5.61	2.91%
1975	250.3	14.3	5.71%	14.74	5.89%
1978	301	16.77	5.57%	18.74	6.23%

资料来源：转引自费正清，《剑桥中华人民共和国史》。

（二）人口和就业

1958 年 1 月全国人大常委会第 91 次会议通过《中华人民共和国户口登记条例》。该条理第 20 条第 2 款对农村人口进入城市做出了严格规定：凡没有城市劳动部门录用证明、学校录取证明或城市户口登记机关准予迁入证明者都不能由农村进入城市。这标志着中国城乡对立的户口制度的确立，强化了城乡二元结构。城乡隔绝政策的推行严重地阻碍了农村社会经济的发展，使得大量农村剩余劳动力被束缚在土地上，不能被充分转移出来，降低了农村劳动生产率，使得中国农业继续走“内卷化”的道路。投入在土地上的劳动力越来越多，产量虽有所提高但效率却在下降，从而人均产量变得越来越少，于是在无其他收入来源的情况下，农民变得更加贫穷②。

改革开放之前，由于受到传统的“多子多福，养儿防老”的生育观念和当时忽视了人口消费需求的“人多力量大”的政策倡导下，中国人口增长速度非常快，从 1952 年的 5.7 亿增长到 1978 年的 9.6 亿，在 26 年间中国人口增加了近 4 亿。人口的快速增长，抵消了农业发展效率，并且人均可支配资源的占有程度也在逐年下降，加剧了农村人地之间的矛盾。

①　资料来源：武力：《中华人民共和国经济史》上册，中国经济出版社 1999 年版，第 457 页。
②　郇建立：“国家政策对农村贫困的影响”，《北京科技大学学报》2002 年第 2 期。

农村人口开始尽一切可能开垦新的耕地，从而出现了 20 世纪 70 年代的毁林造地、毁草种粮、围湖造田等破坏生态环境的大规模行动，为后来中国的环境恶化埋下了伏笔。

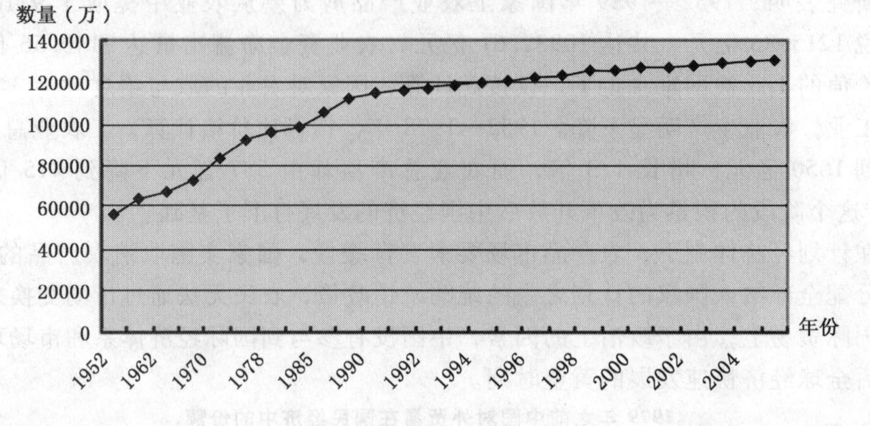

图 1－1　中国人口数量变化

资料来源：中国人口统计年鉴。

（三）自然条件

自然条件恶劣是中国贫困的重要原因，并且一直影响到中国目前的贫困状态。早在 20 世纪 80 年代初期，中国政府就划定了 18 个贫困地区。这些地区是：东部的沂蒙山区、闽西南、闽东北地区；中部的努鲁尔虎山区、太行山区、吕梁山区、秦岭大巴山区、武陵山区、大别山区、井冈山区和赣南地区；西部定西干旱山区、西海固地区等。由于这些地区多数位于经济发展相对落后的中部和西部的山区，相当一批是革命老区、少数民族地区和边境地区，因而人们将贫困人口聚居的地区习惯上称为“老、少、边、山、穷”地区。这些地区的主要贫困特征为：第一，由于地处高原、山区、丘陵、沙漠或喀斯特地貌等地区，生态环境恶劣、水土流失严重。第二，人均农业资源匮乏、质量差（西南石山和喀斯特地区人均可耕地少、土地瘠薄；西北则水资源严重不足）。第三，地理位置偏远，基础设施落后。大多数地区都较为偏僻，远离政治经济中心地区，交通不便，地理位置对经济和社会发展十分不利。第四，缺乏基本的教育和医疗卫生等社会服务，从而影响贫困人口的基本素质和能力。第五，上述各种因素共同导致这些地区农业生产率水平低下，市场化程度和非农产业发育程度低。

自然灾害频繁发生也是中国贫困产生的重要原因。我国是一个自然灾害发生频繁的国家。从全国范围来看，主要的自然灾害有旱灾、水灾、雪灾、风灾等。在农村地区尤其是贫困地区，农村基础设施条件差、农业预警系统几乎没有、经济基础又比较薄弱，农民抗御自然灾害风险的能力小，一旦出现自然灾害，刚刚越过温饱线的农民非常容易重新陷入贫困状况。1958—1961 年三年自然灾害使得中国发生大面积饥馑，一些地区出现了大量的非正常人口死亡。

在上述各种因素的共同作用下，当时的中国成为全世界最为贫困的国家之一。根据世纪银行的估计，即便到了 1981 年，中国的贫困发生率都要高于撒哈拉以南非洲，人类发展指数全球倒数第四。当时中国的贫困具有五个特点。第一，中国当时的贫困是普遍性贫困，占全国总人口80%以上的乡村人口普遍处于贫困状态，其中1/3以上处于极端贫困状态[①]，绝对贫困数量为2.5亿人。第二，中国当时的贫困是绝对贫困为主，温饱问题得不到满足。在1973—1977年，每年平均有12—13个省份，占全国省区的43%的地区粮食不足或严重不足，人口规模约为3.9亿，占同期农村总人口的50.15%。其中有1亿人口粮食严重不足，占同期农村总人口的12.9%（汪三贵，2006年）。第三，中国当时的贫困是以区域性贫困为主。贫困人口绝大部分分布在中国的革命老区、少数民族地区、边境地区以及自然条件恶劣地区，在全国范围内形成了18个贫困地带。第四，中国贫困表现出多元性。贫困人口不仅温饱问题难以解决，其医疗、教育、卫生条件都比较差，缺乏有效的收入途径和机会。第五，中国当时的贫困是低水平的共同贫困，农村人口贫富差距很小，经济发展比较公平。到1978年底，计划经济体制下的资源配置和要素流动使得中国经济发展缺乏有效的动力机制，加上长达十年的“文化大革命”，中国经济陷入了崩溃的边缘。

但是，改革开放之前的土地制度改革、农村基础设施建设和农村公共服务体系建设为后来中国经济发展提供了必要的条件。1950—1953年中国政府在全国范围内开展了土地改革，解决了农民发展生产的土地问题，激发了农民在土地上增加投资、改善经营、提高技术、辛勤耕作的积极性，促进了整个农业生产的迅速恢复和发展。与1949年相比，全国的粮食产量在1950年增产17%，1951年增产28%，1952年增产45%，平均每年增长15%。1952年，全国其他农作物一般也都超过了解放前的最高年产量。虽然人民公社化运动再一次将土地集体化，但是土地改革时期对农村土地的权属认定和划分为1979年以后实施家庭联产承包责任制奠定了坚实的制度实践的基础。同时人民公社时期建立的高度集中的土地和生产资料集体所有制和公共资源的集权控制和分配，也促进了农村公共事业的发展，为后来中国经济得以起飞提供了积累和条件。从20世纪50年代到70年代中期，中国政府通过其对资源的有效控制，在全国范围开展了大规模的农村基础设施建设，改善农村灌溉设施和交通条件。同时，国家通过建立全国性农村信用合作社网络，也改善了农村的金融服务。到1978年，中国已经建立了由近6万个人民公社级营业机构和35万个生产队信用站组成的农村金融服务网。从1952—1978年，农村信用社累计为农民提供了1373.5亿元的农业贷款[②]。另外，中国政府建立了农村科技服务网络，并积极地对农民的技术推广服务。在此期间，中国建立了40000多个农技推广站，形成了一个基本覆盖全国所有农村乡镇的农业技术推广服务网络系统，一大批先进实用的农业技术得以应用和推广。人民公社时期中国农村基本形成了生产大队办小学，公社办中学，“区委会”办高中的农村教育格局[③]。创造了“政府补贴+公社的公共经费分担”的全民办教育模式，通过政府和集体共同分担方式，用最少的钱，办成了世界上规模最大的农村教育事业。在医疗卫生方面，人民公社时期建立了以集体经济为基础，以集体与个人相结合、互助互济的合作医疗体制；并涌现出大批的“赤脚医生”。其数量曾经一度达到180.2万人，很大程度上解决了农民缺医少药，医疗费用昂贵的问题。多数农民患病时能够得到及时治疗。同时，农村的重大传染病（如疟疾）和寄生虫病（如血吸虫病）得到了有效控制。在社会保障方面初步建立了以社区五保制度和农村特困人口

① 郑功成：“中国的贫困问题与从NGO扶贫的发展取向”，《中国软科学》，2002年第7期。

② 国家统计局农村社会经济调查总队：《2000中国农村贫困监测报告》，中国统计出版社，2000年版。

③ 张德元：“中国农村义务教育发展历史评述”，《光明观察》2004年11月9日。来源：光明网电子期刊。

救济为主的农村社会基本保障体系，为农村人口中没有劳动能力和无法解决最低生存需要的特困人口提供基本的社会保障和最低水平的生活保障①。所有这些，都为改革开放以后中国经济的发展提供了相当坚实的技术、人力，设施及制度的条件，从而成为中国经济社会发展得以起飞的重要基础。

二、改革开放以来中国发展的主要成就

（一）宏观经济快速发展

1979 年以后，以家庭联产承包责任制、农产品价格和市场放开为核心内容的农村经济体制改革，乡镇、民营和外资企业发展和国有企业改革为核心的国民经济结构调整等一系列经济发展战略促进了中国经济的高速增长。世界银行世界发展数据库按 1995 年国际美元价格（PPP）计算，1980—2002 年，中国 GDP 年平均增长率为 9.51%，相当于世界和美国同期经济增长率的三倍以上②。2006 年，中国国民生产总值为 209407 亿美元，位居全球第四位，排在前三位的是美国、日本和德国。

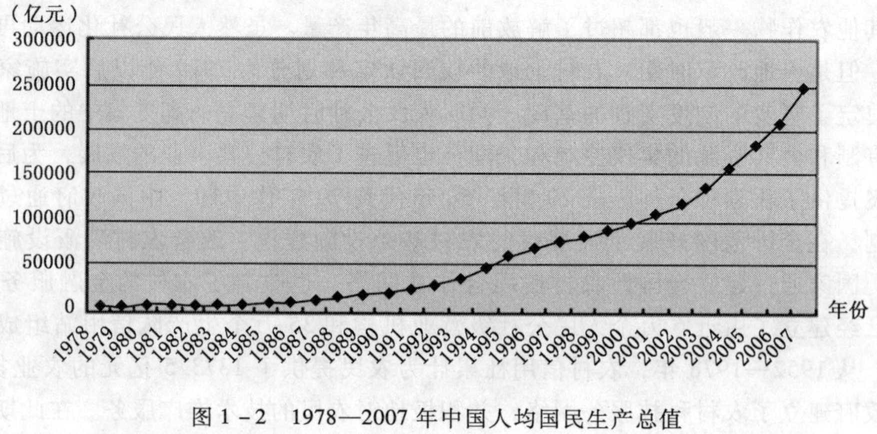

图 1－2　1978—2007 年中国人均国民生产总值

资料来源：《中国统计年鉴》。

随着对外开发程度的增强，中国采取了发挥劳动密集型优势的出口导向的经济发展战略和贸易自由化政策，进入了以追求商品价值链为特征的全球化市场竞争中，成为世界第一工业产品生产大国和世界第三大贸易国。中国的综合国力显著增强，上升到全球第四位。

经济的高速发展促进了人民生计水平的改善。统计数据显示，1978 年，中国城市居民家庭人均可支配收入仅为 343 元；农村居民家庭人均纯收入仅为 134 元。近 30 年来，中国城乡居民收入持续增长，尤其是城市居民收入自 20 世纪 90 年代以来，一直保持比较高的增长速度。农民人均纯收入在经历了 20 世纪 90 年代中期的增长缓慢以后，在国家支农政策的

① 张岩松：《发展与中国农村反贫困》，中国财政经济出版社，2004 年版。

② 胡鞍钢：“对中国之路的初步认识”，转载于黄平、崔之元等编著《中国与全球化：华盛顿共识还是北京共识》，中国社会科学文献出版社 2005 年版，第 167 页。

强力推动下，2003年以来增长速度明显。到2007年城市居民家庭人均可支配收入达到了13786元，农民人均纯收入达到了4140元。中国已经由世界低收入国家进入世界下中等收入国家。

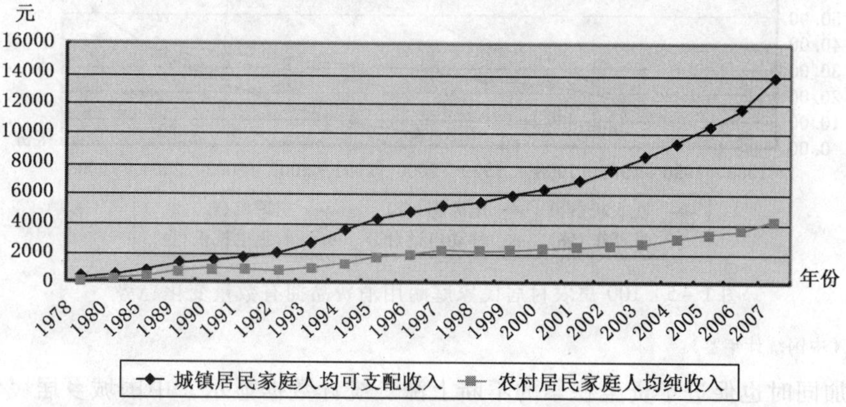

图1-3 中国城乡居民家庭人均纯收入变化趋势（1978—2007）

资料来源：《中国统计年鉴》。

收入增加改善了人民的生活水平，国际上常用恩格尔系数来衡量一个国家和地区人民生活水平的状况①。从恩格尔系数变化来看，中国城乡居民的恩格尔系数在逐年下降。1978年中国城市居民家庭支出恩格尔系数为58%，农村家庭为68%；到了2007年，这两项指标分别下降到36%和43%。

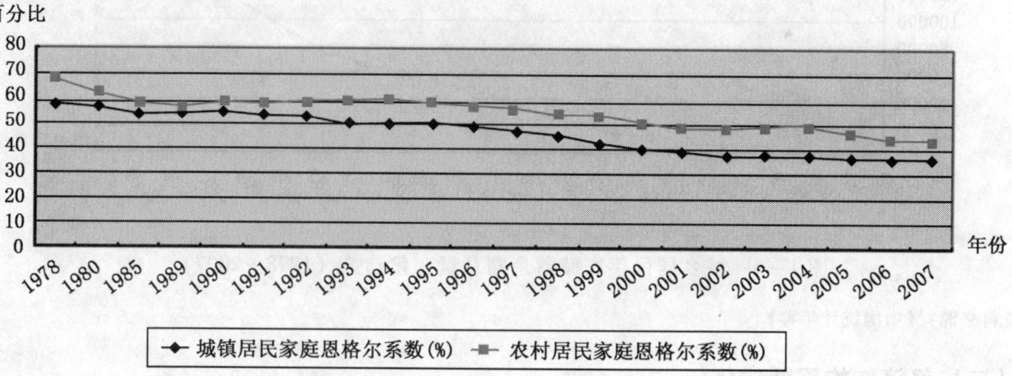

图1-4 中国城乡居民家庭恩格尔系数变化趋势（1978—2007）

资料来源：《中国统计年鉴》。

在对中国的农村和城市住户调查统计中，每百户家庭耐用消费品的拥有情况也是衡量人民生活水平的重要指标，从一些有连续性数据的耐用消费品拥有量指标来看，中国家庭耐用消费品的拥有量也在逐年上升。以农村家庭为例，目前，中国农村家庭在一些常见的家庭耐用消费品的拥有量上在逐年增加。

① 根据联合国粮农组织提出的标准，恩格尔系数在59%以上为贫困，50%—59%为温饱，40%—50%为小康，30%—40%为富裕，低于30%为最富裕。

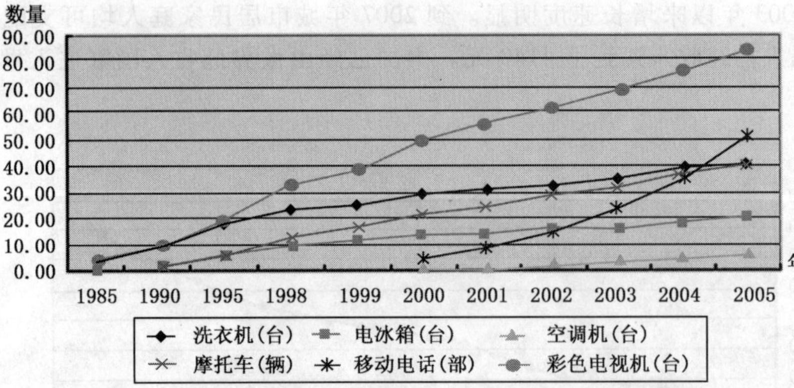

图 1－5　100 户农村居民家庭耐用消费品拥有数量变化趋势

资料来源：《中国统计年鉴》。

收入增加同时也促进了资金积累的不断上涨。统计数据显示，中国城乡居民年底储蓄总额在 1978 年仅为 210 亿元左右，到了 2007 年，这一数值上升到 176213 亿元，增长了 838 倍，年增长率几乎都在 15% 以上。大量的储蓄余额为社会扩大再生产和进行投资提供了充足的资金供给。

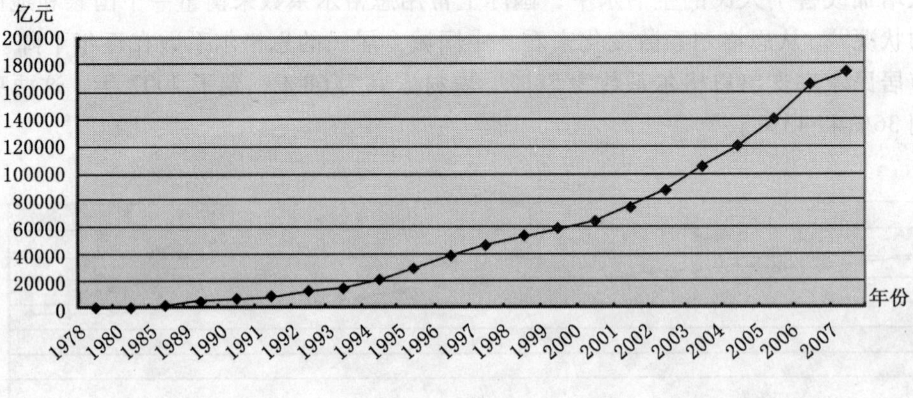

图 1－6　城乡居民年底储蓄余额总量变化趋势（1978—2007）

资料来源：《中国统计年鉴》。

（二）经济结构不断优化

新中国建立初期，中国实行的是重工业优先发展战略，发展积累主要来源于农业部门，经济结构不合理，也不适应当时中国的经济环境。经过近半个世纪的发展，中国经济结构逐渐多元化、合理化和升级优化，农业在国民经济中所占比重逐年下降，第二产业和第三产业在国民经济中所占的比重逐年上升。

表 1－3　　中国经济结构的变动趋势

年　份	1978	1984	1992	1996	2005	2006	2007
第一产业（农业）	28%	32%	24%	20%	12.4%	11.8%	11.7%
第二产业（工业和建筑业）	45%	40%	42%	49%	47.3%	48.7%	49.2%
第三产业	27%	28%	34%	31%	40.3%	39.5%	39.1%

资料来源：国家统计局统计公报。

从各产业经济内部来看，以2006年为例，农业生产中，粮食和水果、蔬菜等与老百姓日常生活密切相关的农产品的产量占据了主导地位。这也说明了中国的农业生产结构是以满足居民的日常消费为基础的。从第二产业的发展来看，从20世纪90年代中期以来，由于基础设施包括能源、交通和通信设施的建设加强，中国第二产业的发展具有明显的重化工业为主导的特征，电力、钢铁、机械设备、汽车、造船、化工、电子、建材等工业成为国民经济成长的主要动力。但是，从整个工业产业结构来看，以劳动密集型和主要提供生活消费品为主的轻工业的发展所占比重也很大。以2006年为例，中国规模以上工业增加值为79752亿元。其中轻工业增加值为24314亿元，占到30.49%；重工业增加值为55438亿元，占到69.51%。由此可以看出，中国工业结构是比较合理的和完善的，能够满足社会发展的全面需求。

中国经济结构的变动也直接反映在中国出口商品结构的变动上。改革开放之初，中国出口商品结构中，以初级产品为主，工业制成品中也以一般制成品为主；随着国家宏观经济结构的调整，中国出口商品结构中，初级产品所占比重逐年下降。到2005年，初级产品的出口仅占到6.4%；工业制成品中机电产品和高新技术产品所占比重越来越大，尤其是机电产品随着家用耐用电器出口的大幅度增加，在出口商品结构中的份额不断加大。2007年，机电产品份额达到了57.57%。值得一提的是高新技术产品在出口商品结构中所占的份额也在逐年加大，2007年达到了28.56%。出口商品结构的变化说明了中国经济结构不断升级优化的发展趋势。

表1-4　中国出口商品结构（%）

年　份	初级产品	工业制成品	机电产品	高新技术产品
1985	50.5	49.5	6.1	
1990	25.6	74.4	17.9	
1995	14.4	85.6	29.5	6.8
1998	11.2	88.8	36.2	11.0
1999	10.2	89.8	39.5	12.7
2000	10.2	89.8	42.3	14.9
2001	9.9	90.1	44.6	17.5
2002	8.7	91.3	48.2	20.8
2003	7.9	92.1	51.9	25.2
2004	6.8	93.2	54.5	27.9
2005	6.4	93.6	56.0	28.6
2006	—	—	56.69	29.05
2007			57.57	28.56

资料来源：2006年及之前数据来源于《中国出口商品结构》，2007年版。
http://www.rcno.com.cn/html/html_info/html_page/2007-5-21/200752190950_.html；2007年数据来源于《2007年国民经济和社会发展统计公报》。

（三）减贫成绩显著

根据中国官方统计，在过去的30年里，中国贫困人口从1978年的2.5亿减少到2007年的1479万，贫困人口减少了2.35亿，贫困发生率从30%下降到1.6%；按低收入人口标准786—1067元测算，年末农村低收入人口为2841万人。世界银行和联合国开发计划署也在其文件中承认了中国在减贫方面的成就。世界银行认为，自1980年以来，中国的脱贫人口占发展中国家脱贫人口总数的75%，而1990年至2002年中国减贫人数占全世界减贫人数的90%以上。如果没有中国的贡献，全球贫困人口是增加的。联合国开发计划署在《2005年人类发展报告》中指出，“按照1美元贫困标准，中国贫困发生率自1990年以来已经下降了一半，提前完成了千年发展目标。”

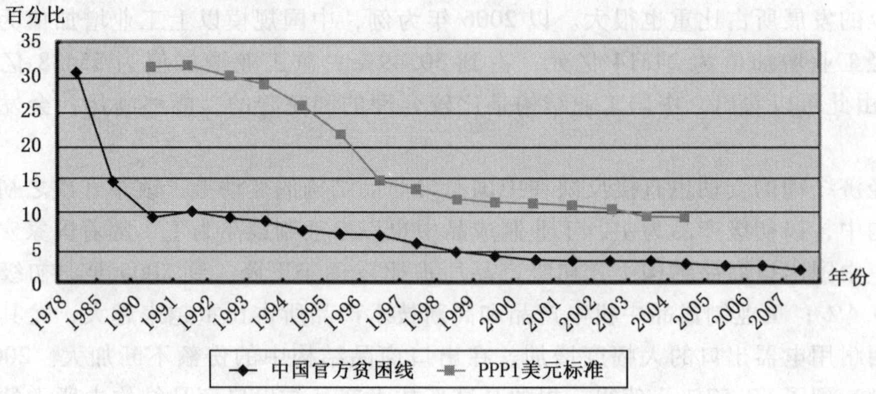

图1－7 不同贫困线标准下的中国农村贫困发生率下降趋势

资料来源：世界银行：《中国农村贫困监测报告》。

中国在减贫方面取得的成就为全人类发展和减少贫困做出了巨大的贡献，也扭转了世界历史过去50多年来贫困人口一直上升的趋势，使得世界贫困人口首次开始呈现下降趋势。根据世界银行最新统计，在1981年到2004年期间，以人均每日支出不足1美元计算，全球贫困人口减少了4.01亿，而中国减少了5.05亿，如果不包括中国，全球过去20多年里贫困人口数增加了850万人；以人均每日支出不足2美元计算，全球贫困人口增加了9547万，而中国则减少了4.24亿，如果不包括中国，全球过去20多年里贫困人口则增加将近5.2亿。中国在减贫方面所取得的成就也引起了国际社会的广泛关注，在减贫方面的经验和模式也得到了国际社会和其他发展中国家的重视。2004年5月由世界银行提出的由中国政府组织的上海世界扶贫大会总结的全球100个减贫经验中有1/10是中国的。这些为其他发展中国家的减贫事业提供了参考和启示。

（四）人类发展指数升高

从人类发展指数①来看，1950年，中国是世界上人类发展水平最低的国家之一，仅为0.159，略低于印度（Crafts N，2000），属于低人类发展水平；到了1980年中国人类发展指数上升到了0.554，跨入了中等人类发展水平行列；2005年，中国人类发展指数上升到了0.777，世界排名比1990年上升了20位，位居世界第81位。从各项指标来看，2005年，中国的出生预期寿命为72.5岁，成人识字率为90.9%，初等和中等教育入学率为69.1%，均

① 人类发展指数是对人类发展成就的总体衡量尺度，测量一个国家在健康长寿的生活、知识以及体面地生活水平三个基本方面的平均成就，如果某国或地区的人类发展指数高于0.80，则是高人类发展水平；指数在0.50—0.79之间是中等人类发展水平；低于0.50则是低人类发展水平。

高于同期世界平均水平的68.1岁、78.6%和67.8%（UNDP，2007）。

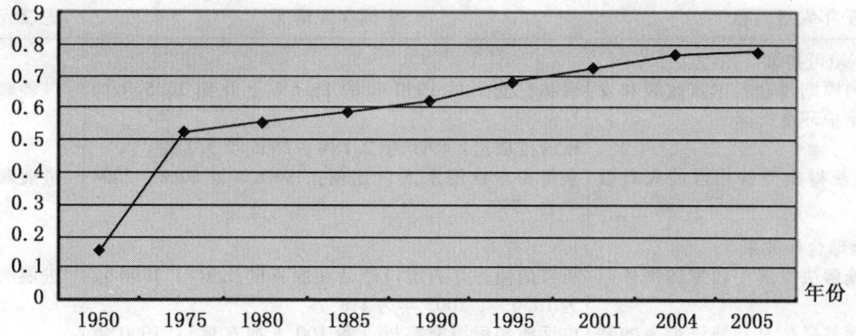

图1-8　中国的人类发展指数变化趋势

数据来源：联合国开发计划署，《2007年人类发展报告》。

（五）千年发展目标进展顺利

2000年9月联合国峰会上提出了包括消除贫困、普及教育、促进教育和卫生健康、可持续发展等8项目标的千年发展目标。这些指标和目标扩展了贫困的概念，为多维度地衡量贫困程度和评价减贫效果提供了依据。经济稳定的快速发展和政府的扶贫努力使中国在千年发展目标的实现上取得了显著的成就，尤其是在消除极端贫困和饥饿、普及初等教育、促进性别平等和提高妇女权利、生育健康等方面已经基本实现了联合国的千年发展目标，但在改善农村医疗条件、提高获得安全饮水的人口比例和改善生态环境等方面进程非常缓慢。

表1-5　中国千年发展目标进程

千年发展目标	中国实现情况	进展评价	支持环境
目标1：消除极端贫困和饥饿 到2015年日均收入少于1美元的极端贫困人口数量减少一半	农村贫困人口占总人口的比例从1990年的31.3%下降到2007年的1.6%	已经实现	很好
目标2：普及初等教育 到2015年所有的儿童都要接受完整的初等教育	初等教育完成率已经达到了98%	实现目标已经超前	良好
目标3：促进性别平等和赋权给妇女 到2015年消除所有教育中的性别不平等	初等教育中女童和男童之比：2005年为98% 识字方面成人中女性和男性之比：2005年为99%	进展顺利	良好
女性就业平等	女性劳动力在非农部门就业所占比例：2005年为40.9%	进展顺利	良好
目标4：减少婴幼儿死亡率 从1990—2015年，五岁以下儿童死亡率下降2/3	五岁以下儿童死亡率（千分率）：1990年为49，2005年为23 婴儿死亡率（千分率）：1990年为38，2005年为27	进展顺利	良好
目标5：改善生育健康 发展目标6：从1990年到2015年，生育母亲死亡率下降3/4	生育母亲死亡率（每十万）：1990年为88.9，2001年为33 在医院用新法接生的儿童所占比例：1990年为50.6%，2005年为97%	进展顺利	良好
目标6：与艾滋病、疟疾和其他疾病作斗争 到2015年能控制艾滋病的传播、减少疟疾和其他主要疾病的发生率	2005年艾滋病感染和发病率大约为0.11%，病例数为79万，结核病发病率（每十万人）：2005年为100	可能难以实现	良好

续表

千年发展目标	中国实现情况	进展评价	支持环境
目标7：促进环境可持续			
将可持续发展的原则整合到国家政策和发展活动中去，保护环境资源	森林覆盖率从1990年的15.6%上升到2005年的21% 碳的排放量：1990年2.1吨，2005年3.2吨	进展顺利	良好
到2015年不能获得安全饮用水的人口数量减少一半	获得安全饮用水人口比例：1990年为60%，2004年为77%	进展顺利	很好
目标8：建立全球合作关系			
采取有效的措施解决发展中国家的债务问题 分享新技术，尤其是信息和通讯带来的利益	所有的债务（占出口产品和服务的比例）：1990年为10.6%，2005年为1% 电话线和程控交换机（每100人拥有量）：1990年为0.6，2005年为57	进展顺利	很好

资料来源：UNDP：《2005年中国MDG报告》；世界银行：世界发展指标库。

（六）社会基础设施系统逐渐完善

中国自从20世纪90年代以来，政府扩大了对道路、通讯等基础设施的投资力度，从根本上改善了中国经济发展所必需的客观条件，尤其是交通和通讯条件。2005年，中国公路总里程达到193.05万公里，全国公路密度为20.1公里/百平方公里。全国通公路的乡（镇）占全国乡（镇）总数的99.81%；通公路的行政村占全国行政村总数的94.3%。全国仅有75个乡镇和38426个行政村不通公路。此外中国还建立了密集程度高的铁路网和航空运输网。中国的无线通讯发展迅速，先后实施了“广播电视村村通工程”、“村村通电话”等工程，极大地提高了中国的通讯设施条件。网络成为人们日常生活中不可或缺的组成部分。中国良好的基础设施条件不仅为本国的经济发展创造了良好的前提，同时也成为中国吸引外商投资的基础，中国多年来一直居全球引资大国前列，2007年，使用外商直接投资金额748亿美元，新批外商直接投资企业37871家，到目前为止累计实际利用外资总额已超过英国而居世界第二位。

（七）民族自治和融和

中国一共有56个民族，其中55个是少数民族。新中国建立初期，民族隔阂、民族发展不平衡和民族冲突等问题也是比较突出的。为促进少数民族快速发展和文化传统的传承，中国政府实行了民族区域自治政策。所谓民族区域自治是指在国家的统一领导下，各少数民族聚居的地方实行区域自治，设立自治机关，行使自治权，使少数民族人民当家作主，自己管理本自治地方的内部事务。中国的民族自治地方分为自治区、自治州、自治县（旗）三级。目前，中国共有155个民族自治地方，其中自治区5个、自治州30个、自治县（旗）120个，还有1256个民族乡。在全国55个少数民族中，有44个民族建立了自治地方。实行自治的少数民族人口占少数民族人口总数的75%，民族自治地方行政区域的面积占全国总面积的64%。自治地方的数量和布局，与中国的民族分布和构成基本上相适应。同时，中央政府在制定各项政策和进行中央财政转移支付预算时，会优先考虑到少数民族的特殊性，给予一定的倾斜。少数民族在立法、婚姻、教育、生育、语言文字以及其他方面拥有一定的自治权。民族区域自治政策促进了中国少数民族的发展和民族的团结及融合，促进了中国多民族统一稳定的社会环境的形成。

三、中国发展中的主要问题

在过去的30年，中国进行了卓有成效的经济体制改革和渐进式的政治体制改革，促发了社会经济发展的起飞机制。中国从人类发展指数倒数第四的最不发达国家发展成人类发展指数排名世界第81位的中等收入国家。但是中国社会经济发展也出现了发展中常见的发展不均衡问题。虽然中国在过去30年里在减贫方面取得了举世瞩目的成就，但贫困问题在新世纪表现出许多新的特点同样值得关注。

（一）发展不平衡问题

在过去的30年里中国经济从一个就收入分配而言堪称世界上最公平合理的经济变成了最不公平的经济，主要体现在区域、城乡和贫富差距的不断扩大。

1. 区域发展不平衡。在20世纪80年代以前，中国为了缩小因历史和客观发展条件造成的地区差别，国家建设投资的重点主要在中西部地区。经过四个“五年计划”（“一五”至“四五”）的投资倾斜，中西部地区在全国经济总量中的份额有了较大的增长，东中西三个地区的经济发展水平和收入差距有了不同程度的缩小①。但是中共十一届三中全会以后，中国确立了“三步走”的现代化战略和对外开放政策，与此相适应，国家对区域发展战略也进行了调整，采取了由内地转向东部沿海较发达地区倾斜的非均衡发展战略。于是，国家基建投资开始向沿海地区大幅度倾斜，其倾斜度比“三五”时期向西倾斜还要大。“六五”期间，东、中、西部基建投资占全国的比重分别为47.7%、29.3%、17.2%，在建国后国家投资东部第一次超过中西部之和。至“八五”时期东部地区基建投资占全国的比重提高到54.2%。中、西部地区分别继续下降到23.5%和14.7%②。同时中央在推行东部沿海优先发展战略时，给予在沿海地区投资的外商企业以税收减免等一系列优惠政策，而其他区域则不在该区域政策实施范围之内，这就使得外资经济成为沿海地区迅猛发展的强大动力。在长期的不均衡的发展战略的推动下，中国的区域发展不平衡情况越来越严重。2007年，全国人均GDP为16084元，但是发展最快的上海和北京的人均GDP为57695元和50467元。发展最为缓慢的贵州、甘肃和云南省，人均GDP只有5787元、8757元和8970元。人均GDP最高的上海是最低的贵州的9.97倍。

2. 城乡差距。虽然近年来，在中央支农政策的推动下，农村居民收入增长明显，但是从增长速度来看，农村居民人均纯收入的增长速度仍然低于城市居民可支配收入。以2007年为例，2007年是农村居民收入增长速度最快的一年，到了9.8%。但同年城市居民可支配收入增长了12.2%，高于农村居民纯收入增幅的32%。

长期以来，农村居民增长速度要低于城市居民可支配收入，从而造成了城乡居民收入差距不断扩大。2000—2007年，全国农村居民人均纯收入与城镇居民可支配收入的比率从1∶2.8上升到1∶3.33。

① 郇建立：“国家政策对农村贫困的影响”，《北京科技大学学报》，2002年第2期。

② 曾培炎主编：《新中国经济50年（1949—1999）》，中国计划出版社1999年版。

表 1－6 城乡居民收入和增长速度

年 份		2001	2002	2003	2004	2005	2006	2007
城市居民人均可支配收入	收入	6860	7703	8472	9422	10493	11759	13786
	增长速度	8.5	13.4	9.0	7.7	9.6	10.4	12.2
农村居民纯收入	收入	2366	2476	2622	2936	3255	3587	4140
	增长速度	4.2	4.8	4.3	6.8	6.2	7.4	9.8

资料来源：《中国统计年鉴》。

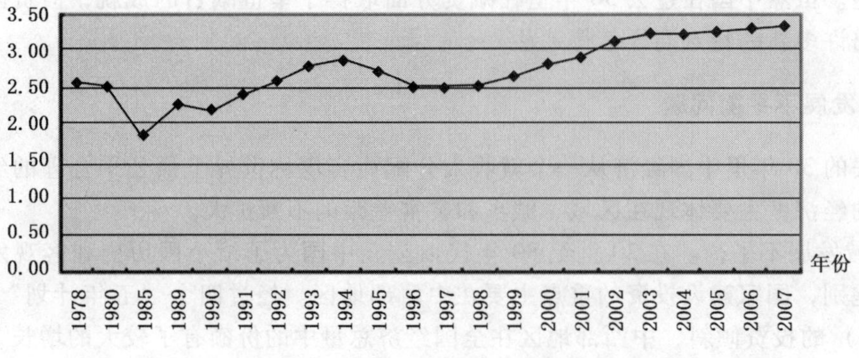

图 1－9 城乡居民收入差距比

数据来源：历年来国家统计公报。

此外，城乡居民在人类发展指数、受教育状况、医疗健康等社会发展指数上的差距也十分明显。2005 年，城市人类发展指数为 0.81，农村人类发展指数仅为 0.67，在人均预期寿命、婴儿死亡率、孕妇死亡率、5 岁以下儿童低体重率、5 岁以下儿童生长迟缓率以及文盲和仅接受小学教育比重等方面，农村的情况都要比城市情况要恶劣，并且差距明显。

表 1－7 城乡居民差距表

	人类发展指数	预期寿命（岁）	婴儿死亡率（千分之）	孕妇死亡率（十万分之）	5 岁以下儿童低体重率（%）	5 岁以下儿童生长迟缓率（%）	文盲和仅接受小学教育比重（%）
城市	0.81	75.2	13.6	33.1	3.0	2	16.5
农村	0.67	69.6	33.8	61.9	13.8	20.3	47.7

资料来源：《2005 年中国人类发展报告》。

中国实施的有选择性倾斜投入的有意识不均衡发展政策为中国发展提供了动力，但是，长期的建立在城乡二元结构基础上的重城市轻农村的公共资源分配战略日益成为中国贫富差距和城乡差距不断扩大的制度原因，公共服务资源的获得性也成为城乡差距的重要方面。以教育资源分配为例，中国农村地区拥有占到全国总量 93% 的小学学校、84% 的中学学校、86% 的小学学生、83% 的初中学生和 79% 的教师，但却仅获得 23% 中央教育投资资源（教育部，2005 年）。再看公共卫生资源投入，2006 年全国卫生总费用筹资总额为 9843.3 亿元。其中城市 6581.3 亿元，占 66.9%；农村 3262 元，占 33.1%；人均卫生费用为 828 元，其中城市人均卫生费用 1145.1 元，农村人均卫生费用 442.4 元。农村居民人均卫生费用仅为城镇居民的 38.63%，相当于全国平均水平的 53%（卫生部，2008 年）。最后来看最低生活保障，2007 年，全国共有 2270.9 万（1065.6 万户）城市居民享受了城市最低生活保障，平均保障标准为 182.4 元/人月，全年共发放城市最低生活保障资金 274.8 亿元，人均补差 102 元/月；同年有

3451.9万人（1572.5万户）享受了农村最低生活保障，平均保障标准为70元/人月，全年共发放城市最低生活保障资金104.1亿元，人均补差37元/月（民政部，2008年）。

3. 贫富差距。中国进行经济体制改革之前，社会不平等现象并不明显，如1978年，中国农村的基尼系数为0.2124，城镇居民基尼系数为0.16。在经济体制改革推进的相当长一段时间内，中国经济发展都是比较公平的，到1995年，中国的总体基尼系数为0.389，城市基尼系数仅为0.28，农村基尼系数为0.3415；这种比较公平的经济环境一直持续到1999年，这时，中国的总体基尼系数为0.397。2000年以来，中国经济发展的不平等开始呈现出来，贫富差距不断扩大，当年，中国的总体基尼系数达到了0.417，此后，中国的基尼系数一直在增长，2006年达到了0.496。中国的经济发展不平等性的增强已经开始影响到中国经济的协调发展，并且也开始引起国际社会和中国政府的高度重视，自2003年以后，中国政府加大了财政转移支付的力度，增加了对社会弱势群体的补贴支持，通过政府宏观调控手段来减轻经济发展的不平等性。

表1-8　　中国的基尼系数

年份	农村	城镇	总体
1978	0.2124	0.16	
1979	0.2266	0.16	
1980	0.2407	0.15	
1981	0.2406	0.15	
1982	0.2317	0.15	
1983	0.2461	0.16	
1984	0.2439	0.19	
1985	0.2267	0.19	
1986	0.3042	0.20	
1987	0.2889	0.23	
1988	0.3053	0.23	
1989	0.3185	0.23	
1990	0.3099	0.23	
1991	0.3072	0.24	
1992	0.3134	0.25	
1993	0.3292	0.27	
1994	0.321	0.30	
1995	0.3415	0.28	0.389
1996	0.3229	0.28	0.375
1997	0.3285	0.29	0.379
1998	0.3369	0.30	0.386
1999	0.3361	0.295	0.397
2000	0.362	0.3364	0.417
2001	0.365	0.358	0.459
2002	0.3701	0.3624	0.460
2003	0.3763	0.3732	0.447
2004	0.3692	0.3489	0.469
2005	0.3751	0.35	0.47
2006	0.378	0.356	0.496

资料来源：中国农村住户调查和中国城镇住户调查统计年鉴。

从近年来的五等份分布情况来看，高收入组所拥有的收入份额有扩大迹象。2006年人均纯收入水平最低的20%人口（低收入组）的人均纯收入只有1182.46元，高收入组人均纯收入为8474.79元。高收入组的收入是低收入组收入的7.17倍，而2000年，高收入组是低收入组收入的6.5倍。

表1－9　按人均纯收入五等份农村居民分组各组收入及消费情况，2006年　单位：元

	低收入组	次低收入组	中等收入组	次高收入组	高收入组
人均纯收入	1182.46	2222.03	3148.50	4446.59	8474.79
人均生活消费	1624.73	2039.13	2567.92	3230.35	5276.75
恩格尔系数（%）	49.57%	48.05%	44.97%	42.34%	37.25%

资料来源：全国农村住户抽样调查。

（二）贫困问题依然严峻

进入新世纪以来，家庭联产承包责任制和开发式扶贫制度经过10多年的强势作用，其边际效益越来越低，加上以国民经济的重化工业以及资本和技术密集结构化，宏观经济增长对减贫的意义越来越小。我国农村贫困人口数量仍然保持下降趋势，但是相对于上个世纪而言，速度明显下降，中国贫困问题表现出新的特征，从30年前的普遍性、区域性和绝对性贫困开始转变为分散性和相对性贫困。中国自1995年开始使用利用马丁法测算的收入绝对贫困线和农村住户调查数据来估算农村贫困人口数量，2000年开始利用根据世界银行1美元标准计算的低收入贫困线来估算低收入人口数量。到2007年，中国农村绝对贫困人口仍然还保持在1479万人的高水平上，低收入人口为2841万，综合贫困发生率为4.64%，贫困人口数量仍然十分庞大。

表1－10　新世纪贫困人口变化　单位：元/万人

	绝对贫困人口			低收入人口		
	贫困线（元）	贫困人口数（万人）	贫困发生率	贫困线（元）	贫困人口数（万人）	贫困发生率
2001年	630	2970	3.2%	872	6102	6.6%
2002年	627	2820	3%	869	5825	6.2%
2003年	637	2900	3.1%	882	5617	6.0%
2004年	664	2610	2.8%	924	4977	5.3%
2005年	683	2365	2.6%	944	4067	4.3%
2006年	683	2148	2.3%	958	3550	3.8%
2007年	785	1479	1.6%	1067	2841	3.04%

资料来源：国家统计局：《国民经济和社会发展统计公报》。

与20世纪相比，贫困人口的生活质量并没有得到根本改善，贫困人口的生活入不敷出，食品消费量严重偏少；家庭支出恩格尔系数高，自给性消费比重大；家庭设备数量少，档次低；文化消费支出少，社会服务水平低；农业生产水平低，没有长效投资；健康状况不良；儿童辍学风险大等一系列的指标仍然是贫困人口的典型特征。少数民族、妇女、残疾人的贫困问题依然突出。农村贫困地区面临着各项社会服务缺乏、农民工的保障缺位、环境条件恶劣、农民生计提高困难、教育费用支出增加等贫困因素的累积因果循环问题。这些问题的交

互作用，必然进一步放大贫富之间的差距，特别是在整个经济增长的大背景下愈发显现出对于增长的可持续性以及社会公平、社会稳定的现实挑战。同时致贫原因进一步复杂化。在上个世纪，由于区域性贫困占据主导地位，贫困农户致贫原因具有高度的一致性。这有助于国家采取相对统一的扶贫干预措施。进入新世纪以来，贫困人口分布越来越分散，致贫原因也变得复杂和多样化。致贫既有自然灾害和自然环境的原因，也有社会经济发展中的市场以及城市化的原因。另外针对贫困农户的社会服务和社会保障政策的不到位也是使得农户返贫的重要原因，这增加了政府采取行之有效的扶贫干预措施的难度。

四、中国特色的反贫困体系

中国农村反贫困行动之所以能取得如此显著的成绩，从政府行为方面来看，其主要原因在于以下几个方面：（1）经济增长不仅推动了整个社会的全面发展，其巨大的效益也通过涓流机制惠及到了部分的贫困地区和贫困人口；（2）一系列农业和农村发展政策改革推动了农村地区的发展；（3）专门的农村扶贫开发活动取得了一定的成效。因此中国的反贫困行动政策体系包括很多方面的内容，具体为：（1）有利于穷人的经济增长模式；（2）政府有组织的专门的开发式扶贫政策；（3）为农民起到最后一道防护线的农村社会安全网政策。政府主导的开发式扶贫模式同经济增长以及农村社会保障体系的建立，三位一体，共同构成了中国特色的减贫体系。其中开发式扶贫为主体，以有利于穷人的经济增长和农村社会安全网为两翼。

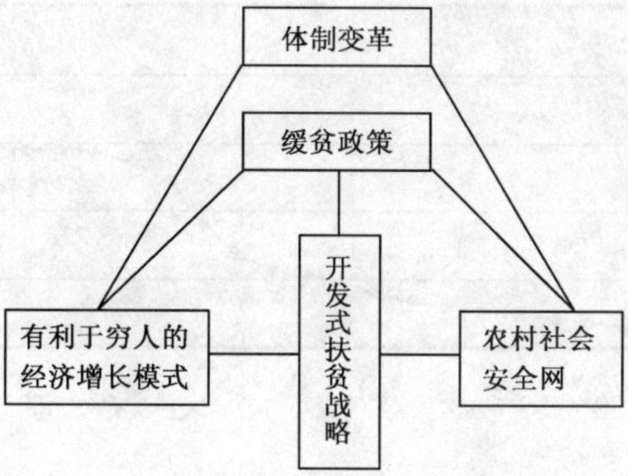

图 1－10　中国政府主导的减贫体系

（一）有利于穷人的经济增长模式

自 30 年前开始的农村改革以来，中国经济高速增长，产业结构得到了根本性的转变。自 1990 年以来，经济增长对成功地减少贫困人口起到了非常重要的作用。无论从时间序列上的还是横截面上的各省区统计数据来看，人均 GDP 的增长与贫困缓解的进度成密切的正相关关系。2000 年世界银行指出中国解决贫困问题的成功主要依靠经济增长。测算结果表明，贫困人口减少与经济增长的弹性系数约为 －0.8。换句话说，GDP 每增长一个百分点，农村贫困人口可以减少 0.8%。

1. 中国经济增长是有利于穷人的。这是因为发轫于农业经济体制改革的中国经济发展过程同时也是农业发展过程。世界银行（2000 年）的研究表明，贫困发生率对农业份额的变化趋势是十分敏感的。那些在 GDP 中农业份额下降较快的省份，贫困人口降低的速度就慢。简单的线性回归分析也表明，在 GDP 增长率不变的情况下，农业在 GDP 中所占的份额减少一个百分点，贫困人口的减少速度就会降低 1.9 个百分点。中国政府采取了积极的政策措施推动农村企业的发展，进一步扩展了农村劳动力的就业空间和现金收入来源，从而也带动了农业生产率的提高，保证了农村贫困人口的收入需求。

中国经济转型发端于农村经济体制改革，其核心是转变农地经营方式、农产品价格形成机制和购销体系。家庭联产承包责任制的富民政策取代了人民公社时期“平均主义”的分配政策，通过实现制度创新与体制变革，为中国农村经济全面恢复起到了关键性作用。此外，农产品价格的提高，农业交易条件的改善，调动了广大农民的积极性。粮食等主要农产品产量迅速增长，国家在 1979 年大幅度提高了 18 种主要农副产品的收购价格，平均提价幅度达 24.8%，到 1984 年底，又逐步缩小农产品统派购的范围和数量。农产品统派购的品种由原来的 113 种减少到 38 种，使农产品产量大幅度增加，农民收入也迅速提高，年人均纯收入增长率高达 16.5%。农业发展为工业发展提供了大量的原材料，农村购买力增强为工业发展提供了经济剩余。

从国际发展经验来看，伴随着农业快速发展的国民经济结构是有利于减贫的，虽然在整个国民经济中，农业总产值所占比重日趋减少，但我国农业生产总值在 1996 年之前一直保持着超过 10% 的增长，在一些年度甚至超过 30% 的增长速度发展，而同期也是中国贫困人口快速下降时期。

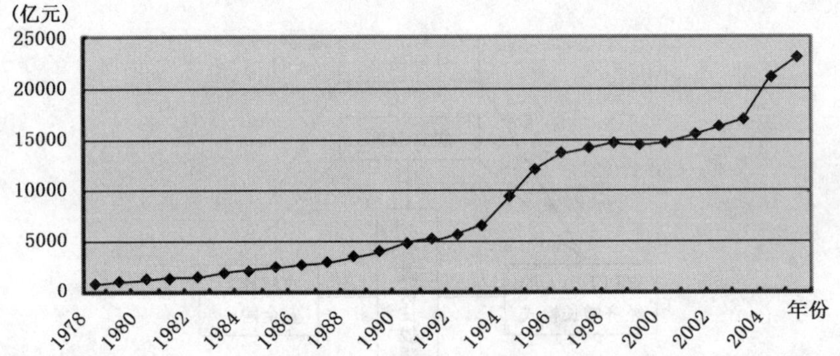

图 1-11　中国农业生产总值增长趋势

资料来源：《中国统计年鉴》。

2. 宏观经济发展为农业劳动力提供了非农就业机会，直接增加了农民的现金收入。1983 年之前，中国对农村劳动力流动实行的是严格控制的政策，农村劳动力被严格限制在农业生产领域；到了 1984 年，国家开始允许农民自筹资金、自理口粮，进入城镇务工经商。这一小小的城门开放是农村劳动力流动政策变动的一个标志。它表明实行了 30 年的限制城乡人口流动的就业管理制度开始松动。之后，政府又出台了一些政策和措施，允许和鼓励农村劳动力的地区交流、城乡交流和贫困地区的劳务输出，使农村劳动力的转移和流动进入了一个较快增长的时期。同时，城市经济的不断发展，国有企业和非公有制经济的蓬勃发展为农村剩余劳动力提供了大量的就业机会，农村劳动力外出数量迅速增加，以外出就业为主的工资性收入在农民收入结构中所占的比重也越来越大。

表 1-11　　中国外出务工人员数量　　（单位：万人）

年份	1989 年	2000 年	2001 年	2002 年	2003 年	2004 年	2005 年	2006 年
人数	8875	7849	8399	10470	11390	11823	12578	13212

资料来源：《中国统计年鉴》。

综上所述，宏观经济的高速发展和经济增长解决了社会总体福利水平不足的问题，是我国从普遍贫困状态向区域贫困、点状贫困状态的基本动力。我国经济长期的高速增长，其中农业的贡献相应还比较高，经济增长明显有利于穷人。但不能忽视的是，在经济结构发生变化，农业发展对经济增长的贡献不显著的时候，经济增长的福利也就很难“涓流”到穷人。因此在保持经济高速发展的同时，我国还制定了一系列有助于穷人的扶持政策来促进减贫。

为了促进农业增长，中国政府实施了一系列补贴政策。2004 年，中国政府发布了题为《关于促进农民增加收入若干政策的意见》的中央一号文件，明确提出要加大对农业的财政支持，减免农业税费和对农民进行补贴等政策措施。随后，中国政府开始了对农业补贴制度的改革。中国从 20 世纪 50 年代开始实施农业补贴政策，最初财政对农业的补贴集中于农业基础设施建设补贴、农用工业的补贴、农用生产资料的补贴及农贷利息补贴等，到后来逐步发展到对整个农业生产流动领域都进行补贴。但是 2004 年之前的农业补贴采取的是价格补贴方式，实行的是“暗补”，补贴对象为农业生产资料生产企业和农产品流通企业，农民只能从中间接受益，对农民的激励作用并不明显，同时也不符合 WTO 的农业补贴框架。2004 年以后，中国政府开始进行从暗补到明补，从补贴企业到直接补贴农民的改革，采取了一系列的政策措施，主要包括减免农业税、实行粮食直补、良种补贴、农业生产机械购置补贴和农业综合生产资料补贴等形式。

表 1-12　　农业补贴政策一览

补贴政策	开始时间	投入	补贴对象和内容
农业税费减免	2000 年	2005 年增加转移支付 664 亿元	2006 年全面免征农业税，农民减负总额为 1250 亿，人均减负约为 140 元
粮食直补	2002 年	2006 年 142 亿元	2002 年开始对三个县进行粮食直接补贴试点，2003 年试点扩大到 13 个省区，2004 年开始全面实行对主产区种植农民的直接补贴政策；后来拓展到全国范围内进行
良种补贴	2004 年	2005 年 38.7 亿元	集中安排在河北、内蒙古、辽宁、吉林、黑龙江、江苏、安徽、江西、山东、河南、湖北、湖南、四川等 13 个粮食主产省区，其中优质专用小麦、高油大豆、专用玉米补贴面积各 1000 万亩。优质水稻补贴范围是黑龙江、吉林、辽宁、湖南、湖北、江西、安徽 7 省
农业生产机械购置补贴	2004 年	2005 年 11 亿	农机补贴重点为：（一）大中型拖拉机等农用动力机械如大中型拖拉机、深松免耕机、精量播种机、联合收割机、水稻插秧机、秸秆综合利用机等；（二）农田作业机具，主要包括：耕整、种植、植保、收获和秸秆还田等机具；（三）粮食及农副产品的产后处理机械；（四）秸秆、饲草加工处理及养殖机械。补贴对象是符合补贴条件的农民（农场职工）和直接从事农业生产的农机服务组织，以农机专业户为主。中央财政资金的补贴标准为按不超过机具价格的 30% 进行补贴
农业综合生产资料补贴	2006 年	2006 年 125 亿元*	针对农民因成品油价格调整增支，并适当考虑了今年化肥、农药、农膜等农业生产资料增支因素，对农民进行柴油、化肥、农药和农膜等农业生产资料购置补贴

国家加大了对农民的直接补贴力度，政策性补贴直接带来了农民转移性收入的增加。据在全国455个贫困村的调查，平均每个农户由于此三项补贴可以直接获得221元，并且随着国家支农资金的力度不断加大，可以判断将来农民的政策性转移收入额度还将会进一步增加。

此外，中国政府为促进环境可持续发展实施的退耕还林工程、退牧还草工程等；为改善农村基础设施状况实施的农业综合开发项目、农村电网改造工程、农村道路和电视通讯村村通工程、农村生态家园富民工程等；都具有非常明显的减贫效果，改善了农村生产和生活条件。

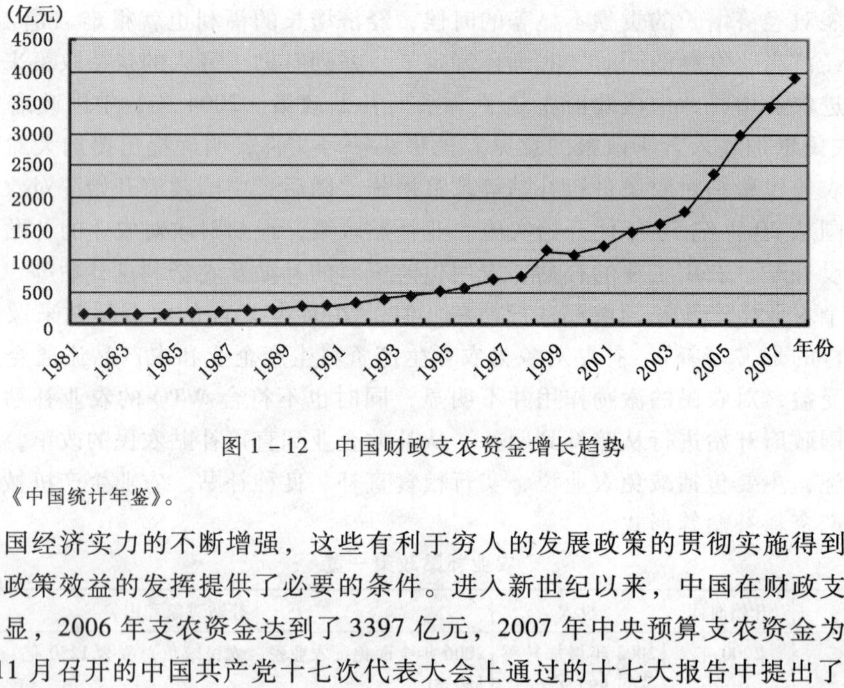

图1-12　中国财政支农资金增长趋势

资料来源：《中国统计年鉴》。

随着中国经济实力的不断增强，这些有利于穷人的发展政策的贯彻实施得到了有利的资金保障，为政策效益的发挥提供了必要的条件。进入新世纪以来，中国在财政支农资金增加速度非常明显，2006年支农资金达到了3397亿元，2007年中央预算支农资金为3917亿元。在2007年11月召开的中国共产党十七次代表大会上通过的十七大报告中提出了要“提高扶贫标准，提高扶贫水平”，这也再次表明了中国政府在反贫困行动上的决心和承诺。

（二）政府主导的开发式扶贫体系

1986年，国务院扶贫办的成立标志着中国扶贫开发工作实现了两个转变：（1）由道义性扶贫向制度性扶贫转变，即政府的扶贫工作具有制度保证，有专门的组织机构和专门的经费，而且有一套相应的制度和政策来指导和约束这些机构的活动和经费的使用。（2）由救济性扶贫向开发性扶贫转变，即政府的扶贫工作从向贫困人群提供直接的物质扶持转向侧重于对贫困地区和贫困人口的发展能力建设和发展环境发育。

1. 组织安排。中国在五级政府层次都设立了扶贫开发领导小组和办公室（简称扶贫办），来协调政府专项扶贫活动。领导小组成员单位基本包括了中国政府的所有职能部门以及重要的群众性团体。领导小组的基本任务是：组织调查研究；拟订贫困地区经济开发的方针、政策和规划；协调解决开发建设中的重要问题；督促、检查和总结交流经验。各级扶贫办公室是各级扶贫领导小组常设的办事机构，主要负责与扶贫有关的日常工作，具体包括扶贫项目的设计、计划实施、资金分配、扶贫监测等具体工作。

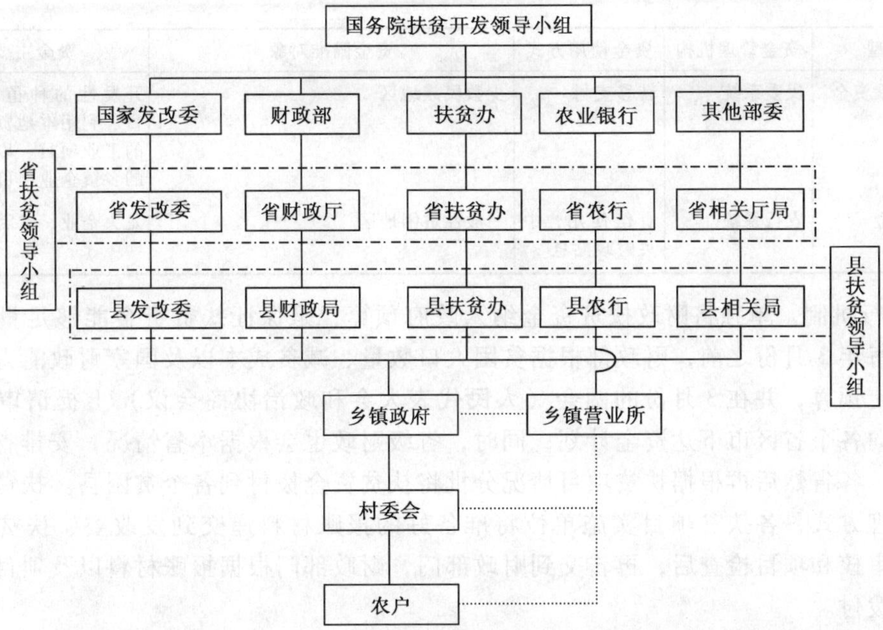

图 1-13　中国农村扶贫的组织结构图

虽然参与扶贫工作的部门很多，但是核心部门主要是扶贫办、财政部和发改委，在一些少数民族聚居的地区还有民委。扶贫办是各级领导小组的办事机构，职能如上所述；财政部门负责扶贫资金的划拨和管理；发展改革部门负责以工代赈资金的使用和监测；民委系统主要负责少数民族发展资金的使用和监测。

2. 资金安排。中国投入到政府专项扶贫行动的资金从来源上看主要分为中央财政扶贫资金和地方配套资金。中央财政扶贫资金主要有两类：第一类是通过中央财政转移支付，向贫困地区投入专项扶贫资金，主要包括财政发展资金、以工代赈资金、少数民族发展资金和“三西”扶贫资金。第二类是扶贫贴息贷款。不同类型的财政扶贫资金在资金的管理机构、使用方式、瞄准对象和主要投向方面存在明显差异。财政发展资金、以工代赈资金、“三西”扶贫资金和少数民族发展资金是通过转移支付到达贫困地区；财政发展资金主要由扶贫办系统管理，资金投向比较广；以工代赈资金由发改委系统管理，资金主要投向于生产性基础设施建设；“三西”扶贫资金也由扶贫办管理，资金有特定的瞄准区域，即甘肃河西地区、定西地区、陇南10个高寒阴湿特困县和宁夏回族自治区西海固地区；少数民族发展资金由民委系统管理，资金主要用于少数民族地区的发展；信贷扶贫资金是有偿使用的，中央政府每年进行利息补贴，主要通过农业银行系统管理，贷款对象主要为龙头企业和农户。

表 1-13　中国财政扶贫资金类型

资金类型	资金管理机构	资金使用方式	资金瞄准对象	资金主要投向
财政发展资金	扶贫办系统	转移支付	国家级扶贫工作重点县贫困村	农村社区综合发展项目
以工代赈资金	发改委系统	转移支付	国家级扶贫工作重点县	生产性基础设施建设项目
“三西”扶贫资金	扶贫办系统	转移支付	甘肃河西地区、定西地区、陇南10个高寒阴湿特困县和宁夏回族自治区西海固地区	改善农业生产条件，解决人畜饮水，发展乡镇企业

续表

资金类型	资金管理机构	资金使用方式	资金瞄准对象	资金主要投向
少数民族发展资金	民委系统	转移支付	少数民族地区	开发性的种植和养殖业项目、利用本地资源优势兴建的工业项目、以扶贫为目的的乡镇企业项目
信贷扶贫资金	农行系统	有偿使用，中央财政贴息	一般性贫困地区	龙头企业、贫困农户

3. 运行机制。单独将财政扶贫资金纳入政府预算，是保证扶贫资金能够足量到位的有效手段。每年3月份之前，财政部根据贫困人口数量、减贫成本以及国家财政能力等多方面因素来制定预算，并在3月份的两会（人民代表大会和政治协商会议）上提请审议通过以后，就会向各个省区市下达资金计划；同时，省级财政也会根据本省情况，安排省级扶贫资金的投入；各省然后再根据扶贫项目情况分批将扶贫资金拨付到各个贫困县。扶贫资金实施报账制管理方式，各扶贫项目实施单位将准备好的报账材料递交到发改委、扶贫办或者民委，通过审核和项目检查后，再转交到财政部门，财政部门根据报账材料以及项目合同文件进行资金拨付。

4. 瞄准战略。在过去的20年里，中国的扶贫瞄准经历了县级瞄准向村级瞄准的过程。1986年到2000年之间，中国确定了592个国家级贫困县，扶贫资源主要投向贫困县；2001年以来，中国确定了15万个贫困村，扶贫资源主要投向贫困村。扶贫瞄准的转移对于扶贫的含义更重要在于提高扶贫资源的瞄准。目前已经确定的贫困村分布在全国1861个县中，占全国县单位总数的68.8%，覆盖了贫困人口的83%。而在贫困县瞄准的时候，全国592个贫困县，仅占到全国县单位总数的21.9%，覆盖的贫困人口仅为53%（2000年的数据）左右。这也就是说，采用村级瞄准以后，扶贫资源的县级覆盖率提高了46.9%，贫困人口覆盖率提高了30%。

5. 政府专项扶贫的基本途径。同“八七扶贫攻坚计划”阶段所采用的大会战、集中力量将绝大多数的扶贫投入放在基础设施建设上不同，新世纪我国扶贫方式则更具有多样性，更加注重对贫困地区和贫困人口的能力的开发和促进，采取了整村推进、产业化扶贫、劳动力输出培训以及对极端贫困地区的自愿移民扶贫开发等扶贫方式。

整村推进是新时期我国农村开发式扶贫的三大重点内容之一。目的是利用较大规模的资金和其他资源，在较短的时间内使被扶持的村在基础和社会服务设施、生产和生活条件以及产业发展等方面有较大的改善，并使各类项目间能相互配合以发挥更大的综合效益。从而使贫困人口在整体上摆脱贫困，同时提高贫困社区和贫困人口的综合生产能力和抵御风险的能力。总体来看，整村推进和其他扶贫投资的效果是显著的，整村推进村农户的收入增长比其他贫困村高8%—9%。

产业化扶贫的内容包括确立主导产业，建立生产基地；提供优惠政策，扶持龙头企业；探讨运行机制，实现农户企业双赢等等。目前我国已经认定了625家国家级扶贫龙头企业。龙头企业对农户的扶持和辐射作用是非常明显的：平均每家龙头企业辐射农户数在1161—6198人之间，辐射的贫困农户在578—2391个之间，贫困农户占农户数的比例在9.3%—70%之间。辐射半径在250—10000公里之间。

劳动力输出转移培训是指利用贫困地区中等技术学校和其他教学条件，建立劳动力转移培训基地，并从组织、资金等方面加强指导和扶持，从而促进农村剩余劳动力转移就业。劳动力转移培训的对象是国家和省级扶贫开发工作重点县和重点村的年龄在18—35岁、小学以上文化程度的青年劳动力；培训内容重点为家政服务、餐饮、保安、酒店、建筑、园林绿化、制造、电子装配等用工量大的行业所需技能专业。2001年以来，全国扶贫系统逐步建立了800多个培训基地，共培训转移贫困地区劳动力340万人。

除了前述专项扶贫以外，中国政府还动员了社会各界力量参与到扶贫活动中，主要形式有东西对口帮扶、部门定点扶贫等。同时，中国政府还采取政策措施鼓励国内非政府机构和国际援助参与到扶贫中。东西对口扶贫指的是动员东部发达省市的力量来支持贫困地区发展和贫困人口脱贫。1996年国务院决定，东部沿海的13个发达省市分别帮助西部的10个贫困省和自治区，并做出了具体的帮扶安排。1998年又增加2个计划单列市帮助重庆市。部门定点扶贫是指党政机关、企事业单位和社会团体利用自己的资源定点扶持部分扶贫重点县。其目的是动员政府部门、国家的企事业单位和社会团体参与扶贫工作，以补充中央的扶贫投入并利用各业务部门的专业力量进行扶贫。共有272个单位定点扶持了481个重点县。

1979年，联合国开发计划署（UNDP）批准了第一个援华方案，标志着中国开始接受国际发展援助，从此，外资扶贫开始进入中国。进入20世纪90年代，国际非政府组织（NGO）在中国异常活跃，根据《中国发展简报》2005年发布的国际非政府组织名录显示，在中国从事发展项目的国际非政府组织超过300家，每年的总投资额约为2亿美元。

表1-14　部分国际对华发展援助机构

类　型	机构名称	进入年份	援助领域
联合国系统	联合国开发计划署	1979	包括农业、工业、能源、公共卫生、减贫、经济重建以及许多交叉领域
	联合国儿童基金会	1979	妇幼保健、计划免疫、基础教育、残疾儿童康复、农村供水与环境卫生、妇女参与发展、扶贫等领域
	联合国人口基金会	1979	生殖健康和计划生育领域、艾滋病防治、性别平等、人口老龄化问题
	世界粮食计划署	1979	粮食援助
双边发展机构	英国国际发展部	1981	减轻贫困、实施“良政”和人权、妇女权利、卫生健康、教育、环境以及防止冲突和灾害等
	德国技术合作公司	1982	经济和社会改革、法律咨询服务、金融业发展、环保政策、能源管理、自然资源管理和城市可持续发展
	澳大利亚海外发展署	1981	农村发展、环境、水资源、治理、人权、健康、艾滋病和流行病、教育等
	加拿大国际开发署	1982	民主政治、私营部门发展、卫生、基础教育、性别平等和环境的可持续性
国际金融机构	世界银行	1981	交通、工农业、能源、城市建设、环境保护、教育、卫生、供水与环境卫生
	亚洲开发银行	1986	能源、交通、环境保护等基础设施建设
非政府组织	香港乐施会	1987	社区组织发展、农村综合发展、增加收入、小型基本建设、卫生、能力建设、政策倡议及教育等
	福特基金会	1988	环境与发展、生育健康、公共政策与政府治理、法律和权利、教育
	国际行动援助	1998	以妇女权利和社会性别平等、善治和社会公正、教育、公共卫生和艾滋病、粮食权、人类安全为六个主题领域

此外，国内一些民间机构在农村扶贫中也十分活跃，直接或间接地为中国的减贫事业做出了贡献。与政府扶贫相比，民间扶贫的特点是规模较小，一般只覆盖部分贫困地区和部分

贫困人口，扶贫干预活动都比较专一，如希望工程主要为失学儿童提供救助，幸福工程则为妇女提供小额信贷，春蕾计划则专门救助失学女童等。

表 1－15　　中国的民间机构及其扶贫活动

国内民间扶贫机构	扶贫活动
中国扶贫资金会	小额信贷、能力建设、实用技术推广、紧急救援、妇幼保健、初等教育。
中华慈善总会	扶持创收活动、生活救助、医疗救助、助学助教、职业培训。
全国妇联巾帼扶贫行动	科技培训、小额信贷、结对帮扶、劳务输出、女童助学、小型基础设施、妇女保健。
全国残联扶贫活动	实用技术培训、小额信贷、危房改造、服务社建设。
希望工程	失学儿童助学金补助、建设希望小学、教师培训、配备教学设备。
光彩事业	项目投资、捐资办学、其他公益事业。
幸福工程	小额信贷。
宋庆龄基金会的扶贫助教项目	女童助学、建设中小学、儿童流动图书馆、女师范生助学金、师资培训、教师奖励基金。
中国社科院小额信贷中心	小额信贷扶贫、培训。

资料来源：汪三贵、李文：《中国农村问题研究》，中国财政经济出版社 2005 年版。

（三）农村社会安全网

总有一些人口不能受益于经济增长，要求政府采取一些特殊的辅助和支持来确保他们的基本福利水平，对于广泛存在于农村地区的特殊人口和特定需求，中国政府通过构建农村社会安全网和财政转移支付直接补贴农民等方式来保证农民能从经济增长中受益。

中国农村社会安全网的构建经历了三个发展阶段。第一阶段是从 1949—1978 年。这一阶段是以集体保障为主要特征的。中华人民共和国在第一部宪法中即明确规定，劳动者在年老、疾病或者丧失劳动能力时，有获得物资帮助的权利。这一时期中国的农村社会安全网体系主要包括救灾救济、五保供养、优抚安置和合作医疗。第二阶段是从 1978—1989 年。家庭联产承包责任制的实施动摇了集体保障的基础，这一时期中国农村社会安全网的建设步伐并没有随着社会经济的发展而向前迈进，反而有些发挥着重要作用的社会保障形式被中断，如合作医疗制度。直到 1986 年 9 月通过的《中共中央关于制定国民经济和社会发展第七个五年计划的建议》，第一次在国家最高层次的文件中明确提出了“社会保障”概念，这使中国的社会救助、社会保险、社会福利、优抚安置等社会保障性质的制度统一归并到社会保障制度中。从 1986 年开始，民政部进行农民社会保障制度改革探索，重点是建立现代意义的社会保险制度，即农村社会养老保险制度，但总体上来说，这一阶段中国农村社会安全网是以农民分权为典型特征。第三阶段是从 1989 年到现在。这一阶段中国的农村社会安全网的构建开始朝着制度化方向发展，在一些重大事件的催化下农村社会安全网的构建步伐逐渐加快，尤其是对农村医疗保障体制的改革。迄今为止中国已经形成了一套农村社会安全网体系。农村社会安全网政策主要包括社会救助政策、医疗救助政策和教育救助政策。社会救助政策包括农村五保供养制度、特困户定期定量救济政策、临时救济措施、灾害救助制度、最低生活保障制度；医疗救助政策包括合作医疗、贫困人口医疗救助制度等；教育救助政策主要为两免一补政策和即将实施的农村免费义务教育政策等。

表 1-16　　中国农村社会保障体系概况

管理机构	政策类型	金　额	时　间	内　容	受益对象
民政系统	灾害救济	2007 年 65.6 亿元	每年都有	保证供应基本口粮；为衣物被毁的灾民提供一定数量的成衣、布匹和棉花；为房屋倒塌的灾民提供建房救助款物；为患病的灾民提供医疗救济款。	灾民
	五保供养制度	2005 年 45 亿元	每年都有	保吃、保穿、保住、保医、保葬（保教）	无法定扶养人、无劳动能力、无可靠生活来源的老年人、残疾人和孤儿
	最低生活保障制度	2007 年 104.1 亿元	2006 年开始	向农村低保家庭发放差额补贴	农村低保家庭
卫生系统	农村医疗救助制度	2007 年 23.5 亿元	2005 年开始	对贫困家庭进行医疗救助	患大病的农村五保户和贫困农民家庭
	新型医疗合作制度	2007 年 93.96 亿元*	2003 年开始	以中央、地方和农民三方共同筹资的方式开展农民大病统筹活动	农村家庭
教育系统	贫困地区义务教育工程	197.15 亿元*	1995—2005 年	改善办学条件，包括解决农村小学、初中的危房问题，新建校舍，按照国家规定的标准，配备教学仪器和图书资料及课桌凳，培训教师和校长等；免费为家庭经济困难的学生发放教科书以及在贫困地区实施信息技术教育等	568 个国家级贫困县和 284 个省级贫困县；受益人口约 2.5 亿以及未通过省级“普九”验收的经济薄弱县 522 个
	国家贫困地区义务教育助学金	6.3 亿元*	1997—2005 年	资助西部地区和少数民族地区贫困生	少数民族和西部地区贫困生
	免费教科书专项经费	7 亿元*	2001—2003 年	资助家庭贫困学生接受义务教育	家庭贫困生
	中小学危房改造工程	90 亿元*	2001—2005 年	基本消除现存中小学危房	—
	农村寄宿制学校建设工程	100 亿元*	2004—2007 年	西部农村地区中小学	兴建、改建 6400 所寄宿学校，缓解 320 万贫困家庭学生上学困难
	两免一补	2005 年投入 64 亿元*	2004 年开始	对贫困地区的学生免杂费、免书本费，补助寄宿生生活费。	中西部地区农村义务教育阶段家庭贫困学生约 3000 万名

注：带 * 仅为中央财政投入。

参考文献

1. 费正清：《剑桥中华人民共和国史》，中国社科出版社 1992 年版。

2. 武力：《中华人民共和国经济史》上册，中国经济出版社 1999 年版。

3. 汪三贵、李文：《中国农村问题研究》，中国财政经济出版社 2005 年版。

4. 曾培炎主编：《新中国经济 50 年（1949—1999）》，中国计划出版社 1999 年版。

5. 刘坚：《新阶段扶贫开发的成就与挑战——中国农村扶贫开发纲要（2001—2010）中期评估报告》，中国财政经济出版社 2006 年版。

6. 张岩松：《发展与中国农村反贫困》，中国财政经济出版社 2004 年版。

7. 李小云、张雪梅、唐丽霞：《扶贫资金的瞄准与偏离》，社科文献出版社 2006 年版。

8. 国家统计局农村社会经济调查总队：《中国农村贫困监测报告》（2000—2007 年），

中国统计出版社2001—2007年版。

9. 国家统计局：《中国统计年鉴》（2000—2007年），中国统计出版社2001—2007年版。

10. 联合国开发计划署：《2007/08人类发展报告》。

11. 联合国开发计划署：《2005年中国MDG报告》。

12. 胡鞍钢："对中国之路的初步认识"，转载于黄平、崔之元等编著：《中国与全球化：华盛顿共识还是北京共识》，中国社会科学文献出版社2005年版。

13. 张德元："中国农村义务教育发展历史评述"，《光明观察》，2004年11月9日，来源：光明网电子期刊。

14. 王立敏："聚焦2004年世界和中国能源市场——BP世界能源统计（2005）分析"，《国际石油经济》2005年第7期。

15. 郇建立："国家政策对农村贫困的影响"，《北京科技大学学报》2002年第2期。

16. 郑功成："中国的贫困问题与从NGO扶贫的发展取向"，《中国软科学》2002年第7期。

17. 林毅夫："当前中国经济的主要问题及未来发展的展望"，http：//www.zisi.net/htm/wwzh/2005-05-24-29130.htm。

18. 国家统计局：《中国国民经济和社会发展统计公报》（2000—2007年），国家统计局网站。

第二章　缓解贫困——中国跨世纪的伟大工程

一、减贫战略的阶段特点

改革开放以来，在国家不同的发展时期，减贫战略具有不同的特点。中国农村缓解贫困的进程大体上可分为三个阶段。第一阶段（1978—1985 年），是制度变革下经济增长拉动型反贫困阶段，即以经济增长为主导的缓解贫困的模式；第二阶段（1986—2000 年）是政府主导下开发式扶贫阶段，实行以开发式扶贫政策为主导的扶贫模式；第三阶段（2001 年以来）是全面建设小康社会进程中的扶贫开发阶段，即开发式扶贫与多项惠农扶贫政策并举的整合式扶贫阶段。

（一）1978—1985 年，制度变革下经济增长引发的大规模缓解贫困

1978 年以后，通过一系列的制度变革中国的经济逐步向市场经济过渡。其中以土地制度改革为核心的农村经营方式的改变，极大地推动了农村经济的发展，同时也收到了独特而显著的减贫效果。

1978 年底，按照中国政府确定的国家贫困衡量标准统计的农村贫困人口超过了 2.5 亿人，占当时的农村总人口的 31% 左右。从当时的具体情况来看，导致农村贫困的影响因素很多，但“三级所有、队为基础”的人民公社制度却是当时制约农业发展和农村生产力发展的主要原因。因此，改革农村制度来刺激中国农村经济的增长，成为了改变中国农村贫困状况最重要的因素。在这一时期，我国政府进行的农村制度改革主要体现在三个方面。一是以家庭承包经营制度取代了人民公社的集体经营制度。农村土地制度改革首先将土地的经营权承包到户，使农民享有土地经营自主权和一定程度的农产品自主处理权，充分调动了农民的生产积极性，解放和发展了农村生产力。经过改革和发展，1984 年，中国的粮食总产量达到了历史的最高水平。二是以市场化为取向的农产品交易制度改革。在农村基本经营制度改革同时，中国政府为了使广大农民更好地休养生息，发展农业生产力，大幅度提高了农产品的收购价格，初步改变了工农业产品交换不合理的状况，改善了农业的交易条件。到 1984 年，全国农副产品收购价格总水平比 1978 年提高了 53.6%，工农剪刀差缩小了 29.9%（张岩松，2004）。三是农村乡镇企业崛起打破了农村单一的农业投资和就业制度的格局，推进了农村经济结构优化调整、富余农业劳动力向非农产业转移和中国农业化进程。农村经济制度改革，使得国民经济迅速发展并通过农产品价格的提升、农业向附加值更高的产业转化以及农村劳动力在非农产业就业三方面的渠道，将经济增长的利益传递到了大多数农村人

口，提高了农村大多数居民的收入水平。

这一时期，除了制度改革推动脱贫外，中国政府已经开始有意识地开展了相关扶贫活动。一是根据国务院决定，1980年，国家财政设立了与扶贫直接关联的“支援经济不发达地区发展资金”，专门支持老少边穷地区发展。当年的资金规模是5亿元，以后逐年扩大并成为后来中国财政扶贫资金的一条主要资金渠道。二是1982年，中国政府决定对以干旱和贫瘠出名的甘肃省定西地区、河西地区和宁夏回族自治区西海固地区实施“三西”农业建设计划，由中央财政专项拨款20亿元，重点支持“三西”地区改善农业基础设施条件等。“三西”农业建设计划的实施开启了中国区域扶贫的先河。三是1984年，中央发布了《关于尽快改变贫困地区面貌的通知》，针对当时贫困人口的分布状况，提出集中力量解决18个连片贫困地区的贫困问题，要求各级政府高度重视贫困问题，采取切实可行的措施加以解决。四是为加大对贫困地区的支持力度，中央政府决定实施“以工代赈”政策，用粮棉和低档工业品支持贫困地区开展以农田水利为主要内容的基础设施建设，所需资金由财政部和中国银行共同负担。

从1978年12月中国十一届三中全会通过的《中共中央关于加快农业发展若干问题的决定》第一次明确中国存在较大规模贫困人口开始，到1984年9月中共中央国务院发出《关于帮助贫困地区尽快改变面貌的通知》，中国真正意义上把减贫列为国家的重要任务。在这一阶段，借助农村经济体制的改革，伴随着市场化的建立及国家面对农村制定的各项反贫困政策和活动，中国农村的贫困人口得以大幅度减少，农村的贫困地区经济情况也得到一定程度的改善。国家以制度变革为依托，通过各方面的努力使得中国的扶贫进程出现了一个高潮，农民也从中得到了最大的实惠。农户人均纯收入由1979年的160.7元增加到1985年的397.6元，翻了2.5倍。扣除价格上涨因素的影响，实际增长了87.23%，年均增长率为11.02%。同时，中国农村贫困人口平均每年减少1786万人，没有解决温饱的贫困人口从1978年的2.5亿人减少到1985年的1.25亿，占农村人口比例由1978年的30%左右下降到1985年的15%[①]。

（二）1986—2000年，政府主导下的开发式扶贫

随着市场经济改革的展开，从20世纪80年代中期开始，农村改革减贫的边际效益逐渐下降，在中国西部区位条件较差的地区，农村经济增长和农民生活状况改善陷入停滞，与前一阶段（1978—1985年）相比，此阶段农民实际人均收入的年增长率大幅度下降，仅能达到3.6%。中西部和东部沿海地区农民的收入差距逐渐扩大，农村内部收入不平等程度也在不断加剧，各种衡量收入差距的指数都呈不断扩大的趋势（汪三贵，2007）。集中、区域性的贫困显得比较突出，贫困的原因也变得更加多样化和复杂化，在此之前庞大的贫困人口中，容易脱贫的早已脱贫，有些还过上了小康生活，剩下来的贫困人口脱贫难度更大，单纯通过经济增长来带动农民收入的提高已经很难达到减贫效果。

中国减贫进程第二个阶段的标志是专设扶贫机构的成立。中国减贫的组织结构是一种比较典型的、以政府为主导的、主要依靠行政组织体系的、自上而下的管理型治理结构。它是政府管理系统的延伸，其典型特征是多部门参与。中国减贫组织的最高领导机构是国务院扶

① 资料来源：国家统计局农村社会经济调查司编：《2005中国农村贫困监测报告》，中国统计出版社2006年版。

贫开发领导小组。它是国家级的议事协调机构，成立于1986年5月16日，一般由一名国务院副总理任组长，成员包括国务院下属有关部门的负责领导。

国务院扶贫开发领导小组的基本任务是：组织调查研究；拟订贫困地区经济开发的方针、政策和规划；协调解决开发建设中的重要问题；督促、检查和总结交流经验。国务院扶贫办就是国务院扶贫开发领导小组的日常工作办公室，主持全国的扶贫工作。相关省、自治区、直辖市和地（市）、县级政府也成立了相应的组织机构，负责本地的扶贫开发工作。

中国政府提出有组织、有计划、大规模开发式扶贫战略的主要依据是：首先，依靠一般性的经济增长在一定时期内很难带动老少边穷地区等贫困地区的发展，因此必须专门对贫困地区进行扶持。其次，地区性集中连片的贫困是当时中国贫困的主要特征，其原因是由于区域发展不平衡和区域社会经济发展滞后造成的。只有通过扶贫开发，改变社会经济的落后面貌，才能从根本上解决贫困问题。第三，以往国家对这类地区的扶持更多的是救济式扶持，虽然对缓解贫困有一定作用，但是对形成贫困地区可持续发展能力、对培养贫困人群的自我发展能力收效甚微，还易于强化贫困群体对外界支持的依赖性。所以，为改变贫困地区经济落后状况，行之有效的方法是以经济开发和能力开发为主要内容的开发式扶贫。

开发式扶贫即在国家必要支持下，利用贫困地区的自然资源，进行开发性生产建设，逐步形成贫困地区和贫困户的自我积累和发展能力，主要依靠自身力量解决温饱、脱贫致富。开发式扶贫把贫困地区农民自力更生与国家、社会扶持结合起来，能够有效开发当地资源发展经济，增强贫困地区自我积累、自我发展的能力，能够真正改善贫困地区生产条件，从而根本上解决贫困问题。同时，这种扶贫方式要求讲求投入产出效益，能达到扶贫成本低、扶贫效果高的效果，是解决温饱、实现脱贫致富的根本出路。

1986年以来，中国政府不断推进扶贫方式的规范化，1986—1994年之间，主要有2项相关的进展：（1）根据当时全国的贫困状况确定了贫困标准。中国贫困人口的标准最初是1986年由政府有关部门在对6.7万户农村居民家庭消费支出调查的基础上计算得出的，即1985年农村人均纯收入206元的标准，到2000年这一标准相当于625元。贫困标准的确立，为开发式扶贫对象的瞄准和效果评估提供了依据。（2）确定了重点扶贫区域。1986年，中央政府第一次选择以县作为一个基本扶持单元，并确定了国家重点扶持的贫困县。中央政府采取了一系列有针对性的政策措施，通过对贫困县的集中有效扶持，带动了全国农村贫困问题的解决。

虽然中国政府有组织的扶贫开发活动开始于1986年，但是中国农村反贫困行动和政策体系的形成的关键时期却是在“八七扶贫攻坚计划”阶段。在这一时期，中国政府出台了两个有代表性的指导扶贫活动的纲领性文件，即1994年公布实施的《八七扶贫攻坚计划》和1996年颁布的《关于尽快解决农村贫困人口温饱问题的决定》。这两个文件的颁布实施，标志着中国农村反贫困行动体系的完成。

1. “国家八七扶贫攻坚计划”。“国家八七扶贫攻坚计划”明确提出要集中人力、物力、财力，动员社会各界力量，力争用7年左右的时间，到2000年底基本解决当时全国农村8000万贫困人口的温饱问题。

为了完成“八七扶贫攻坚计划”，中央政府在总结1986—1993年间有针对性扶贫开发工作的基础上，提出了一整套综合性农村扶贫措施。这些措施侧重于通过为贫困人口积累资产而向他们提供机会。“八七扶贫攻坚计划”提出的主要扶贫措施包括：（1）确定592个国定贫困县，扶持的贫困县数约占全国县级单位的27%；中央的扶贫资源主要用于这些国定贫困县。全国348个少数民族地区县和非民族地区少数民族自治县中有257个被列为国家重点扶持贫困县；（2）明确提出省长（自治区主席）负责制，要求地方政府首脑对扶贫工作负总责；（3）提出东西对口扶贫，要求北京、天津、上海等大城市，广东、江苏、浙江、山东、辽宁、福建等沿海较为发达的省，都要对口帮助西部的一两个贫困省区发展经济；（4）明确各部门的责任，对所有与扶贫有关的部门都提出了明确的扶贫工作任务和责任；（5）扩大和强化了部门定点扶贫，要求中央和地方党政机关及有条件的企事业单位，都应积极与贫困县定点挂钩扶贫，一定几年不变，不脱贫不脱钩；（6）承诺随着财力的增长增加扶贫资金投入；（7）调整资金分配结构，集中用于西部省（区）；（8）税收优惠，对国家确定的“老、少、边、穷”地区新办的企业予以税收优惠或返还；（9）鼓励国际和民间机构参与中国的扶贫开发。

“八七扶贫攻坚计划”是中国历史上第一个有明确的目标、明确对象、明确措施、明确期限的扶贫纲领性的文件。为了确保“国家八七扶贫攻坚计划”制定的目标能够实现，1996年、1998年、1999年分别召开了中央扶贫开发工作会议，中共中央、国务院对尽快解决农村贫困人口温饱问题做出了一系列决定，强调坚持开发式扶贫的方针，并且进一步完善了逐年增加财政投入、扶贫到村到户、鼓励社会参与、加强地区间协作、支持自愿移民、扩大国际组织间的合作、强化扶贫资金管理、扶贫重点向西部倾斜、动员中央政府各个部门支持贫困地区开发的各项措施。

2.“中共中央、国务院关于尽快解决农村贫困人口温饱问题的决定”。1996年9月，中央召开了扶贫开发工作会议，做出了“中共中央、国务院关于尽快解决农村贫困人口温饱问题的决定”，继续加大政府扶贫工作的支持力度，以保证到2000年能够顺利完成“八七扶贫攻坚计划”。为此目的，对农村扶贫政策和措施进行了必要的调整：

- 中央政府进一步确定农村扶贫的总原则是省对扶贫工作负总责，并具体制定了“四个到省”的原则，即资金到省、权力到省、任务到省、责任到省；明确规定按期不能完成扶贫目标的地方政府官员就地免职；
- 大幅度增加了扶贫投资；
- 确定了10对“对口帮扶”的省、自治区、市，要求沿海的省、市用多种形式扶持西部的十个贫困省、自治区①；
- 要求东部三个直辖市和六个经济发达省主要用其自身的资源来解决当地的贫困问题；
- 推广小额信贷项目；
- 强调扶贫到户；
- 逐渐重视特殊群体（如残疾人、妇女）的贫困问题；
- 加强了扶贫监测，由国务院扶贫办等部门建立中国农村贫困监测领导小组，指定国家统计局负责对592个贫困县的经济和社会发展以及扶贫投资情况进行跟踪监测，并发表中国农村贫困监测年度报告。

① 具体情况是，北京帮扶内蒙古，天津帮扶甘肃，江苏帮扶陕西，山东帮扶新疆，上海帮扶云南，广东帮扶广西，浙江帮扶四川，福建帮扶宁夏，辽宁帮扶青海，深圳、青岛、大连、宁波帮扶贵州。

这些具有强烈针对性的特殊措施，有力地促进了全国扶贫开发工作，加快了扶贫攻坚工作的进程。1997、1998 年两年解决贫困人口温饱问题的人数均达到了 800 万人，成为进入 90 年代以来，中国解决农村贫困人口年度数量最高的年份。1994—2000 年，中央政府累计投入资金 1127 亿元，相当于 1986—2003 年 8 年投入总量的 3 倍。财政和信贷资金的投入，重点是支持贫困地区和贫困人口改善基础设施条件，发展农业生产和农村经济。

为了对 20 世纪最后两年的扶贫开发工作进行再动员、再部署，确保《国家八七扶贫攻坚计划》的如期实现，1999 年 6 月国务院召开中央扶贫开发工作会议，做出了《关于进一步加强扶贫开发工作的决定》，强调坚持扶贫开发的成功经验，以贫困村为基本单位，以贫困户为工作对象，以改善基本生产生活条件和发展种养业为重点，坚持多渠道增加扶贫投入，坚持动员和组织社会各界参与扶贫攻坚。这次会议的中心内容是扶贫到村到户，明确指出：扶贫开发到村到户的核心，是扶贫资金、干部帮扶和扶贫项目等各项措施真正落实到贫困村、贫困户。

政府主导、有组织的开发式扶贫，在一定程度上弥补了因农村经济增长速度放慢导致贫困人口减少速度放缓的不足，使农村贫困人口仍然保持了持续减少的态势。到了 2000 年，经过 7 年的努力，实现了基本解决贫困人口温饱问题的目标，农村贫困人口从 1993 年的 8000 万进一步减少到 2000 年的 3200 万，农村贫困发生率下降为 3%左右[①]。

（三）2001 年以来，开发式扶贫与多项惠农减贫政策并举的整合阶段

进入新世纪以来，随着贫困人口的减少，中国农村贫困人群的特征也发生了较大变化，突出表现在以下三个方面。一是农村贫困群体分布日益分散。据统计，在 2002 年，新确定的 592 个国家扶贫开发重点县的农村贫困人口仅覆盖了全国农村贫困人口的 62% 和低收入人口的 52%。二是部分极端贫困人口贫困性质发生了变化。据民政部救灾救济司（2003）所提供的材料，截至 2002 年年底，全国农村社会救济对象共计 2288.6 万人。这些人口一般均属于农村中的极端贫困人口。这就意味着，在目前中国农村的极端贫困人口中，至少有相当部分是这些缺乏正常的劳动能力的人群。三是脱贫群体的脆弱性。据国家贫困监测调查结果，农村低收入农户的收入波动很大，贫困地区的低收入人口每年的返贫率在 30% 左右（李德水，2003）。统计数据也表明：2003 年新增返贫人口占当年贫困人口的 53.3%（鲜祖德，2004）。这部分在贫困线附近徘徊的农户，处于贫困边缘，尽管其中的一年越过了贫困线，而一旦受到不利的社会经济自然等因素的影响，极有可能再次陷入贫困之中。

为了实现全面建设小康社会的目标，2001 年，中国政府颁布实施了《中国农村扶贫开发纲要》，中国的农村扶贫也进入了一个新的阶段。这个阶段的突出特点是，在继续坚持开发式扶贫的同时，政府出台了多项惠农亲贫政策，形成了一个多部门、多政策综合参与的“大扶贫”格局。

在专项扶贫政策方面，开发式扶贫政策发生了两个方面的重大变化：一是对贫困地区的扶持，由过去的瞄准扶贫县向瞄准贫困村转变，主要表现为大范围“整村推进”项目的实施。这种瞄准目标的转移，使得扶贫项目和扶贫资金更加贴近贫困人口（刘坚，2006），并开始把参与式村级扶贫开发规则作为推动“整村推进”工作的主要理念和方法，将扶贫资

① 资料来源：《中国统计摘要》，2006。

源倾向与到村到户。确定的贫困村分布在全国1861个县中，占全国县单位总数的68.8%，覆盖贫困人口占总人口的83%。在村级扶贫开发规划的政策约束下，扶贫资金开始更多和更集中地流向贫困村。在全国的全部的行政村中，扶贫重点村的比重不到1/4，但是在各种到村、到户项目的行政村中，扶贫重点村占67.2%①。二是开发式扶贫项目进行了结构性调整，增加了有利于贫困地区和贫困人口自身能力提高的项目，主要表现为增加了对贫困地区教育的投资和外出劳动力的培训。

与此同时，2003年以来，三农问题得到了政府和社会高度关注。2003年作为一个重要的分水岭，公共财政覆盖农村正式提到政策层面。按照“统筹城乡经济社会发展”的要求，国家财政把“让公共财政的阳光逐步照耀农村”作为新时期财政支持“三农”的基本指导思想，财政支持“三农”政策出现了重大转变，一个与社会主义市场经济体制大体相适应的新型农村公共财政框架体系初步显现。财政支持“三农”的资金投入，1998年约为980亿元，2007年预计达到3917亿元。一系列惠农政策的相继出台，有力地促进了农村基础设施建设，增加了农民收入，从而对有效缓解和解决农村贫困问题起了很重要的作用。

在众多的惠农政策中，对贫困地区与贫困人口产生直接影响的政策主要包括：（1）农村税费改革政策。根据这一政策，2006年以后，在中国实行了数千年之久的农业税费政策被彻底取消。尽管这是一项普惠性的政策，所有具有农业人口的居民都能受益，但是，由于中西部地区、特别是贫困地区的贫困人口收入更多地依赖农业产出，因此这项政策对减轻贫困人口的税费负担更为明显。有研究认为，2004年和2005年贫困人口数量的下降即与农业税费改革有着密切的关系（中国发展研究基金会，2007）。（2）农村义务教育“两免一补”政策。自2001年起，政府开始对中西部地区农村义务教育阶段的贫困学生免除书本费，2005年起政策对象扩大为全国所有农村义务教育阶段的贫困学生，政策内容开展为免书本费、免学杂费、补助寄宿生生活费（即“两免一补”）。2006年，全国财政安排农村义务教育经费1840亿元，全部免除了西部地区和部分中部地区农村义务教育阶段5200万名学生的学杂费，为3730万名贫困家庭学生免费提供教科书，对780万名寄宿学生补助了生活费（中国发展研究基金会，2007）。2007年后，政府又进一步对农村所有义务教育阶段学生采取了免除学杂费的政策。“两免一补”政策的实施，大大降低了农村贫困家庭的教育负担，增加了贫困家庭子女受教育的机会。（3）新型农村合作医疗政策与贫困人口医疗救助政策。新型农村合作医疗政策是一种农民自愿参加，个人、集体和政府多方筹资，以大病统筹为主的农民医疗互助共济制度。这一政策于2003年开展试点，2007年覆盖了全国80%以上的县，2008年在全国全面推行。另外，从2004年开始，民政部门开始对农村五保户、特困户、重点优抚对象等实行医疗救助政策，要求对于开展新型农村合作医疗的地区，资助医疗救助对象缴纳个人应负担的全部或部分资金，参加当地合作医疗，享受合作医疗待遇，因患大病经合作医疗补助后个人负担医疗费用过高，影响家庭基本生活的，再给予适当的医疗救助；对于尚未开展新型农村合作医疗的地区，对因患大病个人负担费用难以承担，影响家庭基本生活的，给予适当医疗救助。新型农村合作医疗政策与贫困人口医疗救助政策的实施，在很大程度上改善了因病致贫农民的生活与就医条件。例如，2005年，农村贫困人口医疗救助体系的建立使304万农村困难群众受益（中国发展研究基金会，2007）。（4）农村社会

① 姚立：《2004中国农村贫困监测报告》，中国统计出版社2004年版。

保障政策。2007 年，全国农村最低生活保障制度覆盖人口达到 3451.9 万，农村五保救济覆盖人口为 525.7 万，30 万农村人口享受到农村特困救济，508.5 万人次得到农村临时救济，603.4 万人次得到农村医疗救助。农村社会保障政策的实施，为从根本上消除农村生存贫困、特别是丧失劳动能力的绝对贫困农户的贫困问题提供了可能。

由此可见，进入 21 世纪以来，由于党和政府对三农问题的高度重视，各部门、各行各业、社会各界更加关注贫困地区、关注贫困和弱势群体，扶贫开发工作正在步入了一个新的历史时期。正是在惠民亲贫政策和开发式扶贫政策相结合的综合作用下，2007 年农村的生存贫困人口降到了 1479 万，贫困发生率为 1.6%；同时，各项政策的实施也使得农村中的低收入人群收益匪浅。按照最新的统计数据，在 2000—2007 年期间，农村中的低收入人群从 2000 年的 6213 万减少到 2007 年的 2841 万，减少了 1/2 强。

二、减贫目标的实现

作为针对贫困人口的发展战略，自 1978 年以来，中国的减贫战略取得了突出的成就，主要体现为减贫目标的实现。减贫目标的核心是贫困人口的减少，此外是贫困群体的生产生活条件改善。其最终表现则是贫困群体发展能力的增强，这是促进贫困群体持续脱贫的基础性条件。具体来说，减贫目标的实现体现在以下方面：

（一）贫困人口减少

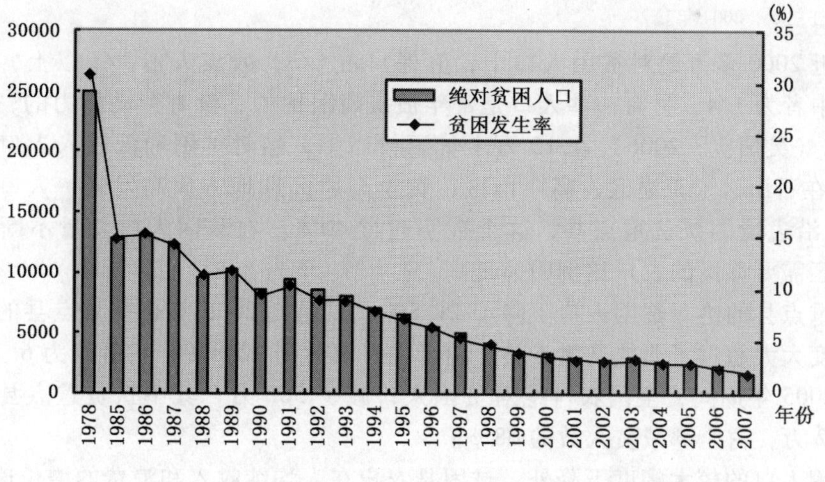

图 2－1　中国农村贫困人口的变化，1978—2007 年

资料来源：根据国家统计局历年公布数据整理。

贫困人口减少是从量的方面衡量减贫活动的主要指标。按照中国国内的贫困标准衡量，农村未解决温饱的绝对贫困人口由 1978 年的 2.5 亿人下降到 2007 年的 1479 万人，同期贫困发生率从 1978 年的 30.7% 下降到 2007 年的 1.6%，见图 2－1。低收入人口也从 2000 年的 6213 万减少到 2007 年的 2841 万，低收入人口占农村人口比例从 6.7% 下降到 3.1%。“国家八七扶贫攻坚计划”的目标已经基本实现。国务院扶贫办资料显示：2001—2003 年，全国农村绝对贫困人口年均减少 103 万人，低收入贫困人口年均减少 198 万人；2005—2007 年，这两项指标分别年均减少 443 万人和 613 万人。也就是说，最近三年明显高于进入 21 世纪以来的前三年。这是经济增长、专项扶贫计划和中央各项支农惠农政策共同推进的结果。特别是，2001—2007 年，中央财政累计投入扶贫资金 853 亿元，为扶贫开发工作提供了重要的财力保障。

尽管中国目前所采用的绝对贫困线标准被普遍认为偏低，有必要随着经济发展和生活水平的提高而改变（王萍萍等，2006），但是，即使是按照国际所公认的世界银行“1 天 1 美元”标准，中国农村反贫困的成就仍是巨大的（图 2－2）：与 1990 年相比，2002 年中国农村的贫困人口减少了 55%（消费标准）或 66%（收入标准）。

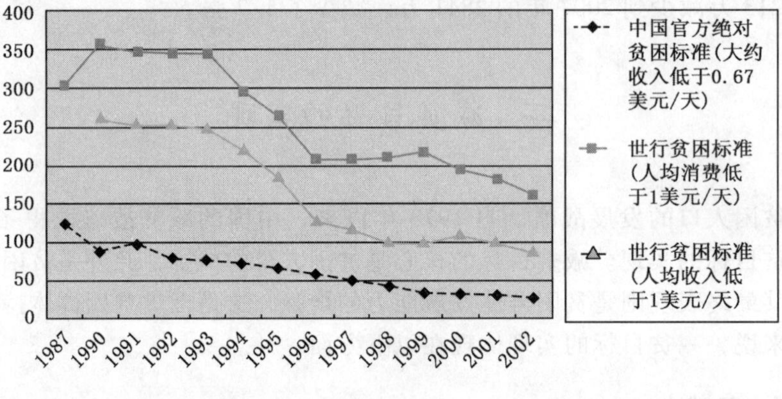

图 2－2　按不同标准测算的中国农村贫困人口（百万）：1990—2002

资料来源：汪三贵，2004 年。

现存的近 2000 多万绝对贫困人口中，五保户占 1/5，残疾人占 1/3 以上，生活在不宜生存的环境中者为 1/4，另有一些人口是常年被疾病困扰的、没有劳动能力的，以及受教育水平极低的。（吴国宝，2006）在 15 万个贫困村当中，绝对贫困和低收入人口占乡村总人口的 33%；在石山区、荒漠区、高寒山区、黄土高原区和地方病高发区、人口较少民族地区以及 42 个沿边境的扶贫重点县，这个数字超过 40%。在贫困人口总量不断减少的情况下，这些地区需要移民的农户比例明显提高。

非扶贫重点县的绝对贫困人口下降了 11.8%。只是到 2005 年扶贫重点县的绝对贫困人口的下降幅度大大超过了非扶贫重点县，前者的降幅达到 12.8%，后者仅为 6.7%。另一方面，2001—2005 年期间，全国农村绝对贫困人口减少 562 万，其中扶贫重点县的绝对贫困人口减少 382 万，占全部减贫人数的 68%。

除了贫困人口的较大幅度下降外，贫困县农户在人均纯收入和消费的增长速度方面也要显著高于非贫困县。从 1994—2000 年，扶贫重点县农民人均纯收入从 648 元增长到 1337 元，年均增长 12.8%，比全国平均增长速度快 2 个百分点；2002—2005 年，重点村的人均纯收入的增长速度快于重点县和全国的平均增长速度，人均消费支出和食物支出的增长速度也高于重点县（中国发展研究基金会，2007）。世界银行研究人员的研究也发现，在控制了其他一些可观测和不可观测因素的影响后，贫困县农户的收入和消费增长速度确实要显著高于非贫困县（Ravallion and Jalan，1999）。可见，从总体上说，贫困县从扶贫政策与扶贫投资中是显著获益的。

表 2－1 农村绝对贫困人口规模及贫困发生率（2000—2007 年）

项　别	2000	2001	2002	2003	2004	2005	2006	2007
绝对贫困人口规模（万人）	3209	2927	2820	2900	2610	2365	2148	1479
比上年增减（万人）	－203	－282	－107	80	－290	－245	－217	－669
贫困发生率（%）	3.5	3.2	3.0	3.1	2.8	2.5	2.3	1.6

资料来源：2001—2007 年《中国农村贫困监测报告》；2007 年数据来源于国务院扶贫办。

表 2－2 农村低收入人口规模及比重（2000—2007 年）

项　别	2000	2001	2002	2003	2004	2005	2006	2007
低收入人口规模（万人）	6213	6202	5825	5617	4977	4067	3550	2841
比上年增减（万人）	—	－111	－277	－208	－640	－910	－517	－709
低收入人口比重（%）	6.7	6.6	6.2	6.0	5.3	4.3	3.7	3.1

资料来源：2001—2007 年《中国农村贫困监测报告》；2007 年数据来源于国务院扶贫办。

（二）贫困群体生存需求的满足

贫困群体作为国家减贫行为的目标群体很容易被数据化，也就是事实被概念化。人们提到贫困群体就是一个数据，而不是具体的户，更不可能针对具体的人。进入新世纪以来，中国政府的减贫行为逐步系统化和规范化，在《中国农村扶贫开发纲要（2001—2010）》中提出了注重参与、扶贫到户的思想。通过政府的系统工程，贫困群体在政府的减贫行为中逐步具体化、微观化，从抽象的数据还原为事实。以此为基础，在户的层次上，衡量减贫效果才是有可能的，也只有这种衡量才是有意义的。

表 2－3 提供的数据说明，扶贫开发纲要实施以来，贫困户和低收入户在生存需求方面有了显著的改善，虽然与全国的平均水平相比还有一定的距离，但是与纲要实施基期相比，可以看出，贫困群体生存需求的满足程度提高了。

表 2－3 贫困群体生存需求的满足情况

项　别	2004 年			2000 年		
	全国	贫困农户	低收入户	全国	贫困农户	低收入户
粮食（公斤/人）	218.3	160.8	186.3	252.0	191.0	220.3
肉禽及其制品	19.2	8.5	11.5	19.2	2.9	5.4
奶和奶制品	2.0	1.5	1.6	1.1	0.9	1.4
水产品	4.5	0.7	1.1	3.9	0.4	0.8
有安全饮用水农户比重（%）	69.9	55.3	58	64.7	51.7	52.2
人均住房面积（m^2）	27.9	16.3	18.4	24.8	14.1	17.2
较好住房*面积比例（%）	83.4	54.2	63.1	79.6	42.9	57.6

注：*指钢筋混凝土结构及砖木结构住房。

资料来源：《中国农村扶贫开发纲要（2001—2010 年）》中期评估报告，中国财政经济出版社 2006 年版，第 535—536 页。

（三）贫困群体基本公共服务消费的满足

在各级政府财政扶贫资金的大力支持下，与贫困人口生产生活条件密切相关的基础设施得到了较大改善。2002—2005年期间，通公路、通电、通电话和通电视信号的自然村的比重在重点村分别增加了8.1、4.1、26.7和6.8个百分点，而有卫生室的行政村比重在重点村增加了8.4个百分点（中国发展研究基金会，2007）。目前贫困地区基本的基础设施已经达到相当水平，属于扶贫重点的基本设施如交通、通讯、电力和学校等拥有率已经接近非贫困地区。表2－4反映了2006年贫困地区基础设施建设水平。从表中可见，极端贫困人口和低收入人口在交通、通讯、电力、基础教育设施等方面的拥有率与非贫困地区已经相差不大。

表2－4　　中国农村贫困人口与非贫困人口基本的基础设施拥有水平情况：2006

	极端贫困人口（%）	低收入人口（%）	全国（%）
所在村通公路比重	93.9	95.9	97.8
所在村能看电视节目的比重	93.4	96.5	98.7
行政村通电比重	97.8	98.9	99.6
所在村通电话的比重	94.6	95.1	98.3

资料来源：《中国农村贫困监测报告》（2007），中国统计出版社2007年版。

更为重要的是，比较贫困农户所在村、低收入农户所在村与全国村庄平均水平的变化，可以发现，贫困农户所在村基础设施的改善程度明显要高于低收入农户所在村；而低收入农户所在村则要高于全国的平均变化（表2－5）。

表2－5　　不同农村地区基础设施条件的改善

项　目	2004年			2006年			2006年比2004年增减		
	全国	贫困农户	低收入户	全国	贫困农户	低收入户	全国	贫困农户	低收入户
1. 所在村通公路的比重（%）	98	95.4	96.4	97.8	93.9	95.9	-0.2	-1.5	-0.5
2. 所在村通电话的比重（%）	97	88.8	91.3	98.3	94.6	95.1	1.3	5.8	3.8
3. 所在村能看电视节目的比重（%）	99.3	97.8	98.7	98.7	93.4	96.5	-0.6	-4.4	-2.2
4. 所在村通电的比重（%）	99.4	96.7	98.5	99.6	97.8	98.9	0.2	1.1	0.4

资料来源：根据《中国农村贫困监测报告》相关年份数据整理、计算。

教育方面。新中国成立初期，全国小学入学率为20%左右，初中入学率约为6%，文盲占总人口80%以上。截至2006年底，全国实现两基（基本普及九年义务教育，基本扫除青壮年文盲）地区覆盖率达到98%。2006年，全国小学净入学率、初中毛入学率分别提高到99%和97%，高等教育毛入学率达到22%以上。国家扶贫工作重点县的相应指标已达到或接近全国平均水平（国务院扶贫办，2007）。例如，2000年贫困农户和低收入户中学龄儿童在校率比全国平均水平分别低9.1和3.4个百分点，而2006年仅分别低5.6和3.8个百分点①。

医疗、营养、卫生方面。到2006年，全国法定传染病死亡率已降到0.82/10万。2005年，新生儿死亡率为13.2‰，婴儿死亡率为19.0‰，5岁以下儿童死亡率为22.5‰，孕产妇死亡率为47.7/10万。体重不足的5岁以下儿童从1990年的19%降至2005年的不足7%。2000年开展的第五次全国人口普查资料显示，人口平均预期寿命已经达到71.4岁，比世界

① 国家统计局农村社会经济调查司编：《2007中国农村贫困监测报告》，中国统计出版社2008年版。

平均水平高5岁，比发展中国家和地区高7岁，比1949年的预期寿命高出1倍（国务院扶贫办，2007）。特别是在新型农村合作医疗体系建立以来，贫困农民不能及时就医的比例在下降。2004年，贫困农户生病后不能及时就医的人口占21.6%，比2002年低了3.5个百分点，低收入农户生病不能及时就医的人口占17.9%，比2002年低了4个百分点。

农村社会保障方面。2007年，全国农村最低生活保障制度覆盖人口达到3451.9万，农村五保救济覆盖人口为525.7万，30万农村人口享受到农村特困救济，508.5万人次得到农村临时救济，603.4万人次得到农村医疗救助。

（四）劳动力素质提高

贫困群体由于条件和机会的缺乏，在能力和素质上不能达到市场化劳动需求的要求，对劳动力进行培训是提高劳动力素质的有效手段。在开发式扶贫战略指导下，长期以来，贫困群体的培训一直是政府扶贫部门的重点努力领域，同时也是重要的扶贫经验。2004年，劳动力培训在全国大范围开展，到2006年“雨露计划”提出，把人力开发战略推向了高潮。

2001—2004年间，中国中西部的14个省份向省、市、县的培训基地共投入6.1亿元资金，平均每年1.5亿，各省每年平均1089万元。这些投入取得了重要的扶贫效果。据扶贫部门的资料，2001—2004年间，这14个省份共培训农村劳动力242万人，平均每年培训61万人，其中在各省内部就业157万人，占总培训人数的65%；67万人在省外就业，占28%。除对培训基地的投入以外，各级政府平均要为每个受培训劳动力补贴1000元的投入。

国务院扶贫办要求，劳动力转移培训专业的设置主要根据就业市场尤其是用人单位的实际需求确定，重点为家政服务、餐饮、保安、酒店、建筑、园林绿化、制造、电子装配等用工量大的行业技能型专业。培训时间为1—6个月。

调查表明①，劳动力培训战略在提高劳动力素质方面有明显优势。虽然1—6个月时间较短，但是经过引导型培训和技能型培训，与完全没有经过培训的农村劳动力相比，无论是观念上还是技能上都有很大的变化。通过这样的培训，可以初步掌握某项技能的入门知识，便于今后在工作岗位上继续深造，为实现长期的劳动力转移打下基础。

劳动力培训类减贫项目与市场化的劳动力市场结构很紧密，通过政府的协调，大型企业和用人单位可以和培训项目直接签订用人合同，因此，很多时候，劳动力培训项目同时还为受培训的劳动力找到合适的就业岗位。这种劳动力培训带来的就业转移能够增强劳动力的集体自我保护能力。研究资料表明②，这种项目实现的就业能更好地增加农村劳动力的利益。

（五）贫困群体发展的区域条件得到改善

在开发式扶贫战略的指导下，财政扶贫资金重点用于发展种植业、养殖业、科技扶贫（优良品种的引进、先进实用技术的推广及培训等）；适当用于修建乡村道路、桥梁，建设基本农田（包括畜牧草场、果林地），兴建农田水利，解决人畜饮水问题，发展农村基础教育、医疗卫生、文化、广播、电视事业。不同类型的财政扶贫资金在使用上有不同的侧重

① 《中国农村扶贫开发纲要（2001—2010）》中期评估报告，中国财政经济出版社2006年版。

② 中国农科院农经所贫困与发展研究室：“整村推进实施过程中绝对贫困人口的扶持问题调研报告”，2004年财政部资助项目。

点：以工代赈资金，重点用于修建县、乡公路（不含省道、国道）和为扶贫开发项目配套的道路，建设基本农田（含畜牧草场、果林地），兴修农田水利，解决人畜饮水问题等。扶贫专项贷款重点支持有助于直接解决农村贫困人口温饱的种植业、养殖业和以当地农副产品为原料的加工业中效益好、有还贷能力的项目。新增财政扶贫资金和发展资金重点用于发展种植业、养殖业、科技扶贫（优良品种的引进、先进实用技术的推广及培训等）；适当用于修建乡村道路、桥梁，建设基本农田（含畜牧草场、果林地），兴建农田水利，解决人畜饮水问题，发展农村基础教育、医疗卫生、文化、广播、电视事业。

各省根据其自身条件使用财政扶贫资金。例如，宁夏更注重农田水利、生态建设和乡村道路建设；江西把主要资金都投向了道路建设和基础设施建设；广西重点放在基础设施建设和产业开发方面，见表2-6。

表2-6　扶贫资金投向构成　（单位:%）

1998—2002年全国平均		宁夏自治区		江西省		广西自治区	
农业	40.8	农田水利	31	农业	13	基础设施	29
工业	22.5	人畜饮水	10	水利设施	26	中小型基础设施	29
社会服务	4.9	生态建设	18	农田建设	4	产业化	23
基础设施建设	22.8	城镇建设	5	工业和服务业	2	移民安置	8
其他	9	农村通讯	2	交通	46	农田水利	3
		乡村道路	21	文卫、技术推广	8	社会事业	5
		种草养畜	7	其他	1	小额信贷	3
		其他	6				

资料来源：英国国际发展部资助中国农业大学人文与发展学院/国际农村发展中心，中国新世纪财政扶贫资金的运行：瞄准与偏离的分析，2007年。

据国家统计局对全国592个重点县贫困监测数据，从2002—2006年，我国在重点县的中央财政实际扶贫投资总额达到了169.6亿元，实行劳动力转移9220.9万人。进行农田水利建设也成效显著，新增基本农田1411.8千公顷；新增或扩建公路43.7万公里；解决饮水困难牲畜2302.7万头。见表2-7。

表2-7　中央财政扶贫资金产出情况

	单位	2002	2003	2004	2006	合计
中央财政扶贫投资总额	亿元	35.8	39.6	45.9	48.3	169.6
新增基本农田	千公顷	278.8	295	500	338	1411.8
新增或扩建公路里程	万公里	7.8	12.4	12.5	11	43.7
当年解决饮水困难牲畜头数	万头	669.1	620	551.6	462	2302.7
向其他地区输出劳动力人数	万人	1203.3	2464.7	2674.9	2878	9220.9

资料来源：2003—2007《中国农村贫困监测报告》，中国统计出版社2003—2007年版。

表2-8以价值和实物的形式说明，在政府的大量投入下，全国592个重点贫困县在交通设施、农业生产条件、人民生活条件、人力资源等方面得到了显著的改善，这些成果为贫困群体增加收入创造了条件。

上述成效必将导致贫困群体发展能力的提高。衡量贫困群体发展能力提高的一个综合性指标是其收入水平的提高。扶贫纲要中期评估数据显示①，2001—2004年间，贫困村农户的收入增长速度比同一个县内非贫困村农户的收入增长速度快2个百分点；而整村推进村农户的收入增长速度比非整村推进村高8%—9%。同一时期内，按可比价格计算，592个扶贫重点县农户家庭经营性纯收入实际年均递增6.8%。2004年扶贫重点县农民人均家庭经营纯收入为997元，比2001年增加148元。其中，人均种植业纯收入年均增长9.2%，它对农民纯收入增长的贡献率达到了47%。

另外，根据国家统计局的《中国农村贫困监测报告》(2003、2006)，计算出②政府减贫行动目标群体的收入增长率也高于全国平均水平，部分实施整村推进的重点村的收入增长率更加显著，见表2-8。这表明，贫困群体的发展能力得到了实质性的提高，这是中国政府减贫政策所取得的巨大成就的集中体现。

表2-8　　2002—2005年贫困群体发展能力的增长

	增长量			增长率		
	全国	扶贫重点县	扶贫重点村	全国	扶贫重点县	扶贫重点村
全年纯收入	779.3	420.4	436.9	31.8	32.2	36.5
工资性收入	334.3	125.3	1169	39.78	28.7	30.32
家庭经营收入	358.0	246.6	268.3	24.08	30.98	36.20
转移性收入	49.2	32.9	36.4	50.12	53.6	60.77
财产性收入	37.8	15.6	15.1	74.63	124.68	165.11

三、减贫成就的影响

所谓“减贫成就的影响”就是由减贫成就所发动或作用而产生的所有其他的变化。显然从概念上看，影响和效果是不同的。效果是从原定目标的方向来评价一项活动的结果，而影响却不是这样。从规范的研究意义上讲，在一定的空间和时段条件下，任何一项发展干预都会产生无法完全预计的影响，也就是影响是不可以控制的，它是一项干预从无到有以后在更大范围或更广大时间段所带来改变。实践当中，人们很容易把影响和效果搞混。在本文中，效果是上一节所描述的减贫目标实现情况，而影响是在此基础上所引发和推动的一些改变。因此，减贫成就是按照减贫战略设计实施后发生在贫困目标群体身上的减贫效果；而减贫成就的影响可能不是发生在贫困目标群体身上的，而是发生在其周围人群或社区的。

虽然影响是无法设计的，但我们至少可以选择一个框架来研究某项干预所产生的影响。这里，我们将分为政治、经济、社会、可持续发展和国际贡献等五个方面来评论中国政府减贫成就所带来的影响。

(一) 对弱势群体的赋权，促进社会公平

赋权是一个政治学术语，最早全面提出赋权理论的是约翰·弗里德曼(John

① 《中国农村扶贫开发纲要(2001—2010)》中期评估报告，中国财政经济出版社2006年版。

② 吴国宝：“扶贫开发重点工作的有效性讨论”，国务院扶贫办网页，资料库。

Friedmann)[①]。赋权理论用通俗的话讲，就是把农民应该得到的权力还给农民。弱势群体本来享有的权力还给他们，是真正实现社会公平的前提。

赋权理论的基本依据和假设是：由于经济、文化和社会等多种因素，不同的社会团体在国家和公共事务的政策决策和实施过程中表达需求和意愿、分享发展成果的能力是不同的。从而造成福利分配和发展机会是不均衡，不平等的。在社会层面，农民往往被边缘化；在社区层面，穷人，妇女等弱势群体往往被边缘化。对弱势群体的赋权是扶贫规划决策和项目设计的重要步骤。

赋权包含对家庭和其成员在政治、社会、心理等三方面的赋权。这个过程是从底层的家庭和社区开始的，强调围绕家庭的外部关系来构造一个更适合他们的社会环境。这个过程必然不能由那些拥有特殊权力的社会精英们来完成，也不能如同完成高速经济增长那样依照一些固定的规则来进行，赋权必须由家庭及其成员通过参与社会和政治活动来实现。

在中国以政府为主导的减贫行动中，贫困群体作为农村发展中的弱势群体不仅得到资金、技术的支持，而且通过开发式扶贫战略的实施得到和使用了他们自主发展的权利。减贫成就对弱势群体赋权最大的影响是通过减贫制度的规范化，在完善扶贫瞄准机制的过程中，使贫困群体的话语权真正影响到了扶贫资源的分配。整村推进作为中国扶贫纲要的主要战略之一，其设计模式保证了贫困群体的参与[②]。

作为整村推进工具的参与式村级扶贫开发规划不仅在规划期间要求贫困群体的参与，而且在规划的执行期间也给予贫困群体监督和管理的权利。

江西省扶贫办进行的一项调查[③]表明，在规划的过程中，不同的群体都参与了规划（见表2-9）。真正的参与应该体现为建议和决策，在访谈到的村民中，分别为40.0%和12.5%。在有村民全体数据的16村中，有8个村的决策比率为0，也就是在访谈的30个村民中没有一个参与了决策，说明在规划的决策阶段决策的权利是较为集中的。在21个调查村中有2个村使用了村民理事会，决策较为民主，决策率分别达到了60%和40%。另有2个村召开了村民大会，决策率较高达到20%。表2-9表明，与一般户相比贫困户的参与度相对较低，在贫困群体中，女性的参与度较男性低。

表2-9　规划过程不同群体的参与程度　（单位:%）

不同群体	知情率	建议率	决策率
全体被访谈户平均	91.5	40.0	12.5
一般户组平均	92.1	40.0	15.0
女性贫困户组平均	84.2	20.5	4.6
男性贫困户组平均	90.0	36.7	8.8

数据来源：GTZ资助的江西省扶贫办所进行的中德合作扶贫纲要监测评估项目的项目报告。

赋权是一个长期的过程，表面上看来似乎贫困群体参与决策的比率还较低，但是更需要重视参与决策的途径。目前的整村推进规划方法是对贫困群体赋权的规范途径，可以说也是一项制度创新，其意义和影响是很大的。整村推进战略是根本解决全国15万个重点贫困村

① John Friedmann (1992). *Empowerment - The Politics of Alternative Development.* Blackwell.

② 叶敬忠、刘燕丽等编：《参与式发展规划》，社科文献出版社2006年版。

③ GTZ资助的江西省扶贫办所进行的中德合作扶贫纲要监测评估项目的项目报告。

脱贫问题的主要途径，也就是从2006年起到2010年，每年要完成并起动2万个贫困村的参与式扶贫规划和整村推进。

（二）推动经济发展

中国是一个处于急速工业化和现代化过程的国家，其发展的各个方面都与农民、农村和农业有千丝万缕的联系，因此，中国政府20年来的减贫行动必然对整个国家和社会产生影响。目前，全国有592个扶贫重点县，占全国总县级行政单位总数的1/5—1/4。由于中国政府的开发式扶贫战略从根本上讲不仅是针对贫困人口而且包括贫困区域，甚至是通过扶持贫困区域来帮助贫困群体。在这种情况下，减贫成就在区域经济上的溢出效益就极其明显。减贫活动的显著成就是改善了区域的发展条件，如增加了基本农田、形成了工业固定资产等。本节关注减贫成就在推动经济运行方面的影响，主要包括增强了农业生产能力、拓展了市场和协调了城乡发展。

1. 增强农业生产能力。许多研究①表明，在市场化、工业化和全球化的持续作用下，农业的地位会受到冲击（如Philip McMichael and Laura T. Raynolds，1994）。

作为“一体两翼”减贫战略的重要组成部分，产业化扶贫没有针对特定的贫困群体，而是根据各地的不同情况，着眼于当地涉农企业的发展，通过贷款、税收、补贴等方面的支持，使大量涉农企业得到扶持从而带动了当地农业的发展。有关学者通过问卷调查方式估算出龙头企业拉动农业生产的巨大影响作用，见表2－10。

表2－10　　龙头企业拉动的农业生产面积和增加值　　（单位：万亩、万元、%）

	甘肃	山东	江西	黑龙江	河北	广西	新疆	湖南	湖北	辽宁
面积										
种植	80	220	300	560	65	45.12	6.05	41.23	1.5	50
林果	3	180	230	43		5.71	0.01	0.0756	0.75	50
养殖		15	50	13	400	2.84	1.12	60.5	0.75	
面积份额										
种植		53.0	51.7	90.9	14.0	84.1		84.3	40.5	0.0
林果		43.4	39.7	7.0	0.0	10.6		0.1	0.1	50.0
养殖		3.6	8.6	2.1	86.0	5.3		15.6	59.4	50.0
增加值										
种植	80000	676	156000	112000	29100	12879	725	18500	6000	6389
林果	6000	435	220000	12900		3716	6500	23000	6000	6000
养殖	180000	320	50000	60200	24830	6750	11109	22000	6000	92279
增加值份额										
种植	30.1	47.2	36.6	60.5	54.0	55.2		4.0	29.1	33.3
林果	2.3	30.4	51.6	7.0	0.0	15.9		35.5	36.2	33.3
养殖	67.7	22.4	11.7	32.5	46.0	28.9		60.6	34.6	33.3

数据来源：李周等：“产业化扶贫方式评估报告”，见《中国扶贫开发纲要（2001—2010）》中期评估报告第189页。

① Philip McMichael and Laura T. Raynolds, Capitalism, Agriculture and World economy, London, Routledge, Capitalism& Development, Edited by Leslie Sklair, 1994, P316.

龙头企业的带动作用对于贫困地区的经济发展十分重要，但是龙头企业遇到的最严重的问题是企业本身在完全市场化的条件下相对于高科技工业企业来说竞争能力差。中国减贫战略中所采用的产业化扶贫是针对减贫目标的政府行为和市场的合作来改善龙头企业的发展环境，最终通过龙头企业的发展来推动当地的减贫事业。

专栏 2－2 说明了如何在国务院扶贫办协调下，扶贫重点县河北滦平县建设 2000 万只生产能力的养殖、加工基地，在取得减贫效果的同时，对当地的养殖业产生的巨大影响。

专栏 2－2

国务院扶贫办、国家开发银行《支持贫困地区脱贫致富开发性金融合作会谈纪要》框架下，由开发性金融合作联合实施办公室与河北省扶贫办、承德市扶贫办、滦平县委、县政府共同组织实施的开发性金融扶贫县级综合性试点项目。

试点第一批重点支持的三个项目总投资为 68206 万元（含地方财政补贴），其中华都肉鸡产业化扶贫项目总投资 38856 万元，贫困农户肉鸡养殖项目总投资 18000 万元，劳动力转移培训项目总投资 1350 万元。计划利用国家开发银行和当地金融机构贷款 38350 万元，其中华都肉鸡产业化扶贫项目贷款 27000 万元，贫困农户肉鸡养殖贷款 10000 万元，劳动力转移培训贷款 1350 万元。剩余部分由政府财政补贴、企业和农户自筹解决。其中滦平县政府为华都食品产业化扶贫项目提供各项财政补贴近 10000 万元，为每个饲养规模达到 5000 只以上肉鸡的鸡舍建设提供财政支持 5000 元，为每个受培训劳动力提供培训经费 500—800 元；华都食品自筹资金 11856 万元，每个肉鸡养殖农户自筹资金 2 万—3 万元。

试点建成后，可为当地贫困农户提供一线加工就业岗位 4500 个；带动 3600 户贫困农户养殖肉鸡和 1000 户贫困农户从事肉鸡养殖服务业，每年可直接增加贫困人口收入 1.134 亿元。按每户 3 人计算，两项累计，项目可直接带动贫困人口 2.73 万人，占到试点县全部贫困人口的 1/5 以上，全部农业人口的 1/9 以上。可间接带动农业人口 11 万人，占试点县全部人口的近一半。

减贫成就对于增加农业生产能力的作用是多项综合措施的作用。在农户层面上，整村推进规划起到推动农业生产能力提高的作用，见专栏 2－3。

专栏 2－3

贵州省紫云是全国 592 个国家扶贫开发工作重点县之一，有扶贫工作重点乡镇 10 个。近年来，该县积极探索产业化扶贫新路，努力促进农民增收，全面实施“整村推进”项目。

作为国家一类重点扶贫村的打郎村，2006 年实施“整村推进”项目以来，共实施项目 16 个，投入各种建设资金 150 万元，包括开展种草养牛、二元杂交母猪饲养等项目。全村 2007 年上半年，出栏猪仔 2096 头，增收 27 万元。“每年光销售猪仔的纯利润就有 3 万左右，家里房子、电器、家具都是靠养猪置办起来的。”村民刘培民说。

水塘镇猫场村也是重点扶贫村。通过整村推进规划，实施林下种草养鸡项目，引进适合长期发展的生态项目—山林草地养鸡。这种饲养方法，节约饲料，发病率低，易于管

专栏（续）

理，出栏鸡肉质明显优于圈养鸡。养鸡专业户张登明家为记者算了笔经济账："在家后面的山林里养鸡，一次养殖700多只，一年养4批，去年仅此项增加了2万多元的收入。"该村像张登明家因发展生态养鸡致富发家的还有20多户。

县扶贫办将水塘镇塘坊村的经验推广，鼓励农民引进良种鸡种，按照"草一鸡一沼一肥"的养殖模式，搞生态养鸡，在当地的贫困山区村推广很快。塘坊村村支书张春告诉记者："村里现在养鸡年收入万元以上农户有20多户，全村养鸡带来的收入达30多万元，户均增收500元以上。"今年该村养殖生态鸡农户增加到73户，人均收入万元以上。

大力扶持和培育芭蕉芋产业化扶贫的订单农业。县扶贫办从兴仁等地调进27.68万公斤芭蕉芋种子到县内的水塘、火花等乡镇的19个村，农户与县芭蕉芋厂签订收购订单。通过新调进种子扩大种植和以前的留种扩繁，加上原有种植面积的进一步扩大，目前该县芭蕉芋种植面积大约1万亩左右，预计年产量可达2000万公斤。除留种扩繁外，可加工芭蕉芋粗淀粉300万公斤，农民仅此一项增收预计达到500万元以上。

2. 拓展市场。经济学认为，宏观经济扩张所依靠的是市场购买力或商品需求量，但是归根结底是人的需求。人的需求是随着环境而变化的。对于贫困地区来说，低收入是限制购买力增长的因素，同时缺乏基础设施也是限制工业品消费的因素。从这个意义上来讲，无论是针对农户收入的减贫成就还是旨在改善区域经济条件的减贫成就都是在释放购买力，为宏观经济扩张起到拓展市场的作用。

林毅夫在2000年提出，"为了使中国早日从通货紧缩的陷阱中摆脱出来，政府应该在全国范围内发起一场以实现农村自来水化、电气化、道路网化为核心的新农村运动，加快农村地区与生活消费有关的基础设施建设。……政府在农村地区基础设施项目上的财政支出对刺激社会需求会产生很大的杠杆效应。……（例如）自来水供应问题一旦得到解决，除了将会刺激对洗衣机、电冰箱的需求外，很快就会掀起农民自发的厨房革命、厕所革命等与生活质量有关的建设高潮，创造出巨大的社会需求，把各个行业现存的巨大过剩生产能力消化掉。"江西省扶贫办进行的调查①中，人们发现基础设施对当地市场的作用很显著，例如，使用自来水以后，贫困社区中的农户添置洗衣机，其中也有贫困户添置洗衣机；道路做通以后，贫困社区的农户开始使用自行车等。

2006年扶贫重点县农民人均生活消费支出1680元，比2005年增加151元，扣除价格因素的影响，实际增长8.3%，增幅高于上年的1个百分点，其中交通通讯消费支出增加较快。2006年扶贫重点县农户人均交通、通讯消费支出136元，扣除价格因素的影响，实际增长26.2%，其中人均购买交通和通讯用品支出56元，人均交通服务支出38元，人均通讯费支出42元，交通、通讯消费支出大幅度增加②。这不仅说明扶贫重点贫困县农户与外界交流正在改善，同时也证明减贫成就对宏观市场拓展产生影响。

3. 协调城乡发展。城镇从乡村产生却有别于乡村。虽然现代城镇没有围墙，但是市场

---

① GTZ资助的江西省中德合作扶贫效果监测方法项目的项目报告。

② 国家统计局农村社会经济调查司：《2007中国贫困监测报告》，中国统计出版社2008年版。

经济所要求的劳动力、技术、资金等经济活动要素，却不能在自动地相互交流，也就是说，城乡的差距是乡村发展程度相对于城镇落后而产生的差距。城乡协调发展的目的是：乡村提高发展水平，为城镇的发展提供资源和市场，城乡的劳动力、技术、资金、资源等生产要素在一定范围内进行合理交流和组合；在空间上互为环境，生态协调、环境幽雅，人们享有充分的自由，形成一种城市和乡村稳定持久的结合，城乡交融发展，使城乡系统的整体功能日益提高。

2007 年 8 月江西省扶贫办系统进行的扶贫影响调查显示，减贫成就对于城乡协调具有明显的作用。村级交通一直是扶贫项目的主要构成之一，在对 21 个县的调查中发现，当村里的交通改善以后，村民包括贫困户外出打工的频率提高、时间增长，因为道路改善以后他们可以使用交通工具，实际上减少了外出打工所带来的成本和风险。例如，有的妇女可以骑车每天都能回家照顾小孩。调查案例说明，没有自来水以前，必须有一个壮劳力保证家里用水的供应，这样，当妻子有病时，丈夫就不能外出打工，虽然每天只用半小时或 1 小时挑水，但却是必不可少的。当家里有老人时，壮劳动力也要留下来挑水，不能外出打工。而当村里通了自来水以后，外出打工的人数明显增多。

在产业化扶贫措施当中，扶贫系统通过国家的动员力量、协调社会参与、引导经济要素向贫困区域流动，从而提高了贫困区域的经济实力，其最显著的影响就是推动和协调城乡发展。

（三）和谐社会关系

社会和谐就是指社会各阶层能够匀称和适当地规范各自的心理、言论和行为。因此，不和谐就是不匀称、不适当，也就是走向极端，如果怨愤情绪走向极端就会造成社会危害。那么人们如何才能做到适当而不走极端呢？只有在全社会都明白大家都在相互需要、破坏别人就是危害自己时，才能做到真正的和谐。

贫困是导致社会不和谐的重要因素。一些跨国的研究结果表明，绝对贫困的发生率与一个国家的政治稳定性之间存在显著的负相关性，即贫困发生率越高的国家，政治稳定性越低。在一个大多数人处于贫困状态的社会中，实现政治稳定和社会和谐是难以想象的。社会和谐是内生的，是来自于社会成员的自由选择的一种结果。一个社会中存在大量的绝对贫困人口也不利于经济的长期发展，而经济的长期稳定发展是社会和谐的基本前提。国内外的经验表明，不仅绝对贫困是导致社会不稳定和不和谐的主要因素，相对贫困同样如此。在一个社会财富分配过于悬殊和严格区分等级身份的社会中，底层贫困人口就无法保持其应有的尊严，人格无法获得应有的社会尊重，社会和谐就无从谈起（中国发展研究基金会，2007）。

我国扶贫开发取得的成就，不仅是解决了大多数贫困群体的温饱问题，遏止了贫富差距的扩大，同时也是坚持以人为本科学发展观的具体体现，为社会主义和谐社会的构建做出了重要贡献。

中国的减贫成就本身是政府、社会系统和谐所产生的效果，而减贫成就反过来又会巩固社会和谐。中国减贫行动 20 年来，使近 2 亿人摆脱了贫困状态，增强了他们的发展能力，改善了他们的发展条件，使他们从弱势群体转变了劳动力、市场、和谐社会的创造者和受益者。

减贫成就对建设和谐社会最主要的影响是加强了不同阶层的沟通、交流和理解。约瑟夫·E·斯蒂格利茨①的研究表明，信息不完全、信息改变、信息不对称等都是限制经济发展的因素。信息对当前社会的发展是如此的重要，以至于它成为经济发展最重要因素。减贫成就的取得使贫困的弱势群体能够从心理、能力、经济等多方面得到扶助、支持和利益，从而提高贫困弱势群体对于社会的支持和贡献程度。

（四）提高可持续发展能力

可持续发展"是指既能满足当代人的需求，又不对后代人的需求构成危害的"发展。这个概念是在 1987 年由世界环境与发展委员会提出，它有两个基本点，一是必须满足当代人特别是穷人的需求，否则他们就无法生存；二是今天的发展不能损害后代人满足需求的能力。可持续发展包括可持续经济、生态和社会等三方面。换句话说，就是指经济、社会、资源和环境协调发展，既要达到发展经济的目的，又要保护好人类赖以生存的大气、淡水、海洋、土地和森林等自然资源和环境，使子孙后代能够永续发展和安居乐业。也就是江泽民同志指出的："决不能吃祖宗饭，断子孙路"。可持续经济要求我们改变传统的以"高投入、高消耗、高污染"为特征的生产模式和消费模式，实施清洁生产和文明消费以降低环境成本，使发展保持在地球承载能力之内，形成可持续生态。

减贫一直是可持续发展的重要组成部分。在联合国提出的全球可持续发展五大要点中，对于欠发达国家的援助与环境保护、清洁水源、能源开发和绿色贸易等并列。在 2003 年我国发布 21 世纪初可持续发展行动纲要中，减贫被作为纲要的六项目标中的第二条，即：继续大力推进扶贫开发，进一步改善贫困地区的基本生产、生活条件，加强基础设施建设，改善生态环境，逐步改变贫困地区经济、社会、文化的落后状况，提高贫困人口的生活质量和综合素质，巩固扶贫成果，尽快使尚未脱贫的农村人口解决温饱问题，并逐步过上小康生活。

中国 20 年的减贫成就对于提高国家可持续发展能力的根本影响在于两个方面：一是通过自愿移民和技术推广减少了对于其生存环境的压力；二是改善了贫困区域的发展条件，通过开发贫困地区的自然资源和提高贫困群体的能力，推动他们挖掘特色资源形成比较优势下的特色经济，从而分散对于特种资源的集中需求和压力。

根据 2001—2010 年的扶贫纲要，全国共要搬迁 700 万人，到 2003 年已经完成了 340 万人。2001—2004 年，共投入资金 60.3 亿元，其中政府承担了 78.7% 的投资量。

移民减贫方式本身就是对环境生态保护的有力手段。以 1983 年全国最早实施移民的西部干旱地区为例，移民全部是生活在既无水资源、降雨又少、人口众多、土地贫瘠的贫困山区，"三西工程"共移民 60 万人。而只有在移民完成以后，这些地区才有可能进行退耕还林还草，才有可能对脆弱生态进行保护。移民工程影响到 13497 个行政村，由于多数移民村都是从山区移出，人口分散，占地大，因此从面积上来看，仅一项移民工程就是几万平方公里的国土脱离了人类生存的压力。

在减贫行动中，改善贫困区域的基础设施水平一直是重点。在山西省的 57 个扶贫重点县当中，2001—2004 年中，累计修干线公路 4323 公里，乡村公路 19982 公里；对 12254 个村进行了电网改造，占这 57 个县行政村总数的 84.4%。在区域条件改善的情况下，与 2000

① 黄平等编：《中国与全球化：华盛顿共识还是北京共识》，社会科学文献出版社 2006 年版。

年相比，新增龙头企业169家，龙头企业上缴得税总额比2000年增加了4.14倍，所带动的农户和劳动力总数分别达到472319户和195782人，分别比2000年增长了4.84倍和2.87倍。专栏2－4展示了山西省一个贫困村通过整村推进脱贫发展成为龙头企业并带动周边经济的减贫成就。这个案例证明了，减贫成就推动的贫困地区的发展能够最好地挖掘本地资源形成特色，这种特色经济的发展是对于宏观经济的补足而不是对经济资源的竞争。因此，减贫成就能够提高区域的可持续发展能力。

专栏2－4

山西省隰县午城镇桑梓村是距隰县城南20公里的一个贫困村。全村168户648口人，耕地面积3000亩。2003年农民人均纯收入仅635元。2004年9月，桑梓村被列为2005年整村推进扶贫开发项目村，2005年农民人均纯收入达到2050元。实现一年脱贫，两年达小康的奇迹。

根据桑梓村的自然条件和种植经验，村干部和20多位村民两次外出参观和学习，确定了大棚种植南瓜嫁接西瓜项目为本村整村推进的发展项目。桑梓村整村推进项目资金只有57万元，只规划了77座大棚，最终建起了156座。资金问题解决通过：群众自筹资金23万元；群众投工8000多个；将供货厂家请到村里就地制作，降低成本；向政府其他部门争取资金（10万元以工代赈资金；10万元人畜饮水资金；15万元贷款修了水塔；3万元扶贫资金建了30个示范沼气池）。

2006年，总产量达到1440吨，总产值280多万元，纯收入230多万元，人均纯收入3500元。同时，桑梓村建设南瓜嫁接西瓜示范园，向周边乡村县区推广这一新技术，实行种苗供应、技术指导、产品销售一条龙服务，逐步实现西瓜生产规模化产业化经营。

2005至2006年，桑梓村新发展有线电视102户，新增程控电话76门。2006年5月省领导总结该村的经验说："该项目是一个能人带头、产业对路、辐射面广，农民增收的好项目，省、市、县应作为带动农户的龙头产业，在资金、技术上予以大力支持。"

（五）对全球反贫困贡献巨大

中国反贫困的成就也在改写着全球反贫困的历史。在过去近30年中，全球绝对贫困人口大幅度的减少，但是洲与洲之间、国与国之间存在着巨大差异性。从1981—2001年，按照一美元的贫困标准，全球的贫困发生率从40.4%下降为21.1%，而同期中国的贫困发生率从63.8%下降到不足17%。也就是说，按照相同的贫困标准，在1981年中国的贫困发生率比世界平均水平高出23.4个百分点，而到了2001年中国的贫困发生率比世界平均水平低4.5个百分点（见图2－3）。

1981年中国的贫困人口占世界的贫困人口近43%，到2001年这一比例下降到不足20%。在这20年期间，中国减贫人数是世界减贫人数的108%，占东亚国家减贫人数的81%。据世界银行估计，按照国际贫困线，中国在1980—1990年期间贫困人口从5.42亿人减少至3.75亿人，减少了1.67亿人，这一时期全世界贫困人口数减少了9830万人，对世界（主要是发展中国家和地区，下同）的减贫贡献率是166.9%；在1990—1999年期间贫困人口减少了1.15亿，对世界的减贫贡献率是122.8%。世界银行还预测，到2015年中国

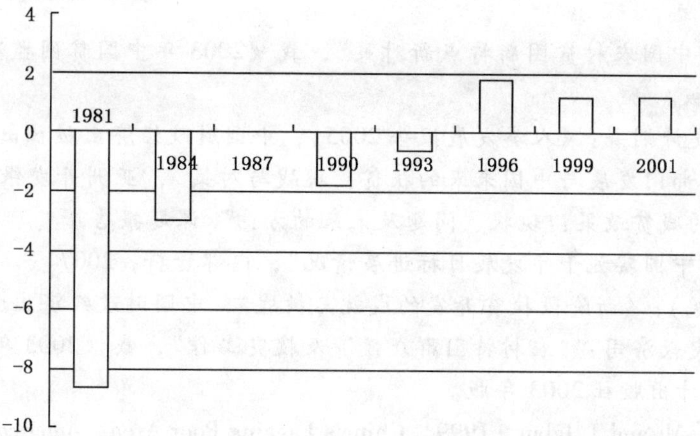

图 2－3 中国与全球贫困发生率比较（全球贫困发生率—中国贫困发生率）（%）

数据来源：转引自中国发展研究进基金会（2007）。

的贫困人口将减少到 7400 万人，比 1999 年净减少 1.5 亿人，这将是世界减贫总数的 41.7%；中国的贫困人口占世界贫困人口的总数，已经由 1990 年的 29% 下降至 1999 年的 19.2%，下降了近 10 个百分点；预计到 2015 年这一比重将下降到 9.1%，比 1999 年再减少 10 个百分点（胡鞍钢等，2006）。

中国的扶贫成就对联合国千年发展目标也做出了贡献。中国的农村扶贫成就对全球的扶贫事业做出的突出贡献成为联合国千年发展目标能否顺利完成的主要决定性因素。联合国千年宣言（the United Nations Millennium Decharation）通过的八项千年发展目标（MDGs），其中之一是在 1990—2015 年使得全球生存贫困发生率下降一半。然而，实际的进展情况并不令人乐观。联合国新出版的《千年发展目标报告 2005》指出，截至 2001 年，所有发展中国家的生存贫困发生率下降近 24%，而包括中国在内的东亚国家的生存贫困发生率下降了 49.7%，接近实现了千年发展目标中的减贫目标（United Nations，2005；转引自中国发展研究基金会，2007）。

东亚国家生存贫困发生率的大幅度下降主要归功于中国扶贫的成果，因为在这一时期中国农村的生存贫困发生率下降了近 2/3。2004 年 5 月，世界银行与我国政府在上海联合举行了全球扶贫大会，国际组织和其他发展中国家对我国政府大规模减贫经验给予了高度评价。联合国开发计划署指出，“中国在全球千年发展目标中所做的贡献，给予再高的评价也不过分。如果没有中国的进步，整个世界在减贫方面从总体上说是倒退的”①。

参考文献

1. 范小建：“在全国扶贫办主任座谈会上的讲话”，内部讲话稿，2007。

2. 国务院扶贫办：“中国扶贫开发报告”，“关注贫困，行动起来”国际研讨会资料，2007。

3. 胡鞍钢等：“中国经济增长与减少贫困（1978—2004）”，《清华大学学报：哲社版》，

① 联合国开发计划署：《中国人类发展报告 2005》，中国对外翻译出版社 2005 年版。

2006 年第 5 期。

4. 李德水："中国农村贫困新特点新对策"，载《2003 年中国贫困监测报告》，中国统计出版社 2004 年版。

5. 联合国开发计划署：《人类发展报告 2005》，中国财政经济出版社出版。

6. 林万龙："部门发展与中国未来的扶贫：挑战与对策"，亚洲开发银行技援项目（TA No. 4222）"中国的减贫政策：现状、问题及未来的方向"课题报告。

7. 刘福合："中国实施千年发展目标进展情况"，内部资料，2007。

8. 刘坚（主编）：《新阶段扶贫开发的成就与挑战》，中国财政经济出版社 2006 年版。

9. 民政部救灾救济司："农村特困群众救济及救灾工作"，载《2003 年中国农村贫困监测报告》，中国统计出版社 2003 年版。

10. Ravallion, M. and J. Jalan, 1999, China's Lagging Poor Area, *American Economic Review* 89（2），301-305.

11. 汪三贵："我国开发式扶贫经验回顾"，在北京大学中国经济研究中心"全面建设小康社会新时期的扶贫开发研讨会"上的发言稿，2004。

12. 王萍萍等："中国贫困标准与国际贫困标准的比较"，《中国农村经济》，2006 年第 12 期。

13. 鲜祖德："中国农村贫困：最新统计数据报告"，在北京大学中国经济研究中心"全面建设小康社会新时期的扶贫开发研讨会"上的发言稿，2004。

14. 张磊等：《中国扶贫开发历程（1949—2005）》，中国财政经济出版社 2007 年版。

15. 张岩松：《发展与中国农村反贫困》，中国财政经济出版社 2004 年版。

16. 中国发展研究基金会：《在发展中消除贫困》，中国发展出版社 2007 年版。

第三章 经济增长——中国减贫的动力机制

中国减贫的经验表明，经济增长是贫困地区和贫困人口不断减少的动力。如果没有宏观经济的发展，微观上的扶贫努力即使再有成效，也只是暂时性的，缺乏可持续发展的基础。中国改革开放前普遍存在的贫困状态，在很大程度上是由于经济增长停滞，经济发展缺乏活力所致。快速的经济增长，为贫困人口提供了大量就业的机会，而贫困人口在非农产业以及城市工业中的参与，又成为全国经济发展巨大的促进因素。经济增长和减贫之间具有相互依存、相互促进的作用，同时也存在相互制约的关系。

中国长期计划经济体制下所形成的二元经济结构使农村和城市分离，农村和农业处在一个封闭的环境中，缺乏发展的动力。随着社会主义市场经济体系的建立，在以市场为导向的改革进程中，农业为满足不断增加的城市消费而获得了发展的机会，这同时也归功于改革开放后所制定的一系列促进农业发展的政策。农业生产力水平的提高，促进了农村贫困人口向非农产业转移以及向城市工业部门的转移。而随着农村乡镇企业和城市经济的发展，贫困人口在离开了土地后加快了其脱贫的速度。这也使那些仍然留在土地上的贫困人口通过农业增加收入成为现实的可能。

一、宏观经济增长与减贫

中国国内生产总值在过去30年有了显著的增长，且增长速度是世界上最高的国家之一。按不变价格计算，1979—2002年人均国内生产总值年均增长8.2%。但各个省经济增长格局并不一致，东部比中西部增长更快，而西部经济绩效低于东部和中部。

经济的迅速增长伴随着贫困现象的大幅下降。按中国官方贫困线计算，农村贫困发生率从1978年的32.9%下降到2006年的2.3%。即使按照世界银行每天不到1美元（按PPP方法计算）的标准衡量，贫困发生率也从1990年的31.2%下降到2003年的8.6%。通过对省级数据的分析也可以得到相近的结论，经济增长较慢的省份，贫困发生率下降的速度也较低。

对经济增长和贫困之间关系的统计检验表明在全国范围内，经济增长是减少贫困的一个关键性的必要条件，但并非是充分条件。所估计的贫困对经济增长的反应系数也证实了两者之间的数量关系。在发展初期，经济增长是减少贫困的决定性因素，经济增长是20世纪80年代贫困发生率下降的直接也是最重要的原因。然而，随着经济发展水平的提高，90年代中期以后经济增长对贫困的影响和作用逐渐下降。今后要进一步减少贫困，就需要使政策向穷人倾斜，实施专门针对贫困人口的扶贫计划。中国的扶贫工作在未来的减贫中无疑将起到越来越重要的作用。

除经济增长的速度之外，增长的性质和质量对于减少贫困也非常重要。要使更多的人从未来的经济增长中获益，除了一般性的经济增长之外，收入分配问题和农业增长不可忽视，因为贫困人口的生计主要依赖于农业。因此，农业的增长将直接通过提高穷人的收入而减少贫困。如果增长的分配效应更为均衡，那么增长将通过供给和需求联系促进农村非农产业的发展，增加就业机会，为扶贫提供持续的动力。

要获得更公平的经济增长，确保穷人也能够从增长中获益，对教育、农村基础设施、农村研发的公共投资以及制度上的创新和激励机制的改善都是非常关键的。教育是决定非农就业的一个重要因素，而农村基础设施的改善也将有利于农业增长，非农就业和减少贫困。对研发的投资是决定生产率持续增长的关键因素。制度变迁是20世纪80年代早期农业和农村经济增长的主要动力。随着农村劳动力市场的发展、贸易自由化和经济的全球化，新的制度革新（例如城乡户口制度的改革、对农民协会合法性的承认和对农村信贷体系的改革，等等）将成为使中国经济增长结果更为公平的关键因素，以改变以前增长迅速但却严重分配不公的局面。

虽然贸易自由化对减贫的总体效应并不十分明显，但决策者仍然需要注意它在贫困和公平方面所产生的影响。这体现在以下几个方面：首先，由于贸易自由化促进了宏观经济的增长，所有地区以及不同收入的农民均将从世界贸易组织中获益，但这一效果的产生并不是由于农产品价格会在加入世界贸易组织后上升；恰恰相反，相对于不加入世界贸易组织的基准方案，农产品价格指数将会因加入世界贸易组织而降低1%。由于不同农产品的价格有升有降，世界贸易组织将促使农民调整种植结构，最终结果导致在农产品价格下跌的同时产出却有所上升。农户的收入会因为生产更有利可图的农产品而增加，农业结构将会得到改善。

虽然所有的农民均能获得利益，但分析表明农户之间获得的收益并不相同。沿海地区的富裕农民得到的好处超过了内地较穷的农民。因而从减少贫困和促进经济公平的角度来看，世界贸易组织的经济效应并不十分公平。沿海地区农民获益更多的原因在于该地区土地的生产力更高；另外，该地区农民的生产结构更多地生产中国在国际市场上具有比较优势的农产品。西部地区农民的情况则并非如此，因为其农业的结构主要是针对满足自身农产品消费以及当地市场需求为导向的，其生产规模、技术水平和生产条件还没有达到能以出口为导向的生产格局。因此，当加入世界贸易组织后，国内受保护农产品的进入壁垒降低，而具有比较优势的农产品将更容易进入国外市场。这种贸易格局的变化导致沿海地区农民从加入世界贸易组织中所获得的收益更多。为此决策者需要采取以下措施：第一，他们需要鼓励和帮助内地较贫困地区农民更多地生产那些具有比较优势的产品；第二，政府需要通过其他非贸易政策来增加该地区农民的谋生手段。在许多地方，农民在所有的农业活动中均不占有优势。在这种情况下，更适合的政策是通过农村教育、更好的通讯设施或其他政策手段来加快农民向非农部门的转移。

长期以来，经济学家就对宏观经济发展和贫困之间的关系存在争议，大多数人承认经济增长是减少贫困的一个必要而非充分条件。根据一项由中国政府、世界银行和联合国开发计划署联合撰写的报告[①]以及最近各项针对中国贫困问题的研究结果，经济增长的确是减少贫困的一项重要因素。那些带来了经济增长的改革政策，同时也决定了经济增长的质量或性质（例如经济结构、收入分配、通货膨胀等等）。这些政策影响了农业的发展以及农村劳动力的非农就业机会，因而也对农村贫困产生了影响。

二、有利于穷人的经济增长政策

（一）中国农村土地制度

新中国成立以来，中国农村的土地制度经历了四次重大变革。第一次是解放初期把延续了几个世纪的封建土地所有制改为农民私有的土地制度，即土地改革。具体办法是没收地主的土地，征收祠堂、庙宇、教堂、学校和团体在农村中的土地及其他公地。然后将这些土地根据《土地改革法》，统一地、公平合理地分配给无地、少地的贫苦农民。广大农民得到了属于自己的土地，满足了以往的拥有土地的需求，进而调动了他们劳动的积极性，促进了农业发展。第二次土地变革是成立初级农业生产合作社，将土地的农民私有制改革为农民私有、集体统一经营使用的土地制度。经过土地改革而成立的农民土地私有的制度刚刚发挥促进生产力的作用，还没有处于稳定，就匆忙地改变农村的土地所有制对农民的生产积极性有了一定的阻碍。第三次是把农民私有、集体统一经营使用的土地制度，又改革为集体所有、统一经营使用的土地制度（高级农业生产合作社和人民公社），并一直延续了25年。第四次是把土地集体所有、统一经营改革为集体所有、家庭联产承包经营。虽然家庭联产承包责任制充分调动了亿万农民的劳动积极性，极大地促进了农业生产的发展，但直至1984年中共中央才明确提出土地承包期应在15年以上，1993年、1997年和1998年中央再次出台系列文件明确土地承包期再延长30年不变的政策。土地政策保证了农民对土地的使用权，土地成为农民最基本的生产资料。

（二）农村分配政策和农产品流通政策

伴随着土地政策的变化，中国农村分配政策、农产品流通政策和劳动力流动政策也经历了不断的调整和演变，逐步朝着更利于农村经济发展的方向发展。土地改革时期，农村实行的按劳分配和按资分配的双重分配政策，极大调动了农民的生产积极性；到了生产合作化运动和人民公社时期，则实施平均主义分配政策，具体做法是工分制和供给制。这种分配制度带来的平均主义倾向，严重地压抑了劳动者的生产积极性，阻碍了中国社会生产力的发展。农村实行家庭联产承包责任制后，以家庭为单位进行自主经营，农民"交足国家的、留足集体的、剩下的都是自己的"明确划分了国家、集体、个人的权利、责任和利益关系，有效地将农民的收入同他们的劳动成果挂起钩来，很大程度上实现了真正的按劳分配。农民的家庭经济状况直接同劳动数量和劳动质量联系起来。这极大地调动了农民的生产积极性，推

① 黄季琨、章奇，Scott Rozelle："中国农村贫困减缓的决定因素和有利于穷人的经济增长"。http：//www.iprcc.org.cn/ppt/2007-12-20/。

动了农业生产的发展。1983 年与 1978 年相比，全国农业总产值增加 910 亿元，增长 46.3%，平均年增长 7.8%，粮食增产 825 亿多公斤，平均年增长 6.2%。

计划经济时期的土地集体经营和平均主义的工分制及供给制给农产品统购统销政策的实施提供了制度前提。农产品市场完全由国家和政府控制，完全封闭和高度集中，同时在一定程度上缓解了建国初由于农业生产水平低导致的城乡粮食供应紧张，也通过工农产品价格剪刀差为工业的发展提供了原始积累。从 1950—1978 年通过工农业产品“剪刀差”的形式，农业部门转移到工业部门的资金达6000 亿元。统购统销虽然带来了工业的发展，但是这种工业的发展并没有反作用于农业。农业长期处于利益单向流失状态，制约了农民积极性的发挥，致使农业生产的发展缓慢，农民生活的改善基本处于停滞状态。家庭联产承包责任制实施后，为了切实保护农民利益，促进农业生产发展，解决中国农产品的供求矛盾问题，中国政府对粮食、棉花等农产品价格采取了一系列改革措施。1979 年大幅度提高粮食、棉花等 18 种主要农产品收购价格，这是自 1952 年以来，收购价格调整品种最多、幅度最大、范围最广的一次，并逐渐放宽了对农产品的购销价格，在提高粮食统购价格的基础上，实行超购加价 50% 的政策，极大地调动了农民的积极性，粮食和其他农产品都大幅度增加，农民收入大幅度提高，年平均增长 15.1%。

1985 年 1 月中共中央、国务院发出了《关于进一步活跃农村经济的十项政策》标志着农村改革进入了新时期。这十项政策的主要内容是调整农村产业结构，取消 30 年来农副产品统购派购制度，对粮棉等少数重要产品采取国家计划合同收购的新政策。合同定购价格为统购价和超购价的“倒三七”价格（即 70% 按原超购价，30% 按原统购价）；合同收购以外的产品从自由出售或以协约的形式卖给国家；其余多数产品逐步放开、自由交易，国家不再向农民下达农产品统派购任务。20 世纪 90 年代后期以来，随着农产品供大于求的变化，出现了农产品卖难问题。根据这种情况，中央在粮食政策方面及时提出了“三项政策”和“一项改革”（即敞开收购、顺价销售、收购资金封闭运行三项政策和加快国有粮食企业自身改革）。核心是按保护价敞开收购农民的余粮。这项政策标志着中国的农业政策倾向已开始实现了从抑制性向保护性的过渡，取得了较好的效果，首先是市场粮价止跌回升，增加了农民收入，减少了农民损失；其次是农民心情舒畅，积极向国家交售粮食；再次是农民丰产丰收，既保护了农民的生产积极性，又为中国国民经济的持续、快速、健康发展奠定了良好基础；此外，还促进了中国农产品流通体制的深化改革①。

（三）农村劳动力流动政策

农村经营体制的改革也直接影响了中国农村劳动力流动政策的发展。1983 年之前，中国对农村劳动力流动实行的是严格控制的政策，农村劳动力被严格限制在农业生产领域；到了 1984 年，中国开始允许农民自筹资金、自理口粮，进入城镇务工经商。这一小小的城门开放是农村劳动力流动政策变动的一个标志。它表明实行了 30 年的限制城乡人口流动的就业管理制度开始松动。之后，政府又出台了一些政策和措施，允许和鼓励农村劳动力的地区交流、城乡交流和贫困地区的劳务输出，使农村劳动力的转移和流动进入了一个较快增长的时期。但是由于农民流动带来城市交通运输、社会治安、劳动力市场等方面的不适应性，政

① 姜楠：“中国实施农产品价格政策的必要性及其演进过程”，《农业经济》2005 年第 9 期。

府又开始对盲目流动进行控制，但是这种被动性的控制收效甚微。于是从1992年开始中国农村劳动力流动政策开始从控制盲目流动到鼓励、引导和实行宏观调控下的有序流动，开始实施以就业证卡管理为中心的农村劳动力跨地区流动的就业制度，并对小城镇的户籍管理制度进行了改革。进入新世纪以来，国家开始出台一系列政策鼓励农村劳动力外出务工，包括提供公平的就业权、为农民工提供培训等。2006年3月，国务院出台了《国务院关于解决农民工问题的若干意见》，提出了“着力完善政策和管理，推进体制改革和制度创新，逐步建立城乡统一的劳动力市场和公平竞争的就业制度，建立保障农民工合法权益的政策体系和执法监督机制，建立惠及农民工的城乡公共服务体制和制度，拓宽农村劳动力转移就业渠道，保护和调动农民工的积极性……”等解决目标，提出公平对待、一视同仁；立足眼前、着眼长远的解决原则。随着农村劳动力政策的逐渐放宽到现在的鼓励和创造公平的就业环境，农民外出务工收入成为农民现金收入的主体，2006年上半年共有11423万农民外出务工，农民的工资性收入人均1373.76元[①]，工资性收入的增加额占全年农民收入增加额的54.1%。农民外出务工收入已经成为农民收入增加的主要贡献因素，务工收入在农民收入中已经开始占据主导地位，因此很多地方都把鼓励农民外出务工作为脱贫致富的重要手段。国务院扶贫办的“雨露计划”、农业部等的“阳光工程”就是具体手段。

（四）农业生产支持政策

建国50年来，中国农业生产政策经历了三个不同的发展阶段：第一阶段是从1953年到1978年，实行的是“以农养工”为主要特征的农业政策。这主要是通过农产品统购统销制度和集体化等途径产生工农产品剪刀差来支持工业的发展。第二阶段是从1979年到1993年，实行的是“以农养城”为主要特征的农业政策，主要是对城市居民进行价格补贴。第三阶段，是从1994年至今，中国开始尝试对农业进行补贴的政策，从而促进农业的发展。尤其是进入新世纪以来，中国开始实行“取消农业税、反哺农业”的农业政策。对种粮农民直接补贴、良种补贴和大型农机具购置补贴，这三项补贴政策打通了工业反哺农业、财政反哺农民的道路，形成了新农业政策的重要支点。

从2003年10月开始，中国中央政府在控制经济过热政策中，加入了对农业的保护和重视。2004年初下发的中央1号文件，从加强农业、稳定农村和富裕农民入手，采取重点扶持和适度倾斜等调控手段，强化了增粮和增收的导向，对农业政策做了较大的调整，取消了农业特产税，减免农业税。据初步统计，全国因取消农业特产税、免征和降低农业税税率，一年可减轻农民负担294亿元。

从2004年起，国家全面推行粮食直接补贴政策、良种补贴和大型农机具购置补贴政策，增加了农民的收入。这是我国农业政策的一大历史性进步。它的意义在于，彻底改变了多少年来补贴流通环节、补贴城市消费者、补贴企业的做法，使农民成了国家农业补贴政策的直接受益者。这些政策直接推动了农业生产和农民增收。2004年夏粮产量达到1010亿公斤，比上年增产4.8%，扭转了连续4年减产的局面；早稻总产量达321亿公斤，比上年增产26亿公斤，增长8.8%，扭转了连续8年下滑的局面。据国家统计局调查，2004年上半年农民人均现金收入1345元，同比增长16.1%，扣除价格因素，实际增长10.9%，同比上升8.4

① 资料来源：http://www.chinanews.com.cn/cj/gncj/news/2006/08-01/766944.shtml。

个百分点[①]。

直接补给农民，这是中国农业政策的一大历史性进步。它彻底改变了多少年来补贴流通环节、补贴城市消费者、补贴企业的做法，使农民成了国家农业补贴政策的直接受益者。2005年以后，补贴政策充分体现了中央对农业的“多予”思路，同时为了实现“少取”，中央还出台了以“两减免”为核心的农业税费改革政策，这些共同构成了中国农业生产支持政策体系。这些政策的直接结果是近两年中国农民的政策性收入提高明显，成为推动农民收入提高的强大动力。

（五）区域发展政策

在20世纪80年代以前，中国为了缩小因历史和客观发展条件造成的地区差别，国家建设投资的重点主要在中西部地区，经过四个“五年计划”（“一五”至“四五”）的投资倾斜，中西部地区在全国经济总量中的份额有了较大的增长，东中西三个地区的经济发展水平和收入差距有了不同程度的缩小[②]。但是十一届三中全会以后，中国确立了“三步走”的现代化战略和对外开放政策，与此相适应，国家对区域发展战略也进行了调整，采取了由内地转向东部沿海较发达地区倾斜的非均衡发展战略。这一战略所规划出的中国东西部地区经济发展关系的轨迹是：东部沿海地区要充分利用有利条件，较快地先发展起来，率先基本实现现代化，以更好地示范、辐射和帮助内地发展，带动全国的现代化[③]。于是，国家基建投资开始向沿海地区大幅度倾斜，其倾斜度比“三五”时期向西倾斜还要大。“六五”期间，东、中、西部基建投资占全国的比重分别为47.7%、29.3%、17.2%，在建国后，国家投资东部第一次超过中西部之和。至“八五”时期东部地区基建投资占全国的比重提高到54.2%，中、西部地区分别继续下降到23.5%和14.7%[④]。同时中央在推行东部沿海优先发展战略时，给予在沿海地区投资的外商企业以税收减免等一系列优惠政策，而其他区域则不在该区域政策实施范围之内，这就使得外资经济成为沿海地区迅猛发展的强大动力。

从减缓贫困的角度看，不平衡的区域发展政策对贫困地区的发展所产生的影响是双重的，尽管东部发展以后在某种程度上带动了西部的发展，但其消极影响也不应视而不见。东西部地区差距的增大不仅不利于西部地区的发展，而且最终也会对东部地区产生恶劣影响，从而不利于国家整体经济的发展。首先，国家政策过分地向东部倾斜会使西部的能源、矿产的开发滞后，导致经济发展失衡，而这会成为东部经济发展的限制因素。其次，国家政策过分地向东部倾斜将使西部经济缺乏活力，失去购买力市场，而国内的购买力市场才是最稳定的经济推动力[⑤]。诚然，到了20世纪90年代末期，中国提出了西部大开发的战略，旨在缩小东西部发展差距，但在实际实施中，西部地区基础设施建设投资对当地经济社会的带动效应短期内并不理想。建设进程中原材料、设备、技术工人等诸多投入并不是来自于西部地区，它对中、东部地区产生了较多的投资“漏出效应”，投资过程拉动的实际是中、东部地

① 刘维佳：“中国宏观调控与新农业政策”，《农业经济问题》2004年第10期。

② 郁建立：“国家政策对农村贫困的影响”，《北京科技大学学报》2002年第2期。

③ 高伯文：“论中国现代化进程中的东西互动”，http://www.studa.net/fazhan/060424/15031640.html，2006年4月24日。

④ 曾培炎主编：《新中国经济50年（1949—1999）》，中国计划出版社1999年版。

⑤ 郁建立：“国家政策对农村贫困的影响”，《北京科技大学学报》2002年第2期。

区经济。西部地区的政府，除重庆、成都等个别城市外，普遍不具备相应的响应能力，无法将中央的优惠政策与本地的优势有机结合起来，无法形成市场经济条件下的区域优势。

三、经济增长的减贫效应

中国政府在改革开放后实施了一系列的经济改革，从而逐步地改变了传统体制的制度和市场结构。尽管中国的经济增长具有明显的周期性质，但中国经济的表现仍然优于其他亚洲国家。实际上，中国是世界上自20世纪80年代以来经济增长最快的国家之一（世界银行，2002）。

（一）中国经济增长的历程

在改革早期，GDP的年均增长率上升很快，从1970—1978年的4.8%上升到1979—1984年的8.8%。由于同期的经济增长和计划生育政策显著地降低了人口增长率，因此人均GDP的增长率（7.1%）和1970—1978年的人均GDP增长率（3.1%）相比提高了2倍多。20世纪80年代早期的经济增长主要来源于农村的制度变迁（例如家庭联产承包责任制）（Lin，1992）以及乡镇企业的初步发展。

1984年经济增长速度达到最高峰（15%），但直到20世纪80年代末经济仍然保持了较高的增长速度。实际上，经济可能增长得过快了。80年代末，面对过热的经济以及空前的高通货膨胀率，中国政府不得不采取严格的紧缩性的宏观经济政策（Naughton，1995）。结果，在经历了两年的高通货膨胀率之后，中国经济增长在1989—1990年间开始大幅下降，这一时期经济增长率仅为4%，是整个改革时期中最低的。但是，中国领导人很快对经济下滑做出反应，开始通过实施一系列扩张性的财政和货币政策来刺激经济增长，同时采取的措施还包括货币贬值、增设经济特区和提高农产品价格。经济增长迅速回升，1992年GDP增长速度达14%，在1993—1996年间则基本保持了10%—13%的增长速度。20世纪90年代中期在获得经济快速增长的同时，通货膨胀率也开始再次上升。

虽然20世纪90年代中期经济增长迅速，但通货膨胀率也相应较高。为了避免像80年代末那样出现经济的大起大落，中国领导人开始通过采取一系列的措施来实现经济的“软着陆”（Zhu和Brandt，2001）。和以前一样，紧缩了金融和信贷政策，并对新的投资项目进行了行政控制。为了避免经济过冷，政府提高了城镇职工工资并增大了对农业的投资。经济增长速度开始放慢，但和80年代末不同，这一次经济增长速度下降的幅度较小。90年代末保持了年均8%的增长速度，这样的增长速度并不算低。

值得指出的是，虽然经历了亚洲金融危机的冲击，但中国经济在1996—2000年间的增长速度仍达8.2%。中国能够避免金融危机的浩劫，部分原因在于它并没有完全放开国内金融体系。另外，中国国内资本市场规模绝大，因而也能够较好地抵御金融危机的冲击。在这段时期内，中国仍然是世界经济增长最快的国家（NSBC，2002）。

2000年以来，经济过热再度引起决策者的注意。经济增长率一直保持在8%以上，并且在不断上升。例如，2001年GDP增长率为7.5%，而2005年和2006年分别达到10.4%和11.1%。面对新一轮的经济过热，中国领导人的对策是适度紧缩的宏观经济政策，例如适度紧缩的货币政策。

（二）中国经济增长对减贫的作用

经济增长对于减贫的作用是一个看似简单其实复杂的问题。通常人们会认为经济增长自然会消除贫困，也就是所谓的“涓流”效应，一部分人先富起来以后，其他人就会自然得到更多的机会摆脱贫困。这实际上是有可能发生的，也已经发生过。但并不能因此而断言，经济增长一定能促进减贫。这就是这个问题复杂的一面。本书通过综述比较分析三个不同的研究来阐明以下看法，即随着贫困发生率的下降，仅仅依靠经济增长的力量使剩余的贫困人口脱贫将变得越来越困难；要进一步有效地扶贫，就必须借助专门针对贫困人口的政策干预；同时，经济增长的性质（或不同部门的增长）与质量（或收入分配）也将决定贫困减少的模式。

胡鞍钢认为，1978—2004 年的经济增长是促进中国减贫的重要因素，排在农业劳动力转移和城镇化加速等因素之先。但他认为，20 世纪 90 年代以来，中国的减贫趋势放缓。“90 年代中国农村贫困人口减少在很大程度上是由于降低贫困线标准所致。中国官方所确定的收入贫困线标准，即按农民人均纯收入低于 1990 年不变价格 300 元。从国际比较看，是属于低标准的贫困线，仅相当于国际贫困标准的 66%；从纵向数据比较看，这一标准相对于全国农民人均纯收入水平呈大幅度下降趋势。由 1990 年的 43.7% 下降至 2004 年的 23.7%。人均 GDP 的水平也由 1990 年的 18.4% 下降至 2004 年的 5.9%。按照这一标准，官方统计的贫困人口数显然低估了中国农村实际贫困人口的数量，同样也高估了反贫困的成绩。”胡鞍钢认为，城乡的差距明显在不断地扩大（见图 3－1）。从可支配收入和消费支出来看，城乡居民之间的差距越来越显著，而恩格尔系数方面，农村人口与城镇人口相比其差距却持续变大。

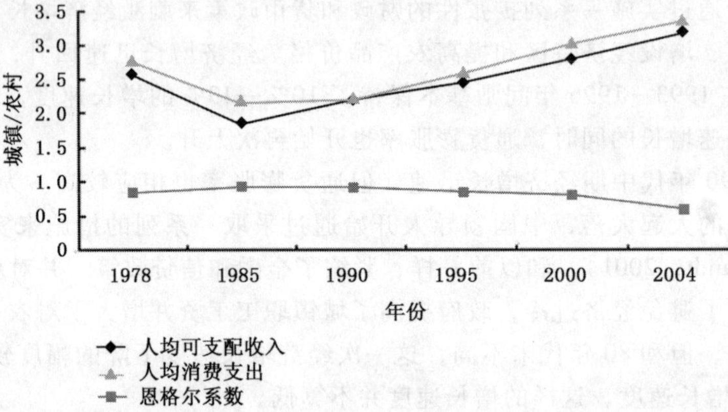

图 3－1 城乡居民人均可支配收入、人均消费支出和恩格尔系数之比

注：转自胡鞍钢等①。

可见，并不是经济增长一定促进减贫，而是经济增长的质量，即增长的分配状况的改善能够促进减贫。

胡鞍钢的研究有一个隐含的前提是，贫困是相对的，因此该研究所强调的是分配的结果

① 胡鞍钢等：“中国经济增长与减贫”，《清华大学学报（哲学社会科学版）》2006 年第 5 期。

而不是增长的结果。

陈立中等[①]使用 Foster 等[②]构建的贫困指数作为总量贫困测度方法，通过中国减贫的经验历程得出贫困弹性和基尼系数等的关系，检验了 1998—2003 的相关数据，得到结论：

- 经济增长过程必须具有广泛的受益性和参与性，确保社会各收入阶层取得平衡发展。经济发展过程中人均收入水平越高，收入不平等引起的贫困效应越强。收入不平等较高的地区，难于通过收入再分配政策实现快速的减贫目标。

- 经济发展过程中，如果实施有利于穷人的经济发展政策，即使是中等水平的经济增长率，也能实现快速的减贫目标；相反，如果实施有利于富人的经济发展政策，即使是令人满意的高经济增长率，不仅不能实现快速减贫，反而还可能增加贫困。

张全红、张建华等[③]使用 Kakwani 等人提出的测度方法——减贫经济增长率，定量分析了我国 20 世纪 80 年代以来经济增长对于城乡贫困的影响。结论显示：

- 当经济衰退或者收入分配急剧恶化时，不仅有更多的人口陷入贫困，而且反贫困成本即转移支付会提高得更快。

- 减贫经济增长率的走向在大部分时期内与实际收入增长率是吻合的。这表明，经济增长是减轻贫困的有利武器，但也存在一些例外。如在 1984—1987 年间，农村实际收入增长幅度是 6.3%，但减贫经济增长率却是 -3.1%，说明贫困反而上升了，对贫困的影响相当于在收入分配状况不变时，收入下降了 3.1%。可见这段时期内，收入分配发生了严重不利于贫困人口的变化，对贫困人口的不利影响完全超过了经济增长的有利影响。这种意义上的经济增长对于贫困人口而言是一种“悲惨化”增长。在 1990—1992 年和 1996—1997 年的农村以及 1992—1993 年和 1996—1997 年的城镇也是如此。收入分配不均等对于贫困人口的负面影响应该引起政策制定者的警觉。

- 减贫经济增长率的波动幅度要大于实际收入增长率的波动幅度。这表明贫困人口在宏观经济波动中受到的冲击要大于非贫困人口，因此具有更大的脆弱性。原因在于贫困人口相对于非贫困人口而言，更缺乏资金、财富和其他渠道来规避风险。对于政策建议而言，在经济增长的同时，保持物价和宏观经济的稳定，通过转移支付和社会保障等互补性政策来减轻贫困人口的风险。

另外胡兵等[④]采用 Son（2004）的“贫困指示增长曲线（Poverty Growth Curve），基本上得出与张全红较一致的结论。

以上研究显示，经济增长对于减少贫困的重要性。不论是人均 GDP 的增长还是收入的增长，都有可能导致贫困发生率发生下降，但是实际上随着经济的持续增长，中国的减贫效果也开始有明显的下降。但仅有经济的增长是不够的，还需要更多地重视分配的政策或者考虑能够使穷人受益的经济增长形式。

---

① 陈立中等：“经济增长、收入分配与减贫进程间的动态联系——来自中国农村的经验分析”，《中国人口科学》2007 年第 1 期。

② Foster，J.，Greer，J. 和 Thorbecke，E.（1984），A Class of Decomposable Poverty Measures. *Economet rica*. Vol. 52：7612766.

③ 张全红、张建华：“中国经济增长的减贫效果评估”，《南方经济》2007 年第 5 期。

④ 胡兵、赖景生、胡宝娣：“经济增长、收入分配与贫困缓解——基于中国农村贫困变动的实证分析”，《数量经济技术经济研究》2007 年第 5 期。

四、农业增长与减贫

农业的增长是中国在经济发展、国家食物安全和扶贫方面所取得的一个主要成就。除了50年代末60年代初的饥荒期间，中国农业的增长一直都超过了其人口的增长。

（一）农业部门经济发展趋势及对中国扶贫的影响

1978年中国改革开放以来，由于土地制度改革、粮食流通体制改革、农产品价格体系改革等一系列政策的实施，极大地解放了农村生产力，农村的面貌发生了巨大而深刻的变化，绝大多数农村人口摆脱了贫困的困扰。但是，农业和农村经济发展进入新的阶段后，农业面临着极大的压力，给农村地区减贫工作带来巨大的挑战。

1978年以后，集体经济的解体、价格的上升和对大多数农产品贸易限制的放松极大地刺激了中国的粮食经济。在1978—1984年间，粮食产量年均增长4.7%，水果产量增长了7.2%。产量增长最快的是油菜籽、牲畜和水产品，其实际产出分别增长了14.9%、9.1%和7.9%。

然而，到20世纪80年代中期后，因为农业耕种制度变迁所带来的一次性效应基本上释放完毕，粮食和农业部门的增长率开始下降，这和同期贫困减少速度的下降是一致的。下降速度最明显的是粮食作物产量。与此同时，经济的迅速增长、城市化和粮食市场的发育提高了对肉类、水果和其他非大宗粮食产品的需求，这些变化导致农业结构也发生了巨大变化（Huang和Bouis，1996）。

1. 农业政策与减贫的历史回顾。中国农村改革20余年以来，采取的一系列农业政策对促进农村贫困人口脱贫、缓解农村贫困产生了积极影响。其中，与此相关的较为重要的农业政策有：

（1）家庭承包制的实施与农村减贫。家庭承包制的实施使得农民拥有了较大地控制资产的权利，极大地调动了他们的积极性。此后开始的围绕农产品贸易的改革，在不断地探索中逐步释放农村生产力。农村改革的过程，同时也是农村贫困人口不断减少的过程，中国农村改革为农村减贫做出了突出的贡献。

在家庭承包制实施后的1978—1985年期间，全国农业增加值增长了55.4%，农业劳动生产率提高了40.3%，农民人均纯收入增加了132%，农民人均热量摄取量由2300千卡/人·日增加到2454千卡/人·日，农村贫困人口从2.5亿减少到1.28亿，贫困发生率由30.7%下降到15%。我们有充分的理由相信，在此期间，大多数人生活条件的改善与财富的增加都是在摆脱制度性束缚后劳动积极性增加与经营方式转变的结果。

如果说土地制度的改革是农民自发式的话，近20年来的农产品市场放开、价格放开则是政府组织的改革。中国政府在1993年前，逐步放开了农村经济作物的市场与价格，1993年至今，几经反复，粮食市场与价格也在一定程度上实行放开。价格的放开，尤其是经济作物的市场和价格放开，使农产品市场体系得以重建，对于增加农民的收入、缓解农村贫困也起到了一定的作用。1981—1984年和1993—1996年这两个中国减贫最快的时期同时也是农产品价格上涨较快的时期。可见，农产品价格体系改革对于农村贫困人口的减少同样具有非常重要的意义。

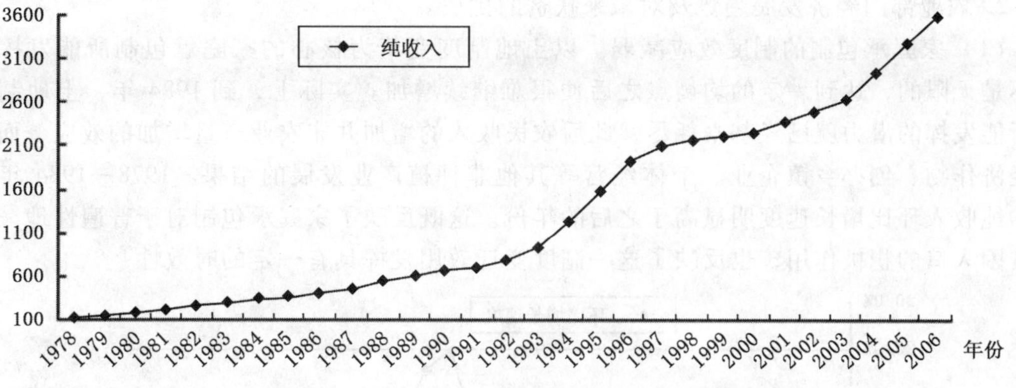

图 3-2 农民纯收入增长情况（1978—2006）

资料来源：参考《中国民政统计年鉴 2005》以及《中国统计年鉴 2007》。

有经济学家认为，20 世纪影响中国农村的主要有两次制度改革：一个是家庭承包制，一个是农产品市场与价格的改革（蔡昉、林毅夫，2003）。林毅夫（1994）的一项研究对中国 1978—1984 年各种因素对农业经济增长的贡献进行了测算，结果是在 1978—1984 年中国农业总产出的增长中，30% 属于常规增长外，42% 的增长来源于家庭承包的实行，15% 来源于价格提高，也就是农产品市场与价格的改革。另据谢国力（1988）估计，1978—1985 年，由于中国政府通过加大幅度提高农产品价格，改善农产品的交易条件，使得农产品综合收购价格指数提高了 66.8%，而这种价格的提高使得农民增加的收入，占这个时期农民新增收入的 15.5%。

（2）农业和农村产业结构调整政策与农村减贫。1978 年以来，中国政府开始强调对农业结构进行调整。迄今为止，共进行了三次（杜青林，2003）：

第一次是 20 世纪 80 年代中期，为了缓解较大范围出现的粮棉“卖难”问题，中共中央提出“决不放松粮食生产，积极发展多种经营”的方针，改革了农产品购销体制，鼓励发展多种经营；第二次是 20 世纪 90 年代初，国民经济高速增长，对优质农产品的需求明显增加，政府于 1992 年做出了发展高产优质高效农业的决定，并出台了一系列政策；第三次是当前正在进行中“农业和农村经济结构战略性调整”，它是以优化产品品质、发挥比较优势、提高农村城镇化水平和促进城乡经济社会协调发展为特点，为此也有一系列相应的政策出台。

有人对产业结构变化和贫困发生率之间的关系进行了研究。研究表明：贫困发生率对农业份额的变化趋势是十分敏感的，那些在 GDP 中农业份额下降较快的省份，贫困人口降低的速度就慢。在 GDP 增长率不变的情况下，农业在 GDP 中的份额减少一个百分点，贫困人口的减少速度就会降低 1.9 个百分点（世界银行，2001）。

表 1-1　　农业占 GDP 的比重（%）

年 份	全 国	东 部	中 部	西 部
1984	28.6	25.3	32.0	33.6
1991	18.6	15.0	22.9	26.1
1996	20.3	16.1	25.7	27.0
2000	15.3	12.0	19.5	21.3
2002	13.7	10.7	17.9	19.2

资料来源：中国农村统计年鉴。其中，1984 年和 1991 年用的是总产值数据。

2. 农业部门经济发展趋势及对未来扶贫的挑战。

（1）家庭承包制的制度效应减弱。以土地制度变革为核心的家庭承包制所能发挥的效用不是无限的，达到一定的均衡点之后便很难继续增加。实际上，到1984年，土地制度变革所能发挥的潜力就已经基本耗尽，此后农民收入的增加并非农业产量增加的效应，而是种植经济作物、创办乡镇企业、个体经营等其他非种植产业发展的结果。1978—1984年农民人均纯收入环比增长速度明显高于之后的年份。这既反映了家庭承包制对于普遍性地减少农村贫困人口的积极作用，也反映了这一制度变迁效用发挥具有一定的时效性①。

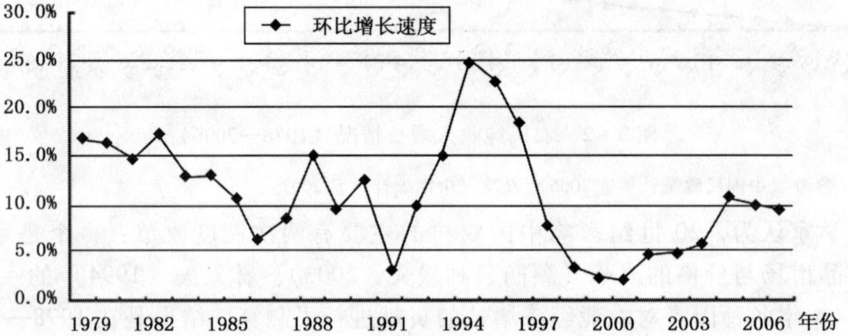

图3-3 农民人均纯收入环比增长速度

资料来源：中国农村统计年鉴（2007）。

（2）农业在国民经济中的份额逐步缩小，发展农业对减贫的作用在减弱。由于家庭承包制的实施，到1983年，家庭经营收入占农民人均纯收入的比重跃升到73.5%，1992年之前，除个别年份外，这个比重一直呈现上升趋势。由于家庭经营收入主要是农业收入，这也就意味着农业收入的增长对农户收入的增加和农村的减贫起了很大的作用。但是从1993年开始，家庭经营收入占纯收入的比重开始呈现缓慢但却稳定的下降态势，到2006年，这个比重回落到53.8%，农业的发展对于农村减贫的贡献遭遇了挑战。由于一国中农业份额的逐步下降是一个必然趋势，因而这一挑战将持续下去。

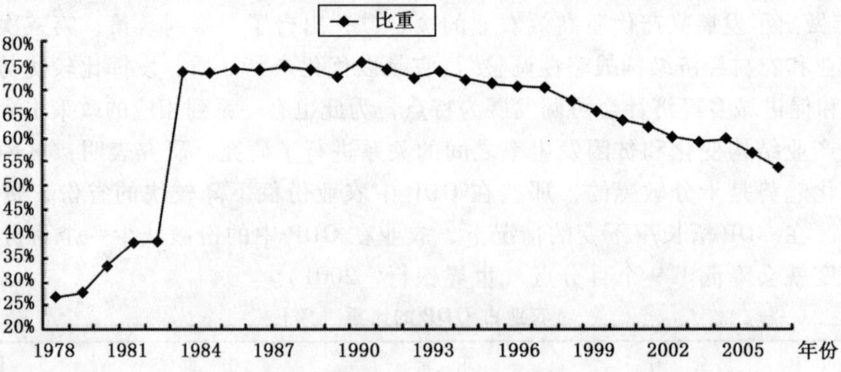

图3-4 家庭经营收入占农民人均纯收入的比重变化

资料来源：中国农村统计年鉴（2007）。

① 这不意味着本报告对家庭承包制进行否定。如果说家庭承包制实施之处极大激发了农业生产潜力的话，现在这一体制则更多地为农业经济的发展起着一种制度环境的作用。

（3）调整生产结构的空间很小，农业内部的发展潜力同样遭遇难题。根据农业部的测算，中国西部和一些目前贫困人口最多的地区结构调整系数普遍小于1，进一步调整农业生产结构难度很大，通过发展多种经营来缓解这些地区的贫困基本不可能。

表3－2　2001年各省（自治区、直辖市）种植业结构变异系数排序

地区	系数	地区	系数	地区	系数	地区	系数
黑龙江	4.55	浙江	1.84	新疆	1.29	北京	0.39
山东	3.41	安徽	1.81	吉林	1.22	宁夏	0.33
湖北	2.93	湖南	1.64	山西	0.92	上海	0.32
内蒙古	2.89	广东	1.58	陕西	0.90	天津	0.27
江苏	2.68	云南	1.53	辽宁	0.86	海南	0.25
河北	2.54	广西	1.34	贵州	0.83	青海	0.16
河南	2.53	甘肃	1.34	福建	0.82	西藏	0.05
四川	1.93	江西	1.30	重庆	0.64		

资料来源：杜青林（2003），第116页。

另外，农村劳动力就业结构调整总体进展顺利，但贫困地区状况不理想。从上表可以看出，近年来，中国农村就业结构出现了一些积极的变化，农村劳动力就业结构调整总体进展顺利，但对于一些西部省份，劳动力就业结构调整仍然严重滞后（杜青林，2003）。2001年，中国农村第二、三产业已占农村增加值的67.2%，在第二、三产业就业的劳动力占乡村劳动力的32.7%。但在中西部地区的山西、内蒙古等9省（自治区），农村第二、三产业劳动力甚至不足20%。

（4）入世后我国主要农产品价格提升的空间很小。总体来看，我国海南、辽宁、广西、河北、湖北、江西、吉林等7个省区，在劳动和土地密集型农产品生产上都具有相对优势。它们可能从入世带来的劳动密集型产品出口促进效应中获益较大，而在土地密集型农产品进口增长带来的压力方面仅面临较小成本，处于有利地位；江苏、湖南、四川、贵州、重庆、西藏等6个省区，在两类农产品生产上都缺乏相对优势，从入世带来的劳动密集型农产品出口促进效应中可能获利较小，而面临着土地密集型农产品进口增长带来的较大调节成本，处于不利地位；福建、广东、上海、山东、天津、浙江、北京等7个省区，在劳动密集型产品上具有比较优势而在土地密集型产品上缺乏比较优势，因而在入世影响上可能从出口扩展中获利较大但也要承担较大的由于进口增长带来的压力；新疆、黑龙江、内蒙古、青海、宁夏、陕西、山西、安徽、云南、甘肃等10个省区，从劳动密集型农产品出口扩展中得益较少，但从土地密集型农产品进口增加引发的调节成本也比较小。

从上面的分析可以看出，我国中西部地区基本上处于劳动密集型产品出口的不利地位，而这些地区又是贫困人口集中的地区，因此，加入世贸组织对于贫困地区企图通过出口来减少贫困人口的设想是一个打击。值得庆幸的是，贫困地区从土地密集型农产品进口增加引发的调节成本也相对较小，这在一定程度上避免了由于加入世贸组织给贫困地区农业和农村经济发展蒙上更大的阴影。

此外，农产品价格国际化，通过政策提升农产品价格难度很大。同时，由于中国农产品标准化程度低、食物安全难以保障，要参与国际市场的竞争存在很大的阻力，这也不利于通过需求拉动来提升价格。这一状况对中国未来的扶贫也形成不利因素。

（二）农业部门发展与减贫的未来政策选择

上节的分析表明，今后要提高农民的收入水平、最终使之摆脱贫困和低收入状态，非农业部门的贡献会越来越大。但是，结合目前中国贫困农户的实际收入状况，在未来的政策选择上，仍要充分注意农业部门发展在农村减贫方面所具有的巨大作用。

表3－3是2006年各种不同类型农户的收入构成状况。从表中可以看出，收入越低的农户，来自家庭经营第一产业的收入比重就越高，最低收入组这一比重高达54.1%，而最高收入组则仅为33.5%。这说明，收入越低的农户，其收入来源中，对农业收入的依赖性越高，贫困农户的主要收入来源目前仍然是农业[①]。

表3－3　2006年各种不同类型农户的收入构成状况

	低收入组	中低收入组	中等收入组	中高收入组	高收入组
人均纯收入（元/人）	868.9	1650.9	2331.5	3287.3	6328.5
家庭经营第一产业收入（%）	54.1	51.8	47.7	44.3	33.5
工资性收入比重（%）	32.9	35.8	38.8	40.2	41.3

资料来源：中国农村贫困监测报告2007。

贫困农户的这一收入结构状况与其外出打工的状况是紧密相关的。统计数据[②]表明，2006年农村劳动力外出打工比重为21%，而贫困农户为17.6%，低收入农户为19.6%，均低于其他农户的这一比重（16.9%）。

从外出劳动力平均打工强度（农村外出劳动力平均在外打工时间）来说，贫困农户也低于其他农户。2006年农村劳动力的平均打工强度为8.4个月，其中，贫困农户为7.8个月，低收入农户为7.9个月（图3－5）。

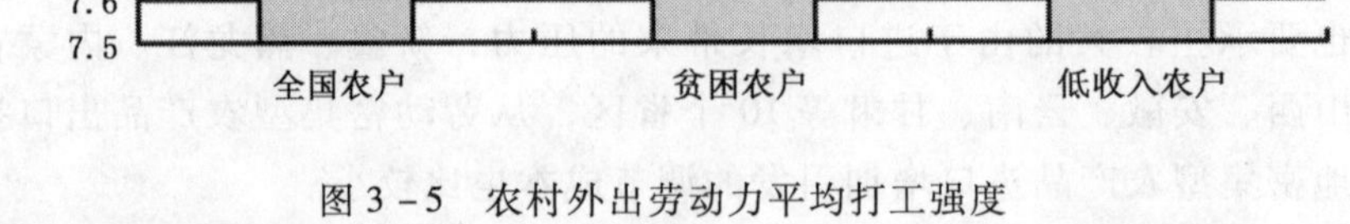

图3－5　农村外出劳动力平均打工强度

资料来源：中国农村贫困监测报告2007。

从上面的分析来看，贫困农户收入水平低，与其收入来源过度依靠农业、非农业就业机会较少有直接关系。因此，今后非农就业对解决农村贫困问题将发挥越来越重要的作用，政

① 按照另外一种农户分类方法得出的结论也是如此。《中国农村贫困监测报告2003》的数据同时显示，家庭经营第一产业收入占总收入的比重，（极端）贫困农户为66.4%，低收入农户为66.2%，而其他农户则为44.5%。

② 见《中国农村贫困监测报告2003》。

府必须采取政策措施促进贫困劳动力向非农产业流动，跳出农业和农村来设计以后的减贫政策。为此，政府可以在以下方面采取更为有效的政策措施：

1. 解除管理和其他方面的限制措施鼓励劳动力的自由流动。

2. 打破城乡之间在就业、教育、社保等方面的二元分割状态，为农村劳动力向城市流动创造条件。

3. 加强对贫困劳动力的转业培训和扶助农村贫困家庭子女的就学，以增强贫困群体的能力建设。

4. 在金融、财税等方面对贫困地区的私营经济进行扶持，以吸纳贫困地区劳动力的非农就业。

但是需要注意的是，上面的分析同样显示：就目前来说，农业对贫困群体确保最低的收入水平依然十分重要。因此，在贫困地区大力发展高附加值和劳动密集型的种养业仍然是现阶段农村扶贫工作所不能忽视的。事实上，在中国现行的农村土地制度下，农业生产为农民所提供的是一种收入保障，它带有社会保障的功能，特别是对贫困农户更是如此。

五、乡镇企业发展与减贫

（一）乡镇企业发展对农村减贫的贡献

在城乡二元结构的体制下产生和发展的中国乡镇企业，在改革开放后获得了快速的发展。其就业人数从 1978 年的 2800 多万增加到 2006 年的 1.468 亿。乡镇企业的迅速发展，不仅加快了中国的工业化和城市化进程，而且通过创造大量的就业机会，也增加了本地区农民的收入，对减缓农村贫困起到了重要的作用。在乡镇企业发展迅速的广东、上海、浙江、江苏等东部沿海地区，不仅当地的农村贫困发生率很低，而且通过为中西部地区的农民提供就业机会等方式帮助其减缓贫困。

2006 年东部地区[①]有乡镇企业近 822 万家，营业收入为 161594 亿元，创利润总额 9035 亿元，上缴税金 4200 亿元。西部作为我国贫困人口比较集中的地区，乡镇企业仅有 369 万家左右，营业收入仅为 14045 亿元，创利润总额 1044 亿元，上缴税金 369 亿元。西部地区乡镇企业与东部存在着较大的差距，异军突起的乡镇企业对农村减缓贫困的贡献主要是由东部地区做出的。由于东部乡镇企业的发展，吸纳了大约 60% 以上的中西部地区农村劳动力到东部地区乡镇企业就业，整体提升了中西部地区农民收入，极大地减少了贫困地区的贫困人口。据国家统计局的监测数据，1999 年全国贫困县劳务输出所增加的收入占当年农民收入的 16.3%，每个贫困县农民人均外出务工收入为 218.84 元。

同时，近年来中国民间扶贫渠道正在逐步放开，为乡镇企业有针对性的直接参与扶贫提供了条件。乡镇企业通过在贫困地区建希望小学、和西部市县联合等各种形式直接参与了贫困地区社会经济的发展，在一定程度上形成了对贫困地区脱贫的有利因素（见本报告第 4 节“私营部门、公民社会、援助机构与中国未来的扶贫”）。

---

① 资料来自农业部 http://www.agri.gov.cn/sjzl/baipsh/WB2007.htm#13。

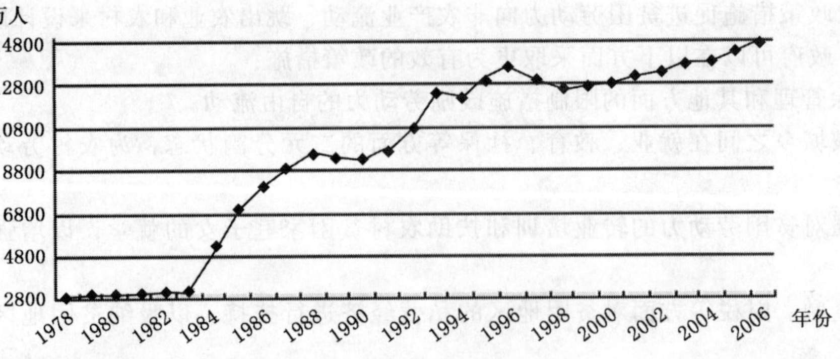

图 3-6 乡镇企业吸纳农村劳动力情况

资料来源：中国金融统计年鉴 2007。

（二）乡镇企业发展对目前及未来农村减贫的作用和挑战

改革开放以来，乡镇企业的发展为调整农村就业结构发挥了举足轻重的作用，今后仍是吸纳农村劳动力的重要渠道。但从 1999 年开始，乡镇企业吸纳劳动力的增速趋缓。乡镇企业的发展面临一些困难，其对缓解农村贫困的作用也相应削弱。这主要有以下几个方面的原因：

1. 乡镇企业产业结构升级，对农村劳动力的吸纳能力在下降。面对越来越激烈的市场竞争，乡镇企业为了自身生存和发展，必须进行产业升级以适应市场的变化。乡镇企业逐渐向资本密集型转化，地域上也由最初的贴近农村而转移到城市以更加方便地获取市场信息，乡镇企业正在逐步失去其最初的为农村服务的意义。到 2002 年，平均每个乡镇企业拥有固定资产净值 12 万元。由于东中西部乡镇企业发展具有明显的阶梯式特点，我们可以根据三类地区每个乡镇企业拥有的固定资产净值数据反映随着经济发展乡镇企业的产业升级状况。2002 年西部地区每个企业固定资产净值为 6 万元左右，中部地区为近 8 万元，而东部地区达到 20 万元。这些数据可以说明，随着乡镇企业融入现代经济的程度越深，其产业的级别就越高。用每百元产值占用的固定资产数的数据同样可以看出这种趋势。2002 年西部地区每百元产值占用的固定资产为 25.6 元，中部地区为 18 元，而东部地区为 19 元。

2. 西部地区乡镇企业对于特别贫穷地区的扶贫作用更加有限。由于西部地区农民本身的科技文化素质和职业技能都非常低，其到乡镇企业就业受到严重的限制，另外由于西部部分地区经济水平太低，农民甚至难以承担外出打工的基本支出，只能受益于政府的扶贫项目和部分乡镇企业直接参与的扶贫中，而无法靠自身的条件外出寻找非农的就业机会。同时，由于贫困地区乡镇企业本身发展状况并不好（见表 3-4），因而对这些地区未来扶贫的作用也就十分有限。

表 3-4　我国东、中、西部地区经济增长差异（%）

	地　区	1978—1989 年	1990—1999 年	2000—2005 年
GDP 增长率	东部	10.85	12.78	12.10
	中部	9.29	10.11	10.52
	西部	9.68	9.49	9.89

续表

	地　区	1978—1989 年	1990—1999 年	2000—2005 年
劳动投入增长率	东部	11.86	14.11	11.03
	中部	9.81	10.87	10.69
	西部	6.97	10.39	10.36
劳动生产率	东部	7.69	10.26	10.95
	中部	5.87	7.61	10.22
	西部	6.01	7.20	8.39

资料来源：赵晓华，“我国东、中、西部地区经济增长差异的因素分析：1952—2005 年”，《特区经济》2008 年第 2 期。

（三）非农就业和减贫

经济的迅速增长伴随着经济结构的剧烈变化。在 1979 年以前，GDP 中农业的产值高于 30%，到 2002 年这一比例下降为 15%。与此同时，农业部门劳动力（包括兼职农业劳动力）占劳动力总数的比例也从 1970 年的 81% 下降到 1980 年的 69%，2000 年这一比例进一步降至 50% 以下。

20 世纪 90 年代末，40% 的农村劳动力在不同程度上有非农就业（deBrauw et al.，2002）。2000 年农民的非农收入第一次超过了农业收入，从而使总收入中的非农收入所占比例超过了 50%。要了解非农就业究竟如何影响贫困，就必须考察非农就业对于农民收入的影响以及农民如何才能获得非农就业机会。

农业政策研究中心（CCAP）从 6 个省随机抽查了 60 个村，根据调查所获得的资料，发现非农就业人数在 1981—1995 年间稳步上升。1981 年非农就业劳动力比例为 15%，到 1995 年则上升到 32%。如果假设周围其他省份的非农就业人数比例也和这 6 个省相等，那么全国非农就业劳动力人数则从 1981 年的不到 4000 万上升到 1995 年的 1 亿 5000 万以上。换言之，非农就业人数增加了 1 亿多人。虽然农业政策研究中心的样本量较小，但其估计结果和在大样本调查基础之上所得到的结论是基本一致的（NSBC，1995）。农业政策研究中心在 1995 年对全国农村的一项调查也得到了类似的结论。在这项调查中，他们对非农就业人数比例的估计不仅几乎和国家统计局的估计一样（31%），而且也和另一项对村干部就本村劳动力非农就业的调查的估计结果相差无几（34%，Rozelle 等，1999）。

尽管经历了亚洲金融危机的冲击、经济增长速度放慢以及不断推进的结构性改革，农业政策研究中心的数据显示在 1995—2000 年间的农村非农就业仍呈扩张之势。从 90 年代后期到 2000 年，接近 41% 的农村劳动力都参加了非农就业。这使参加非农就业人数的比例上升了 9 个百分点。如果这一估计基本无误的话，那么至 2000 年，超过 2 亿的农村劳动力在非农部门就业过，比 1990—1995 年的非农就业人数上升了近 5000 万。考虑到这一增长是在经济增长速度相对放慢的背景下发生的，这说明农村劳动力市场发育良好，为农村收入的提高助益颇多。

调查还表明农村非农就业的作用不仅仅限于增加了农村劳动力的非农收入。工种的变化趋势显示过去 20 多年农民选择工作地点的兴趣发生了从农村向城镇的转变。1981 年，不仅大部分农民（约占 85%）完全从事农业劳动，即使那些从事非农就业的农民，他们呆在家里的时间，加上他们在村子里或离村子不远的附近工作（7%为个体户，4.2%靠打工获得收入）的时间，比他们在村外就业（不到1%的人为个体户，外出打工的不到4%）的时间要多出3倍多。而到2000年，从事非农就业的农民工中，远离家乡的人数（85%在城市和超大城市的郊区）和仍留在本村的人数几乎一样多。农村劳动力中外出就业人数不仅在数量上是最多的，而且也是增长速度最快的。

在农民参加非农就业的各项决定因素中，教育是第一位的因素。农民受教育的年限每增加1年，他们外出打工的概率就上升10个百分点，在本地从事工资收入工作的概率则上升6个百分点。到20世纪90年代，受教育年限每增加1年，外出打工的概率上升18%，从事非农就业的概率则上升17%。是否接受正式的培训也会对农民参加各种形式的劳动力市场产生显著的影响。一个发育良好的劳动力市场，将给那些拥有更高人力资本的农民提供更多的非农就业机会。在整个改革期间，劳动力市场的作用均不可忽视。

农民从事非农就业的各项工种分布也表现出了明显的模式。将样本村按照人均收入进行排序并分为4组，结果发现，从事农业生产是最穷村（样本村中最穷的10%的村）最主要的经济活动。和那些较富裕村相比，最穷村完全从事农业生产的农民人数也更多。相反，在中低收入组中（按人均收入计算分别构成50%—90%样本），外出打工是最主要的非农就业形式。而收入水平最高的组中（构成10%—50%的样本），外出打工的重要性相对较低，更多的则是在经营小型企业。最后，在最富裕的10%的村中，创办大型制造企业构成最主要的经济活动。

农民在城市非农就业还有较大的空间。主要表现为：

1. 农民在城市就业还有较大的发展空间。根据国家统计局农调总队（2004，2005，2006）提供的资料，3年来农民进城务工人员逐年增长，2004年较往年增长3.8%，2005年增长6.4%，增长速度呈现加快的趋势。在向城市转移的农民中，超过60%的农民流向地级以上城市，且人数占比越来越大。

2. 根据国家劳动和社会保障部（2006）提供的资料，2005年城市以社会服务业、住宿餐饮业、批发、零售业为代表的第三产业的需求占用人需求的65.8%，第二产业占32.1%。反观农民在城市就业的行业分布，可知，制造业占比呈逐年上升趋势，而建筑业所占比例在减少。在社会服务业、住宿餐饮业、批发、零售业就业农民的比例3年基本持平，2005年在这些服务行业就业的农民仅占农民工总数的21.3%。根据国家劳动和社会保障部发布的“2007年一季度部分城市劳动力市场职业供求状况”报告，城市对商业和服务人员、生产设备操作工的需求人数大于求职人数。因此，农民在城市实现非农就业还有很大的发展空间。

但是，农民维持就业的高需求与自身就业能力低下的矛盾日益突出。农民工目前在城市就业的行业大都是对专业技能要求较低的劳动密集型行业。对农民工而言，他们从事的工作可以被划分为两大类型：“青春饭型”与“体力型”。对于这些岗位，年青或有体力的农民找工者都可以通过简单培训上岗。根据《2005年第一季度至第四季度部分城市劳动力市场供求状况分析》（国家劳动和社会保障部，2006），2005年，88.5%的用人单位对求职者的文化程度有要求，要求高中文化程度的用人需求占总体需求的比例最大（36.7%）。其中职高、技校、中专的用人需求为54.2%；对初中及以下文化程度的需求比例为26.5%，且呈下降趋势。此外，51.2%的用人单位对求职者的技术等级提出要求。

六、城市化与减贫

(一) 城市化对农村劳动力转移和农村减贫的历史评价

有分析[①]表明，城市化率每增加约1%左右，则意味着每年1000万—1200万人口从乡村转移到城市。但是由于受到户籍制度的制约，这部分转移仅限于城市郊区农村人口、农村大学生等特定群体，并没有广泛惠及农村的劳动力。农村劳动力向城市的转移还主要以流动人口的形式存在。

需要注意的是，中国的城市化初期主要是以发展大城市为主，小城镇也解决了许多省内流动的农村劳动力就业问题；近期，城市化的重点已经由发展大城市转向发展小城镇，希望通过小城镇的发展来解决农村剩余劳动力的就业问题。

“五普”数据表明，全国人户分离的流动人口总量已达到14439万人。其中，跨省流动4242万人，省内跨县（市）流动3634万人，市区内跨乡（镇、街道）流动人口3538万人，县内跨乡流动人口3025万人[②]。另有研究表明，2001年，中国的4.8亿农村劳动力中，有32.7%（1.6亿）在非农产业就业（主要在省内）[③]。流动中的农村劳动力转移和在非农产业就业的农村劳动力总计超过2亿人。

应该说，中国的城市化对于缓解中国农村扶贫起到了积极的作用。这主要体现在两个方面：

1. 农村劳动力到城市就业，虽然收入不高（有调查显示农村劳动力在城市就业平均收入在400元/月左右），但是其所得回流到农村后，对于农业生产条件的改善，农户家庭生活条件的改善都起到了积极的作用。

2. 农村劳动力到城市就业，对于农村青年扩大视野有很大的作用，有利于将市场经济的理念带回农村。有许多农村劳动力在城市就业多年后回到农村发展，带动了当地经济的发展。据调查[④]，湖南衡山县5万名打工者中有8000人回乡，创办了120多家企业；浙江台州10年内外出打工的40万人中，已有近半数回流创办乡镇企业或经商，并吸引了全国20多个省的30万打工者就业。全国2000多万跨区流动的农村劳动力中，估计有2%—3%，即40万—60万人回乡创业。

但是，应该看到，由于中国农村的贫困人口相对集中于老、少、边地区。这些地区中一部分信息渠道不畅通，外出务工的农村劳动力少，有的地区甚至连外出就业的成本也无力承担。城市化尚未对这些地区的扶贫起到很大的影响。

(二) 城市化进程中的扶贫行动面临的挑战

中国城市化水平的提高，在增加城市就业、增加农村剩余劳动力的就业机会、缓解农村

① 中科院可持续发展研究组（2004）。

② 转引自蔡昉（2003）。

③ 蔡昉、林毅夫（2003）。

④ 白南生、宋洪远（2002）。

贫困等方面取得了较明显的成果。但是，对于农村扶贫和城市扶贫而言，城市化过程中存在着一些消极因素。

1. 不合理的土地征用导致失地农民市民化、边缘化、贫困化。对于中国农村当前土地征用制度，学者认为主要存在两个问题①：一是现阶段政府官员在“出政绩”的强大压力下，为了招商引资不惜强迫农民流转土地承包经营权，只给农民少数补偿。二是《中华人民共和国土地管理法实施条例》规定“土地补偿费归农村集体经济组织所有”，只有“土地附着物及青苗补偿费归地上附着物及青苗的所有者所有”，所以补偿费用到不了农民手中。农村农民失地后，没有足够的补偿，容易陷入贫困，成为农村贫困人口；城市或城镇郊区农民在失地后，成为城市人口，如果不能找到合适的就业机会，也会成为城市贫困人口。现行的土地征用制度不仅成为农村扶贫的消极因素，而且也成为城市扶贫的消极因素。

2. 对农村劳动力流动的限制导致农村扶贫成果难以固定。近年来，随着中国国有企业改革的深化，城市下岗职工迅速增加，为了解决下岗职工的再就业问题，一些大城市实施了“再就业工程”，出台了对外来劳动力从业行业进行限制的政策，并从总量上对外来劳动力实行控制。这导致了一部分已经流出的农村劳动力回流，使农村扶贫成果难以固定。据调查，就业对回流劳动力的影响比例由1992年以前的36.8%增加到1997—1999年的61.8%，提高了25个百分点（白南生、宋洪远，2004）。

3. 贫困人口后代的发展权受限从长期看增加了扶贫的难度。有研究表明，父辈的社会地位（在一定程度上意味着一种发展权）对子女的社会地位有显著的影响（表3-5）。因此，贫困最严重的后果是导致下一代的贫困。由于中国目前贫困人口后代的发展权没有受到很好地重视，从长期看扶贫的难度会增加。

表3-5　　父亲社会地位对子女社会地位的影响

子女的社会阶层（单位:%）	父亲的社会阶层（单位:%）						
	最高层	高层	中高层	中层	中低层	低层	最低层
社会最高层	18.3	1.4	0.1	0.0	0.1	0.0	0.0
社会高层	7.0	19.0	3.8	0.8	0.5	0.8	0.3
社会中高层	14.1	31.5	41.9	9.7	3.5	2.7	2.5
社会中层	25.4	33.3	44.7	73.4	32.2	15.7	9.0
社会中低层	19.7	7.9	7.3	13.0	54.5	20.8	10.2
社会低层	5.6	5.6	1.6	2.2	7.9	54.5	15.2
社会最低层	9.9	1.4	0.6	0.9	1.4	5.5	62.9
总计	100.0	100.0	100.0	100.0	100.0	100.0	100.0

X2 = 9016.31；DF = 36；P = 0.000；N = 9576

资料来源：中国社会科学院社会学所2002年《全国城乡居民社会生活状况调查》。

目前中国扶贫过程中贫困人口后代的发展权受限问题集中表现在以下方面：

（1）农民工的子女受教育机会受到限制。对北京、无锡和珠海三市的调查表明②，尽管流动移民的子女在原则上可以进入当地的学校，但实际上他们为了进入学校不得不被迫付出

① 蔡永飞（2003）。

② 王奋宇、李路路（2001）。

更高的费用，许多最终只能在私人市场上购买教育服务。那些有孩子需要在自己打工的城市读书的流动人口中（少数），很多人声称在孩子上学方面受到了歧视（北京有40%，无锡有50%，珠海有56%）。有近10%的农村回流劳动力把孩子上学作为回乡的一个原因①。

（2）在城市失业、下岗和“待岗”的群体中②，大部分是“上有老、下有小”，占到70%。目前中国实行的最低生活保障制度只能保证城市贫困人口最低生活保障，解决贫困人口的生存问题。没有考虑到，从财力上也无法考虑城市贫困人口的下一代教育、发展问题。

（3）农民工进城后培训机会少导致这一阶层可能长期处于贫困状态。流动人口在进入城市后，几乎不太可能有接受正规教育的机会。他们提高自己的人力资本水平和工作技能的唯一的也是最可能实施的途径就是接受培训。但是，与城市居民相比，他们获得培训的机会却少得多。北京、长春、南京、天津、武汉和西安6个城市的调查中，农民工接受培训的比例为55.16%，而城市本地职工为65.29%③。流动人口受教育和培训机会少的结果是要么农民工返回农村，增加农村扶贫的难度；或者继续留在城市，从事低收入的工作，长期处于贫困之中。

七、相关经济因素与减贫的关系

（一）收入分配和减贫

通过对各省横截面数据的分析，我们发现在经济增长水平和贫困发生率之间以及经济增长率变化和贫困发生率变化之间存在着明显的相关关系。但是，即使控制住这种一般性的趋势，省与省之间仍然存在很大的差异。例如，给定一样的经济增长率和农业增长率，各省贫困发生率下降的速度就存在较大差异。云南和内蒙古在1985—2001年的经济增长率相近（分别为7.67%和7.66%），但前者的贫困发生率下降了0.81个百分点，而后者的贫困发生率反而上升了0.25个百分点。

除了经济结构（例如各部门增长率的不同）的差异之外，相同经济增长率条件下贫困减少的绩效不一样可以用收入分配的差异来解释。换言之，一定水平的经济增长究竟如何影响贫困还要看新增的产出如何在不同收入组群体之间进行分配。如果经济增长的分配格局比较倾向于穷人，那么增长的扶贫效果就会非常显著。然而，如果增长以收入分配恶化为代价，那么它的扶贫效果就会大打折扣。

中国的经济增长是和收入分配恶化相伴随的，收入分配差距扩大通过城乡收入差距、地区内部差距和地区之间收入差距这三个方面体现出来。Zhang等（2003）的研究表明收入分配差距（以城镇居民可支配收入与农村居民人均纯收入的比例衡量）越大的地方一般而言贫困发生率也越高。

① 白南生、宋洪远（2002）。

② 唐钧（2003）。

③ 本调查于2000年由北京大学社会学系、中国社会科学院人口研究所、澳大利亚国立大学和美国贝茨学院合作进行。

在过去20多年里，不仅城乡收入差距有所扩大，而且农村内部收入差距也在拉大。农村内部收入吉尼（GINI）系数从1978年的0.212上升到2002年的0.365（NSBC，2003）。正如我们所预料的那样，在农村内部收入GINI系数上升更快的省，贫困发生率下降的速度也越慢（农业部，2003）。

农村内部收入差距的扩大表明，经济增长在很大程度上更有利于那些较富裕的农民，尤其是那些在经营非农产业上更具比较优势，或有更多机会从事非农就业的农民。

2006年中国居民收入分配年度报告显示，金融资产出现了向高收入家庭集中的趋势。按照调查样本户金融资产由低到高五等分排序，户均储蓄存款最多的20%家庭拥有城市人民币和外币储蓄存款总值的比例分别为64.4%和88.1%，而户均金融资产最少的20%家庭拥有城市人民币和外币储蓄存款总值的比例分别仅为1.3%和0.3%。

根据中国社会科学院经济研究所课题组的调查[①]，近年来，在全国居民财产的各个项目中，最重要的是房产、金融资产和土地三项。在各项资产中，有房产、金融资产和其他资产的估计现值三项的集中率超过总财产的吉尼系数（当前中国城市居民家庭财产的基尼系数约为0.51，远远高于城市居民收入的基尼系数0.32），从而对总财产的分布起的是扩大不均等程度的作用。

近几年的统计显示，在财产中，增长率最高是净房产价值，年均增长率高达近20%，其次是居民的金融资产，年均增长率也达到近17%。但农村居民长期使用的土地的价值不仅没增加，反而平均每年以63%的速度下降，此外，耐用消费品的价值年均增幅仅为3.1%。这证明那些房产拥有者由于房产价值增长非常快而导致其财产增长加快。另外，根据统计显示，金融资产分布差距最大的在于股票。这种金融资产增值的好处只是被少数人所获得。股票投资者当中，农民、农民工、城市下岗职工等所占的比例显然较小。

可见，收入分配对贫困具有重要影响，收入分配差异的累积可能造成贫困，收入分配的持续不公平必然会导致贫困面的扩大。

（二）国有企业及乡镇企业改革和减贫

在农村家庭联产承包责任制改革于20世纪80年代中期完成之后，80年代末的国有企业改革和乡镇企业的发展成为中国经济增长的主要动力，市场经济在整个经济中发挥了越来越重要的作用。国企改革和乡镇企业发展对经济增长以及扶贫也发挥了积极的作用。人均收入越高的省份，非国有经济所占比重也越高，且更高的非国有经济比重也和较低的贫困发生率相联系（Panel，B）。

非国有经济的发展可以通过多种途径影响贫困。由于非国有经济的技术特征主要是劳动力密集型的，因此，和国有企业相比，非国有经济的发展往往能够创造更多的就业机会。而从20世纪80年代中期以来，改革的重点开始从农村转向对城市国有企业的改革。由于国有企业的效率较低、管理较差，国有企业普遍存在着冗员问题。为了提高国有企业的竞争力，国有企业开始大量解雇工人，出现严重的城市职工下岗问题。幸运的是，非国有经济的发展不仅为那些下岗职工提供了新的工作岗位，而且为那些在城市中寻找财富的农民提供了工作机会。乡镇企业的发展也吸纳了大量包括农村贫困人口在内的农村劳动力，从而推动了经济

① 潘成夫："影响收入分配的金融要素及相关政策分析"，《现代管理科学》2006年第2期。

增长并减少了贫困。①

（三）通货膨胀及农产品价格和减贫

中国的消费品物价指数在过去20多年里上涨了近4倍左右（NSBC，2003），并经历了两次高通货膨胀时期，一次是1988—1989年，物价年平均上涨了18%；另一次是1993—1995年，物价年平均涨幅为19%。如果不考虑这两段时期，则1979—2002年间通货膨胀率的平均水平仅为3.4%。在两次通货膨胀的高峰期，控制物价上涨的政策手段都是非常有效的。1988—1989年的高通胀被迅速降至1990年的2.1%，1991年通胀率则为2.9%。同样地，1993—1995年的高通胀在1996年降至8.3%，1997年则进一步降至2.8%。实际上，近年来中国的物价上涨率极低（2000和2001年分别为0.4%和0.7%），甚至有一段时期是在负增长（1998—1999和2002年）。

通货膨胀主要通过相对价格的变化而影响农民的财富以及贫困。换言之，在通货膨胀中大多数商品的价格并不是同向变化，变化幅度也不会相同。例如，农产品投入和产出价格的变化趋势是一致的，但是历年的贸易条件均有变化。为了促进农业产出，农产品收购价格提高的趋势一直持续到20世纪80年代末，导致农产品产出价格的增加高于农业生产资料价格的增长。贸易条件的改善提供了良好的政策环境，刺激了农民生产的积极性，从而显著提高了农民收入并有助于减少贫困。相反，除1994年外，80年代以后虽然农业生产资料价格有所下降，但产出价格下降得更多。

（四）贸易市场化和减贫

在整个改革期内，对外贸易的增长速度都超过了GDP的增长速度。随着外贸总量的迅速增长，对外贸易在中国经济中的地位也不断提高。1980年进出口占GDP比例不到13%，2002年上升到49%，2006年进一步上升到66.85%。1980—2001年中国初级产品（主要是农产品）贸易总额从161亿美元上升到721亿美元，年均增长7.4%（NSBC，2002）。中国于2001年末加入WTO后，外贸将继续保持高速增长势头，甚至有可能增长得更快。

要了解究竟谁能够从贸易自由化过程中获益，就必须首先考察一个地区的生产结构。至少相对于那些内陆农民而言，20世纪90年代沿海地区的农民是最大的受益者，因为沿海地区农民更多地生产稻米、牲畜和园艺产品。这些产品在出口中占了越来越高的比重，且这些产品在沿海地区的产量也更高。相反，内地农民的生产结构更偏向于种植那些不具有比较优势的产品，例如小麦、大豆和棉花。这些产品在进口中所占的比重越来越高（因而其净出口也越来越低）。虽然我们没有更充分的证据，但我们完全可以推断沿海地区的农民在市场和贸易自由化中是最大的受益者。

根据国家统计局的农户收支调查数据，平均收入最低的那部分农户往往居住在内陆地区，生产最不具有竞争力的农产品。例如，中国西部地区总人口中3.5%的那组最穷的农户（组Ⅰ或最穷的穷人）平均收入仅为356元，比沿海地区最穷收入组农户的平均收入（598

---

① 世界银行（2002）的研究表明农村劳动力在乡镇企业就业人数在20世纪90年代早期呈稳定上升趋势，即使90年代中期经历了通货紧缩和宏观经济的不景气，但乡镇企业就业人数仍继续增长，且一个显著的特点是乡镇企业就业增长的一半以上是靠私营企业和个体企业来完成的。

元）低近60%。西部地区占总人口3.5%—10%的最穷农户的平均收入（组II）是596元，为沿海地区相应农户组平均收入（1074元）的55%。贫困发生率（按中国官方标准计算）在西部地区为7.3%，是沿海地区（1.3%）的5倍多。这表明贸易自由化将会给相对富裕的人带来更多的好处，因为较富裕的农民更多地生产那些具有比较优势的农产品，而贫困人口则更多地种植那些受保护程度越来越低的农产品。

根据中国加入WTO所做出的承诺进行预测，目前的贸易趋势并不会发生特别大的变化(Huang et al.，2003)。尽管商品的名义保护率不会立即取消，但2000—2010年间大部分进口商品的关税将继续维持下降的趋势。由于关税税率下降，进口将增加，进口商品的国内价格和名义保护率均会降低。对出口产品（例如蔬菜）而言，反向的变化也会同样出现。简而言之，我们相信WTO效应将仅仅是过去一些业已出现的趋势的继续，而不会带来激烈的变化。因此，和过去一样，那些以生产具有比较优势的农产品为主出口的农民将是WTO的主要受益人，但主要生产那些没有出口竞争力、且保护程度不断下降的农产品的农民在未来10多年内利益将遭到一些损失。

根据分析，如果中国履行在加入WTO时所做出的承诺，国内价格的变化将对生产和消费产生影响。以对中间收入组农民的影响为例，模拟分析的结果表明在5年后其人均农业产出将上升10元，或者说上升了0.6%，而同期的支出却下降了9元（0.3%）。

WTO效应将影响中国农产品的价格变化。相对于不加入WTO，入世虽然使有些农产品的价格上升（例如猪肉的价格在2001—2010年间将上升20%），但其他农产品价格会相对下降（例如小麦价格将下降11%）。平均而言，2001—2010年间Stone价格指数（根据各种农产品产出份额加权计算的价格指数）将下降0.95个百分点。尽管加入WTO使中国农产品平均价格有所下降，但农民的反应是增加那些价格会有所升高的农产品的生产，而减少价格会下降的农产品产量。模拟结果表明这种生产结构上的变化在预测期末将导致农产品总值上升。

与产出上升相反，尽管农产品平均价格下降，对农产品的总支出也在下降，这主要是因为对农产品的需求结构也发生了变化。直观地说，消费者对价格上升的农产品的消费量减少幅度超过了对价格下降的农产品消费量的增加幅度。实际上，模拟所预测的农产品生产和消费的结构变化只不过是贸易和国内市场自由化政策在过去20多年里所造成变化的自然延伸(黄季焜等，2003)。

从2005—2010年，即从加入WTO后的第5年到第10年，产出和消费的变化开始加速。无论是对那些受保护的农产品（尤其是玉米和糖料作物），还是对那些有出口竞争力的产品（例如畜产品、水产品、蔬菜和稻米），自由化的过程仍然在进行，这使得中间收入组农户的人均农业产值在2010年上升40元，增长了2.5%。支出下降的速度也变得更快。不过，模拟分析并没有计算因为农户种植结构变化而增加的利润上升所引致的消费增长，因此，可能夸大了消费的下降幅度。若考虑收入因素，支出的下降完全有可能微不足道，甚至可能会上升。模拟分析结果（只考察了农产品贸易，且按照产出产值而不是收入来衡量）和其他预测WTO对中国经济影响的贸易模型模拟结果是一致的。

并不是所有的农户都能够从WTO中得到好处。该结果显示在2005年和2010年，东部和中部的中间收入组以及两类贫困收入组（贫困人口中最穷的一组以及第二组）的农民收入上升幅度比西部相应组别的农民高出20%—100%。从绝对数量上看，在所有地区更富裕组别农民的收入增长更快。由于较富裕组别农民的平均收入更高，因此，按相对量来计算从WTO中所获得的收益反而随收入水平而递减。例如，2010年东部地区贫困人口中最穷那部分农民的产出占收入比重为4.94%，而中间收入组农民的相应数字为2.3%。尽管存在着这一趋势，但东部和中部两个最穷收入组农民从WTO中所获得的好处（按百分比计算）仍然要高于西部农民。

同样地，支出变化的模式也更有利于较富裕的农民。对所有地区所有收入组别的农民而言，食品均有所下降。但尽管从绝对值看下降幅度差不多，按百分比计算则西部比东部下降更多，穷人比富人下降更多。显然，无论是生产还是消费，从绝对数量上来看WTO显然给几乎所有的农户——无论穷的还是富的，沿海的还是内地的——都带来了一些好处；但东部沿海地区的农民得到的好处更多，富人比穷人得到的好处也更多，贫富分化有所加深。

八、城乡经济发展、经济转型与中国的扶贫

对中国未来城乡经济发展和经济转型的分析表明，今后中国的扶贫行动要取得较好的成效，在政策框架的设计和选择上，要注意以下几点：

（一）从统筹城乡的角度全面设计今后的扶贫策略

1. 从经济发展的总体趋势来看，农业在国民经济中的地位将逐步萎缩，农业收入对农民收入增长的贡献将逐步降低。这一趋势随着中国入世之后受国际农产品市场的冲击、农产品价格提升空间有限将日趋明显。因此，今后的扶贫战略必须立足于从农业之外来设计，目前强调发展种养业的开发式扶贫实质仍是从农业角度来思考扶贫战略框架的。这一视角必须从根本上予以改变。

2. 与上一点相联系，未来的农村扶贫应更多地强调贫困人口人力资源向农村非农业和城市的转移。但是，本报告的分析表明，农村企业（乡镇企业）的发展和城市化的发展都未必会自动地给贫困群体带来好处：乡镇企业的产业升级会对劳动力、特别是素质相对低下的贫困劳动力产生排斥；单纯的城市化有可能会产生新的农民工贫困（包括人文贫困）和失地农民贫困问题。

3. 在一定条件下，农村贫困问题可能会与城市贫困问题产生联系。一方面，农民工进城之后，如果在社会保障、教育、医疗等方面得不到最基本的公共服务，将会引发农民工贫困问题；另一方面，农村劳动力向城市的大量转移，会对城市劳动力的就业带来一定冲击，如果城市扶贫体系不完善，这将加剧城市贫困问题，从而对农村劳动力的城市就业产生压力，进而不利于农村贫困问题的解决。

（二）选择有助于解决贫困问题的、劳动密集型的产业发展战略

研究表明，一个经济的最优产业结构是由其要素禀赋结构所内生决定的，置自身要素禀赋结构状况于不顾，举全国之力推行少数资本密集部门的技术赶超战略，最终将使经济的实际增长速度低于潜在水平，进而无法实现经济收敛，同时还会恶化收入分配问题（林毅夫，2002）。这当然也将不利于贫困问题的最终解决。

中国的比较优势在于劳动力，因而积极发展劳动密集型的产业，不仅有助于中国的经济发展，而且将对贫困人口的就业以及使贫困群体分享经济增长的好处有积极的作用。因而，未来的扶贫战略必须与城市部门、农村部门的产业发展战略相配合，选择劳动密集型的产业发展战略，将有助于解决贫困问题的解决。

（三）审慎评估农业在农村扶贫中的作用

尽管从总的趋势来看，农业对中国未来农村扶贫的作用将逐步削弱，但是也必须清醒地看到，就目前来说，农业收入在贫困群体的收入构成中仍占有十分重要的地位，因而对贫困群体确保最低的收入水平依然十分重要。在贫困地区大力发展高附加值和劳动密集型的种养业仍然是现阶段农村扶贫工作所不能忽视的。因此，大力创造条件和积极引导贫困劳动力的非农就业，必须以确保贫困农户农业收入为基础。

参考文献

1. 白南生、宋洪远：《回乡，还是进城？——中国农村外出劳动力回流研究》，中国财政经济出版社 2002 年版。

2. 蔡昉、林毅夫：《中国经济》，中国财政经济出版社 2003 年版。

3. 蔡昉：《中国人口与劳动力问题报告——转轨中的城市贫困问题》第 4 期，社会科学文献出版社。

4. 杜青林：《中国农业和农村经济结构战略性调整》，中国农业出版社 2003 年版。

5. Huang, Jikun, Ninghui Li, and Scott Rozelle. 2003. "Trade Reform, Household Effects and Poverty in Rural China", *American Journal of Agricultural Economics*, Vol. 85 (No. 5, 2003): 1292 - 1298.

6. Huang, Jikun, Scott Rozelle, and Min Chang. 2004. "Tracking Distortions in Agriculture: China and Its Accession to the World Trade Organization", Forthcoming in the *World Bank Economic Review*.

7. Huang, Jikun, Scott Rozelle and Yuping Xie. 2003. "Distortion at the Border; Integration Inland: Assessing the Effect of WTO Accession on China's Agriculture", *Journal of Chinese Economics and Business Studies*, Vol., 1 (2003): 95 - 114.

8. 林毅夫："发展战略、自生能力和经济收敛"，《经济学（季刊）》，2002（a）年第 1 卷第 2 期。

9. 林毅夫：《中国农村改革与农业增长》，上海三联书店/上海人民出版社 1994 年版。

10. Mathews, A. 2002. "The Possible Impacts of China's WTO Accession on the WTO Agricultural Negotiations", Trinity Economic Papers No. 15, Department of Economics, Trinity College Dulin.

11. McMillan J, Walley J, Zhu L. 1989. The impact of China's economic reforms on agricultural productivity growth. J. Polit. Econ. 97: 781 - 807.

12. Mohapatra, Sandeep. 2001. "The Evolution of Modes of Production and China's Rural Economic Development", Working Paper, Department of Agricultural and Resource Economics, University of California, Davis.

13. Park, Albert, Scott Rozelle, Christine Wong, and Ren Changqing. (1996): "Distributional Consequences of Fiscal Reform on China's Poor Areas." *China Quarterly*, (147), 1001 - 32.

14. Park, Albert, Sangui Wang, and Guobao Wu. (1998): "Regional Poverty Targeting in China". *Working Paper*, Department of Economics, University of Michigan, Ann Arbor, MI.

15. Piazza, Alan, and Echo H. Liang (1997): "The State of Poverty in China: Its Casuese and Remedies". Paper presented at a conference on "*Unintended Social Consequences of Economic Reform in China*", Fairbanks Center, Harvard University, May.

16. Ravallion, Martin. 1997. "Can High Inequality Developing Countries escape Absolute Poverty?" *Economics Letters*, 56: 51 - 57.

17. Rozelle, Scott and Jikun Huang. 2000. "Transition, Development and the Supply of Wheat in China", *Australian Journal of Agricultural and Resource Economics*, 44 (2000): 543 - 571.

18. Rozelle, Scott, Guo Li, Minggao Shen, Amelia Hughart, and John Giles. 1999. "Leaving China's Farms: Survey Results of New Paths and Remaining Hurdles to Rural Migration", *China Quarterly* 158 (June 1999): 367 - 393.

19. Rozelle, Scott. 1996. "Stagnation Without Equity: Changing Patterns of Income and Inequality in China's Post - Reform Rural Economy." *The China Journal* 35: 63 - 96.

20. Rozelle, Scott, Albert Park, Vince Benziger, and Changqing Ren. 1998. "Targeting Poverty Investments and Economic Growth in China." *World Development* 26, 12 (1998): 2137 - 2151.

21. 唐钧：《中国城市贫困与扶贫报告》，华夏出版社2003年版。

22. 王奋宇、李路路：《中国城市劳动力流动》，北京出版社2001年版。

23. 中国科学院可持续发展战略研究组：《2004中国可持续发展战略报告》，科学出版社2004年版。

第四章　政府主导——中国反贫困的领导、组织和保障

政府主导是中国反贫困的一大特色，这是由中国特定的国情、政治和经济体制以及社会意识形态决定的，尤其是当扶贫的目标被逐步内化成各级政府的政治任务并将扶贫设定为各级政府工作的中心的情况下。本章将对我国采取政府主导的背景和原因进行分析，并且将政府主导的扶贫开发工作结构化和形式化，剖析政府主导的内涵和基础条件，政府扶贫政策导向，政府在扶贫开发中的直接投入机制和扶贫资金的管理途径以及政府主导对我国减贫的影响。

一、政府主导的背景和内涵

1979—1985 年的改革开放，使中国经济建设有了较大的发展，到 1985 年中国国民经济已经从文化大革命的恶性循环中摆脱出来，完成了历史性的转折。人均国内生产总值保持着较为稳定的上升趋势。人均国内生产总值由 1979 年的 353 元上升到 1985 年的 584 元，7 年之中增长 1.65 倍，年增长速度保持在 8.75%。

改革开放和农村经济的快速发展，为农村创造了大规模减贫的宏观环境。1979—1985 年是农村贫困状况得到快速缓解的时期，也是中国农民收入增长最快的一个时期。农村居民家庭人均纯收入由 1979 年的 160.7 元增加到 1985 年的 397.6 元，翻了 2.5 倍。扣除价格上涨因素的影响，实际增长了 87.23%，年均增长率为 11.02%。随着收入的普遍增长，贫困人口明显减少，尤其是在具有区位优势和农业自然条件比较好的东部和中部地区。这种贫困人口大幅度减少，主要归因于农村体制改革对所束缚的农村生产力的有效释放。农民在获得农业生产的经营自主权后，所表现出的积极性和创造性，推动了农村经济的快速增长。中国政府的农村改革是卓有成效的，主要包括以家庭联产承包责任制为核心的农村土地制度创新和分配体制的改革、粮食流通体制改革、劳动力就业体制改革等政策极大促进了中国农村经济的发展，提高了农民的收入，带来了农村贫困人口数量的急速下降。从 1978 年到 1985 年虽然中国还没有开始实施有组织地政府专项扶贫活动，但这一时期，农村贫困人口的下降速度是最快的，这都得益于制度创新带来的强大效益。

然而，随着市场化经济改革的逐渐展开，农村经济增长对贫困自然减缓的效应日趋减弱，继续采用以增长为主辅以适当救济的反贫困战略，已经很难有效地对减缓贫困发生积极

的作用，尤其是在自然条件差、农业基础设施薄弱的中西部山区，30%以上的农民仍然处在贫困线之下。农村改革的强大效益不能有效地作用于因为历史、自然、社会、经济、地理等因素的贫困地区的贫困人口。基于这种形势和对进一步发展中这些贫困农民处于极端不利的弱势状态的判断，中国政府从1986年起，开始直接地、大规模、全方位地组织中国农村扶贫开发，运用政府资源对贫困实施政府干预。为此，国家成立了专门机构，促使扶贫工作机构化、专业化，使反贫困进入到有计划、有组织、大规模、有专门措施的以政府为主导的扶贫阶段。

政府主导的扶贫工作体现出中国政府“效率优先兼顾公平”的发展战略，即在促进国民经济全面发展的进程中，将贫困地区和贫困人口的问题放到了一定的高度，采取特殊的措施，包括：(1) 对救济式扶贫进行了彻底改革，确定了开发式扶贫的方式；(2) 成立了专门机构，增强扶贫开发的组织化程度；(3) 制定了专门针对贫困地区和贫困人口的政策措施；(4) 对18个集中贫困区域实施连片开发；(5) 确定了对贫困县的扶持标准，并核定了贫困县，分中央政府和省（自治区）两级重点扶持。

这一时期也是中国开发式扶贫战略的形成时期，逐步明确了各级政府在扶贫开发中的责任。政府主导的开发式扶贫就是在国家必要支持下，利用贫困地区的自然资源，进行开发性生产建设，逐步形成贫困地区和贫困户的自我积累和发展能力，主要依靠自身力量解决温饱、脱贫致富；开发式扶贫包括为贫困地区修建基础设施，发展贫困地区教育，给予优惠经济政策，提供优惠贷款等多项措施。开发式扶贫把贫困地区农民自力更生与国家、社会扶持结合起来，能够有效开发当地资源发展经济，增强贫困地区自我积累、自我发展的能力，能够真正改善贫困地区生产条件，从而根本上解决贫困问题。同时，这种扶贫讲求投入产出效益，往往能达到扶贫成本低、扶贫效果高的作用，是解决温饱、实现脱贫致富的根本出路。

在各级政府的领导和不懈的努力下，总体上讲，到1994年，中国农村扶贫取得了一定的成就，农村贫困人口从1.25亿下降到8000万，平均每年减少400万，贫困发生率从16%下降到7.6%。

虽然从总体趋势来看，西部地区贫困人口数量也正在逐渐减少，但由于历史、社会、自然、经济、文化等诸多方面的原因，西部12个省、市、自治区仍属欠发达地区，生态环境脆弱，基础设施落后，产业结构单一，群众生活困难，经济和社会发展水平远远滞后于全国，贫困人口减少的速度远远要小于东部地区和全国平均水平。农村贫困人口的分布更加向西部省份集中。这种集中不仅表现为数量上所占的绝对比重，也表现在贫困深度比其他地区严重，贫困特征也更加复杂和多样化，体现得更加明显。从贫困人口数量来看，西部贫困人口数量由1988年、1989年占农村人口的不到一半，1996年则发展到占2/3，并且这种趋势一直延续到21世纪。2000年全国3000万绝对贫困人口中，50%左右分布在西部地区，贫困人口超过百万的省有6个，5个在西部地区：四川、贵州、云南、陕西和甘肃；超过50万的省区有11个，其中有5个属于西部地区：内蒙古、广西、重庆、宁夏和新疆。中国一共有592个国家级贫困县，西部地区就占了366个，占全国总数的62%。从贫困发生率来看，西部地区的贫困发生率高于其他地区。90年代，东部和中部的贫困发生率分别由1988年的7%和14%减少到1996年的1%和3%。西部省份的贫困发生率也在减少，贫困发生率由1989年的22%减少到1996年的13%。到2000年，有7个省区的国定贫困县中的贫困发生率超过了10%，其中西部省区占5个：贵州、重庆、陕西、内蒙和青海；有5个省区超过了20%，4个是西部的：新疆、宁夏、吉林、西藏（数据来源为《2001年中国贫困监测报告》）。2006年全国有绝对贫困人口2148万，63.78%在西部地区。分省来看，西部地区贫困发生率相对较高。其中，青海贫困发生率在10%以上，为10.9%；内蒙古、贵州、云南、陕西、甘肃、新疆低收入人口占其农村人口的比重仍然在10%以上。2006年，由于受严重干旱影响，四川、重庆的贫困人口和低收入人口有所增加。其中，四川绝对贫困人口增加49万，低收入人口增加54万；重庆绝对贫困人口增加8万，低收入人口增加2万（数据来自《2007中国农村贫困监测报告》）。

在国民经济整体呈现高速增长态势的同时，中国的贫困问题依然十分严峻。在进一步的扶贫工作中，需要更多地发挥政府的领导作用。因此，政府主导“就是坚持把扶贫开发纳入各级政府重要议事日程。作为国民经济和社会发展中长期规划的重要内容放在突出位置；作为各级政府的重要职责，建立健全从中央到地方的扶贫工作领导机构；实行责任、任务、资金和权力四个到省的扶贫工作责任制和各级政府扶贫工作首长负责制；不断加大投入力度；制定扶持贫困地区和贫困人口的政策，组织社会各方面的力量参与扶贫等。”

政府主导首先反映出中国政府强有力的政治意愿和政府承诺，它是实现减贫的根本保证。中国将促进减贫作为国家现代化战略的重要组成部分，坚持以人为本，努力使经济发展的成果为所有社会成员所分享。中国政府先后多次就减缓贫困向国际社会做出承诺，并制定减贫计划，集中力量付诸行动。中国政府在全球扶贫大会上承诺：到2010年基本解决现有贫困人口的温饱问题。这说明中国政府将实施扶贫战略作为自己的重要职责和工作重点。

这种承诺是一种力量，并由此而转化为扶贫开发的具体目标。中国各个时期的扶贫战略目标的制定，是与当时的经济政策和社会发展目标相协调的，即将减贫同中国社会经济整体发展有机地结合在一起，表现出明显的阶段性特征。在政府的主导下，在不同的经济社会发展阶段，国家的经济体制及分配方式在逐步改革，区域发展战略在科学调整，贫困人口的分布特征、致贫原因和人群结构呈现出不同的特点。与此相适应，中国政府选择和确定了有效的贫困瞄准机制，实施了不同扶贫策略，并逐步完善了政府的反贫困政策体系。

根据我国的国情确定贫困线。我国政府在1986年首次确定了农村贫困标准，并随着这个标准下贫困人口的大幅减少和整个国家经济社会事业的发展，于2000年又一次确定了农村扶贫工作对象的标准。根据不同标准下贫困人口分布情况确定重点扶持区域。分别于1986年、1994年和2001年三次确定和调整国家重点扶持贫困县（扶贫工作重点县），始终将扶持范围锁定在最贫困的区域，较好地解决了对贫困人口的瞄准问题。世纪之交，随着贫困人口分布逐渐由“大集中小分散”向“小集中大分散”变化，扶贫资金和项目的进村入户也逐渐强化，并由以县为单位组织扶贫开发转变为以贫困村为基本单元实施扶贫项目。通过规划确定15万个重点贫困村，分批实施整村推进目标。到2006年，全国已经有5.3万个贫困村完成了整村推进任务（数据来源于《2007中国农村贫困监测报告》）。

1986年，中央政府成立由相关行政职能部门组成的扶贫开发领导小组，负责组织、领导、协调、监督、检查总体扶贫开发工作，并在其下设立办公室，负责扶贫开发的具体工作，如拟定政策、规划并组织实施，协调参与扶贫的各部委和机构间关系，协调社会各界扶贫协作，确定扶贫标准，拟定扶贫资金分配方案，开展国际合作等。扶贫开发领导小组由副总理任组长，并在省、市、县各级建立类似的工作机构。随后，地方各级政府也成立相应机构，统一领导和协调本地的扶贫开发工作。同时，为调动各级政府在减贫方面的积极性，建立了分级负责制，实行扶贫资金、权力、任务和责任“四个到省”，按照“省负总则、县抓落实、工作到村、扶贫到户”的工作机制，制定扶贫规划，分解扶贫任务、实施扶贫项目。

政府在扶贫中的主导作用，一方面是制定有利于穷人的政策、直接针对贫困人口的扶贫政策，为贫困地区和贫困人口的发展创造良好的政策环境，另一方面则是资源动员，包括政府运用自己的财政资源直接向贫困地区和贫困人口投入，同时也调动全社会在扶贫开发中的广泛参与，如政府部门、企事业、金融机构、非政府组织以及国际机构等。

根据有关研究，贫困县的扶贫投资总额中，以各级政府扶贫资金所占比例为主。中央三项扶贫资金和省地县政府所占比例分别为67%和11%，说明中国农村扶贫主要是各级政府特别是中央政府的扶贫行动（李文、汪三贵：中央扶贫资金的分配及影响因素分析）。“八七扶贫攻坚计划”主要包括三项投资：专项扶贫贷款、以工代赈和财政发展及新增财政扶贫资金。专项扶贫贷款最初主要贷给企业和其他经济实体，后来强调要覆盖到从事农业和非农活动的农户。以工代赈主要是利用农业剩余劳动力来建设各类基础设施。财政发展资金及新增财政扶贫资金主要对贫困地区的各项事业提供投资支持。1994—2000年的“八七扶贫攻坚计划”期间，中央政府累计投入的三项扶贫资金1163亿元（140多亿美元），相当于年度财政支出的5%—7%。尽管中央的扶贫投资还不足以解决所有的贫困问题，但每年固定的扶贫财政预算，保证了资金的动员，同时中央政府还要求地方政府提供配套的扶贫资金。

二、政府主导扶贫开发的组织保障

中国政府所主导的扶贫开发，是一项伟大的跨世纪系统工程，从一开始便纳入到政府有组织的计划中，并根据扶贫开发工作的需要，在中央政府和各级地方政府建立起系统性的组织机构。因此，中国政府主导的农村反贫困是一种有组织的制度性安排，是一种比较典型的、以政府为主导的、主要依靠行政组织体系的力量、自上而下的管理型治理结构。它是政府管理系统的延伸，典型特征是多部门参与。

国务院扶贫开发领导小组是国务院的议事协调机构，成立于1986年5月16日，当时称国务院贫困地区经济开发领导小组，1993年12月28日改用现名。目前领导小组由国务院副总理回良玉同志兼任组长，调整后的成员包括国务院办公厅、国家计委（现改为国家发展和改革委员会）、经贸委（现改为商务部）、财政部、人民银行、教育部、科技部、民委、民政部、劳动和社会保障部（现改为人力资源和社会保障部）、国土资源部、交通部（现改为交通运输部）、水利部、农业部、卫生部、计生委、环保总局（现升为环境保护部）、统计局、林业局、农业银行、全国总工会、团中央、全国妇联、供销总社、中国残联等有关部门的负责同志。领导小组的基本任务是：组织调查研究；拟订贫困地区经济开发的方针、政策和规划；协调解决开发建设中的重要问题；督促、检查和总结交流经验。为了协调各个参与农村扶贫的部门之间的关系，从中央到地方都成立了各级政府的跨部门扶贫领导小组。

在中国农村反贫困组织体系中核心部门主要有各级扶贫开发领导小组办公室、发改委、财政系统和中国农业银行系统。其他政府部门也参与到和自身业务相关的农村扶贫开发活动。交通、水利、农业、林业、教育和卫生等政府业务部门除了需要负责贫困地区的相关事业发展外，还直接参与相关扶贫项目的组织和实施。

国务院扶贫办是国务院扶贫领导小组常设的办事机构，具体负责与扶贫有关的日常工作，其主要职责是：

1. 对中国农村贫困状况的变化、政府扶贫政策的执行情况和效果进行调研，为扶贫领导小组提出调整扶贫政策的建议；

2. 协调社会各界的扶贫工作，协调组织中央国家机关定点扶贫工作和东部发达地区支持西部贫困地区的扶贫协作工作；

3. 拟定农村贫困人口和国家扶贫开发工作重点县的扶持标准；

4. 组织对扶贫开发情况进行统计和动态监测，指导扶贫系统的统计监测工作；

5. 协调拟定中央扶贫资金分配方案，指导、检查和监督扶贫资金的使用，指导跨省区重点扶贫项目；

6. 承担全国贫困地区干部扶贫开发培训工作；

7. 直接参与世界银行和其他国际或双边发展机构在中国农村扶贫项目的管理。

各省、自治区、直辖市和地（市）、县级政府也成立了相应的组织机构，包括扶贫开发领导小组，由各级负责农业和农村发展的行政长官任组长，成员单位同中央的基本相同，包括各有关的政府职能部门、金融部门和群众团体，具体负责本地的扶贫开发工作的政策和规划、组织和协调以及按中央政府的要求落实扶贫任务和扶贫资金。省级扶贫办的主要职能是落实中央政府的农村扶贫政策，根据中央的政策制定本省的扶贫计划，确定扶贫资金的分配和协调各个政府扶贫部门之间的关系。县级扶贫办是中国农村扶贫的基本单位，主要负责扶贫项目的组织和实施。

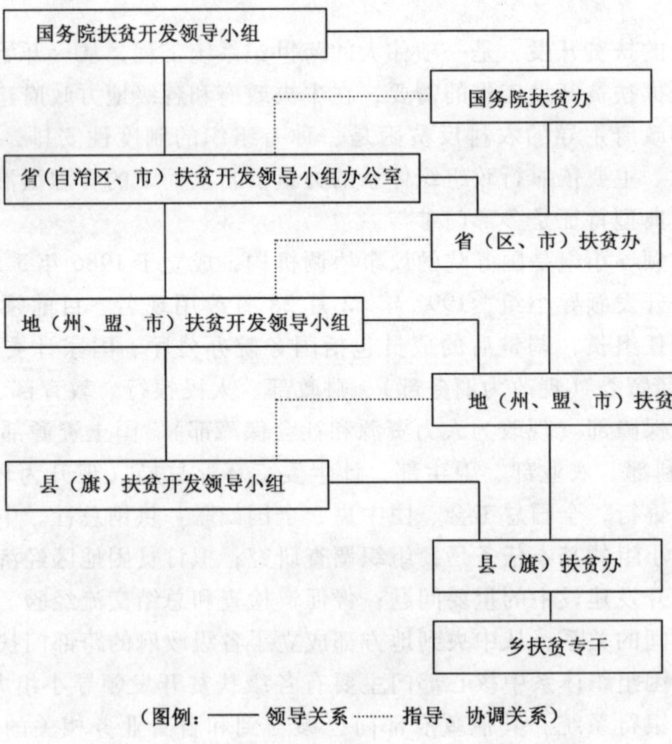

图4－1　中国各级政府扶贫机构示意图

实践证明，中国政府主导的这种扶贫开发的组织结构，体现了中国行政治理结构的特点，具有较高的运行效率，尤其是实行分级负责、以省为主的行政领导扶贫工作责任制，充分地调动了政府各部门参与扶贫的积极性。各省、自治区、直辖市，特别是贫困面积较大的省、自治区，都把扶贫开发列入重要议程，根据国家扶贫开发计划制定本地区的具体实施计划。中央的各项扶贫资金在每年年初一次下达到各省、自治区、直辖市，实行扶贫资金、权力、任务、责任“四个到省（自治区、直辖市）”。所有到省的扶贫资金一律由省级人民政府统一安排使用，并由各有关部门规划和实施项目。

国务院扶贫办的成立标志着以政府为主导的扶贫体系的建立，实现了中国扶贫开发工作两个转变：

1. 由道义性扶贫向制度性扶贫转变。这意味着，扶持贫困人口是政府的一项重要职责，政府的扶贫工作具有制度保证，有专门的组织机构和专门的经费，而且有一套相应的法律和政策来指导和约束这些机构的活动和经费的使用。这一转变使政府的扶贫行动与公民和民间组织的扶贫行动形成了质的区别，对于政府来说，扶贫不仅仅是出于道义的自愿选择，还是一项不可推卸的责任。

2. 由救济性扶贫向开发性扶贫转变。这意味着，扶持贫困人口脱贫致富工作从一般的社会救济工作中分离出来，成为一项独立的社会工程。开发性扶贫的方针是鼓励贫困地区广大干部群众发扬自力更生、艰苦奋斗精神，在国家的扶持下，以市场需求为导向，开发利用当地资源，发展商品生产，解决温饱进而脱贫致富。开发性扶贫的中心是帮助贫困人口形成自我发展的条件，并以此为贫困人口脱贫致富的基础①。

为保证政府主导的扶贫工作的有效性和效率，各级扶贫机构在运行中还建立起相互合作的机制，尤其是各级扶贫办同发改委、财政和农业银行之间的密切合作关系。

发改委系统主要负责以工代赈计划的实施和管理。国家发改委在地区司下设有扶贫处，负责以工代赈资金的初步分配方案和确定主要投向、制定项目和资金管理规则等，省县也相应设立以工代赈办公室具体实施以工代赈扶贫项目。

财政系统不直接参与农村扶贫项目的实施和管理，其主要职能是安排和管理财政扶贫资金。财政部在农业司下设立扶贫处，负责财政发展资金的分配方案、资金管理规则、信息系统建设等，省县财政部门也相应设立部门负责扶贫资金的管理和监督。

中国农业银行则承担专项扶贫贷款的发放、管理和回收。国务院扶贫领导小组在确定了每年信贷扶贫资金的分配计划后，中国人民银行将扶贫信贷资金通过农业银行系统分配到各个省区的农业银行，省区的农业银行再将资金分配给地区和县农行，县农行与县扶贫办协同管理专项扶贫贷款的最终分配和使用。

除了政府的扶贫计划外，参与中国反贫困的还有非政府机构和国际机构，尽管它们分别成立相应的机构来管理各自的扶贫活动，但同时也与各级政府扶贫办建立合作关系，使其扶贫行动同政府的扶贫计划在一定程度上保持协调一致。

中央政府设立了专门机构来协调中国的扶贫工作，1994 年又进一步明确了省负总责的制度。1994 年《国家八七扶贫攻坚计划》决定，扶贫开发实行分级负责、以省为主的首长扶贫工作责任制，要求各省区市特别是贫困面较大的省、区，要把扶贫开发列入重要日程，

① 刘斌、张兆刚、霍功：《中国三农问题报告》，中国发展出版社 2004 年版。

根据“八七”计划制定本省区市的具体实施计划。省区的主要负责人要亲自抓、负总责，及时协调解决重要问题。为进一步强化这一制度，1996 年中国政府出台的《关于尽快解决农村贫困人口温饱问题的决定》进一步要求，中央的各项扶贫资金要在年初一次下达到各省区市，实行扶贫资金、权力、任务、责任“四个到省”。所有到省的扶贫资金一律由省政府统一安排使用，由省扶贫开发领导小组具体负责组织各有关部门规划和实施项目，在此基础上强调，解决群众的温饱问题，是贫困地区一切工作的中心。

中国扶贫组织机构从中央到省（市、自治区）、地（市）、县构成了一个有效的体系，并随着扶贫开发的进程而不断调整、完善，从而为全面实施扶贫开发计划提供了有力的组织保障，成为中国政府主导的扶贫开发工作有效运行的关键。

三、政府主导扶贫开发的政策体系

为了加强政府在扶贫开发中的主导作用，中国政府先后制定了一系列扶贫政策，对扶贫开发的目标、方针、扶贫开发的重点区域、领域和人群、扶贫开发的具体措施等进行了规定，从而有效地调动了社会各方面在扶贫开发中的参与，规范和指导各级政府和各部门参与扶贫开发的行为。特别是《国家八七扶贫攻坚计划》和《中国农村扶贫开发纲要（2001—2010 年）》作为两个纲领性的政策文件，在政府主导的中国扶贫开发中具有划时代的意义。

（一）《国家八七扶贫攻坚计划》

虽然中国政府主导的有组织的扶贫开发活动开始于 1986 年，但在前期仍然缺乏有效的政策体系。中国农村反贫困行动和政策体系形成的关键时期是在“八七扶贫攻坚计划”阶段，为了适应政府不断加大对扶贫开发的投入力度以及调动全社会参与到扶贫开发行动中，中国政府出台了两个有代表性的指导扶贫活动的纲领性文件，即 1994 年公布实施的《八七扶贫攻坚计划》和 1996 年颁布的《关于尽快解决农村贫困人口温饱问题的决定》。这两个文件的颁布实施，标志着中国以政府为主导的农村反贫困行动体系的形成。

《国家八七扶贫攻坚计划》明确提出要集中人力、物力、财力，动员社会各界力量，力争用 7 年左右的时间，到 2000 年底基本解决当时全国农村 8000 万贫困人口的温饱问题，“八七扶贫攻坚计划”的主要措施包括：（1）帮助贫困户进行土地改良和农田基本建设，增加经济作物和果树的种植，增加畜牧业生产，创造更多的非农就业机会；（2）使大多数乡镇通路和通电，改善多数贫困村的人畜饮水问题；（3）普及初等义务教育和初级预防与医疗保健服务；（4）减少对沿海省份贫困县的支持，将扶贫重点进一步放到中西部地区；（5）加强扶贫资金的管理，减少扶贫资金的漏出和提高扶贫投资的可持续性；（6）动员各级党政机关、沿海省份和重要城市及国内外其他机构广泛参与扶贫。

在上述措施的基础上，《八七扶贫攻坚计划》还明确了扶贫开发的若干具体目标。包括：（1）绝大多数贫困户年人均纯收入达到 500 元以上（按 1990 年不变价格）；（2）有条件的地方，人均建成半亩到一亩稳产高产的基本农田；（3）户均一亩林果园，或一亩经济作物；（4）户均向当地或发达地区的非农产业转移一个劳动力；（5）户均一项养殖业，或其他家庭副业；（6）牧区户均一个围栏草场，或一个“草仓库”；（7）贫困乡镇基本解决人畜饮水困难；（8）贫困乡镇建设地方集贸市场，主要商品产地要通公路；（9）贫困乡用上电；（10）基本普及初等教育，积极扫除青壮年文盲；（11）在贫困乡镇开展成人职业技术教育和技术培训；（12）改善贫困乡镇的医疗卫生条件，防治和减少地方病，预防残疾；（13）乡镇要严格执行计划生育政策，降低人口增长率。

为了完成“八七扶贫攻坚计划”，中央政府在总结1986—1993年间有针对性扶贫开发工作的基础上，提出了一整套综合性农村扶贫措施。这些措施侧重于通过为贫困人口积累资产而向他们提供机会。“八七扶贫攻坚计划”提出的主要扶贫措施包括：（1）确定592个国定贫困县，扶持的贫困县数约占全国县级单位的27%；中央的扶贫资源主要用于这些国定贫困县；（2）明确提出省长（自治区主席）负责制，要求地方政府首脑对扶贫工作负总责；（3）提出东西对口扶贫，要求北京、天津、上海等大城市，广东、江苏、浙江、山东、辽宁、福建等沿海较为发达的省，都要对口帮助西部的一两个贫困省区发展经济；（4）明确各部门的责任，对所有与扶贫有关的部门都提出了明确的扶贫工作任务和责任；（5）扩大和强化了部门定点扶贫，要求中央和地方党政机关及有条件的企事业单位，都应积极与贫困县定点挂钩扶贫，一定几年不变，不脱贫不脱钩；（6）承诺随着财力的增长增加扶贫资金投入；（7）调整资金分配结构，集中用于中西部省（区）；（8）税收优惠，对国家确定的“老、少、边、穷”地区新办的企业予以税收优惠或返还；（9）鼓励国际和民间机构参与中国的扶贫开发。

“八七扶贫攻坚计划”是中国历史上第一个有明确的目标、明确对象、明确措施、明确期限的扶贫纲领性的文件，这一“计划”实施到1995年，中国农村贫困人口下降到6500万，占全国农村总人口的比例下降到7.1%，平均每年减少500万。但按此速度发展，实现《国家八七扶贫攻坚计划》形势仍然十分严峻，为了确保《国家八七扶贫攻坚计划》制定的目标能够实现，1996年、1998年、1999年分别召开了全国扶贫开发工作会议，中共中央、国务院对尽快解决农村贫困人口温饱问题作出了一系列决定，强调坚持开发式扶贫的方针，并且进一步完善了逐年增加财政投入、扶贫到村到户、鼓励社会参与、加强地区间协作、支持自愿移民、扩大国际组织间的合作、强化扶贫资金管理、扶贫重点向西部倾斜、动员中央政府各个部门支持贫困地区开发的各项措施。

1996年9月，中央召开了扶贫开发工作会议，做出了《中共中央、国务院关于尽快解决农村贫困人口温饱问题的决定》，继续加大政府扶贫工作的支持力度，以保证到2000年能够顺利完成八七扶贫攻坚计划。

1996年9月，中国政府召开了最高级别的扶贫工作会议，总结了“八七扶贫攻坚计划”实施以来的经验，重申了中国政府解决贫困问题的坚定决心。为了保证“八七扶贫攻坚计划”的顺利完成，中国政府对农村扶贫政策和措施进行了必要的调整，调整内容主要为：

1. 中央政府进一步确定农村扶贫的总原则是省对扶贫工作负总责，并具体制定了“四到省”的原则，即资金到省、权力到省、任务到省、责任到省；明确规定按期不能完成扶贫目标的地方政府官员就地免职。

2. 大幅度增加了扶贫投资。

3. 确定了10对“对口帮扶”的省、自治区、市，要求沿海的省、市用多种形式扶持西部的十个贫困省、自治区。

4. 不再增加对东部贫困县的支持，要求地方政府用其自身的资源来解决当地的贫困问题。

5. 推广小额信贷项目。

6. 强调扶贫到户。

7. 逐渐重视特殊群体（如残疾人、妇女）的贫困问题。

8. 加强了扶贫监测，指定国家统计局负责对592个贫困县的经济和社会发展以及扶贫投资情况进行跟踪监测，并发表中国的贫困监测年度报告。

这些具有强烈针对性的特殊措施，强化了各级政府在扶贫开发中的主导作用，有力地促进了全国扶贫开发工作，加快了扶贫攻坚工作的进程。1997、1998年两年解决贫困人口温饱问题的人数均达到了800万人，成为进入90年代以来，中国解决农村贫困人口年度数量最高的年份。1999年6月中国政府再次召开了中央扶贫开发工作会议，目的是对20世纪最后两年的扶贫开发工作进行再动员、再部署，确保“国家八七扶贫攻坚计划”的如期实现，随后下发了《关于进一步加强扶贫开发工作的决定》，强调坚持扶贫开发的成功经验，以贫困村为基本单位，以贫困户为工作对象，以改善基本生产生活条件和发展种养业为重点，坚持多渠道增加扶贫投入，坚持动员和组织社会各界参与扶贫攻坚。这次会议的中心内容是扶贫到村到户，明确指出：扶贫开发到村到户的核心，是扶贫资金、干部帮扶和扶贫项目等各项措施真正落实到贫困村、贫困户。

这期间一系列的关于扶贫工作的中央文件明确了中国政府专项扶贫活动的各项途径、措施以及反贫困的目标瞄准以及组织机构，也标志着中国农村反贫困行动经历了1985年之前的救济式扶贫、1986—1993年的区域性经济开发扶贫过渡到1994—2000年的扶贫攻坚阶段，农村反贫困行动体系也基本形成。这一体系的有效性一直延续到中国新世纪的扶贫工作阶段。

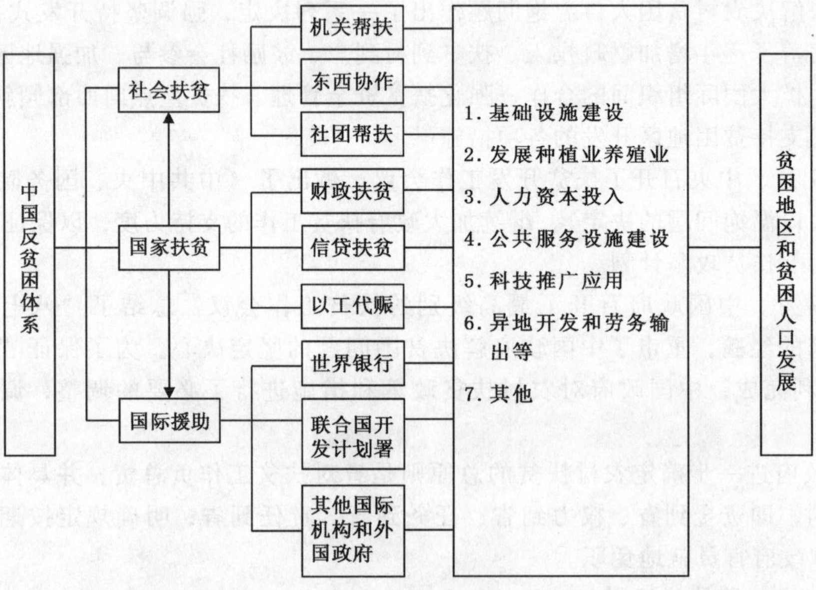

图4-2 《国家八七扶贫攻坚计划》实施框架

资料来源：张岩松：《发展与中国农村反贫困》，中国财政经济出版社，2004年版。

（二）中国农村扶贫开发纲要（2001—2010 年）

2000 年，中国基本完成了“八七扶贫攻坚计划”，绝对贫困人口下降到 3000 万左右，贫困发生率仅为 3.5%，基本解决了贫困人口的温饱问题，中国在扶贫方面取得的伟大成就得到全世界的认可。但是中国的扶贫工作形势依然严峻：需要扶持的贫困群体数量依然庞大。剩余的贫困人口主要分布在生产生活条件更差的地区，不仅脱贫难度加大，而且稍遇变故就会返贫，贫困地区的粮食安全问题也没有从根本上得到解决。扶贫工作仍然是中国政府的一项重要工作任务。为此，2001 年 5 月，中国政府召开了第三次中央扶贫工作会议，对 21 世纪前十年的农村扶贫开发工作进行了全面部署。会议之后，中国政府颁布了《中国农村扶贫开发纲要（2001—2010 年）》（以下简称《纲要》），成为中国新阶段扶贫工作的重要指导文件。

《纲要》提出新时期中国扶贫工作的奋斗目标是：尽快解决少数贫困人口温饱问题，进一步改善贫困地区的基本生产生活条件，巩固温饱成果，提高贫困人口的生活质量和综合素质，加强贫困乡村的基础设施建设，改善生态环境，逐步改变贫困地区经济、社会、文化的落后状况，为达到小康水平创造条件。扶贫开发的对象为尚未解决温饱问题的贫困人口和初步解决温饱问题的贫困人口。扶贫开发工作的重点区域是中西部少数民族地区、革命老区、边疆地区和特困地区。同时《纲要》还明确了新时期扶贫工作的主要途径为：发展种养业、推进农业产业化经营、改善贫困地区的基本生产生活条件、科技扶贫、提高贫困地区群众的科技文化素质、扩大贫困地区劳务输出、推进自愿移民搬迁、产业化扶贫。伴随着“十一五”发展规划的制定，国务院扶贫办也提出了在“十一五”期间扶贫工作的目标和六项重点任务。

“十一五”期间扶贫开发工作的目标是：着力解决农村贫困人口的温饱问题，努力完成贫困村的整村推进扶贫规划，基本实现行政村通广播电视、有条件的通公路，自然村通电，进一步改善人畜饮水和医疗条件，全面普及九年义务教育。

六项重点任务包括：

1. 瞄准贫困群体，采取有针对性的帮扶措施。对具有劳动能力的贫困人口，着力帮助其提高自我发展能力；对丧失劳动能力的贫困人口，给予必要的救济、救助；财政扶贫资金重点向贫困户倾斜。

2. 因地制宜实施整村推进扶贫开发。重点抓好改善生产生活条件的基础设施建设，提高人口素质的社会事业建设，增加农民收入的产业建设，改变村容村貌的文明新风建设，规范有序的民主政治建设和以村党支部建设为核心的村级组织建设。

3. 加大培训力度，努力提高劳动者素质。根据劳动力市场的需要，不断提高培训质量，努力提供就业和维权服务。

4. 抓好产业化扶贫，调整农业结构，培育增收产业。

5. 加强扶贫资金管理，提高使用效益。改革和完善扶贫资金分配方式，健全、规范资金管理制度，加强审计、社会和舆论监督。

6. 动员社会各界积极参与扶贫开发。加大东部地区对中西部贫困地区对口帮扶的力度，不断完善机关定点扶贫工作，鼓励和支持中介组织、民间组织参与扶贫项目的实施。

和 20 世纪的扶贫工作相比，新世纪中国扶贫工作具有连续性和承接性的特征，在增强对贫困人口瞄准机制不断完善的同时，加强了扶贫开发措施的针对性。这主要体现在以下四个方面：

1. 扶贫工作的组织机构安排。国务院扶贫领导开发小组以及下设的办公室仍然是负责中国政府专项扶贫工作的协调机构，同时为了提高其协调能力和表示中国政府对扶贫工作长期持续关注和重视的决心，将本来属于国务院临时性议事机构，并且归属农业部领导的国务院扶贫办改制为常设机构，并将其与农业部分离，级别为副部级。财政部仍然负责财政扶贫资金的管理工作，发改委继续执行对以工代赈扶贫的管理，农行仍然承担着信贷扶贫资金的发放工作。扶贫工作的组织机构没有发生明显的变化，仍然保持着一贯的制度安排。

2. 扶贫资金投入种类没有变化。政府专项扶贫资金的投入仍然按照财政发展资金、以工代赈资金、少数民族发展资金、“三西”扶贫资金等结构进行中央财政转移，但是资金规模较20世纪有比较明显的增幅。

3. 扶贫基本的战略思想没有改变，仍然坚持开发式扶贫战略。

4. 主要扶贫行动仍然继续执行，如开始于20世纪的中央单位的定点帮扶活动、东西协作扶贫也仍然在继续为扶贫工作努力。

（三）西部大开发战略

20世纪80年代中期，由于中央给予沿海地区发展优先权，经过十几年的不平衡发展，东西部之间的发展差距日益加大，剩余的绝对贫困人口中70%以上分布在西部地区。因此，上世纪90年代末期，随着区域差异的逐渐扩大以及区域发展政策的不平等而产生的一系列问题，中央政府认识到具有丰富资源和众多少数民族的西部在经济、社会和政治上的重要性以及缓解贫困的紧迫性和艰巨性。1999年下半年，旨在缩小内陆和沿海富裕地区差距的“西部大开发”政策正式提出。

西部开发的政策适用范围，包括重庆市、四川省、贵州省、云南省、西藏自治区、陕西省、甘肃省、宁夏回族自治区、青海省、新疆维吾尔自治区和内蒙古自治区、广西壮族自治区。在2001年8月28日发布的《关于西部大开发若干政策措施的实施意见》，将湖南省湘西土家族苗族自治州、湖北省恩施土家族苗族自治州、吉林省延边朝鲜族自治州也纳入到西部大开发战略的实施范围。

2000年1月，国务院成立了西部地区开发领导小组，领导小组下设办公室，在国家发改委单设机构，具体承担领导小组的日常工作。国务院西部地区开发领导小组办公室主要职责：一是研究提出西部地区开发战略、发展规划、重大问题和有关政策、法律法规的建议，推进西部地区经济持续快速健康发展。二是研究提出西部地区农村经济发展、重点基础设施建设、生态环境保护和建设、结构调整、资源开发以及重大项目布局的建议，组织和协调退耕还林（草）规划的实施和落实。三是研究提出西部地区深化改革、扩大开放和引进国内外资金、技术、人才的政策建议，协调经济开发和科教文化事业的全面发展；承办领导小组交办的其他事项。

国务院西部地区开发领导小组成员单位及国务院有关部门设立了西部开发工作联络员。西部12个省区市（重庆市、四川省、贵州省、云南省、西藏自治区、陕西省、甘肃省、青海省、宁夏回族自治区、新疆维吾尔自治区、广西壮族自治区、内蒙古自治区、新疆生产建设兵团以及湖南湘西土家族苗族自治州、湖北恩施土家族苗族自治州、吉林延边朝鲜族自治州）成立了西部开发领导小组及其办公室或西部开发办公室。中部和东部各省市，也加强了对参与和支持西部开发工作的组织领导，一些地方指定了专门机构负责此项工作。

《“十五”西部开发总体规划》是实施西部大开发战略的主要政策文件，提出了中央政府主要通过政策优惠、财政支持、加大基础设施投入、加大对环境保护的投入等方面来支持西部地区的发展。这些方面的大量国家投资，在加快西部地区整体经济发展的同时，也为西部地区人民提供了更多的工作机会和其他发展机会。这对于贫困人群的发展具有重要的影响作用。并且在该政策框架中也设计了一些直接针对农村地区和贫困人口发展的支持政策，主要是：

1. 加大财政转移支付力度。随着中央财力的增加，逐步加大中央对西部地区一般性转移支付的规模。在农业、社会保障、教育、科技、卫生、计划生育、文化、环保等专项补助资金的分配方面，向西部地区倾斜。中央财政扶贫资金的安排，重点用于西部贫困地区。对国家批准实施的退耕还林还草、天然林保护、防沙治沙工程所需的粮食、种苗补助资金及现金补助，主要由中央财政支付。对因实施退耕还林还草、天然林保护等工程而受影响的地方财政收入，由中央财政适当给予补助。

2. 增加教育投入。继续实施贫困地区义务教育工程，加大国家对西部地区义务教育的支持力度，增加资金投入，努力加快实现九年义务教育。对西部地区高等学校建设予以支持，扩大东、中部地区高校在西部地区的招生规模。加大实施东部地区学校对口支援西部贫困地区学校工程以及西部地区大中城市学校对口支援农村贫困地区学校工程的力度。建设西部地区远程教育体系。加强对农村基层干部和农民的科学文化知识教育培训。

3. 加强文化卫生建设。国家安排的补助地方文化设施建设、广播电视建设投资和文物经费，向西部地区倾斜。进一步落实国家文化宣传单位经济政策，繁荣文艺创作。推进自然村“村村通”广播电视建设，进一步扩大广播电视有效覆盖面。促进边疆地区和少数民族地区文化事业发展。支持西部地区文化建设和精神文明建设。加强对西部地区卫生、计划生育建设的支持力度，重点建立健全农村初级卫生保健体系。

尽管西部大开发政策对于西部地区的发展具有重要意义，但在实际实施中，西部地区基础设施建设投资对当地经济社会的带动效应短期内并不理想。建设进程中原材料、设备、技术工人等诸多投入并不是来自于西部地区，它对中、东部地区产生了较多的投资“漏出效应”，投资过程拉动的实际是中、东部地区经济。西部地区的政府，除重庆、成都等个别城市外，普遍不具备相应的响应能力。无法将中央的优惠政策与本地的优势有机结合起来，无法形成市场经济条件下的区域优势。但从长远看来，西部大开发政策的持续实施，对于广大西部地区的发展和西部众多贫困人群的发展的作用将是深远的。

（四）目标瞄准政策和扶贫监测体系

在政府主导下，扶贫开发工作的有效性首先取决于扶贫目标瞄准的准确性，这涉及到政府的扶贫资源分配的公平性和有效性，同时还取决于对扶贫效果的监测，即根据缓解贫困的结果对扶贫资源的分配以及扶贫措施进行不断的调整和改进。因此，中国政府在制定扶贫政策的过程中，将贫困地区和贫困人口的目标瞄准政策也作为一项重要的内容，同时建立起有效的扶贫监测体系，从而保证能动态性地掌握扶贫开发的效果以及贫困状况的变化。

政府主导的中国扶贫工作中一个重要特点是以县级为单位的贫困目标的瞄准机制，从而确定了贫困县为扶贫开发的最基本的操作单位。1986 年中央政府第一次确定了国定贫困县标准：以县为标准 1985 年人均纯收入低于 150 元的县和年人均纯收入低于 200 元的少数民族自治县；对民主革命时期做出过重大贡献，在海内外有较大影响的老区县，给予重点照顾，放宽到年人均纯收入 300 元。1994 年制定“国家八七扶贫攻坚计划”时，中央政府重新调整了国定贫困县的标准。具体标准是，以县为单位，凡是 1992 年年人均纯收入低于 400 元的县全部纳入国家贫困县扶持范围，凡是 1992 年年人均纯收入低于 700 元的原国定贫困县，一律退出国家扶持范围。根据这个标准，列入《国家八七扶贫攻坚计划》的国家重点扶持的贫困县共有 592 个，分布在 27 个省、自治区、直辖市。国家重点扶持贫困县数量较多的省区是：云南（73 个）、陕西（50 个）、贵州（48 个）、四川（31 个）、甘肃（41 个）；数量较少的省区是：广东（3 个）、浙江（3 个）、吉林（5 个）、海南（5 个）、西藏（5 个）。从集中连片的角度看，这些贫困县主要分布在 18 个贫困地区。除国定贫困县外，各省（市、自治区）还根据其实际情况确定了省（市、自治区）级贫困县。其贫困标准高于国定贫困县，作为省（市、自治区）在国定贫困县之外重点扶持的对象。

中央扶贫资金的国定贫困县瞄准在“八七扶贫攻坚计划”阶段得到了更加明确的强化和规定。《八七扶贫攻坚计划》和《财政扶贫资金管理办法》明确规定中国中央的财政、信贷和以工代赈等扶贫资金要集中投放在国家重点扶持的贫困县，有关省、区政府和中央部门的资金要与其配套使用。扶贫资金的县级瞄准虽然在一定程度上做到了集中有限的资源重点解决贫困问题十分严重地区的贫困问题，但是中国扶贫重点县没有覆盖中国全部贫困人口。这种情况受到了很多学者的质疑和批判。这种趋势一直到新世纪扶贫阶段才得以逆转。在新世纪扶贫中，在扶贫资金投向上放宽了限制，允许部分资金投向非重点县的贫困村和贫困人口。

20 世纪 80 年代初，中国通过两次土地制度创新和相关政策及扶贫干预活动，农村贫困问题从社会普遍贫困演变成了区域性贫困，政府专项扶贫工作也就将重点放在了贫困区域，最早的提法是 18 个贫困地带。1986 年，当正式开始进行有组织的扶贫干预活动时，为了更好地组织工作，将有限的资源能够运用到最需要的地方，中国划定了国家级贫困县，当时确定了 331 个国定贫困县，后来增加到 592 个。从那时候起，以县为基本单位来分配使用扶贫资源成为中国扶贫工作的一个特点，扶贫瞄准机制是县级瞄准，虽然后来的工作对贫困县进行了一些调整，但这种瞄准机制一直延续到 21 世纪初。

进入新世纪以后，由于贫困人口的数量大幅度地减少，剩余的绝对贫困人口更加集中地聚居在更小的地理范围内，贫困人口的分布从带状分布逐渐转向为点状分布，在空间上更加分散；同时国家八七扶贫攻坚计划的实施极大地缓解了中国农村贫困问题，国定县的贫困人口数量下降非常迅速，国定县中的贫困人口比重也在不断降低，如果仍然坚持县级瞄准机制，势必会造成扶贫资源的渗漏和目标瞄准的偏离，因此在中国农村扶贫开发纲要的指导下，中国扶贫瞄准开始朝向村级瞄准调整。

2001 年 9 月，中国政府开始把参与式村级扶贫规划作为推动“整村推进”工作的主要理念和方法，扶贫资源倾向于到村到户。整村推进和村级扶贫规划的实施标志着中国扶贫工作在实际操作中资金分配开始由县级瞄准向村级瞄准转移。这种转移的基本假定是：在过去 20 年中中国贫困人口虽然依然主要集中在西部和中部部分地区，但是在区域内的分布由于自然条件、交通及发展机会的差异造成了明显的村与村贫富差异，贫困人口相对集中在所谓的贫困村。一旦扶贫资金分配的瞄准机制由县级瞄准转向贫困村瞄准，在理论上扶贫资金将有可能覆盖更多的贫困群体，而且由于贫困人口居住集中，具有相当高的文化同质性，同时又处于相同的自然环境下，因此，比较容易提供交易费用较低的公共服务，实践也证明了这点。

进行村级瞄准的关键是确定贫困村。对贫困村的选择是否准确将直接影响到扶贫对象瞄准的准确性和整村推进的实施效果。贫困村的选定在原则上是根据亚洲开发银行专家组提出的参与式贫困指数（PPI）来进行的。该指数对8个指标在村级进行了加权，即生活状况（人均年粮食产量，人均年现金收入和土坯房的农户比重）；生产生活条件（饮水有困难的家庭比重，农户的通电率，通机动车的自然村比重）；卫生教育状况（女性长期患病率，中小学生辍学率）。然后利用加权的PPI对村庄进行排序。指数越高，村子越穷，就越有可能被定为贫困村。这种方式的优点是对贫困村的选择不仅考虑到了收入因素，同时也考虑了基础设施和社会发展指标，利用这些综合指标能比较全面地反映一个村庄的贫困状况。另外，所选指标相对比较简单，容易获得。然而，由于需要对每个指标给予不同的权重，而权重又是由各地根据每项指标的重要性自己确定的，同一指标的权重在不同的地区可能完全不同。这种加权方式虽然考虑了不同地区在贫困定义上的差异，但却使计算出来的贫困指数不能进行跨地区比较。因为即使两个村所有的指标值都是一样的，最后的加权贫困指数也是不同的。考虑到各地情况的差异，在具体的操作中，并没有要求各个地区都采用所推荐的8个指标，而是各地可以在此基础上根据实际情况进行调整。但从目前实际情况来看，大部分地方确定贫困村时都考虑了人均纯收入/人均年现金收入、人均粮食占有量、基础设施情况、通电通路情况、人畜饮水情况等因素。

表4－1　　贫困村的选择

贫困村选择	有关标准、困难等
选择贫困村标准	主要指标：农民人均纯收入/人均年现金收入、人均粮食占有量 第二指标：农民人均住房面积、人均农村用电量、自然村屯通公路率、适龄儿童入学率、医疗卫生条件、广播电视覆盖率、贫困人口数量 其他指标：以往扶贫开发工作情况
制定标准者	省/自治区扶贫办、县扶贫办、县农行、县乡干部
制定标准的原则	省、区分配给县里的贫困村名额 县所有乡之间平衡分配 考虑少数民族地区、革命老区、边境地区、大石山区、高寒山区和特困地区

截至2002年，全国一共确定了148051个贫困村，占全国行政村的21.4%。其中，中西部130827个，占贫困村总数的88.4%，占当地行政村总数的26.7%；东部17224个，占贫困村总数的11.6%，占当地行政村总数的8.5%。确定的贫困村分布在全国1861个县中，占全国县级单位总数的68.8%，覆盖贫困人口占总贫困人口的83%。与之相对的重点县瞄准只覆盖61%的贫困人口。

表4－2　　全国贫困村在各省的分布

	行政村	贫困村	占全国贫困村的比例（%）	占本省行政村的比例（%）
北京	4156	0	0.00	0
天津	3872	0	0.00	0
河北	50214	7102	4.79	14

续表

	行政村	贫困村	占全国贫困村的比例（%）	占本省行政村的比例（%）
山西	32363	10510	7.10	32
内蒙古	14153	5000	3.38	35
辽宁	16297	2330	1.57	14
吉林	10366	3800	2.57	37
黑龙江	14918	3052	2.06	20
上海	2967	0	0.00	0
江苏	37231	1025	0.69	3
浙江	44463	2982	2.01	7
安徽	31031	5000	3.38	16
福建	15087	207	0.14	1
江西	20899	5000	3.38	24
山东	88619	4576	3.09	5
河南	48275	10449	7.05	22
湖北	33341	7519	5.08	23
湖南	48576	5472	3.69	11
广东	23618	4086	2.76	17
广西	14962	4060	2.74	27
海南	2655	720	0.49	27
重庆	21728	3270	2.21	15
四川	55970	10000	6.75	18
贵州	26007	13973	9.43	54
云南	13374	11344	7.66	85
西藏	7198	0	0.00	0
陕西	32561	10700	7.22	33
甘肃	17750	8790	5.93	50
青海	4109	2453	1.66	60
宁夏	2633	1105	0.75	42
新疆	8927	3606	2.43	40
全国	748320	148131	100.00	20

资料来源：全国农业普查办公室（2000），国务院扶贫办，世界银行和国家统计局农调队。

随着扶贫投资决策权力下放，扶贫资金的监控和管理问题突出起来。为满足监管工作的需要，1992 年，国务院扶贫开发领导小组、国家计委、财政部、国家统计局、中国农业银行 5 部门联合制定下达了《贫困县经济开发统计报表》，开始了对政府反贫困政策措施的监测。这一监测由隶属于各级政府的扶贫办执行；基础统计表由贫困县扶贫办填报，数据是县级汇总数据，没有规定原始数据的采集方式和推算方法；监测内容包括贫困县扶贫投资来源和总量、贫困县扶贫投资结构和使用、贫困县扶贫开发投资效益及成果等 3 个方面。为了改进贫困线的测算方法，国家统计局从 1995 年开始，利用住户调查数据，使用“马丁法”，计算了中国解决贫困人口温饱的贫困线。该方法的具体计算过程是：一是根据营养专家的意见选择最低热量摄入量；二是根据住户抽样调查数据，计算中国农村人口维持生存最低营养标准的平均食品费用清单；三是结合调查得出的相应价格水平，计算出食物贫困线；四是计算消费总支出等于食物贫困线的农户的非食品支出，作为非食物贫困线；五是食物贫困线加非食物贫困线，计算出贫困线。

1997年增加了对贫困县/重点县的农村住户抽样调查。该调查由国家统计局直属的各级农调队实施，调查方法与国家统计局对全国的农村住户抽样调查方法类似。不同之处在于，调查内容增加了扶贫工作有关的指标；调查方法是对全国592个重点县，每个县抽取10个村，每个村抽取10户；该调查的结果农民人均收入对每个县有代表性，贫困人口测算结果对每个省重点县的总和有代表性。对扶贫工作重点县的贫困监测主要包括：基本情况、贫困状况和扶贫资金利用状况等三个方面，每个方面又都包括具体的内容，详细情况见表4-4。

表4-4　扶贫工作重点县贫困监测指标

方　面	具体内容	主要指标体系
基本情况	分布	区位分布、农业生产特点、地势分布等
	自然资源	耕地状况
	区域经济的规模和水平	国内生产总值、产业结构所占比例、支农财政支出、农业机械总动力、化肥、农药、地膜使用量等
	基础设施	公路密度、居民外出方式、通电率、人均用电量、邮电通讯、饮用水条件、燃料等
	文化教育状况	电视接收率、学校距离、儿童失学率、劳动力技能培训
	基本医疗条件	村级有无卫生院、每百万人医疗结构、床位、医疗卫生人员数等
贫困状况	贫困人口规模	贫困人口数，新增和减少的贫困人口数，贫困发生率
	贫困人口分布特点	贫困人口的地域分布和省际分布、贫困发生率分布
	贫困人口以及低收入人口特征	人均纯收入、人均生活消费支出、恩格尔系数、人均食物消费量、分行业和人均农村生产投入
扶贫资金的利用状况	来源渠道和规模	分来源资金规模
	扶贫资金的使用	非行业投入资金规模
	扶贫效果	当年扶持农户数、当年扶持乡村人口、当年项目吸收劳动力、项目经营总收入、项目利税总额、项目形成固定资产、新增基本农田、新增公路里程、新增经济林面积、当年解决饮水困难人数、当年解决饮水困难牲畜头数、向其他地区输出劳动力数

资料来源：根据历年的《中国农村贫困监测报告》整理。

除了每年对样本农户进行上述的静态调查以外，国家统计局还确定了16000户作为连续调查户，来对农村贫困状况进行动态的监测。对于动态监测的结果用列表法来进行分析，即按家庭人均纯收入或者人均基本生活消费支出低于贫困线的年数把16000户分成组并列出各组的户数和比重，而贫困线的选取则分别使用中国政府农村贫困标准和低收入标准（低收入标准和世界银行设定的国际标准贫困线十分接近），前者和后者在2006年分别是693元和958元，通过这样的方法可以了解农村贫困的长期性和暂时性。

四、政府主导的资金投入

制定扶贫开发政策是政府主导的扶贫开发工作的前提，而建立健全扶贫开发的专职组织机构则是必要的保障，这些在很大程度上都是为扶贫开发资金的投入和有关管理使用服务的，而政府对扶贫开发的直接资金投入是政府主导的扶贫开发模式运行的核心和关键。

（一）扶贫资金的分配政策和机制

1. 资金投入政策。在“八七扶贫攻坚计划”阶段，中国对于扶贫工作的资金投入政策主要有三大类：第一类是通过中央财政转移支付，向贫困地区投入专项扶贫资金。中国自1980年就开始向贫困地区投入专项扶贫资金，“八七”阶段除了继续保留支援经济不发达地区发展资金、以工代赈资金“三西”农业建设专项补助资金的投入外，还增加了一些新的安排和调整，主要为：（1）以工代赈资金原由财政部和中国人民银行按比例承担改由中央财政专项拨款，并扩大了资金规模；（2）安排了专项“新增财政扶贫资金”，同时为了增强对少数民族地区的支持力度，从1992年开始，在“新增财政扶贫资金”中切割一块用于“少数民族发展资金”，并逐年扩大规模；（3）将股票售表收入重点用于贫困地区人畜饮水、道路交通等基础设施建设；（4）将2001年和2002年的“三西”农业建设专项补助资金提前安排，投入使用；（5）扩大扶贫贴息贷款的资金规模。自此，中国政府专项扶贫资金投入机制建立起来，资金主要分为以工代赈资金、财政发展资金（含支援经济不发达地区发展资金和新增财政扶贫资金）、“三西”扶贫资金和少数民族发展资金。这种资金安排方式一直延续到新世纪的扶贫开发工作中。这一大块资金构成了中国扶贫资金的主体。

第二类资金投入主要是通过财税优惠政策来减轻贫困地区政府的财税负担，包括一系列的促进贫困地区的经济发展和贫困人口脱贫致富的财政税收优惠政策以及一些阶段性、临时性的财政政策措施。主要有：（1）税收优惠。主要是指对国家确定的老少边穷地区新办的企业，所得税可在3年先征后返或部分返还；从粮食风险基金中拿出一部分资金对吃返销粮食的贫困户给予适当补助；从1994年起，中央财政将资源大省、财政穷省地方征收的资源税全部留给地方，中央不再参与分成。各省区结合各自具体情况，也相继制定了一系列支持贫困地区发展的优惠政策。此外，对贫困地区的耕地占用、民族贸易企业、边境贸易等也都在税收政策上给予了适当照顾。（2）体制照顾。1994年的分税制财政体制改革保留了原来体制中对贫困地区的定额补助和专项补助，此外在结算补助和过渡期转移支付中对贫困地区都给予了适当倾斜。据统计，1995—1998年中央财政用于转移支付资金分别为20亿元、34.7亿元、55亿元和70亿元，贫困县是其中一个重要考虑因素。（3）民族贫困地区的财政优惠政策，主要是指中央财政为了扶持民族地区经济和社会各项事业发展，按照《民族区域自治法》的要求，对民族省区实行了定额补助的财政体制，即民族自治地方收入全留，支出基数大于基数部分，由中央财政定额补贴。为了解决民族贫困地区财政困难，发展当地的工农业生产，在农业税收政策上，对少数民族生产、生活困难的地区，按照社会减免的办法给予照顾；对个别较为特殊的民族地区，在各项政策上给予了更多的优惠，如中央财政长期对西藏采取优惠的政策和特殊的措施，财政上实行“核定基数、定额递增、专项扶持”的政策，税收上实行“税制一致、适当变通、从轻从简”的政策。

第三类资金投入主要是扶贫贴息贷款。在“八七扶贫攻坚计划”时期，专项扶贫贷款项目占全部扶贫资金的一半以上，它的主要目标是为贫困地区和贫困户的生产活动和经济发展提供直接信贷支持。专项扶贫贷款只能用于生产投资，不能用于消费。中国农业银行根据国务院扶贫领导小组制定的专项扶贫贷款年度分配计划将资金划拨给省农业银行。根据省扶贫领导小组的资金分配方案，省农行再将资金下拨给地区和县农行。县农行与县扶贫办协同管理专项扶贫贷款的最终分配和使用。最初的专项扶贫贷款是发放给企业，但是没有达到预期的扶贫效果，自1996年起扶贫贴息贷款可以直接瞄准贫困农户。在1996年9月的扶贫工作会议上，中央政府决定将贴息贷款使用的重点重新放在农户的种植业和养殖业上。不仅如此，政府开始用专项扶贫贷款来进行小额信贷的试点。到2001年，以GB模式为基础的小额信贷试验共利用38亿元的扶贫资金。

优惠的条件和大额的专项扶贫贷款引来了非贫困人口的激烈竞争。据世界银行在2001年的研究，下面的因素使贷款偏向于企业和富裕农户：第一，多数人都认为穷人在管理项目上的能力较差；第二，复杂的贷款申请和审批程序使穷人望而却步；第三，为确保贷款的偿还，农业银行要求贷款申请者提供实物担保；第四，农业银行承担贷款偿还风险的责任与它作为商业银行的角色冲突促使其将贷款转向商业用途和富裕农户，使贫困农户获得贷款的难度加大。

2. 资金投向政策。1997年开始生效实施的《国家扶贫资金管理办法》明确规定国家各项扶贫资金的地区投向和项目投向。《办法》规定国家各项扶贫资金必须全部用于国家重点扶持的贫困县，并以这些县中的贫困乡、村、户作为资金投放、项目实施和受益的对象。非贫困县中零星分散的贫困乡、村、户和省、自治区、直辖市确定的贫困县，由有关地方各级政府自行筹措安排资金进行扶持。

在中央扶贫资金的使用投向上，可分为区域投向和项目投向两种类型。

在区域投向上，2000年以前的财政扶贫资金必须全部用于国家重点扶持的贫困县，并以这些县中的贫困乡、村、户作为资金投放、项目实施和受益的对象。而非贫困县中零星分散的贫困乡、村、户和省、自治区、直辖市确定的贫困县，由有关地方各级政府自行筹措安排资金进行扶持。这也就引起了各方面的质疑，因为从贫困人口的分布来讲，国定贫困县中并不是所有的人口都是贫困人口，而非国家级贫困县中也并不是所有的人都不贫困。据估计，1992年8000万贫困人口中有2300万生活在非贫困县中，而2000年全国3000万绝对贫困人口中，只有不到60%的分布在国定贫困县中，还有将近40%生活在非贫困县。这也就意味着有相当多生活在非国定贫困县中的贫困人口享受不到政府的扶持和帮助。

新世纪初在扶贫资金区域投向上进行了重新规定，允许部分资金用于非重点县的贫困村。这样的规定一方面保证了非国家级重点县中的贫困人口也能获得扶贫支持，同时也反映出了中国重点县的贫困发生率仍然要高于非重点县，贫困问题的严峻程度更高的特点。资金投向区域上的变化也反映了中国扶贫工作机制逐步走向完善和合理。

在项目投向上，新世纪初的财政扶贫资金的使用范围更广。具体变化见表4－5。

表4－5　　中央扶贫资金投向

资金类型	20世纪90年代资金投向	新世纪初资金投向
以工代赈资金	重点用于修建县、乡公路（不含省道、国道）和为扶贫开发项目配套的道路，建设基本农田（含畜牧草场、果林地），兴修农田水利，解决人畜饮水问题等	贫困地区基础设施建设，改善群众生产、生活条件和生态环境，重点修建县、乡、村道路（含桥、涵），建设基本农田，兴建小型、微型农田水利，解决人畜饮水及开展小流域综合治理（含造林、种果、畜牧草场建设）等；适当用于异地扶贫开发中的移民村基础设施建设
财政发展资金	重点用于改善贫困地区的农牧业生产条件，发展多种经营，修建乡村道路，普及义务教育和扫除文盲，开展农民实用技术培训，防治地方病	重点用于发展种植业、养殖业、科技扶贫（优良品种的引进、先进实用技术的推广及培训等）；适当用于修建乡村道路、桥梁，建设基本农田（含畜牧草场、果林地），兴建农田水利，解决人畜饮水问题，发展农村基础教育、医疗卫生、文化、广播、电视事业

续表

资金类型	20世纪90年代资金投向	新世纪初资金投向
信贷扶贫资金	重点支持有助于直接解决农村贫困人口温饱的种植业、养殖业和以当地农副产品为原料的加工业中效益好、有还贷能力的项目	主要用于重点贫困地区，支持能够带动贫困人口增加收入的种养业、劳动密集型企业、农产品加工企业、市场流通企业以及基础设施建设项目；对各类企业到贫困地区兴办的有助于带动贫困户增加收入的项目；小额信贷项目

新世纪初扶贫资金的投向上还明确规定了扶贫资金不能列支的项目，主要为行政事业机构开支和人员经费；各种奖金、津贴和福利补助；弥补企业亏损；修建楼、堂、馆、所及住宅；各部门的经济实体；弥补预算支出缺口和偿还债务；大中型基建项目；交通工具及通讯设备（汽车、手机、传呼机等）；小额信贷及其他形式的有偿使用；城市基础设施建设和城市扶贫；其他与财政扶贫资金使用范围不相符的支出等。

3. 资金分配政策。从1996年开始，中央政府确定的农村扶贫的总的原则是省对扶贫工作负总责，并具体制定了“四到省”的原则（资金到省、权力到省、任务到省、责任到省）。为了落实这一原则，财政扶贫资金从中央到各省的分配主要采用的是因素法，贫困人口在各因素中占最大的比重。影响各省每年资金分配的主要因素是：（1）国家扶贫方针政策；（2）贫困人口数；（3）贫困县数；（4）自然条件；（5）基础设施状况；（6）地方财力；（7）贫困地区农民人均纯收入；（8）资金使用效率；（9）其他。由于调减扶贫资金在政治上的敏感性，在实际的资金分配中仍需要考虑上年的基数，主要对增量部分进行调整。在省到县的资金分配方式上不同的省采用不同的模式，多数省采用的是基数法，并通过申报项目来争取资金；部分省采用因素法将资金切块分配到县。与中央分配资金到省的方法不同的是，多数省还直接管理项目的审批。在目前的资金分配体系中，地（州、市）没有独立的地位，主要起到资金的传递作用。乡和村完全依靠申报项目来获得扶贫资金。

由此可见，这一时期中国财政扶贫资金的分配依据是省、自治区、直辖市本年度贫困人口数量和贫困程度、扶贫资金使用效益、地方配套资金落实比例。分配程序为财政部、国家计委、中国农业发展银行分别提出初步意见，经国务院扶贫开发领导小组办公室汇总平衡，提出统一的分配方案，然后报国务院扶贫开发领导小组审定并于年底一次通知到各省、自治区、直辖市人民政府。

新世纪初财政扶贫资金的分配继续采用因素法，但是在参考依据上增加了一些新的指标，具体参考依据为：国家扶贫方针政策、贫困人口数、贫困县数、自然条件、基础设施状况、地方财力、贫困地区农民人均纯收入、资金使用效益等。采用因素法进行资金分配，并增加了考虑的因素。其根本目的在于完善中国财政扶贫资金的分配体制，保证资金分配的公平性和科学性。这在理论上是可行的，但是目前的实际操作层面仍然达不到预期效果。因为即使是按照因素法分配财政扶贫资金，如果没有客观、科学地统计几大因素的办法，地方政府对自己的因素的影响和控制就会发挥作用，造成数据的不客观性，在一定程度上降低因素法的公平性与合理性。其结果是地方政府获得中央资金的激励，加之地方对各种数字的影响和控制，很难确保各省上报数据的客观性。再加上因素法分配资金过程的不完全透明性，也影响到因素法公正性和公平性的发挥。

（二）专项扶贫项目的目标和管理机制

1. 财政扶贫资金。财政扶贫是国家通过财政资金和财政政策支援贫困地区发展经济、帮助贫困人口脱贫致富的一种制度安排。这种制度安排的目的是为了保证经济相对均衡发展、实现分配相对公平合理。因此，中国财政扶贫制度包含了这样的目标涵义：通过财政资源的支持，促使贫困地区的社会经济得到有效的发展，从而使贫困人口生活福利水平得到根本的改善。所谓财政资源包括两个方面的内容：一是指财政扶贫预算安排的资金，无论是有偿还是无偿，都是对贫困地区的资金净流入；二是指财政扶贫政策所决定的利益关系，直接导致资源分配格局的改变，倾向于老、少、边、穷的贫困地区。而且，财政扶贫作为一种制度安排，还能够引致贫困地区行为方式的改变，从而激发贫困地区经济和贫困人口生活改善的组织创新，提高生产效率和组织效率，加快缓解贫困的进程①。

自 1986 年中国开始实施有计划的政府扶贫行动以来，就对扶贫资金的管理进行了严格的规定。1987 年财政部就颁布了《支持经济不发达地区发展资金管理办法》。管理办法明确规定：各省、自治区财政部门要不断加强对发展资金的管理工作，做好受援项目的选定、执行、监督、验收工作，要积极配合审计、检查办、纪检等部门做好审计、检查工作。1997 年《国家扶贫资金管理办法》出台，明确规定了财政扶贫资金的分配、使用和管理规定以及扶贫资金的检查、监督制度。2000 年财政部、国务院扶贫开发领导小组、国家计划委员会联合制定颁发了《财政扶贫资金管理办法》（试行）和《财政扶贫项目管理费管理办法》（试行）。《财政扶贫资金管理办法》是中国扶贫资金管理的基本政策依据，适用于以工代赈资金和财政发展资金。

中央财政扶贫资金的财务管理上要求省以下（含省本级）各级财政部门设立财政扶贫资金专户，实行专项管理，封闭运行；财政扶贫资金的分配方法、分配方案及实施的项目要逐步建立公示制度，广泛接受社会监督。

中央财政扶贫资金的拨付程序为：在中央一级，资金的分配是从每年三月全国人大通过国家财政预算开始的。根据规定，财政扶贫资金必须在预算通过后的一个月内下拨到各省区财政厅。地方各级财政在收到上一级财政下达的财政扶贫资金后，应尽快与扶贫办、计委（以工代赈办）衔接项目计划，分批下达资金。首批下达时间不得超过一个月，比例不得低于 80%。当年计划的项目和资金应该在财政年度之前完成和拨付。

中央财政扶贫资金重点用于改善贫困地区的农牧业生产条件，发展多种经营，修建乡村道路，普及义务教育和扫除文盲，开展农民实用技术培训，防治地方病等。

2. 以工代赈资金。以工代赈项目起始于 1984 年，并一直由国家发改委（2003 年起称国家发展和改革委员会，其前身为国家发展计划委员会、国家计划委员会）负责管理和实施。以工代赈资金主要是为了利用贫困地区的富余劳动力，改善落后的基础设施，为贫困户提供就业机会和增加收入来源。以工代赈资金通过国家发改委系统发放，初期主要是以实物形式发放，用以补偿贫困户的劳动，目前多是以现金工资形式发放。它属于救济的范畴，但又有附加条件，不同于一般的救济，需要贫困人口通过出工来获得。

中央政府设立以工代赈项目的初始目的，一是为贫困地区提供基础设施，二是为贫困人

① 杨顺成主编：《新时期扶贫开发战略》，四川人民出版社 2005 年版。

口提供短期就业机会。前者是为地区整体经济发展奠定基础，后者是为当地的贫困人口提供救济的一种方式。

1996年以前，以工代赈项目是通过计划经济系统组织的，国家发改委对物资的调拨和用途、项目选择和财务管理、地方政府和职能部门的责任等都有统一规定。1996年以后，以工代赈项目以实物形式改为财政资金直接注入的方式。资金分配由国家发改委、财政部和国务院扶贫开发领导小组办公室协商决定，各省按照下达的指标组织以工代赈项目（王国良、李小云，2003）。

以工代赈资金重点用于修建县、乡公路（不含省道、国道）和为扶贫开发项目配套的道路，建设基本农田（含畜牧草场、果林地），兴修农田水利，解决人畜饮水问题等。

以工代赈资金项目申报与审批程序是：首先由各县业务部门（如交通、水利、农业等）和乡镇政府向县计委申报项目，县计委审查确定项目并协商县财政局，报县扶贫领导小组审批后，经地、州、市计委筛选、平衡、论证后上报省计委和财政厅。省计委按照项目管理原则、重点和程序，审批各县的上报项目，同时协商省财政厅，形成当年以工代赈计划初稿，分别报省扶贫领导小组和以工代赈领导小组，经审查同意后，上报国家发改委同意后，正式下达项目和资金计划到各地（州、市）计委和财政局，地（州、市）将省里批准的计划转发到县计划局和财政局。项目由县业务部门和乡镇政府组织实施，县财政局负责对施工单位的资金拨付或报账。凡列入以工代赈计划的项目，均须完成项目可行性研究报告审批手续。一般的原则是，100万元以上由省计委组织论证审批，100万元以下由地、州、市组织论证审批。行业主管部门根据可行性研究报告批复，提出并审查批复项目设计文件。当一个工程项目被批准后，项目的执行单位（如水利局、交通局和农业局等）需要通过招投标的方式确定具体的项目施工单位。

3. 信贷扶贫计划的目标和管理机制。从1986年开始，中央政府实施由中国农业银行管理的针对国定贫困县的大规模贴息贷款计划。

信贷扶贫是为贫困地区和贫困人口的生产活动提供资金支持，帮助这些贫困地区和贫困户早日脱贫，促进当地的经济发展。按照资金管理要求，贴息贷款不得用于日常生活消费，由扶贫办和农行来管理，具体由农行对那些有偿还能力的贫困户发放，中央财政对农行进行利息补贴。该资金初期主要用于支持农户发展种植业、养殖业和加工业；1989年以后，70%以上的扶贫贷款被贷给各种经济实体；1996年10月中央政府对该资金进行整顿，决定将贷款重新转移到贫困农户的种养业上。

贴息贷款的年度计划由国务院扶贫领导小组制定，并根据一定的标准在各省区间进行分配。省级和县级扶贫开发领导小组及其办公室在向县和乡分配资金时发挥同样的作用。一个贫困县使用扶贫贴息贷款的项目从最初申请到获得银行贷款的过程是：首先经过县扶贫开发领导小组讨论通过项目，然后每年11月、12月以前由县扶贫办向地区扶贫办、地区财政局、地区农行三家同时提出申报意向，然后，上述三家单位经过审查、调整、筛选，再向省级扶贫办申报。下一年年初，项目申报进入实质性阶段。

信贷扶贫贷款的投放区域是592个国家扶贫开发重点县。经省扶贫开发领导小组同意，也可用于其他贫困乡、村。扶贫贷款支持的重点放在：通过农业产业化企业，把分散的农户与外面的大市场连接起来，同时改善贫困地区的基础设施，进一步提高农民素质。具体讲，一是支持能够促进贫困地区经济，带动贫困农户增加收入，具有一定规模和效益的农业产业化企业，重点是优质农业和绿色农业；二是支持在贫困地区兴建既有社会效益又有经济效益（能偿还贷款本身）的基础设施，小城镇建设、文教卫生等项目，以尽快改善贫困地区的生产生活条件，促进当地经济发展；三是立足于当地资源优势的农副产品加工、市场流通企业和劳动密集型企业；四是在社会信用体系完善、信用观念良好的地区，当地政府落实了帮扶措施，能对贫困户提供生产技术服务和有效管理，对有生产经营能力、守信用的贫困农户在办理了担保联保手续后，积极发放到户扶贫贷款。

自然人客户贷款准入需要以下四个条件：（1）发放到户贷款的地区要有良好的社会信用环境，原有的到户贷款本身收回率较高，且没有挤占挪用扶贫贷款的现象；（2）农户必须有商品生产和经营能力，重合同、守信用；（3）当地政府要落实帮扶措施，对农户提供技术、信息等多种服务，并能对贫困户实施有效管理，协助银行收回贷款本息；（4）农户贷款要坚持自愿的原则，并落实了联保等措施。

发放到户贷款的地区要有良好的社会信用环境作为一个贷款准入条件，但这一做法却导致了把个人信誉良好而地区缺乏良好社会信用环境的贫困农户排除在外。

4. “三西”扶贫资金的目标和管理机制。“三西”扶贫资金主要用于甘肃河西地区、定西地区、陇南10个高寒阴湿特困县和宁夏回族自治区西海固地区，主要解决上述贫困地区人口温饱问题和增加收入。资金投放重点是改善农业生产条件，解决人畜饮水，发展乡镇企业。资金的使用要按照“适当集中，保证重点，统筹安排，讲求实效”的原则，以效益选项目，以项目定投资，因地制宜，不按人分配，不按县切块，实行项目管理。“三西”专项资金是定额的，每年2亿元。

甘肃、宁夏两省、区农业建设指挥部年底前在国家确定的年度投资范围内，编制下年度农业建设计划（以下简称年度计划），并商省、区计委、财政厅同意后共同上报，经国务院扶贫开发领导小组办公室、国家发改委、财政部审批后执行；年度计划一经批准，各有关单位要严格执行。省、区财政、建设银行要依据年度计划监督拨款，未经批准的建设项目，一律不予拨款。在计划执行中，需要调整的建设项目投资，要按程序上报原项目批准部门审批。省、区计委要将经批准的年度计划列入国民经济计划。省、区农业建设指挥部要按经批准的年度计划组织实施。2005年以后，“三西”资金的审批权下放到甘肃和宁夏。“三西”专项资金主要涉及三个部门：农建部门负责编制年度计划，组织实施已经批准的年度计划的建设项目，并负责上报农业建设年报；财政部门负责补助性事业费预算的编制，按批准的年度计划监督拨款；建设银行负责对批准的基本建设项目监督拨款。

“三西”专项扶贫资金的使用，主要解决上述贫困地区温饱问题和增加收入。资金投放重点是改善农业生产条件，解决人畜饮水，发展乡镇企业。资金的使用要按照“适当集中，保证重点，统筹安排，讲求实效”的原则，以效益选项目，以项目定投资，因地制宜，不按人分配，不按县切块，实行项目管理。“三西”专项扶贫资金实行有偿与无偿使用相结合的原则，对经济效益显著、有偿还能力的项目，实行有偿扶持。有偿使用部分的比例，最高可达25%。“三西”专项资金分基本建设投资和补助性事业费两部分。

基本建设投资部分主要用于：改变农业基本生产条件和群众基本生活条件的水利灌溉工程、人畜饮水工程、10－35KV输变电工程、小水电等项目；修建为农业生产服务的基础性、关键性农业技术推广服务设施等。

补助性事业费部分重点用于：扶持群众改善生产条件和生态环境的“三田”（梯田、沙田、沟坝地）建设、植树造林、小型水利工程及小流域治理等项目；扶持群众改善基本生活条件的人畜饮水简易设施、移民安置补助、智力开发等项目；扶持增加群众收入的乡镇企业和农业科技推广等项目。

“三西”专项扶贫资金不得用于修建办公楼、宾馆、招待所、饭店、影剧院等非生产性项目和大型水利工程项目，不得用于行政、事业单位发放工资、奖金、福利和补充行政办公经费等。

5. 少数民族发展资金的目标和管理机制。少数民族发展资金是扶助少数民族专款，主要用于解决民族自治县、民族乡以及其他少数民族聚居的贫困地区在经济建设、发展生产中的特殊困难和需要，促进这些地区的社会稳定和经济发展。1999 年，国家民委启动了“兴边富民”工程，从少数民族发展资金中拿出部分资金主要帮助分布在中国 2.2 万公里陆地边界线上的 135 个县。

所申报的项目应具备以下条件：(1) 经扶持后稳定增加少数民族群众的收入，通过开发性生产带动贫困农户解决温饱、脱贫致富，逐步增强贫困地区财政的自给能力。(2) 立足于本地资源优势，符合国家的产业指导政策，产品在市场上适销对路。(3) 能源、供水、交通等条件基本具备。(4) 生产技术、项目管理、配套资金等方面有保障。(5) 投资少、见效快，项目单位信誉好，有偿还能力。

少数民族资金的使用范围是：(1) 开发性的种植和养殖业项目；(2) 利用本地资源优势兴建的工业项目；(3) 以扶贫为目的的乡镇企业项目。

6. 新世纪扶贫资金的管理机制。针对扶贫专项资金管理中出现的问题以及借鉴扶贫资金管理的国际经验，新世纪初财政扶贫资金实行报账制的管理方式。其具体规定如下：

适用范围：中央财政预算安排的补助地方扶贫专项资金（含以工代赈资金）、地方各级财政预算安排的扶贫专项资金和其他纳入财政扶贫资金专户管理的扶贫资金。

报账人：扶贫项目实施单位是财政扶贫资金的报账人。政府有关部门或乡（镇）政府作为扶贫项目实施单位，扶贫项目主管部门应与其签订项目实施责任书。采取招标、投标方式公开选择扶贫项目实施单位，扶贫项目主管部门应与其签订项目实施合同书。项目实施责任书和项目实施合同书都应报同级财政部门备案。财政扶贫项目实施单位根据项目实施责任书（或项目实施合同书）、项目实施计划和项目施工进度，定期提出用款计划并附报账凭据，经扶贫项目主管部门审核，报财政部门审批后请拨资金。财政部门可以根据项目需要，预付一定的项目启动资金。

质量保证金制度：财政部门商扶贫项目主管部门同意后，对一些资金额度较大的项目，可以扣留工程质量保证金（不超过项目投资概算中财政补助部分的 10%）。工程竣工后，扶贫项目主管部门应及时进行项目竣工验收，并出具项目竣工验收意见书，财政部门凭扶贫项目主管部门签署的项目竣工验收意见书审核批准后拨付资金。工程完工交付使用一年后，如果未发现质量问题，扶贫项目实施单位提出请款申请，经扶贫项目主管部门审核同意，财政部门拨付工程质量保证金。如果工程存在质量问题，财政部门应将工程质量保证金转作维修费用，并按项目实施责任书或项目实施合同书规定的有关条款进行相应处置。

报账凭据：(1) 项目立项批准书或采购合同。各级扶贫开发领导小组根据国家扶贫开发政策和《财政扶贫资金管理办法》（试行），批准的项目立项书；政府采购部门与供应部门签定的采购合同协议。(2) 项目实施计划书。项目实施单位编制并经扶贫项目主管部门批准的项目施工计划。(3) 报账申请单。由财政部门统一印制，项目实施单位报账时应据实填写，包括项目类别、项目名称、项目地点、项目期限及进度、项目总概算、资金来源或出资人、申请报账支出、项目负责人及扶贫项目主管部门审核意见等。

具体报账程序分工程类项目和到户项目。对于工程类项目而言，报账程序较为复杂，一般为：(1) 扶贫项目主管部门和项目实施单位签订项目实施责任书或项目实施合同书，并送往财政部门备案；(2) 扶贫项目主管部门和项目实施单位向财政部门提出项目启动资金申请，一般不超过总资金规模的30%；(3) 财政部门会同扶贫项目主管部门对工程施工进度进行检查，按照工程进度拨款；(4) 工程结束后，财政部门预留5%—10%的质量保证金，工程结束一年后根据质量情况予以拨付。对于到户项目，报账程序较为简单，只需提供经贫困农户签字的领取表即可。

参考文献

1. 李小云：《中国财政扶贫资金的瞄准与偏离》，社会科学文献出版社，2006年版。

2. 李周：《社会扶贫中的政府行为研究》，中国经济出版社，2001年版。

3. 刘坚：《新阶段扶贫开发的成就与挑战——中国农村扶贫开发纲要（2001—2010）中期评估报告》，中国财政经济出版社，2006年版。

4. 刘斌、张兆刚、霍功：《中国三农问题报告》，中国发展出版社，2004年版。

5. 罗刚主编：《中国财政扶贫问题研究》，中国财政经济出版社，2000年版。

6. 王国良主编：《中国扶贫政策：趋势与挑战》，社会科学文献出版社，2005年版。

7. 杨顺成主编：《新时期扶贫开发战略》，四川人民出版社。

8. 张磊主编：《中国扶贫开发政策演变：1949—2005年》，中国财政经济出版社，2007年版。

9. 张岩松：《发展与中国农村反贫困》，中国财政经济出版社，2004年版。

10. 国务院扶贫办外资项目管理中心、亚洲开发银行：《中国农村扶贫方式研究》，中国农业出版社，2002年版。

11. 赵俊超：《扶贫开发理论与实践》，中国财政经济出版社，2005年版。

第五章　社会参与——中国反贫困资源调动的重要补充

中国政府在致力于缓贫的努力中，将社会参与作为一项重要的制度安排纳入到持续性的扶贫工作计划中，有效地调动了社会各界，包括政府部门、国有大中型企业、民营企业、民间组织等在扶贫开发工作中的广泛参与，使缓解贫困成为全社会的共识。这一制度安排的有效性在于充分地调动了社会资源，使之成为扶贫开发工作中具有中国特色的一条途径，有效地补充了政府扶贫资源的不足，同时，加强了贫困地区同社会各界的联系、沟通和交流，极大地扩展了贫困地区的社会资源，对贫困地区和贫困人口自信心的建立和能力的建设起到了积极的促进作用。

一、扶贫计划中的社会参与

社会参与是一个含义十分广泛的概念，它是指在中央政府的统一领导下，将社会上的各种组织资源整合到扶贫开发过程中的过程。而社会各种机构、组织则根据自身的特点向所对口的贫困县提供各种帮助，以加快其缓贫的速度。

（一）社会参与的理论基础

中国政治和社会的高度一致性以及在资源分配上的组织性，为中国扶贫开发工作中采用社会参与的途径奠定了良好的制度基础。而社会参与的有效性则更是同全社会对中国贫困问题在认识上的高度一致性密切相关。从某种意义上讲，在扶贫工作中的社会参与是社会主义制度优越性的集中表现形式。

缓解贫困是中国全面发展、中华民族崛起的一个重要的战略目标，同时，贫困地区的富裕也是整个社会富裕的基础。因此，参与到扶贫开发工作中来，是政府机关以及群众团体和社会组织的一项不可推卸的社会责任。

社会参与一方面是在明确政府机关和社会各界在扶贫开发工作的责任后，首先调动其自身的资源，使之成为政府在预算外的扶贫投入，同时发挥他们各自组织资源的优势，通过不同的渠道为所对口的贫困县筹集一定数量的扶贫资源。

1. 从理论上来看，社会参与是中国社会“共同富裕”理念的必然要求。中国政府从国家利益和国家发展战略的高度出发，始终将实现“共同富裕”作为促进中国区域经济发展的基本理念和价值目标。早在20世纪80年代，邓小平提出了“两个大局”的思想，指出“沿海地区要加快对外开放，使这个拥有两亿人口的广大地带较快地发展起来，从而带动内地更好地发展，这是一个事关大局的问题。内地要顾全这个大局。反过来，发展到一定的时候，又要求沿海拿出更多力量来帮助内地发展，这也是一个大局。那时候沿海也要服从这个大局。”在1992年南巡讲话中，邓小平更十分具体地指出：“走社会主义道路，就是要逐步实现共同富裕。共同富裕的构想是这样的：一部分地区有条件先发展起来，一部分地区发展慢点，先发展起来的地区带动后发展起来的地区，最终达到共同富裕。”江泽民也反复强调，“坚持和完善按劳分配为主体的多种分配方式，允许一部分地区一部分人先富起来，带动和帮助后富，逐步走向共同富裕。”在这样一个发展理念和价值取向的背景下，社会参与必然成为中国反贫困总体战略的一个重要组成部分。

2. 社会参与是中国非均衡发展道路，以效率优先兼顾公平发展战略的必然选择。改革开放以来，中国经济高速增长的奇迹以及社会发展所取得的长足进步已经引起了全世界的广泛关注，但是从20世纪80年代开始，中国城乡之间以及不同地区的区域经济发展差距日益扩大，特别是当东部地区凭借其地理位置以及其他优越的发展条件获得经济高速增长和社会进步的同时，西部地区尤其是大量的少数民族地区，仍然处在绝对或相对意义上的贫困状态，东西部地区经济发展不平衡的矛盾日益严重并成为影响中国国家统一和社会稳定的潜在威胁。因此，在经历了多年的非均衡的经济社会发展轨迹以后，中国政府必须认真正视中国经济社会不平衡发展所产生的严重社会问题。社会参与是中国发展道路由非均衡走向均衡的重要举措，是逐步加强对公平原则关注的具体体现。

3. 社会参与是构建社会主义和谐社会的必然要求。构建社会主义和谐社会必须妥善协调各方面的利益关系，正确处理各种社会矛盾。现阶段，地区之间、社会阶层之间发展的不平衡以及城乡之间发展的不平衡、经济与社会之间发展的不平衡一起构成三大突出矛盾。解决这些发展不平衡的关键是要加快贫困地区以及社会弱势群体的发展，其重要途径是充分调动社会各界在扶贫开发工作中的广泛参与。与中央转移支付的纵向支持相比较，社会参与更能体现构建社会主义和谐社会的要求。

（二）社会参与的运行模式

严格来讲，社会参与仍然是以政府部门为主体的，或称之为政府非专职扶贫，即政府各部门利用社会资源将扶贫作为其专职工作之外的一项特殊的工作，使其承担应有的社会责任。在操作上，这一制度性安排是同政府主导的扶贫开发工作并行的。因此，在对社会参与概念的认识中，首先需要明确其仍然是政府行为；其次则强调在扶贫参与过程中对社会资源的调动；第三则是从政府部门向社会组织，尤其是民营企业以及个人的有效延伸。

显然，在社会参与的概念下，所包含的组织是四种类型的。一是党政机构，如国家各部委和中央部委及其直属单位；二是政府领导下的群众性团体，如妇联、工会、共青团、民主党派以及相关联的民间组织，如各种类型的基金会等；三是国有企业或事业性单位，如中国石化集团公司、各大银行、新闻机构等；四是民营企业。这些不同的组织机构在调动资源参与扶贫的途径和方式上有许多是相同的，但也存在一定的差异，由此而形成了不同的社会参与扶贫的运行模式。

与之相应的是在省（市、自治区），从社会参与的角度也有与中央相对应的制度安排，即各党政机构也有分属的对口扶贫县。当然，他们也配合相对应的中央部门在扶贫对口县开展扶贫开发工作。

在许多贫困地区，作为政府工作人员，他们通常是以捐物捐款的形式，每年需要拿出其工资的一定比例作为其在扶贫工作中的直接投入，有的还同贫困村或贫困户形成一对一的帮扶责任制。

在社会参与扶贫的概念下，还涵盖着一个重要的扶贫途径，即东西部扶贫协作。根据中央统一的部署，让沿海发达的省（市）同中西部的贫困省（市、自治区）建立长期的协作关系，并对其扶贫区域实行一定的划分，使每一个贫困县（市）都有一个或几个东部的县（市）作为其扶贫的伙伴。

综上所述，可以将中国扶贫开发工作中的社会参与归纳为下列成功的运行模式：

1. 东西部扶贫协作模式。该模式是在政府行政框架内，建立起东部发达地区和西部贫困地区间交流的平台，以促进东西部地区之间在人员、物质、资金和信息等方面的流动，并将东部发展中成功的经验逐步推广到西部扶贫开发工作中，从整体上不断提高西部地区扶贫开发的效果和效率。

2. 政府部门的非专职性扶贫模式。该模式将政府各部门（包括党政机关、企事业单位、新闻媒体、金融机构等）整合到扶贫开发工作中，通过确定对口的贫困县，明确其在扶贫开发工作中的责任。政府部门在非专职性的扶贫过程中，充分发挥其组织资源的优势，在向其对口的贫困县提供物质和资金援助的同时，更注重对贫困地区人力资源、社会资源和组织资源的有效开发，逐步从整体上提高贫困县扶贫开发的能力。

3. 社会扶贫工程模式——民间组织在扶贫开发工作中的参与。该模式通过建立民间组织这一有效的平台，以募集扶贫资金建立针对弱势群体最基本需求的扶贫工程或计划的途径，使全社会对贫困的关注和对贫困人口的爱心得到有效地实现。将社会分散的资源集中起来，通过全国性的组织管理体系的有效运行，该模式成为政府扶贫工作的重要补充，同时，针对贫困地区和贫困人口的不同需求和特点，探索形成更能满足弱势群体基本需求的扶贫途径。

4. 企业参与扶贫的模式。该模式是企业家在扶贫中的社会责任得到表达的一种有效的途径。各种类型的企业（包括国有企业、外资企业、合资企业、民营企业）在分享中国经济快速发展的丰硕成果后，以不同的方式回报社会，将其利润中的一部分通过捐款捐物、帮助贫困地区改善基础设施、同贫困地区建立合作关系以促进贫困地区企业发展等途径，增加了全社会对贫困地区和贫困人口扶贫资源的投入。这一过程是社会公平原则的良好体现，同时有利于贫困地区人力资源的开发，帮助贫困人口增强了其发展的能力。

（三）社会参与扶贫的方式

尽管在上述的社会参与扶贫的不同模式中，不同的机构和组织所采用的方式存在一定的差异，但以下几种方式却表现出一定的共性。

1. 直接增加对贫困县（市）扶贫开发工作的物质和资金的投入，其首要的目标是改善贫困地区和贫困人口的生产生活条件。在扶贫资源规模有限的情况下，社会参与扶贫的重点一方面是针对贫困人口的基本需求，包括基本的社区教育设施的改善（包括修建学校校舍、提供教育设备、为贫困学生提供学杂费和奖学金、对农村教育进行培训等）、社区卫生条件和设施的改善（包括修建农村卫生院和社区卫生所、提供基本的医疗设备、对乡村医生进行培训、对贫困人口进行健康教育等）、人畜饮水问题的缓解（尤其是在广大的干旱和半干旱的西北地区）、社区道路的建设等；另一方面则是改善贫困社区的农业生产条件，包括小型水利设施、土地的平整与土壤改良等。同时，部分资金被用作小额贷款，以提高贫困人口的生产力。

2. 通过挂职，增强人员间的交流，从而加强贫困地区组织资源的开发。在这种方式中，政府部门充分利用其组织资源的优势，选派得力的干部，采用轮转制的形式到对口的贫困县挂职，一方面为贫困地区带来先进的发展理念、知识和方法；另一方面也使自身的人员在贫困地区艰苦的环境下得到必要的锻炼。而贫困地区选派干部到对口贫困的机关或组织挂职，在很大程度上是从更高的层次上对贫困地区管理者的培训过程。这种在职培训，对贫困地区组织管理能力的提高产生了积极的影响。对口扶贫组织和贫困县频繁的人员交流，也促进了其他扶贫资源向贫困地区的流动。

3. 通过其组织资源的影响力，增强贫困地区争取政府和社会扶贫资源的能力。在这一过程中，对口扶贫的党政部门、企事业单位、民间组织等起到了贫困地区和外界进行沟通交流的中介和桥梁作用，一方面帮助贫困地区增强对外部社会发展的认识，帮助他们从更大的社会空间中获取贫困地区发展的资源；另一方面向社会各界介绍贫困县的贫困状况、资源特点，使外界加强了对贫困县的了解，促进了外部资源以项目和合作的形式向贫困县投入。

4. 通过技术、信息的投入，加强贫困地区人力资源和社会资源的开发。社会参与的扶贫模式更注重对贫困地区人力资源的开发，通过组织各种类型的农业技术培训，组织贫困地区的干部和技术人员到发达地区参观考察以及选派技术人员到贫困县服务等，增强了贫困地区人力资源开发的力度。同时，通过各种形式为贫困地区提供发展的相关信息，并帮助贫困地区同外界建立直接联系等，极大地开发了贫困地区的社会资源，拓展了其扶贫和开发的空间。

5. 通过技能培训以及建立定点接受贫困县劳动力转移的机制，促进贫困县劳动力向非农产业和经济发达地区的有序转移。在东西部扶贫协作模式和企业扶贫模式中，随着这些地区和企业的发展，对劳动力的需求不断增加，在定点贫困县开展相关技能的培训，实现了劳动力的定向输出，为定点贫困县农民收入的增加提供了有效的途径，同时也保证了援助地区和企业劳动力供应的数量和质量。

6. 通过帮助定点贫困县建立具有一定资源优势的企业，促进贫困地区经济结构的调整，逐步解决定点贫困县发展企业所受到的资金、人才、组织管理以及市场等因素的制约。在这一过程中，更重要的是改变贫困地区和贫困人口封闭性的传统思维方式和行为模式，使其不断建立起同社会主义市场经济体系发展相适应的制度和机制，对于贫困地区的可持续发展具有积极的影响。

总的来讲，在社会参与的扶贫模式中，其操作的机制更加灵活，因而其操作的方式能更好地同当地实际情况相结合，从而产生更好的扶贫示范效果，并为政府大规模的扶贫开发工作提供一定的参考和借鉴。

（四）社会参与扶贫的成效

对社会参与扶贫的效果评价应该包括两个层面，即物质性的和非物质性的，而评价的对象不仅仅是贫困地区本身，同时还应该包括参与到扶贫开发工作中各政府机构、群众团体以及社会组织等。评价的角度不仅要反映直接的效果，更应关注其所产生的长远性的影响。

从物质性层面来讲，社会参与的成效是极为显著的。它在很大程度上作为政府扶贫资源的重要补充，增加了政府对扶贫开发的投入力度，对改善贫困地区基础设施状况做出了积极的贡献，同时对贫困地区人力资源的开发起到了积极的促进作用。

如东西部扶贫协作从1996年开展到2006年底，东部各省市向西部贫困地区无偿捐资49.7亿元；实施项目6.6万个，投资620.7亿元；为西部省区市有组织安排劳务输出人员179.2万人次，劳务收入达136.2亿元；帮助西部贫困地区进行各种人才培训28.08万人次；援建学校4131所；引进各种科技实用技术2138项；修建公路10053.4公里；建设基本农田308.4万亩；兴修人畜饮水工程，帮助解决了212.4万人、760.5万头牲畜的饮水困难。2003年至2006年，东部地区直接到西部贫困地区挂职工作的干部1725名（其中地厅级干部24名，县处级干部246名）；专业技术人才2238名（其中教师1992名，医生220名，农业技术人才305名）；扶贫志愿者2056名；东西扶贫协作双方各级领导横向考察学习达32381人次，其中省级领导791人次。

从非物质性层面来看，社会参与扶贫充分发挥了社会各界同贫困地区的优势互补，开展省（市）合作、组织间合作、企业合作，实现双赢，建立起社会各界与西部经济社会的血脉联系；而党政干部的挂职和人才交流，促进了贫困地区干部群众观念的转变，也为社会各界全面了解国情、富而思进创造了条件；同时，广泛发动社会各界参与，营造了扶贫济困的良好社会氛围。

社会参与扶贫，扩展了贫困地区的组织资源，提升了贫困地区的组织能力。在很多情况下，贫困地区由于其弱势地位，在争取政府及相关的社会资源时，往往会排在政府部门资源分配优先顺序的后面或被忽略，而在对口的政府机构和社会组织的帮助下，其获得这些资源的能力显然得到提高，在很大程度上对口机构和组织起到了克服制度刚性障碍的一种缓冲剂的作用，这种增强贫困地区社会资源的效应，有利于开发贫困地区缓贫的能力。当这种认同被不断强化后，贫困地区的非物质性资源空间得到了有效地扩展。

在社会参与扶贫的过程中，人员的频繁交流，在很大程度上将贫困地区之外的信息和技术逐步地带到了贫困地区，对于贫困地区人力资源的开发起到了积极的促进作用。而通过挂职的人员交流，这显然使贫困地区获得了先进的组织管理理念和方法，在很大程度上提高了政府工作的效率。

当然，社会参与扶贫的成效不是单方面的。从参与到扶贫开发中的政府机构、群众团体、社会组织而言，首先是增强了他们的社会责任感，同时，当他们对中国社会有了更全面的和更深入的了解后，会激发他们发展的更大热情。

东西部扶贫协作，特别是企业（包括国有企业、外资企业、民营企业）的参与扶贫，参与企业一方面获得了自身稀缺的自然资源，拓展了企业的市场空间，同时从西部贫困地区获得了企业发展的人力资源。其最终的结果是充分体现出社会参与扶贫的基本原则，即“体现支援、优势互补、互惠互利、长期合作、共同发展”。只是基于这一点，社会参与扶贫所表现出的生命力，已经为中国全面的发展产生了深远的影响。

当然，这种影响需要更多地从贫困地区可持续发展的角度进行评价。由于在社会参与的扶贫模式中，项目单位投资规模都较小，因而更多的情况下，其所产生的是一种示范性效应，为政府进一步加强扶贫开发工作提供了依据。

二、东西部扶贫协作模式

我国改革开放政策的实施首先是从东部沿海地区开始的，东部地区由此而获得了政策倾斜下的先发优势。在自然条件、区位特征、社会环境以及人力资源等的共同作用下，在改革开放的进程中，其发展速度显著高于西部地区。随着社会主义市场经济体系的建立，西部的弱势状况使其在竞争中更加处于劣势。如果一个政府不能有效地解决发展过程区域差异不断加大的矛盾以及由此而可能引发的社会不稳定的因素，那么，这种区域发展的不平衡就会在达到一定的程度后，成为国家整体发展的严重制约因素。中央政府在不断认识东西部发展的共同需要以及东西部经济结构的差异与互补的过程中，从制度层面上，对东西部在扶贫开发中的协作进行了有效地设计。

东西部扶贫协作是“八七扶贫攻坚计划”实施期间提出的一项创新性的措施。其目的是动员东部发达省市的力量对口支持贫困地区的发展和贫困人口的脱贫。国务院扶贫开发领导小组在1996年全国扶贫工作会议上决定让东部沿海的13个发达省市分别帮助西部的10个贫困省和自治区，并做出了具体的帮扶安排。从表5-1的统计结果来看，参与到扶贫中的东部区县数达到了235个，而对口帮扶的国家级贫困县为239个，占国家级贫困县总数的40.37%，其有效覆盖率接近一半。参加区县和单位数最多的是四个计划单列市，有53个区县和单位对口帮扶贵州省的48个国贫县；其次是浙江省，有37个区县和单位，帮扶四川的12个国贫县；参加扶贫区县最少的省份是福建省，只有8个，采取一对一的方式帮扶宁夏自治区的8个国贫县。自2004年起，为进一步推进东西扶贫协作工作，增加了福建厦门市和广东珠海市帮扶重庆市。

表5-1 东西扶贫协作对口帮扶关系

	参加扶贫的区县和单位数	对口帮扶的国贫县数
上海—云南	12	22
北京—内蒙古	18	18
天津—甘肃	14	15
辽宁—青海	13	14
江苏—陕西	45	48
浙江—四川	37	12
福建—宁夏	8	8
山东—新疆	26	26
广东—广西	9	28
大连、青岛、深圳、宁波—贵州	53	48
合 计	235	239

东西部扶贫协作的效果是十分显著的，通过地区间的对口支持，贫困地区的社会经济状况得到了极大的改善。如浙江省宁波市在对口支持的贵州省黔东南州和黔西南州，在1996年到2004年的8年时间里，共完成帮扶项目996个，捐款帮扶资金1.63亿元，捐赠各类物资折款6360万元，企业在对口地区的投资额达3000多万元。用这些援助，帮助对口地区建造学校186所，医院（卫生院）91所、修建村级公路100多公里，解决了35万多人、1万多头大牲畜的饮水困难，建立了52个农业示范基地和13个扶贫示范村，同时帮助对口地区培训农村基层干部、专业户、重点户和农村专业技术人员，提高了对口地区扶贫开发的能力。

一般来讲，东西部扶贫在协作的初期，其主要的方式集中在政府援助、企业协作、社会帮扶与人才交流等几个方面，而随着协作的不断深入，东西部协作扶贫出现出一些新的特点。

首先体现在科技扶贫水平提高上。东部省市科技发达、人才众多，很多普遍使用的科学技术在西部仍未推广，因此，有效地组织东部科技人才到西部贫困地区考察调研，推广科技成果，加快了科技扶贫到乡村的速度；其次，东西部协作扶贫加强了结对帮扶和干部交流，更加关注对西部地区组织资源和人力资源的开发，比如山东和新疆、北京和内蒙古等开展的组织县级结对帮扶，已经制定出有效的计划，争取做到西部所有扶贫工作重点县都与东部的县结对；第三，加大了东西部协作扶贫中的劳务输出工作力度，近年来，西部已向东部有组织地输出劳动力5000多万人，成为贫困地区农民现金收入的主要来源，仅福建和宁夏合资办的一个企业，就吸纳了几千名宁夏贫困地区的农民；第四，东部在帮助西部培育市场、开拓农产品市场，特别是西部绿色农产品给予更大的投入，如许多东部省市已在或将在大城市为其设立窗口，专门承销对口扶贫地区的农产品，帮助他们开拓市场。

显然，东西部扶贫协作在内容和方式上都需要不断地创新，尤其是在市场经济条件下，如何建立东西部围绕扶贫开发工作而深化其合作的运行机制，从单方面的帮扶逐步发展到相互间的促进，从单一性的协作领域发展到全方位的整体性合作，需要从理论上和实践中不断探索。

当然，作为一项制度安排，难免存在发展不平衡的状况。其主要表现在省份之间不平衡和同一省份内不同工作类别之间不平衡。据对2003—2006年的数据分析结果显示，北京、天津、上海三个直辖市中，有两个直辖市的政府援助资金总额仅相当于另外一个直辖市政府援助资金总额的33%；西部接受援助资金总额最高省份是最低省份的9.65倍；在企业协作方面，绝大多数都有新增协作企业，最高的省份有98家，最少的省份为0家；在人才交流方面，东部派往西部挂职干部最多的省份有793人，最少的省份为0人；在社会帮扶方面也有严重不平衡，接受社会帮扶最多省份的总额为1.18亿元，最少的仅为1万元。在同一省份内，政府援助、企业协作、社会帮扶与人才交流等不同工作类别之间也存在严重不平衡，在一项或几项工作突出的同时，其他工作又过于薄弱。

此外，1996年东西扶贫协作工作开展以来，推动工作主要依靠倡导和东部发达省市自觉。在具体项目安排中，相应的在项目选择方面就显得过于随意，项目确定主要体现协作省份双方的意图，有时与中央的政策意向则并不完全一致。在项目资金管理方面也缺乏全国统一的明确规定，特别是政府援助资金管理制度不健全。这些规范性不足的问题可能直接影响到东西扶贫协作的效果。

三、政府非职能性扶贫模式——政府部门在扶贫中的参与

1979年，一些民主党派人士响应党中央的号召，开始到边疆进行扶贫活动。这是我国最早的社会扶贫形式。1982年底，甘肃省委、省政府在给中央的报告中，请求中央对“三西”地区给予一定的支持，以改变其贫穷落后的状况。1984年9月，中央、国务院根据我国农村还有1.25亿人尚未解决温饱问题的严峻现实，发出了《关于帮助贫困地区尽快改变面貌的通知》，科技部、农业部、商业部等国家部委响应中央号召，开始了定点扶贫工作，当时这些扶贫活动还都是个体行为。1986年初，原国家科委向中央提交了《关于开发贫困地区建议的报告》，建议中央从各部委、高等院校、中国科学院、社会科学院组织一批各种专业的优秀干部到贫困地区，用科学技术扶贫治穷，此报告得到了中央的赞同。

1986年，国务院贫困地区经济开发领导小组第一次全体会议指出“其他有关部委也可以采取科委的办法，分别联系集中连片的贫困地区，帮助、支持地方改变贫困地区面貌”。同年，农业、林业、地质矿产等16部委分别在18个集中连片的贫困地区选定一个区域作为联系的地区，通过促进贫困区域经济增长带动扶贫。

自1987年国务院召开第一次中央、国家机关定点扶贫工作会议以后，越来越多的国家机关参与到这项工作中来，截至1993年底，已有81个中央部委和中央企事业单位参加了定点帮助贫困地区的计划。1994年，国家制定《八七扶贫攻坚计划》以后，调整了扶贫政策，紧缩了扶贫区域和对象，并重新界定和分配了各部委的扶贫范围，到1996年9月中央扶贫开发工作会议召开前中央、国家机关定点扶贫的格局基本形成，并逐步走向制度化。1998年，国家机构改革之后，各部委负责扶贫的部门和人员大多发生变化，国务院扶贫办根据变化情况做了一些新的调整。

虽然中央、国家机关参加定点扶贫的单位由1994年的81个，增加到1995年的121个，随即又增加到1999年的138个，共增加了57个单位，但扶持国定贫困县的个数并没有发生太大的变化，从1994年的315个增加到1999年的325个，只增加了10个。这一格局在进入到新世纪后一直得到了有效的保持。“八七”计划结束后，2002定点扶贫工作会议上部署了新一轮定点扶贫工作任务，参与单位总数达到272个，定点帮扶481个扶贫工作重点县。

在定点扶贫的国家机关与贫困县的分布上，有一个国家机关定点扶持多个国定贫困县的，如农业部定点扶贫县达到21个，国家林业局和国防科学技术工业委员会均为16个，交通部和农业银行均为11个；同时，也有一个国定贫困县得到多个中央国家机关定点扶持，如四川的阆中县、南部县、苍溪县、嘉陵区，广西的三江县、环江县，云南的施甸、澜沧，重庆市的酉阳县、石柱县，安徽的金寨县、岳西县，河南的信阳县，湖北的巴东县等。一般情况下，一个部门扶持的多个贫困县都集中在一个或两个区域内，如水利部扶持的贫困县都在重庆市管辖的三峡地区。

中央各党政部门均高度重视其在扶贫工作中的参与，一般均设立处级建制的扶贫办，专门负责扶贫工作。政府非职能性扶贫最大的特点是其扶贫内容和扶贫方式与政府部门的业务工作密切相关。如农业部在武陵山区的扶贫重点放在农业开发上，卫生部在四川的扶贫重点

是对地方病控制和农村社区卫生医疗机构的建设，水利部的扶贫内容和形式则为人畜饮水、水土保持、小型农田水利工程和农村水利水电开发等。同时，政府部门还注重对帮扶贫困县教育、培训和卫生等服务领域的扶持。

政府部门参与扶贫的资金主要来自三个方面，即将自己管理的政府非扶贫资金重点投向所扶持的贫困县，自己节约的行政经费或经营性收入以及部门工作人员的个人捐款。当然，更多的部门则发挥其组织资源优势，从各种渠道筹集扶贫资源。如外交部通过驻外使领馆，每年为其所扶持的云南省麻栗坡和金平两县争取到一定数量的外援项目和一定的物质设备。1992—2004年期间，外交部通过募集扶贫资金，共向两县投入资金和实物累计达1.3亿元人民币，其中温饱工程6000万元，希望工程5181万元，医疗卫生1846万元。

与中央党政机关参与扶贫开发工作一样，各贫困省区于20世纪80年代中期开始，也有计划、有组织、大规模地进行扶贫开发工作。如陕西省从1985年开始，就采取省级机关干部下乡蹲点扶贫；广西自治区从1986年就开始了区直单位定点扶贫。特别是实施国家“八七”扶贫攻坚计划以来，尤其是1996年江泽民总书记发出关于“全社会扶贫，党政机关要带头”的号召以来，各有关省区市陆续组织了大规模的定点扶贫工作，省、地、县、乡各级广泛深入地开展了包县、包村、联户的帮扶工作，进而形成了全社会关心、支持贫困地区的良好氛围。这些省区大都制定了本省区的扶贫攻坚计划，将解决贫困人口的温饱问题作为扶贫攻坚的核心，并采取多种扶贫模式开展扶贫工作。一种主要的模式就是将省级政府部门、大专院校、科研机构、人民团体、企事业单位、发达地区等优势整合起来，发挥集团的综合优势，如重庆市的“集团式扶贫模式”、陕西省的“两联一包”扶贫模式。有的省区还采取了其他卓有成效的扶贫模式，如广西壮族自治区内部的东西对口帮扶、干部帮扶等模式。除了国家级贫困县外，各省（市、自治区）还根据自身贫困的特点，确定了省（市、自治区）级贫困县，并安排相应的政府机构予以定点扶持。

随着贫困地区经济社会整体的发展，贫困人口的数量在不断减少，贫困地区的面积在缩小，并呈现出分散化的空间格局。因此，省级定点帮扶便进一步向下延伸到贫困乡镇和贫困村，从而有效地配合了整村推进扶贫战略的实施。

从总体上来看，政府部门非专职扶贫调动了政府部门在扶贫开发工作中的参与，加强了贫困地区同中央以及省级部门的沟通和交流，使政府部门在一定程度上承担起在扶贫开发工作中最基本的社会责任，同时有助于政府部门更深入地全面了解中国的发展状况，对促进其专职性工作具有积极的作用。而对于被扶持的贫困地区而言，通过政府部门的扶持，可以获得大量计划外的扶贫资源，同扶持部门在人才、技术和信息等方面的交流，极大地拓展了它们的社会资源，加强了贫困地区的组织能力建设。

然而，作为一种制度安排，也存在部门间发展不均衡的状态。由于这种模式的有效性是建立在各部门管理的各类项目资金的基础上的，而在政府职能的划分上，许多部门很难有足够的项目资源构成对所扶持的贫困县实质性的支持，可谓“心有余而力不足”。对于那些拥有项目资源的政府部门而言，在政府预算总量不增加的前提下，贫困县所得到的支持，只能是项目资金分配上的一种倾斜。专项项目资金在这一过程中被转移到定点扶贫的贫困县后，必然会减少其他县（包括其他贫困县）同类项目资金的数量。因此，定点贫困县得到的利益会被其他贫困县的损失部分所抵消。对此，需要在评价该模式的有效性及效率上予以必要的考虑。当然，在要求地方配套时，由于贫困县的财政状况极差，很难及时到位，同时，由于缺乏技术性人才以及管理水平低等因素，也在一定程度上降低了部门扶贫资源的使用效率。由于政府部门参与扶贫的运行方式基本上是以政府为主导的，在很多情况下忽视了农村社区和贫困人口的有效参与，因此，经常表现出富民和富县之间的矛盾。

四、社会扶贫工程模式——民间组织在扶贫开发工作中的参与

（一）中国民间组织参与扶贫开发工作概况

20世纪80年代中期，中国政府在全国开展了有计划、有组织、大规模的扶贫开发工作，但在一个较长的时期内，扶贫资金的实际投入并没有得到有效的增加，直到90年代后半期才恢复到80年代中期的水平。鉴于政府自身财力资源的压力，政府积极动员社会各界募集资源，参与扶贫开发工作成为一个重要的战略举措，并由此而促进了民间组织在中国的启动和发展。

1989年3月13日，经中国人民银行批准并在民政部登记注册，中国扶贫基金会在北京成立，原名为“中国贫困地区发展基金会”，1990年更改名称并沿用至今。中国扶贫基金会是一家专业扶贫组织，是对海内外捐赠资金进行管理的非营利性社会组织，是独立的社会团体法人。

同国外非政府组织（NGO）不同的是，中国的民间组织一般同政府下属的群众团体有一定的隶属关系，如中国青少年基金会隶属于共青团中央，中国妇女发展基金会则隶属于全国妇女联合会。作为政府领导下的群众团体，他们参与到政府部门的对口扶贫活动中，除各自负责一到二个中西部贫困县外，更多的是利用其群众团体的组织资源优势，建立相应的基金会，从社会各界募集资金，在全国范围内开展具有特色的专项扶贫开发工程或计划（见表5-4）。

表5-4　中国民间组织开展的主要扶贫工程（计划）

扶贫工程（计划）	民间组织机构	主要内容
希望工程	中国青少年基金会	
春蕾计划	中国儿童少年基金会	通过开办“春蕾班”，捐建“春蕾学校”等形式救助贫困失学女童
幸福工程	中国人口福利基金会 中国计划生育协会 中国人口报社	采用“小额资助，直接到人，滚动运作，劳动脱贫”的救助方式，为贫困家庭的母亲提供发展的资金支持
天使工程	中国扶贫基金会	为西部地区医院提供院长及管理人员培训；配置信息管理系统和医疗设备资助
宋庆龄女童助学计划	宋庆龄基金会	援助女性失学儿童；提供奖学金；建立女童技术培训中心和女子初中
母亲水窖工程	中国妇女发展基金会	从最初只支持以水窖为主的饮水项目，延伸到了目前以水窖为龙头，包括养殖、庭院种植、沼气、卫生厕所、微型加工在内的综合类农村发展项目
光彩事业	中华全国工商业联合会	农业产业化扶贫、资源优势扶贫、医药卫生扶贫、智力开发扶贫、移民安居扶贫、招工就业扶贫、建设市场扶贫、公益捐助扶贫和国际援助扶贫

续表

扶贫工程（计划）	民间组织机构	主要内容
中国健康扶贫工程	中国初级卫生保健基金会	面向中国广大的农村地区传播初级卫生保健的基本理念，帮助贫困地区改善医疗条件
扶贫济困	中华慈善总会	救灾、扶贫、安老、助孤、支教、助学、扶残、助医八大体系

这些扶贫工程的实施所取得的良好效果，在全社会范围内产生了巨大的影响，激发了全社会对中国贫困及缓解贫困工作的更多的关注，调动了社会更多的资源参与到扶贫工作中来。

同政府主导的扶贫开发相比，民间组织在扶贫中的参与具有以下特点：

1. 对扶贫对象的直接瞄准。从扶贫的对象上看，民间组织扶贫的对象主要是社会中的特殊弱势群体，如残疾人、妇女和儿童等，而且具有瞄准性。虽然中国政府一直强调扶贫要瞄准贫困群体，但是事实上，政府的扶贫行为在瞄准机制上做得并不好。中国近20年来在扶贫中所取得的成就，可能更多地来自于经济增长所产生的“涓滴效应”。而这种效应随着贫困群体的区域分散性、剩余贫困人口人力资源的匮乏性等问题日益突出。其作用将越来越弱，而民间组织扶贫行动能很好地弥补这一缺陷。

2. 民间组织提供了一条渠道，使贫困问题被外界社会所认识了解。为大众所熟知的希望工程使得民众、政府开始关心中国基础教育，也开始关心中国的贫困问题。又如，贫困问题往往被简单地理解为收入问题。但是通过一些民间组织的工作，隐藏在背后的诸多贫困问题被揭示出来，如教育问题、卫生问题、环境问题等，从而有助于人们加深对贫困问题和扶贫策略的理解。

3. 公民社会的扶贫在一定程度上弥补了政府扶贫财力的不足，也在一定程度上减轻了政府的扶贫事务负担。典型的例子是中国青少年发展基金会的“希望工程”项目。“希望工程”利用募集到的社会资金修建希望小学使260万名失学儿童重新走进课堂。

4. 民间组织在扶贫中表现的创新能力形成了政府扶贫的参照系，能够创新性地探索扶助最贫困人口的新模式，也促进了政府扶贫效率的提高。如中国扶贫基金会的贫困农户自立工程、中华慈善总会的慈善雨水积蓄工程等项目运作的成功也为实践所证明，NGO还是扶贫制度创新的重要力量。

（二）社会扶贫工程模式的特点

民间组织的社会扶贫工程一般是以项目的形式展开的，各基金会在设立总会的同时，在各省均设有相应的分支机构或管理机构，构成了全国性的网络组织结构。同政府主导的扶贫开发项目相比，社会扶贫工程项目在一个地区或区域的单位规模较小，针对特定人群，但覆盖区域面更大，尤其是覆盖到政府扶贫尚没有覆盖到的地区和贫困人口，在管理上更多地采用参与式的方式，有效地调动了贫困地区贫困人口的参与。

尽管不同的民间组织在参与扶贫工作中理念、宗旨、目标、内容等方面存在一定的差异，但在运作的方式上却具有一些共同点，主要包括：

1. 资金来源：民间组织的扶贫资金来源于社会性募捐。其主要渠道有国内企业（国有企业、外资企业、合资企业以及民营企业）、国内组织和个人、海外（包括港澳台地区）。如春蕾计划资金的上述三个渠道的比例为65∶15∶20。

2. 目标群体：社会扶贫工程的目标群体为贫困社区的妇女、儿童、少数民族等弱势群体。由于各种原因，这些人群基本上没有或很少获得过政府扶贫资源的支持。

3. 项目内容：社会扶贫工程的项目活动内容主要针对贫困社区的公共设施和社区服务，尤其是教育和卫生条件的改善，同时为社区的贫困人群提供技术性服务，包括技术培训、健康教育等。

4. 针对贫困人口发展农业生产的需求，为贫困人群提供以小额信贷为主要形式的金融性服务。

5. 项目管理：采用中央级基金会和省、市（地级）、县相结合的分层次管理模式，增加项目资金管理中的透明机制，并完善项目运行的监督机制，从而最大限度地保证了扶贫资源的有效性和效率。

6. 在操作方式上逐步同国外非政府组织接轨，将参与式作为社会扶贫工程规划和实施的主要方法，充分调动了贫困社区和贫困人口在项目活动中参与的积极性。

（三）希望工程

希望工程是我国扶贫工作中利用社会参与实施社会扶贫工程的一个成功的例子，在当时的历史条件下，其所产生的影响远远大于其本身所取得的成果。

中国是一个高度重视教育的国度，尤其是在贫困地区，在经济极不发达的情况下，人们普遍的共识是“再穷不能穷教育，再苦不能苦孩子”，但由于历史的和现实的原因，在改革开放初期，儿童失学率和辍学率均相当高。贫困地区的基础教育设施条件差，有大量危房存在。1996—1997 年度宁夏海原县有 3000 名适龄儿童因校舍不足而不能入学就读，在校学生中有 5000 名因课桌凳子不足而不得不站着上课。山西省 2003 年的 1877. 9 万平方米农村中小学校舍中，危房面积达 421. 8 万平方米，其中最危险的 D 级危房 278. 4 万平方米，占校舍总面积的 153%。同时，农村地区教育政策几经调整，也对农村办学产生一定的影响。

1980 年国家开始实行“划分收支、分级包干”的新财政体制，这不仅对缓解中央财政的紧张具有积极作用，并且对地方投资办教育也是极大的激励，但贫困地区却缺乏最基本的教育投入。1984 年及 1986 年我国又先后开征了专门用于中小学的农村教育费附加和城镇教育费附加，1985 年中共中央发布《关于教育体制改革的决定》，进一步明确基础教育实行“分级办学、分级管理”的体制，并提出了以国家为主体，社会、企业和个人等多渠道筹措教育经费的措施和办法。但在贫困地区由于地方财政收入极其有限，其首要的问题仍是教育经费极度匮乏。一些县级教育支出占当年全县财政的 50% 以上、乡镇拿出 80% 以上用于教育支出。1999 年以后，农村实行税费改革，减轻农民负担这一大的政策是十分正确的，但是实行税费改革以后，农村停止了集资和征收教育附加费，原来筹措教育经费的体制被打破。农村教育要靠政府投资，但是政府投资远远不能满足维持现有义务教育规模的需要。1999 年以后中小学的人均公用教育经费呈下降趋势。国家虽然出台了转移支付的政策，但是转移支付的数额远远少于以前教育集资和征收教育附加费，所以许多地区农村教育难以维持正常运转。

这一严酷的现实启动了社会资源在农村基础教育中的参与，1989 年 10 月由中国青少年基金会发起和组织的希望工程，其主要目标是调动社会的资源和力量来救助贫困地区的失学小学生，帮助中国政府普及九年义务教育和由此缓解农村贫困。希望工程第一次将人们对扶贫的关注和对教育的重视转化到促进贫困地区基础教育发展的实践中。

1989—2006年年底，青基会“希望工程”捐赠收入已达人民币11.16亿元，累计资助支出人民币10.79亿元。从扶贫社会资源调动的角度来看，“希望工程”在募集社会资源上有许多创新点，这对我们在进一步的扶贫开发工作中，增强社会参与具有极大的启示。

“希望工程”项目所采用的募捐方式是社会化手段与行政化手段并用的方式。其中社会化手段主要有：1989年9月，中国青基会组织了“同在蓝天下”救助贫困地区失学青少年大型义演；1989年10月，中国青基会向全国28个省市自治区的工矿企业发出了13.7万封募捐信；同月召开了“救助贫困地区失学少年”新闻发布会；1991年5月，募捐方式发生了革命性的突破，中国青基会在《人民日报》等全国性报纸上刊登“希望工程——为救助贫困地区失学少年募捐”的广告。这一举动开创了中国青基会利用高效率大众传媒向社会进行募捐的先例。

而行政化手段也是不容忽视的。中国青基会成立伊始就向团中央打报告要求充分利用共青团系统的特有优势筹集基金。团中央明确批示，要求：“团中央机构各部门、各直属单位积极支持基金会的工作”；值得一提的是中国青基会的募捐信尽管是发给工矿企业的，但收信人是企业的团组织。这一举措立即得到了企业党政领导的大力支持。

“希望工程”的主要受助对象是中国贫困地区的已经失学、即将失学的和从未上过学的学龄儿童，主要受助方式是提供小学阶段的书本费和学杂费、援建希望小学、捐赠希望书库。从总体上来说，“希望工程”项目设计的创新在于，它将教育、贫困、儿童三个要素完美地结合在一起，并且引入了公益市场的观念，将项目作为满足公益市场需求的产品来开发。

“希望工程”的项目设计形成了一整套体系。其中最成功也最具突破性的项目设计是“一对一模式”。这一模式主要是通过“百万爱心活动”来实施的。“百万爱心活动”是1992年4月开始实施的，具体内容就是通过基金会和各级团组织的牵线搭桥，把捐赠者（个人或集体）与失学少年结对挂钩，建立直接联系，进行定向资助至小学毕业的一种救助方式。与此前的救助失学少年的项目的组织方式相比，“一对一模式”有两个突出特征：第一，对于捐赠者来说，将“间接的”、“非特定的”资助变成了“直接的”、“特定的”资助。捐赠者和受助者双方都知道对方是谁。第二，捐赠者对受助者要“一包到底”，确保资助的“完整性”。

“一对一模式”满足资助者需求主要体现在：首先，资助者可以自由地选择受助者的性别、年龄、学习成绩等特征；其次，在很长的一段时期内，他可以看到受助者的成长过程。这种形式给资助者带来的心理满足是巨大的，并且将持续相对较长的一段时间。同时，这一模式所产生的一个有益“副产品”在于它建立了一种刚性的自动监督机制。这种监督来自外部，来自社会，来自直接捐赠人和直接受益人。他们的利益决定了他们最关心基金会的运作状态，关心第一份捐款的使用情况。这种监督机制产生的深远意义在于：第一，它提高了基金会廉洁运作的可能性；第二，提高了捐款的配置效率；第三，赢得了捐赠人的信任，因而也就赢得了他们的捐赠。

（四）春蕾计划

“春蕾计划”是在全国妇联领导下，由中国儿童少年基金会于1989年发起并组织实施的一项救助贫困地区失学女童重返校园的社会公益项目。当时，中国失学、辍学儿童中，女童所占比例为70%左右，女童入学率大大低于男童。而女童失学的原因主要是因家庭经济困难所致。女童是未来的母亲，如果母亲没有文化，素质差，不仅可能使一个家庭贫困愚昧，同时还会导致早育、多胎，使更多的孩子失去学习的机会，呈现恶性循环的格局。因此，女童的教育不仅仅对妇女个人和家庭缓解贫困状况有积极的作用，而且对民族的进步、社会的发展均具有深远的意义。

“春蕾计划”通过向海内外广泛募集资金，在贫困地区开办“春蕾女童班”，捐建“春蕾学校”等形式救助贫困失学女童，实施规模从最初的4个省区开始，逐步开展到全国30多个省区市。至2007年，“春蕾计划”所筹集到的资金累计6亿多元，捐建“春蕾学校”500多所，捐助“春蕾女童班”近5000个，救助失学女童170多万人次。

春蕾计划的主要内容是通过加强对女童提供资助，帮助失学女童首先完成6个年级的义务教育。一般扶持小学的最后3年，每年每人资助400元，以保证她们的住宿费和学费。其途径是在农村中的中心小学办春蕾班以及让春蕾生分散插班。同时，开展初中职业技术培训班，将小学毕业后没有继续升学的14—15岁左右的女孩子组织起来，为她们提供一年的专业技术培训，每人每年资助600元。通过种植业、养殖业和家庭手工业等方面的技术培训，使她们拥有一定的技能。

春蕾计划的实施取得了预期的效果，100多万失学女童圆了她们上学的梦。为了激励失学女童继续学习，春蕾计划每两年在全国的春蕾生中选出10名品学兼优的女孩子，援助她们上初中、高中、大学、硕士、博士等，以一定的资金（每人每年初中600元、高中800元、大学以上1000元）保证她们完成最高学业。

另外，春蕾计划还采用孟加拉小额信贷的运行模式，开展滚动式的养殖业项目，将贫困地区贫困家庭的10名女孩子组成一个小组，用扶贫基金为其中一人购买几只羊羔放养，并由当地畜牧技术部门为她们进行技术培训和指导。待羊产羔后，还给小组，以供第二人放羊，并依次循环。

为了保证春蕾计划的有效性和公平性，在计划实施的过程中，对扶持对象的选择有明确的标准：家庭人均收入低于贫困线，本人有求学愿望且身体健康，家庭支持，符合国家计划生育政策的家庭的孩子优先。

2004年中央政府制定了对农村义务教育阶段贫困家庭学生实行“两免一补”（免杂费、免课本费、补助寄宿学生生活费）政策，失学儿童的问题从根本上逐步得到了解决，从制度上保证了农村贫困家庭的儿童享受义务教育的权利。从中国扶贫的历史角度来看，春蕾计划所取得的成效是巨大的，所产生的影响也是极为深远的。它将全社会对教育的重视融合到贫困地区义务教育中，缓解了政府教育经费短缺的困境；同时，强调女童受教育的权利，将性别意识植入到贫困地区和贫困家庭，改变了农村重男轻女的传统观念。

（五）幸福工程

经过新民主主义运动和社会主义建设，中国妇女的地位从整体上得到了极大的提高，但在广大的农村地区，男女不平等的现象依然存在。妇女作为农村社会的弱势群体，在资源有限的情况下，她们所获得的机会要比男性更少。尤其是在贫困地区，由于恶劣的自然环境条件以及落后的生产力水平，她们所从事的劳动需要更大的体能支出，同时还要承受更多的生活重担。在缺乏基本卫生条件的贫困社区，她们患病的几率更大。缺少受教育的机会、贫穷、疾病以及多子女，使贫困家庭的母亲不仅失去了应该享受的幸福生活，同时还影响着下一代的生活质量。正如已故的幸福工程组委会主任王光英同志曾经说过的那样：家庭是社会的细胞，母亲是家庭的核心。帮助了一个贫困母亲，就是帮助了她的全家和她的后代；帮助了贫困母亲，就是帮助了贫困地区所有的人。

为动员海内外社会各界的财力资源来资助、扶持贫困家庭的母亲，帮助贫困母亲“治穷、治愚、治病”，1995 年由中国人口福利基金会、中国计划生育协会和中国人口报社联合发起，在全国范围内实施“幸福工程”——救助贫困母亲行动计划。从 1997 年开始，中国“幸福工程”还将每年的“母亲节”定为“救助贫困母亲活动日”，提醒人们在关爱、赡养自己母亲的同时，不要忘记在中国贫困地区还有千万个贫困家庭的贫困母亲，她们需要得到全社会更多的关爱和支持。

幸福工程的目标是向社会各界募集资金，为贫困家庭的母亲提供参与经济和社会发展的最基本的机会，帮助她们提高文化和身体素质，并不断提高她们的经济和社会地位，帮助贫困母亲发展生产，接受教育和生育保健服务，以改善她们的生存状况，使贫困母亲都能享有生存与发展权、接受教育权以及生殖健康权，促进贫困地区农村两性平等的进程。

幸福工程的扶贫项目采用“小额资助、直接到人、滚动运作、劳动脱贫”的救助方式，提供她们发展生产的启动性贷款资金，同时，为她们提供技术培训、健康知识培训，为她们定期进行健康检查。这种从体能、技能的开发入手，同时提供小额贷款的扶贫运行模式，极大地增强了贫困母亲脱贫致富的能力。

在扶贫资金募集上，幸福工程利用其组织资源上的优势，实现了资金来源的多样性和多渠道，主要包括：(1) 社会性募捐，向海外（包括港澳台地区）、国内企业或个人募集，其中以国内企业所占比例最大；(2) 专线性捐助，发动全国人口和计划生育工作系统的工作人员和全国计划生育协会会员捐款；(3) 地区性资助，由比较富裕的一个地区、一个县、一个乡、一个村、一部分企事业单位或个人，资助一个贫困地区、一个项目或一个贫困家庭的母亲，可分为无偿式资助或有偿无息式资助两种类型；(4) 信贷性资助，即向金融机构贷款。

截至 2007 年 10 月底，幸福工程已在全国 29 个省（区、市）建立了 415 个项目点，累计投入资金 5 亿元，救助贫困母亲家庭 19 万人（户），惠及人口 88 万人。在为贫困母亲“治穷”的同时还积极开展“治愚、治病”活动。为她们做健康检查 87 万人次，治疗妇科病 30 万余人次；举办以提高受助者劳动技能、文化知识为目的的各类培训班 15800 多期；免费下发药品和医疗器材价值 1640 多万元。仅在 2007 年度新增项目点 21 个，新增受助母亲 19714 人，新增受惠人口 83226 人。

(六) 天使工程

据一些农村地区的典型调查显示，中国农村约有 1/3 以上的贫困户是由于疾病造成的。因病致贫和因病返贫的现象十分普遍，如河南省农村贫困户中因病致贫、返贫的比例为 40%，云南和陕西这一比例高达 50%，贫困与贫困人口的健康间形成了明显的恶性循环。贫困人口因为缺乏有效的健康服务，从而导致贫困人口的体能丧失，使其丧失了进一步生存和发展的基础。

贫困人口因自然地理远离医院、经济原因等，发病较非贫困人口频繁，而就诊率和住院治疗率均较低。据统计，贫困地区贫困人口发病后，该治疗而未治疗的比例为30%；该住院治疗而未住院治疗的病人比例为33.5%。65%的病人因经济原因而耽误了最佳治疗时期。小病不及时治疗而拖成大病以及最终成为不治之症的现象十分普遍。

卫生资源分配上的严重失衡：30%的城镇人口拥有80%的卫生资源，而70%的农村人口却只能占有20%的卫生资源，贫困地区缺医少药的状况普遍存在。

目前，在我国西部的大部分地区，人均医疗费用比东部地区低40.8%；而医疗费用支出与收入的比率则比东部地区高。另外，西部医院行政管理人员学历普遍较低，大学以上仅占13%；西部医院院长有管理专业背景的比例不到5%。在硬件方面，西部医院使用过电脑的干部仅占总数的31%；建设有局域网，有部分管理系统的更是仅有5%。但是，随着国家医疗机构体制改革以及医药分开经营、医疗保险体制改革等一系列政策的出台和推行，西部数千家大中小型医院实际都面临着如何应对改革、如何在新的社会需求和市场竞争中谋求生存和发展的课题。

为此，2002年由中国扶贫基金会发起，国务院扶贫办、国家卫生部、国家中医药管理局共同支持，启动了医疗扶贫的“天使工程”项目，面向西部2800家县级以上项目医院，对其院长和专业管理干部进行专业的管理知识和管理手段培训，并在第一期辅助1500家项目医院配置实施现代化的医院管理信息系统（HIS），以保障项目医院在成本控制、病人服务、医疗科研三个方面均有长足进步，切实提高医院的经营管理水平。

该项目实施四年来，取得了丰硕的成果：项目累计投入1.04亿元人民币，在全国21个省、市、自治区216个县实施，共举办了15期医院培训班，培训了1993家贫困地区医疗机构的2381位医院管理干部及业务骨干；为216家贫困地区医院安装了信息管理系统；为139家贫困地区医院募助了价值4800多万元的医疗设备，2006年又支持50家医院建设了肿瘤专科。受益医院在提高自身效益的同时，通过降低药费、降低诊疗费、下乡巡诊等措施，每个项目医院平均每年返还农民78万余元，扶贫成效显著，对减缓贫困地区“因病致贫”和“因病返贫”的现象起到了重要的作用。据独立监测报告显示：项目参加医院对项目的总体满意度达90%以上。

五、企业参与扶贫的模式

（一）企业和企业家的社会责任

随着社会主义市场经济体系的不断建立和完善，中国的经济取得了持续增长的机会，并由此而形成了一个规模不断扩大的企业群体和企业家群体，他们不但承担着推动中国经济发展的重任，同时也具有一定的社会责任。

企业从注册成立的那一刻起，就已溶入社会，就开始承担社会责任。企业存在于社会空间，是社会的一个细胞。其一切生产经营活动，均依附于社会并受到社会的监督和制约，在其追求利润最大化的同时，也在自觉而不自觉地回报社会。企业应尽的社会责任包含五个方面的主要内容：一是企业通过自身的生产经营活动，向社会提供产品或有效的服务，满足社会各方面的不同需求；二是企业为社会劳动力安置就业岗位并承担员工的工资和福利待遇；三是企业不断扩大生产规模，为社会积累财富；四是企业依法纳税，并按政府规定缴纳各项基金；五是企业捐资、捐物赞助社会公益事业。这五个方面的社会责任，在不同体制的国家或不同经济性质的企业，尽管有所差别，但其内涵应该是一致的。

企业的发展有个从小到大、从弱到强的过程，其承担的社会责任也随着企业的发展而不断扩大。企业初办时，经营规模较小，吸纳员工不多，其承担的社会责任也有限。随着企业生产经营规模的扩大，其承担的社会责任也逐渐增加，企业所获的利润多了，回报社会也就多了。反之，如果企业经营失败或者破产，不但对国家无税可交，并导致引发债务纠纷及工人失业等后果，就是对社会不负责任，并给社会带来损害。

在2007年胡润企业社会责任50强中，有18家国有企业、16家外资企业、16家民营企业。中国企业的比例达到了68%。中国企业在承担越来越多的社会责任。中石油成为捐款金额、就业人数、纳税金额这三个指标上的领导者。中石油一共拥有超过100万名的员工，去年纳税1771亿元，2003年至2006年捐款7.2亿元，是企业社会责任的领导者。

人除了物质需求外，还有着先天的精神需求，有不断地追寻生存意义的冲动。其实企业也一样，除了赚取利润外，也有着先天的追寻存在价值和意义的倾向，这个就包含在社会责任中。所以从某种意义上说，社会责任也是企业的天赋责任。

关注弱势群体及相关社会群体，这是每一个企业都必须承担的社会责任。财富既然取之于社会，自然要回馈社会，而社会上最需要帮助的就是一些弱势群体，包括残疾人、穷困人群、遭受天灾或人祸的人群等，或在一些特定条件背景下的特定人群。此时一般都以捐款捐物的形式出现，但有时因企业独特的资源和技术优势，也可能直接以提供无偿的（或象征性收费的）产品和服务的方式，或专门针对这些人群设计出相关的产品和服务模式等。虽然这样的社会责任感来源于道德，不可能像环境和能源那样有立法的约束，但这类行为更具显性特征，可以帮助企业赢得更好的口碑，提升企业形象和品牌价值，所以很多企业还是比较愿意有所投入的。

改革开放以来，中国农村以及农村人口为中国企业的发展所做出的贡献是巨大的。一方面他们为企业的发展提供了充足的劳动力资源以及相应的自然资源，为企业的发展创造了最基本的前提条件，尤其是那些来自贫困地区的农民，在企业发展的初期其获得的报酬是十分低的，由此为企业的发展有效地积累了原始资本。廉价的农村劳动力，成为中国大量吸引外国企业和建立合资企业的比较优势；劳动力成本低，也提高了企业产品的国内和国际竞争力，成为中国企业发展的重要因素。另一方面占全国人口60%以上的农村人口的消费，为企业提供了广阔的市场空间，满足农村人口消费的需求也成为企业发展的根本性动力。从这两个角度来讲，农村的发展和企业的发展是密切关联在一起的。

企业和企业家参与到扶贫开发工作是其社会责任最有效的实现途径之一。缓解中国的贫困状况，减少中国的贫困人口，一方面将为企业的发展营造更良好的社会环境，同时农村经济水平的提高将为企业的发展提供了更多的机会；而另一方面帮助贫困人口实际上也是在帮助企业自身，尤其是贫困地区农村企业的不断发展，将从整体上提升中国企业在国际市场上的竞争力。同时，提高贫困人口的整体质量，将为企业发展提供素质更高的劳动力。只是基于上述的认识，中国的各类企业从一开始就积极参与到中国扶贫开发工作中，所表现出的极大热情以及运行上的创新性，对于中国扶贫开发的进程产生了积极的影响。

（二）参与扶贫的企业类型及参与途径

参与扶贫开发的企业有下列几种类型：

1. 国有企业。根据《八七扶贫攻坚计划的要求》，中央下属的国有大中型企业与国家党政机关一样被纳入到定点扶贫的名单中，分别负责对口支援一定数量的贫困县。如中国石化集团公司定点扶持安徽颍上、甘肃的渭源县和庄浪县以及江西的宁冈县，中建总公司定点扶持宁夏回族自治区的同心、盐池、固原、海原、西吉、隆德、泾源、彭阳等8个县。贫困省（市、自治区）下属的大中型企业也有相同的定点扶贫的安排。

这些国有性质的企业在定点扶持的贫困县所采取的扶贫方式同其他党政机关及群众团体基本上是一样的，即捐款捐物、干部挂职交流、帮助定点扶持的贫困县发展企业等。同时，他们也向民间组织捐赠以及直接向其他贫困县捐赠。

中石油参与扶贫，累计捐赠达7.2亿元，位列国企第一。它在西藏基础设施的援助建设，使其在扶贫事业上领先群雄，2003—2006年它共投入约1亿元支援西藏。

国家电网捐赠金额在国有企业中位列第二。其在希望工程上的巨大投入使其在教育领域成为公益事业的领导者。从2003年至今由它所捐赠成立的希望小学超过500所，直接受益学生已达十万。

2. 外资企业，包括中外合资经营企业、中外合作经营企业和外资企业三种类型，尤其是具有跨国性质的外资企业。在中国扶贫中的参与主要有向民间组织捐赠和直接向贫困地区捐赠两种形式。如从1993年起至今，可口可乐已经为中国扶贫公益事业项目捐资超过5000万元人民币。

3. 民营企业。改革开放和社会主义市场经济体系的建立，为民营企业的发展创造了良好的环境，目前，全国民营企业已有520多万家。在中国扶贫开发中，它们的社会责任得到了充分的展现，尤其是光彩事业为它们回报社会提供了一个有效的平台。

据统计，截至2007年，全国各地民营企业家及港、澳、台、侨工商界人士到老少边穷地区、中西部地区和东北老工业基地兴办光彩事业项目16244个，到位资金1337.76亿元，培训人员387.07万人，安置就业492.89万人，帮助带动787.61万人脱贫，各类公益捐赠总额达到1179.95亿元。参加新农村建设的民营企业已达171627个，与村结对的企业68298个，村企“结对”59775个。

许多企业家以个人的身份直接捐助贫困地区。如圣雄投资集团有限公司董事长林圣雄从1998年至今已为希望工程和各类社会公益事业捐款5000多万元（其中现金4882.1万元），在浙江、西藏、内蒙古、山西、陕西、四川等地援建希望小学100所，是迄今国内为希望工程捐款最多的个人之一。

（三）光彩事业

为了响应“国家八七扶贫攻坚计划”的号召，以刘永好为首的10位民营企业家在1994年4月全国工商联合会七届二次常委会发出“让我们投身到扶贫的光彩事业中来”的联名倡议，提出到“老”、“少”、“边”、“穷”的地方培训人才，兴办项目，开发资源，为缩小地区差别、促进共同富裕，动一份真情，献一份爱心，做一份贡献。当时，10位民营企业家发起时确立的目标是：每年开办10个项目，开发10种资源，培养100名人才。按这种进度，到2000年，一共可以帮助贫困地区开办70个项目，开发70种资源，培养700名人才。

10位民营企业家关于“光彩事业”的联名倡议得到与会人士的响应，同时也得到中央领导的支持与肯定。时任中共中央政治局常委、全国政协主席的李瑞环说：以扶贫为主题的光彩事业，是一个很好的倡议，一项具有战略意义的活动。消灭绝对贫困，实现共同富裕，是社会主义的本质要求，是改革发展的目的之所在，是维护稳定的条件。实施光彩事业我们完全支持。民营企业家的“光彩事业”倡议也得到中央统战部的肯定与支持。中共中央统战部部长王兆国说：“要把光彩事业办大办好，办出声势、办出成效”，表示要协助民营企业家推动光彩事业在全国的开展。随后，国务委员陈俊生、国务院扶贫办副主任张铭、全国政协副主席吴学谦、全国政协秘书长朱训也就此表示大力支持。中央领导的讲话明确了光彩事业的方向、方针和任务，也鼓励了全国民营企业家投身光彩事业的积极性。

1994年7月28日“全国工商联光彩事业工作委员会”成立，以开发式扶贫为主的“光彩事业”由此启动。到9月5日，全国共建立17个省级光彩事业联络处，20个地县级联络处。12月6日，“中国光彩事业推动委员会”在京成立，1995年10月25日，正式以“中国光彩事业促进会”的名称在民政部完成社团法人登记，会长由王兆国担任，法人代表由胡德平兼任。至此，光彩事业的组织与推动网络已基本形成。由中央统战部领导出任会长、秘书长，一方面增加了中国光彩事业促进会的权威性，有利于扶贫工作的开展；另一方面，统战部门也可以利用中国光彩事业促进会与民营企业家联系，做好新时期非公有制经济人士的思想政治工作。

光彩事业的开发式扶贫活动主要是依靠入会的民营企业家及港澳台侨人士开展。其扶贫资源，如人力、资本、知识与技术，主要是通过参与扶贫活动的民营企业家、港澳台侨经济界人士及其所属企业、公司而获得。到2000年底，全国参与光彩事业项目（项目投资50万元以上）的民营企业家有3207人，他们当中的大多数都是中国民营企业家中的精英分子，实施项目3160个，大多数都取得了明显的社会与经济效益。截至2006年底，光彩事业实施的投资项目已达15429个，参与企业达到19982个，累计到位资金1247.13亿元，累计培训372.98万人，累计就业479.81万人，累计脱贫769.81万人。此外，其实施的捐赠类项目的捐赠总额达到170.15亿元①。

通过项目的选择、考察、论证，辅之以政策协调、资金支持和服务咨询的实施方式，在全国初步形成“一线、一片、多点”的扶贫格局。

一线：初步形成以种植、养殖、加工基地和“京九市场链”为重点的发展态势。建筑面积8万平方米的赣南光彩大市场现已开业，深圳平湖华龙批发市场、九江火车站市场、安庆农贸大市场、阜阳光彩批发大市场等光彩事业市场项目扶贫也正在实施中。

一片：围绕三峡工程及移民安置和农业产业化，兴办光彩事业示范区初见成效。宜昌光彩事业结合当地实际提出了“54321”工程计划，即用5年时间，开发农果产品、矿产、水电、旅游四种资源，培训3000名专业技术人员，实施200个扶贫项目，援建10所光彩学校帮助贫困地区10万人脱贫致富。

多点：分布在全国各地的150多个重点项目及各省、市、自治区的重点扶贫项目构成了光彩事业的多点布局。其项目特点是扶贫效果显著，且分布在中西部地区，尤其以农业项目

① 数据来源于光彩事业网站。

为主。目前，光彩事业有不少项目被逐步纳入到国家整体扶贫经济规划之中，并作为其中一个重要组成部分，如民营企业家参与的宁夏扶贫扬黄工程。

在扶贫参与中，光彩事业形成了有一定特色的扶贫开发模式，包括：（1）“公司+农户”式的农业开发扶贫；（2）开发式移民扶贫；（3）开发利用资源的企业带动型扶贫；（4）招引劳动密集型企业内迁的就业式扶贫；（5）多种形式的人才教育与培训型的智力扶贫；（6）资助兴办教育与公益事业的公益捐赠型扶贫模式。

民营企业在参与扶贫的过程中，自身也得到了相应的经济回报。从开发扶贫角度来说，只有获取利润回报，才能从根本上激发民营企业家从事投资开发扶贫的热情，也只有这样，才能使开发扶贫事业源源不断地发展下去。如果民营企业家在开发扶贫中没有利润回报，那么开发扶贫就会变成无源之水，无本之木。光彩事业在实施的过程中，逐步探索形成了企业和贫困地区双赢的扶贫机制，在扶贫促进贫困地区发展的同时，民营企业也取得了更快的发展速度。

光彩事业成功的运行模式和机制，将对新世纪扶贫开发工作中的产业化扶贫提供有益的借鉴。

参考文献

1. 安树伟、季任钧：“国际援助经验及其对我国东西扶贫协作的启示”，《西北民族研究》，2001 年第 3 期。

2. 徐永富、李文录主编：《携手铸辉煌 闽宁互学互助对口扶贫协作十年回望　综述卷》，宁夏人民出版社 2006 年版。

3. 高晓事、李明生：“试论正确发挥政府在扶贫工作中的作用”，《长沙铁道学院学报（社会科学版）》，2006 年 9 月第 7 卷第 3 期。

4. 韩广富、王丽君：“当代中国农村扶贫开发的历史经验”，《东北师大学报（哲学社会科学版）》，2006 年第 1 期。

5. 胡芳肖、王育宝：“我国政府反贫困战略极其完善”，《西安财经学院学报》，2005 年 4 月第 18 卷第 2 期。

6. “加强农村扶贫工作促进地区协调发展（三）”，http：//ac. agri. gov. cn/ac/ViewContent. do？ id = 4affaa20120ec062011240336a740215&year = 2007&month = 4&right =！ENCODEgf0usETFgEEquTx。

7. 黄承伟：“论发展扶贫开发领域国际交流与合作的作用及对策”，《学术论坛》2005 年第 1 期。

8. 康晓光：《NGO 扶贫行为研究》，中国经济出版社 2001 年版。

9. 李周：《社会扶贫中的政府行为研究》，中国经济出版社 2001 年版。

10. 刘坚：《新阶段扶贫开发的探索与实践》，中国财政经济出版社 2005 年版。

11. 刘旺海：“中国社会资源统筹与党的执政能力建设”，http：//blog. sina. com. cn 2005 年 10 月 15 日。

12. 刘溢海：“论新时期农村扶贫应处理好的十个关系”。

13. http：//www. hnskl. org/Files/Article/63/20061230100240921875. htm。

14. “社会力量参与扶贫成为中国反贫困事业中一道亮丽的风景线——众人拾柴火焰高”，

http：//gov. allnet. cn/fp/comments/content！shllcyfpcwzgfpksyzydlldfj——yrjchyg！0e743354. html。

15. 汪三贵、李文：《中国农村贫困问题研究》，中国财政经济出版社 2005 年版。

16. 岳佐华："政府主导下的市场化运作扶贫模式研究"，《农村经济与科技》，2007 年第 1 期。

17. 张广慧："农村扶贫中的 NGO 参与现状的分析"，http：//blog. jdxy. org/？uid－2316－action－viewspace－itemid－919。

18. 张磊主编、黄承伟、李小云副主编：《中国扶贫开发政策演变（1949—2005）》，中国财政经济出版社 2007 年版。

19. 赵昌文、郭晓鸣："贫困地区扶贫模式：比较与选择"，《中国农村观察》，2000 年第 6 期。

第六章　自力更生——中国缓解贫困的立足点

从国际经验来看，减缓贫困的方式大致有如下的分类：第一，按照政策目标的差异，可划分为经济增长推动的减缓贫困方式和目标瞄准型减缓贫困方式。前者是指国家致力于创造有利于经济增长的政策环境，并通过适当的技术、产业、培训等政策和措施，鼓励和帮助贫困人口参与经济增长过程并从中受益，以减缓贫困。因此经济增长推动的减缓贫困方式又可以称之为就业扩大型减缓贫困方式。目标瞄准型减缓贫困则是指政府对贫困人口比较集中的目标群体或地区采取特殊的支持和收入转移政策，帮助贫困人口增加收入。第二，按照减缓贫困的主体差异，可分为政府支持的减缓贫困、社会支持的减缓贫困和贫困人口自发进行的减缓贫困。政府支持的减缓贫困主要是指政府通过改变原有的政策措施，为贫困人口增加就业机会和创收机会以及改善福利和社会保障制度以减缓贫困；社会支持的减缓贫困是指社会组织和个人利用自己可支配的资源和能力直接或间接地支持贫困人口减缓贫困；贫困人口自发进行的减缓贫困则是指贫困人口根据自己现有的资源和能力，自觉地采取行动来减缓贫困，主要措施包括：进行人力资本开发和劳动力流动以获得新的就业机会，开展和扩大自我就业增加收入。

一、自力更生的政策内涵

中国的扶贫战略是由两个有机的部分构成的，即在坚持政府主导的扶贫开发的同时，强调自力更生的重要性，将自力更生作为扶贫开发的一项基本的原则。政府主导的开发式扶贫的内涵是指在国家的必要支持下，利用贫困地区的自然资源，进行开发性生产建设，逐步形成贫困地区和贫困户的自我积累和发展能力，主要依靠自身力量解决温饱、脱贫致富。鼓励贫困人口自力更生是从救济式扶贫转向开发式扶贫的根本要求。2003 年 10 月 29 日，回良玉同志在国务院扶贫开发领导小组第一次全体会议上的讲话指出，“自力更生，就是最大限度地发挥和调动贫困地区广大干部群众的积极性、创造性，在国家的支持下，主要依靠自力更生、艰苦创业、苦干实干，逐步改变贫困地区的面貌”。从一般的意义上来理解，扶贫与治病一样，单靠“输血”达不到真正的效果，并且，中国地大物博，人口众多。不自力更生，国家也没有那么多的“血”来“输”。扶贫是一项长期的、系统的艰巨工作，恢复贫困人群的“造血”功能，是扶贫开发可持续的必然。

（一）自力更生减贫的政策层面

从中国20多年扶贫开发的经验来看，自力更生具有更广泛和深刻的政策含义，可以从中央政府、地方政府、农村贫困社区以及贫困人口等四个层面来分析自力更生原则的深刻政策性内涵。

首先是在中央政府的层面上，中国是世界上最大的发展中国家，如何缓解中国农村巨大的贫困人口问题，其立足点必须放在自力更生的基础上，即中央政府需要依靠自身的财力和人力资源，逐步解决中国的贫困问题，而不是更多地寄托于国际社会提供的援助，尤其是在中国改革开放之初，国际社会对中国还缺乏足够的认识和理解的情况下。随着改革开放的进程，国际社会对中国扶贫提供的援助增加了，但解决中国的贫困问题最终要靠中国政府自己的力量以及调动成千上万的贫困人口的力量。坚持自力更生的扶贫原则，使中国政府在接受国际社会援助的过程中，能保持自身战略的独立性，并由此而发展平等互惠的合作关系。

其次是在地方政府的层面上，贫困地区的各级政府在按照中央政府的统一战略和计划组织扶贫开发的过程中，单纯依靠中央政府的资源是远远不够的。因此，需要地方政府根据自力更生的原则，积极主动地领导扶贫开发工作，调动自身的资源，而不是“等、靠、要”。在这一过程中，贫困地区各级政府根据自身的资源特点，一方面要发挥其创造性，为扶贫开发投入更多的自身资源；另一方面是他们对广大农民，尤其是扶贫人口的教育功能，使贫困人口从根本上认识到，缓解贫困，需要国家扶持，但更要靠当地干部群众发扬自力更生、艰苦创业的精神，坚持不懈地苦干实干，启动内在活力，依靠自身力量脱贫致富。

第三是在贫困社区层面上，自力更生意味着他们首先要充分认识到自身贫困的原因和缓解贫困的发展潜力，尤其是在扶贫方式由救济式扶贫向开发式扶贫转变的过程中，要克服贫困社区对政府资源依赖的心理以及改变其消极等待的行为模式。实际上，贫困社区作为扶贫开发项目活动最直接的组织者和实施者，他们需要充分地开发自身的能力和资源，否则，任何政府的援助都不可能从根本上缓解他们的贫困状态。因此，坚持自力更生扶贫的原则，即是要正确地理解和处理“鱼”和“渔”的关系，政府通过一定物质、资金和人才的支持，最终是要开发贫困社区扶贫开发的能力，开发其现有的自然资源和人力资源。

第四是在贫困人口的层面上，贫困人口不仅仅是政府扶贫开发的受惠者，同时更是扶贫开发的参与者，自力更生对他们意味着要将脱贫的愿望变成具体的行动，从现在做起、从已有的资源做起，不断开发自身的能力。尤其是在贫困地区封闭的环境条件下，贫困人口形成了封闭的思维模式以及行为方式，他们缺乏对外部社会的了解，缺少脱贫致富的切入点。因此，自力更生对贫困人口来讲，首先是要消除他们封闭的心理，建立起脱贫致富的自信心，同时使他们不断认识到他们贫困的真正原因，他们在缓解贫困中的优势和劣势。这样他们就会化消极为积极，变被动为主动，发挥其自身的创造性。

（二）贫困类型与自力更生减贫

自力更生的减贫原则是建立在贫困人口具有一定能力和潜力的基础上的，在一定程度上他们所处的贫困状态更多的是由体制的原因、政策的原因以及资源缺乏的原因造成的，因此他们所缺少的是发挥其能力的机会。

中国在改革开放之初所存在的大量贫困人口，从静态的角度可以将其分为制度性贫困和非制度性贫困两大类型。而在体制性贫困中又有两种不同的因素所致：

1. 体制性贫困。这主要是指在高度集中的计划经济体制下所形成的以牺牲农业为代价来发展工业的二元经济体制和二元社会结构制度。长期以来，中国对待农民和市民采取截然不同的就业制度、分配制度、户籍制度以及不同的社会保障体制，同时脱离生产力水平而形成的人民公社的集体经济管理体制等，农民在“大锅饭”的氛围中生产和生活，其能力的发挥受到了极大的限制，由此而导致农村普遍的贫困。显然，这种贫困与贫困人口自身的禀赋和素质无关。

2. 观念性贫困。这主要是由于贫困人口生活环境的封闭性，导致人们头脑中沉积着一些传统文化中的消极反发展的文化观念，从而限制了人们的行为，尤其是传统儒家思想中的排斥创新和市场经济的观念。这种贫困是观念上的贫困所致，而与贫困人口的潜在能力无关。如在一些贫困地区人们习惯于传统的农业耕作方式，采取对新技术排斥的态度，导致生产力水平不能得到提高，从而仍然处在贫困的状态中。当一部分农民通过外出打工致富后，这些贫困人口仍然不敢做出外出闯一闯的选择，守着一亩三分地，过着贫困的生活。

非制度性贫困有以下几种不同的类型：

1. 资源匮乏型贫困，主要是指自然资源短缺或缺乏可利用的其他资源而导致的贫困。我国592个贫困县中，相当大的一部分属于这种类型。其表现为：自然环境恶劣、土壤贫瘠、矿产资源缺乏、生物资源匮乏等。

2. 生态恶劣性贫困。贫困人口生活的空间中自然环境极端恶劣、生态环境脆弱而导致的贫困。如西南喀斯特山区、西北黄土高原以及其他一些不具备人类生存的基本条件的地区。

3. 资源富饶性贫困。与资源匮乏型贫困相反，资源富饶型贫困是指那些虽然拥有丰富的自然资源，但却缺乏开发能力而导致的贫困（当然，这类贫困与制度性贫困有交叉的地方，即很多自然资源的国家所有属性，当地农民不具备开发的权利）。

4. 自然灾害性贫困。由各种自然灾害和不可预测事件而导致的贫困，如旱灾、水灾以及地震等。

5. 人口膨胀型贫困。人口增长过快，导致人均自然资源占有量太小，不足以维持人们最基本生存所需而出现的贫困。

6. 能力缺乏型贫困，即缺乏一定的专业生产技能所导致的贫困（不包括那些丧失劳动能力的老、弱、病、残等属于社会保障体系关注和解决的对象）。

显然，贫困类型的不同，在缓解扶贫时所采取的战略和措施也存在极大的差异。客观上来讲，1978—1985年所减少的1.25亿贫困人口中，绝大部分是属于制度性贫困的。农村改革开放的政策使他们获得了良好的发展机会。因此，体制的变革同他们所拥有的一定的资源和能力有机地结合在一起。他们主要依靠的是自力更生的力量，无论是从农业生产的增长，还是从乡镇企业的发展中，他们的收入得到了极大的增加，从而越过了贫困线。在这一过程中，政府基本上没有对扶贫的直接性投入。

同这些分布在沿海、东部、中部以及西部由于体制性因素而导致的贫困人口相比，其他贫困地区和贫困人口在改革开放之初，也同样受到体制的制约，但他们的贫困同时还有非体制性的因素。因此，尽管他们同前述的那些地区和贫困人口一样处在改革开放的进程中，但他们的非体制贫困因素却制约着他们减贫的速度。严格来讲，即使是体制的变革，由于中央政府采取的是非均衡发展战略，沿海地区和基础条件好的地区得到更多政策上的倾斜，尤其是当东部地区已经建立起市场经济体系时，西部地区，尤其是贫困地区仍然处在计划经济体系运行的模式中。即使是在进入21世纪后，许多贫困地区还缺乏市场经济体系运行的良好环境和动力。其观念性贫困依然是其贫困的主要原因。贫困地区体制变革的滞后性以及观念性贫困的广泛存在，也制约着非体制性贫困的减缓速度。

从中国贫困人口不断减少的进程来看，首先是那些体制性的贫困人口；其次是那些观念性的贫困人口。这两类贫困人口基本上都是依靠自身的力量缓解贫困的。而在非制度性贫困人口中，资源缺乏程度低的贫困人口脱贫的时间在那些资源缺乏程度高的贫困人口之前，其中很大一部分贫困人口得益于中央政府扶贫开发战略的制定和实施。中央政府和各级地方政府在这些贫困地区投入的一定资源，在一定程度上启动和加速了他们脱贫致富的进程。他们将政府的支持同自身的力量整合在一起，这成为其缓解贫困的动力。同体制性贫困人口的自力更生不同的是，这类贫困人口的减少是政府主导的扶贫开发同贫困人口自力更生有机结合的结果。

在剩余的2000多万绝对贫困人口中，大部分属于资源极度匮乏型和能力缺乏型的贫困，显然减少他们贫困的难度会更大，即一方面需要增加政府扶贫开发的投入力度，增加农村低保的覆盖面，尤其是对那些能力缺乏型的贫困人口；另一方面则需要更有效地调动他们自力更生的精神，对于那些尽管已越过贫困线但仍然属于低收入的相对贫困人口更是如此。

（三）自力更生减贫的内力和外力

马克思主义唯物辩证法认为，内因是变化的根据，而外因则是变化的条件，外因通过内因而起作用。显然，这一基本原理在分析中国扶贫开发中的政府主导和自力更生两者间的关系时，具有同样重要的指导意义。即贫困地区和贫困人口的减贫和经济发展，必须基于自力更生的原则，利用本地区的资源优势，这是贫困地区和贫困人口减贫的内因；而国家的支持和投入，东部地区的支援则是贫困地区和贫困人口减贫的外因；这些外部条件只有和贫困地区和贫困人口的具体特点相结合，激发出他们内在的主观能动性，才能促进贫困地区和贫困人口的减贫和发展。

中国政府在改革开放之初，财力是十分有限的，因此只能采取梯度推进的扶贫战略，即首先从条件比较好的贫困地区和有一定能力的贫困人口开始，随着财力的增强，逐步覆盖到条件更差的贫困地区和能力不足的贫困人口。这在一定程度上是基于外力有限的一种理性选择，通过外力从而调动贫困地区和贫困人口的内力。对于能力较高的贫困人口，给予一定的外力就能充分激发其内力；而对于能力较差的贫困人口，则需要更多的外力。显然，这涉及到减贫过程中贫困人口优先顺序的选择问题。坚持自力更生的原则，就可以将贫困地区和贫困人口减贫按照从低到高的次序进行排列，随着政府财力的增强，依次予以支持。如果不是这样，有限的财政资源所能覆盖的贫困地区和贫困人口就会更少，也就不可能取得贫困人口大幅度减少的成果。正是基于这样的考虑，以政府为主导的扶贫开发必须把立足点放在自力更生的基础上，中央政府利用一定的外力，调动地方政府的内力，而地方政府在整合中央政府外力的过程中，将其转化成自身的内力，并作为外力投入到贫困社区，进一步调动贫困社区的内力，最终调动贫困人口的内力，形成外力向内力转化，不断整合，进而不断向下传导的机制。

因此，中国政府主导的扶贫开发工作是以自上而下的途径进行操作的，其有效性则是以自力更生为基础和前提的。实践证明，这是中国政府能在很短的时间内将绝对贫困人口减少到最低限度的一条十分成功的经验。

二、自力更生减贫的环境条件

自力更生，艰苦奋斗，是中国共产党在领导广大人民群众进行新民主主义革命的过程中所总结形成的一个基本原则。正是这一基本原则指导中国人民在极端艰苦的条件下，坚持了八年敌后抗日战争，最终取得了反对日本帝国主义战争的伟大胜利。也正是这一基本原则领导全中国人民只用了三年的时间就彻底地消灭了国民党反动政府，在一片废墟上建立起一个强大繁荣的社会主义国家。同样，也是这一原则极大地激发了全国人民建设社会主义的热情，在面对国际社会全面闭锁的情况下，完成了社会主义改造，初步建立起国家民族工业体系。尽管在这一过程中，由于政策上的失误，多次造成社会主义建设事业的重大损失，国民经济几经破坏，但最终仍然是依靠自力更生的精神，一次次渡过了艰难困苦的时期。

自力更生是中国共产党和政府领导全国人民进行有中国特色的社会主义建设中的优良传统和作风。它植根于广大的人们群众之中，具有深刻的传统文化内涵。中国在历史上就是一个比较封闭的内陆型国家，同时自然环境并不十分优厚，尤其是自然灾害相对其他国家更加频繁。在其辉煌灿烂的几千年文明的发展进程中，基本上是依靠自身的力量而取得的，历史上曾经有过的高度的农业文明，更是中国农民自力更生精神的最好体现。中国的农民在封建专制制度下，面对恶劣的自然环境和贫乏的自然资源，始终是自强不息，具有吃苦耐劳、不畏艰难的优良品格。对于这些在物质条件最缺乏的情况下都能生存下来的农民来说，只要环境稍微有利，他们的巨大能量就能得到极大的释放，成为推动社会发展和进步的根本性动力。历史上的多次改朝换代是如此，中国革命的胜利更是如此，而农村改革开放的成功，特别是农民所表现出的创造性，则更是对农民自力更生精神的最好诠释。因此，当我们讨论中国扶贫开发工作的巨大成就时，一定不能忽视自力更生精神所发挥的巨大作用。同时，我们也不能将自力更生同政府主导相分离。

从系统论的角度来看，一个国家、一个地区、一个社区以及一个家庭都是一个相对独立的系统。系统同其环境之间存在着相互依存、相互促进、相互制约、相互协调的同步发展和进化的关系，系统同其环境间物质、能量和信息的交流，在一定程度上决定了系统的开放或封闭程度。当系统处于封闭的状态，缺乏同外界环境应有的物质、能量和信息的交流时，系统在运行中所积累的矛盾会使系统向不断紊乱的方向发展，而当系统能得到外界环境的物质、能量和信息的输入时，亦即增加系统的负熵，便会促进系统向有序化程度不断提高的方向运行。

显然，缓解贫困首先需要的是增加贫困地区的开放度，增强其同外部环境的交流，并逐步改变贫困地区系统自然的恶性循环的运行方向，建立起良性循环的运行轨道。只有这样才能从根本上减少贫困现象。从这个角度来看，封闭是贫困地区和贫困人口贫困的最主要原因，包括自然地理上的封闭、经济运行的封闭、社会文化的封闭以及思想观念上的封闭，而缓解贫困的根本则是不断增加贫困地区和贫困人口的开放度。这亦是农村改革开放政策的核心所在。

纵观我国减贫的过程，国家、区域、地区以及农村社区的开放程度呈现出不断加大的趋势，而这种开放程度的加大，在很大程度上加速了减贫的速度。其重要的原因是原来在封闭条件下所呈现的贫困状态，随着系统的不断开放而接受了来自系统外的新的东西，包括新的观念、新的制度、新的技术以及一定数量的物资和资金资源，从而对原有的系统运行产生了巨大的冲击。当这些新的东西被有效地整合进系统中时，便成为系统发展和进化的强大动力。

在系统不断开放的过程中，存在两种不同的自力更生模式，即外力促进型和内力主导型。前者是通过外力的输入，激发和启动系统内的内力，使系统内的资源和人的能力得到调动，促进和加速了系统的良性化发展；而后者则是在内力首先启动的情况下，系统内的资源被有效地调动并同系统外的资源有机地结合，推动着系统的发展。从这个角度来看，资源贫乏型和能力缺乏型的贫困地区和贫困人口的自力更生大多属于前一种模式，而体制性贫困地区和贫困人口，则多属于后一种自力更生模式。

显然，自力更生是一个相对的概念，即不存在完全没有外力的自力更生，同时除了纯粹性的救济式扶贫方式外，任何通过开发式扶贫途径减少的贫困人口中，必然包含有贫困人口的自身努力。由于不同贫困地区和贫困人口的贫困类型不同、贫困程度的不同，因此，缓解贫困所需要的外力强度、作用方式和作用的时间也是不同的。一般来讲，能力缺乏性贫困所需要的外力要大于资源贫乏型的贫困，而制度性贫困所需要的外力相对来说最小。这一点也可从政府扶贫投入效率递减的现象中得到验证，同时也可成为政府需要不断加大扶贫开发投入的重要依据。

由此可见，自力更生作为开发式扶贫的一项重要的原则，其有效性是建立在一定的物质基础上的，尤其是贫困地区和贫困人口要充分地发挥自力更生的力量，需要有相应的环境条件。

1. 制度环境。计划经济体系和市场经济体系是两种不同的制度安排，制度环境对减贫的有效性在于是否能为包括贫困人口在内的所有人口提供比较平等的发展机会。计划经济时期的土地集体经营和平均主义的工分制及供给制给农产品统购统销政策的实施提供了制度前提。农产品市场完全由国家和政府控制，完全封闭和高度集中，在一定程度上缓解了建国初期由于农业生产水平低导致的城乡粮食供应紧张局面，也通过工农产品价格剪刀差为工业的发展提供了原始积累。从1950—1978年通过工农业产品“剪刀差”的形式，农业部门转移到工业部门的资金达6000亿元。统购统销虽然带来了工业的发展，但是这种工业的发展并没有反作用于农业。农业长期处于利益单向流失状态，这制约了农民积极性的发挥，致使农业生产的发展缓慢，农民生活的改善基本处于停滞状态。这是改革开放前大量贫困人口存在的主要原因。在从计划经济体系向市场经济体系转变的过程中，农村的封闭状态被不断地消除，农民由此而获得了更多的自由以及发展的机会，在新的制度框架下，贫困人口参与经济建设的主动性和创造性得到了充分的激励，也使他们自力更生缓解贫困的能力成为可能。

2. 政策环境。伴随着土地政策的演革，中国农村分配政策、农产品流通政策和劳动力流动政策也经历了不断的调整和演变，逐步朝着更利于农村经济发展的方向发展。土地改革时期，农村实行的按劳分配和按资分配的双重分配政策，极大调动了农民的生产积极性；到了生产合作化运动和农民公社时期，则实施平均主义分配政策，具体做法是工分制和供给制，这种分配制度带来的平均主义倾向，严重压抑了劳动者的生产积极性，阻碍了中国社会生产力的发展。农村实行家庭联产承包责任制后，以家庭为单位进行自主经营，农民"交足国家的、留足集体的、剩下的都是自己的"，明确划分了国家、集体、个人的权利、责任和利益关系，有效地将农民的收入同他们的劳动成果挂起钩来，很大程度上实现了真正的按劳分配。农民的家庭经济状况直接同劳动数量和劳动质量联系起来。这极大地调动了农民的生产积极性，推动了农业生产的发展。1983 年与 1978 年相比，全国农业总产值增加 910 亿元，增长 46.3%，平均年增长 7.8%，粮食增产 825 亿多公斤，平均年增长 6.2%。良好的政策环境首先为那些拥有一定资源和能力的贫困人口，依靠自己的力量解决了温饱问题，而进一步的乡镇企业发展政策以及农村人口流动政策，促进了贫困地区的贫困人口向非农领域以及向城市工业部门转移。否则，在贫困地区人均资源极为有限的情况下，单纯依靠农业生产，他们仍然会处在贫困线之下。政策在减贫中的效应在于增强贫困人口获得外来资源的机会，增加他们的流动性以及开展他们生活生产的空间范围。

3. 经济环境。宏观经济环境以及微观经济环境在很大程度上决定着贫困人口自力更生缓解贫困努力的有效性和效率，即在经济环境不利的状态下，如果他们生产的产品缺乏有效购买力的市场，他们最丰富的劳动力资源缺乏就业的机会，那么他们便缺乏缓解贫困的基础。农村改革成功经验向城市工业部门的推广应用，加速了中国城市改革开放的进程。在政府一系列城市改革政策的作用下，中国经济从 20 世纪 90 年代开始进入到高速发展阶段，年均 GDP 增长率高达 9.4%，年人均 GDP 增长率为 8.1%，人均 GDP 从 1980 年的 300 美元增长到 2006 年的 2298 美元，综合国力已经排名世界第四。显然，在这一过程中，贫困地区的贫困人口为城市经济的发展做出的贡献是巨大的。一方面他们直接参与到城市各方面的建设中，弥补了城市劳动力的不足；另一方面他们所提供的丰富的廉价劳动力资源，成为吸引外资的重要优势，同时也是保持企业具有足够的国家市场竞争的重要条件。而反过来，宏观经济的快速增长所形成的对劳动力的大量需求，成为他们依靠自身力量，通过劳务输出缓解贫困的直接动因。

4. 社会文化环境。贫困地区在封闭的环境中长期形成的社会文化因素，如不思进取、害怕风险、不敢创新等，与不断开放的环境不相适应。传统文化中农民从众心理和行为方式导致新技术推广速度慢、效率低，在面对市场时，农民运用传统的方式来处理市场运作中的问题，往往导致人与人关系的紧张。贫困地区人与人之间的信任机制受到市场经济的巨大冲击后，相互之间的信任和合作变得更加困难。这在很大程度上制约了他们在市场中的参与深度和广度。由于计划经济的思维惯性，贫困人口所形成的"等、靠、要"的行为模式，成为限制其自力更生的首要因素。显然，要调动贫困人口自力更生的精神，需要从观念和意识上改变，这是一种非物质性的扶贫投入，由此而营造贫困地区同市场经济相适应的社会文化氛围，建立起自力更生减贫的新的价值观。

5. 农业基础设施环境。在几乎所有的贫困地区，农业仍然是贫困人口维持基本生存条件的主要途径。尽管许多贫困人口通过劳动力向非农产业以及向城市的劳务输出等措施摆脱了贫困状态，但对依旧贫困的人口而言，农业是他们收入的重要来源。然而，贫困地区由于恶劣的自然生态环境条件，农业生产处在靠天收的自然农业和传统农业发展阶段，农业的土地水平和劳动生产力水平均十分低。因此，要调动贫困人口在农业生产中的积极性，提高农业生产水平，在很大程度上则取决于农业基础设施的状况。从农业发展和扶贫开发的角度，政府加大对贫困地区农业基础设施的投入力度，便是为贫困人口自力更生解决基本的温饱问题创造良好的环境。实践证明，农业基础设施的建设，包括农田基本改造，如坡改梯、旱改水，农田水利设施，农田水土流失治理工程等，在不增加投入的基础上，粮食产量便能提高50%左右。而随着农业基础设施水平的提高，农民采用新技术以及增加农业投入的积极性增强。农业生产水平大幅度地提高，也为农业产业结构的调整奠定了基础。

三、乡镇企业发展与自力更生减贫

中国乡镇企业的崛起和蓬勃发展是中国农民自力更生发展经济的一项伟大创造，是中国农村改革开放的重要成果之一，在改革开放之初，对于缓解当时中国普遍的贫困状态做出了极大的贡献。乡镇企业的发展，改变了中国农村传统的产业结构，形成了一二三产业共同发展的新格局，进而推动了农村工业化进程，促进了农村小城镇建设，开辟了就业门路，使农村经济在国民经济中的份额显著上升。乡镇企业已经成为中国农村经济的重要支柱和国民经济的重要组成部分。

（一）中国乡镇企业发展的历程

中国乡镇企业的前身是20世纪50年代中后期出现的社队企业。改革开放以前，为了配合实施重工业优先发展战略，国家采取抑制社队企业发展的政策，规定社队企业只能“就地取材、就地加工、就地销售”，不允许社队企业从事商品运输和流通等产业，严禁私人创办农村企业。中国的社队企业发展十分缓慢。1978年全国社队两级企业共有152万个，平均1924个农村人口才拥有一个社队企业；社队企业安置农村劳动力2827万人，占农村劳动力总量的9.2%；社队企业的社会总产值491亿元，占全社会总产值的比重为7.17%，占农村社会总产值的比重为24.10%。

改革开放初期，尽管政府已经认识到社队企业对农村经济发展的重要作用（1979年9月中共十一届四中全会发表的《中共中央关于加快农业发展若干问题的决定》），但受计划管制体制的影响，对社队企业的约束仍然比较大，主要表现在仍然只允许办集体企业，对社队企业生产的产品在流通、价格等方面做出很多限制。社队企业缺乏经营决策、招工用人和利润分配等方面的自主权，甚至一些地方随意关停社队企业。与1978年相比，1983年社队企业总数反而减少到134.64万个。

乡镇企业“异军突起”是发生在1984年后。1983年全国普遍推行了家庭联产承包责任制，农业生产效率明显提高，大量农业剩余劳动力显现化。改革开放后农副产品价格几次大幅度提高，部分农民初具投资能力。农民创办企业的积极性高涨，通过挂靠社队企业或创办合资经营企业拓展增收途径，发展农村经济。1984年末乡镇企业数量猛增到606.52万家，较上年净增471.88万家。其中乡村办企业净增51.66万家，私营企业和个体企业开始涌现。1985年乡镇企业发展势头不减，年末全国乡镇企业数量增加到1222.5万家，比上年翻了一番多。其中农民个体企业达1012.3万家。

为了与1983年废除农村人民公社体制相适应，经国务院批准，1984年3月中共中央转发了原农牧渔业部及部党组起草的《开创社队企业新局面的报告》，正式将社队企业易名为乡镇企业，并扩大包括社员联营的合作企业、私营企业和个体企业，原有的社队企业归入全乡（镇）或全村农民所有，农民兴办企业同样受到鼓励。

尽管随后几年中乡镇企业数量增长趋缓，但增幅仍然较大，一直持续到1988年。这是中国乡镇企业发展最辉煌的时期。乡镇企业突破了所有制形式和经营行业的限制，由过去的社办、队办转变为乡办、村办、联户办和户办同时发展，由农副产品加工为主的产业结构拓展为农业、工业、商业、运输业、建筑业和服务业同时并举的产业格局。1988年，乡镇企业总产值占全国社会总产值的比重达到24%，占农村社会总产值达到58%，年末在乡镇企业就业的劳动力占到农村劳动力总数的23.8%。1986—1988年农民净增收入中有一半以上来自乡镇企业。乡镇企业成了农村经济的“半壁江山”。

20世纪80年代中后期中国出现了比较严重的通货膨胀，经济秩序比较混乱。乡镇企业的高速增长，也带来了一系列问题。1989年初全国乡镇企业在中国农业银行和农村信用社的贷款余额达847.86亿元，比1984年初增加近5倍，加大了国家的信贷压力。乡镇企业由于技术落后，原材料和能源消耗过高，粗放式增长比较突出。

从1989年开始，国家开始对国民经济进行治理整顿，乡镇企业受到很大冲击，大批乡镇企业关停并转，大量乡镇企业职工回流到农业。1989—1991年乡镇企业发展基本停滞，甚至倒退。

1992年后在宏观经济发展环境和经济体制改革影响下，乡镇企业全面发展。针对乡村集体企业存在的产权不清、体制不顺问题，各地通过改革产权制度，完善了乡镇企业的经营机制。针对乡镇企业存在的技术落后、产品质量差、成本高和经济效益低的问题，乡镇企业通过加强科技和人才队伍建设，提高自身素质。针对乡镇企业发展区域的不平衡问题，国家实施了东西合作工程，加快中西部地区乡镇企业的发展。针对乡镇企业高度分散、“遍地开花”的弊端，通过建设工业小区和小城镇，引导乡镇企业集中连片发展。

1992—1996年为乡镇企业发展的第二个高速增长时期。1996年的乡镇企业总数达2336万家，是1991年的1.2倍；吸纳的劳动力达1.35亿，是1991年的1.4倍；在乡镇企业就业的劳动力已经占到农村劳动力总数的29.8%，比1991年上升了7.8个百分点；完成增加值17659亿元，是1991年的5.9倍。乡镇企业已经成为中国农村的主体力量。

为了扶持和引导乡镇企业持续健康发展，1997年1月1日起正式施行《中华人民共和国乡镇企业法》。这标志着乡镇企业进入了依法经营、依法管理的新阶段。1998年后，乡镇企业面临的经营环境发性了很多的变化。长期以来，中国经济商品短缺是企业面临的主要经营环境。1998年后中国经济进入新阶段，商品过剩成为企业面临的主要经营环境。在这种环境下，乡镇企业市场竞争力不高的弊端逐渐暴露出来。针对乡镇企业在发展中突出存在的规模偏小、竞争能力比较弱、经营管理水平比较低以及一些企业破坏资源和污染环境相当严重等问题，自1998年后乡镇企业进行到结构调整和体制创新的新阶段，主要表现：增长方式由外延扩张型向内涵提高型转变；个体私营企业迅猛发展，乡镇企业的产权主体呈现出多元化趋势；乡镇企业融入现代工业体系的进程加快。1996年到2002年，乡镇企业数量由2336.33万家减少到2132万家，乡镇企业增加值由17659.30亿元增加到32385.80亿元，出口交货值由6007.88亿元增加到11563.42亿元。

中国的乡镇企业经过20多年的发展，已拥有相当的规模和经济总量。到2005年，全国乡镇企业实现增加值31800亿元，占国内生产总值的31%，占农村社会增加值的65%；实现营业收入125800亿元；完成出口交货值10500亿元，占全国出口交货值的40%左右；实现利润总额7200亿元；上缴税金2500亿元，占全国财政收入的13.2%。目前乡镇企业已吸纳农村劳动力1.33亿人，占农村劳动力的26.8%，占社会劳动力的18%。截至2007年年底，全国乡镇企业预计完成增加值68000亿元，同比增长14.06%，完成工业增加值47800亿元，占乡镇企业增加值的比重为70.35%，同比增长14.17%；完成工业总产值220000亿元，销售产值208000亿元，产销率达94.70%，同比提高0.3个百分点，产销衔接良好；全年实现营业收入280000亿元，同比增长14.08%；利润总额17000亿元，增长14.56%；上交税金7200亿元，增长14.73%，从总体来看运行状况良好（数据来源：中华人民共和国农业部网站）。

（二）乡镇企业发展对减贫的贡献

乡镇企业是中国特定时期、特定环境条件下的特定产物。它在中国农村改革开放进程中，尤其在传统的计划经济体系向现代市场经济体系转变中，起到了催化剂的作用。乡镇企业发展之初，它在城市工业的“夹缝”中生存和发展，所表现出的顽强生命力，对传统的二元经济结构以及城市国有企业予以了强烈的冲击，由此而建立起中国农村的工业体系，一方面促进了农村的工业化和城镇化的进程，而另一方面则推动了中国城市体系改革的进程。而从其农村缓解贫困的角度来看，其贡献是巨大的，不仅表现在减少农村贫困人口的现实价值上，同时更体现出中国农村可持续发展方向的战略意义。

随着乡镇企业的不断发展以及社会主义市场经济体系的建立和完善，中国在加入WTO后经济全球化的进程加速，乡镇企业之概念已逐步淡出人们的视野。部分集体企业经过现代企业制度的改造和规范后，逐步发展成具有国际竞争力的企业集团，而更多的乡镇企业则被涵盖在国际通行的农村中小企业的概念下。乡镇企业的内涵也比以前更为丰富，从过去的以乡村集体企业为主转变为办在乡镇区域内、以农村劳动力创业和就业为主的企业。也就是说，如今的乡镇企业不仅包括了乡村两级集体企业，还包括乡镇范围内其他所有以农村劳动力为主体的企业，如个体私营企业、股份制企业、股份合作制企业、合作制或合伙制企业等。尽管如此，乡镇企业作为历史的产物，其在缓解农村贫困中的贡献并不会随其概念的改变而改变。

乡镇企业对缓解中国农村贫困的贡献，主要表现在以下几个方面：

1. 直接的减贫效应。乡镇企业首先是在自然条件比较好的东部地区、中部和西部的城郊地区，对于缓解这些地区的由于体制制约而存在的贫困人口，起到了积极的作用。因为在乡镇企业发展前，即农村改革开放前，农村贫困不仅存在于一般概念上的贫困地区，同时也大量存在于现在所认定的东中部发达地区。显然，这些地区的贫困人口与贫困地区的贫困人口之间存在本质性的差异，即前者主要属于体制性贫困，而后者除了体制性贫困外，还同时属于资源贫乏型贫困和能力缺乏型贫困。因此，一旦政策允许，这些具有资源和能力的贫困人口自然会通过自力更生的途径，兴办乡镇企业，从而迅速地缓解贫困状态。即使是在改革开放前，沿海许多拥有社区企业传统的地区，在政府政策严格限定的情况下，农民们冒着受到“割资本主义尾巴”的批评的风险时，也采取各种对策，在一定的范围内开办乡镇企业。1978—1985年所减少的1.25亿贫困人口中，相当大的一部分应该归因于农村乡镇企业的发展。

2. 减贫的示范带动效应。沿海、东中部地区以及西部局部地区乡镇企业的崛起所产生的迅速的直接减贫效果，为广大的贫困地区树立了良好的榜样，随后在西部贫困地区也掀起了发展乡镇企业的热潮。“无农不稳，无工不富”成为当时贫困地区政府和贫困人口的共识，这极大地调动了贫困地区和贫困人口依靠自身力量发展乡镇企业的积极性和创造性。但由于区位的原因、资源的原因以及市场发育滞后等因素的制约，西部很多乡镇企业缺乏生存和发展足够的空间，缺乏可持续的基础。

3. 减贫的辐射效应。乡镇企业大部分是以劳动密集型的加工业为基本的行业特征，其在发展过程中对劳动力的吸收能力很强，而且所采用的技术都不太先进，因此对劳动力技能的要求一般，这样便为大量贫困人口进入乡镇企业就业提供了机会。同时，1995 年年初，国家启动了《乡镇企业东西合作示范工程》，帮助中西部贫困地区发展乡镇企业，推动贫困地区农村经济发展。到 2006 年，已建设东西合作项目 1000 多项，其中连片开发建设东西合作示范区 200 多个，累计吸纳安置农村富余劳动力近千万人。东部乡镇企业的这种减贫的辐射效应，促进了东西部地区优势互补，共同发展，缩小东西部差距。

4. 增加贫困地区贫困人口就业的减贫效应。乡镇企业的发展除了安排本地区农民就业外，还为广大贫困地区农村剩余劳动力的转移提供了大量的机会。从下述的贫困地区劳务输出中，尽管缺乏相应的数据表明有多少来自中西部贫困地区的贫困劳动力是被东部的乡镇企业所吸纳的，但可以肯定的是，中西部贫困地区的贫困劳动力以其最低廉的劳动力价格，在东部乡镇企业的发展中做出了积极的贡献。这种贡献反过来也极大地增加了贫困地区贫困人口的收入，在缓解中西部贫困中的作用也是不可忽视的。更重要的是当发达起来的东部地区绝大部分本地劳动力都有效地转移到乡镇企业后，来自中西部贫困地区的贫困劳动力则顺势填补了这些地区农业劳动力短缺的空白，扩大了劳动力就业的渠道。

5. 参与社会减贫行动。乡镇企业在其不断的发展过程中，始终不忘其应承担的社会责任，乡镇企业的发展不仅自己脱贫，而且参与到社会减贫行动中。如江苏省的华西村，他们始终坚持个人富了不算富，集体富了才算富；一村富了不算富，全国富了才算富的共同富裕理念。近年来，已拿出数千万元资金，先富帮后富，由近到远，由远到近，扶贫帮困；先后在黑龙江、宁夏建立了两个省外华西村；为中西部 20 多个地区举办培训班 100 多期，直接培训 10000 多名基层干部，带动 10 多万人脱贫致富。自 2001 年 6 月以来，它通过一分五统的方式，将周边 10 个村并入华西，共同发展。

（三）贫困地区的乡镇企业发展

从另一个角度来看，中西部乡镇企业发展水平不高，尤其是在国家级贫困县，乡镇企业的数量很少、企业规模不大，吸引贫困人口就业的能力十分有限。贫困地区乡镇企业发展落后，在很大程度上也是其难以摆脱贫困的重要原因。

由于多种原因，乡镇企业发展的区域分布很不平衡，占全国人口约 2/3 的广大中西部地区只拥有全国乡镇企业产值的 1/3，已成为我国中西部与东部地区经济发展差距的重要原因。西部地区乡镇企业发展缓慢、城镇化率低，是西部农村相对贫困的社会经济结构因素。乡镇企业是农村工业化的基础，农村劳动力转移的载体。我国西部地区乡镇企业起步晚、发展慢、规模小、产值低。以 1998 年东西部地区乡镇企业的主要指标的对比分析看：东部地区有乡镇企业 685.5 万个，占全国比重的 34.2%；西部有 542 万个，占全国比重的 27.0%。

问题在于西部乡镇企业所吸纳的劳动力和创造的工业总产值都大大低于东部。1998年东部乡镇工业企业的职工人数达5667万人，占全国比重的45.2%；西部只有2301万人，占全国比重的18.4%，东西部相差倍数（以西部为1）2.46。东部乡镇企业工业总产值为45898亿元，占全国比重的66.4%，西部为5143亿元，占全国比重的7.4%，东西部相差8.92倍数（以西部为1）。截至2006年年底，东中西部乡镇企业增加值占全国的比重分别为66.6∶27.5∶5.9，与上年同期相比，东部地区的比重上升0.7个百分点，而中西部地区相应下降0.7个百分点。全年乡镇企业营业收入超万亿元的省份有浙江、山东、江苏、广东、河北和辽宁等6个省（数据来源于农业部网站）。

党的十四大指出："继续大力发展乡镇企业，特别要扶持和加快中西部地区和少数民族地区乡镇企业的发展"。国务院1993年2月作出了《关于加快发展中西部地区乡镇企业的决定》。这对加快中西部贫困地区乡镇的发展，增强其在缓解贫困中的作用具有重要的战略意义。然而，贫困地区受自然地理、资源状况、经济水平以及社会文化等一系列因素的限制，乡镇企业的发展面临着诸多的问题。

贫困地区乡镇企业的发展受到了主客观条件的制约。通常贫困地区地处山区，多年来以农为主的思想取得了农业的进步和农民温饱问题的基本解决，但也在一定程度上形成了其他产业发展的相对滞后；同时由于基础设施落后，交通不便，信息不畅，市场容量小，市场发育程度不高，难以形成良好的投资环境，对引进县外资金扩大乡镇企业规模造成了困难；此外，人才及资金的极度匮乏使得企业技术水平低、产品质量差，资金效益难以发挥，体现不出乡镇企业产品优势，为进一步的规划、管理与发展造成困难。

贫困地区创办的乡镇企业大多数是规模小，设备简陋的中小型企业，虽然说经营较灵活，适应性较强，但毕竟要素投入水平低，难以实现规模经济和批量生产，在激烈的竞争中缺乏规模性，难以创出名牌和优质产品，造成内在的不经济。

贫困地区乡镇企业发展的最大制约因素在于科技与管理人才的奇缺，虽然劳动力资源比较丰富，但劳动力素质普遍不高。文盲半文盲比例较高，高中以上文化程度劳动力不足，实际技术人才更寥寥无几。所以，缺少技术人才，使企业难以自行设计与开发新产品，资源的深加工受到严重的限制，产品附加值低，创利少，发展缓慢；缺少管理人才，企业化管理程度低，专业化生产程度低，损失浪费严重，阻碍着经济效益的提高。

进入新世纪，根据《中国农村扶贫开发纲要（2001—2010年）》，农业产业化扶贫中为贫困地区乡镇企业的发展提供了新的契机。核心的问题是要在增强基础设施建设的同时，改变市场环境，建立现代企业治理模式，改变传统的乡镇企业管理方式，提高企业自主创新能力。而关键的则是不断提高企业家的素质，从而增强贫困地区乡镇企业的整体水平和市场竞争力。

四、贫困地区劳务输出与自力更生减贫

农村贫困人口劳务输出的实质就是通过贫困地区的剩余劳动力向存在竞争性就业机会的其他地区流动，实现劳动力资源在地区间的重新配置，使输出者获得新的就业机会和创收机会，同时在流动过程中，实现输出者技能和素质的提高。因此，无论是贫困人口自发性的劳

务输出，还是地方政府有组织性的劳务输出，都体现出贫困人口和贫困地区自力更生缓解贫困的精神和行为导向。

（一）农村劳务输出的政策

1983 年之前，中国对农村劳动力流动实行的是严格控制的政策，农村劳动力被严格限制在农业生产领域；到了 1984 年，中国开始允许农民自筹资金、自理口粮，进入城镇务工经商。这一小小的城门开放是农村劳动力流动政策变动的一个标志，它表明实行了 30 年的限制城乡人口流动的就业管理制度开始松动。之后，政府又出台了一些政策和措施，允许和鼓励农村劳动力的地区交流、城乡交流和贫困地区的劳务输出，这使农村劳动力的转移和流动进入了一个较快增长的时期。但是由于农民流动带来城市交通运输、社会治安、劳动力市场等方面的不适应性，政府又开始对盲目流动进行控制，但是这种被动性的控制收效甚微，于是从 1992 年开始中国农村劳动力流动政策开始从控制盲目流动到鼓励、引导和实行宏观调控下的有序流动，开始实施以就业证卡管理为中心的农村劳动力跨地区流动的就业制度，并对小城镇的户籍管理制度进行了改革。进入新世纪以来，国家开始出台一系列政策鼓励农村劳动力外出务工，包括提供公平的就业权、为农民工提供培训等。随着农村劳动力政策的逐渐放宽到现在的鼓励和创造公平的就业环境，农民外出务工收入成为农民现金收入的主体。据四川、安徽、湖南、湖北、河南、江西 6 省不完全统计，1982 年外出打工的农村劳动力人口不足 100 万，而 1993 年则增加到 2400 万。20 世纪 90 年代全国农村劳务输出的人数为 5000 万左右，而 2003 年全年共有 9800 万农民外出务工。农民的工资性收入人均 919 元，工资性收入的增加额占全年农民收入增加额的 54.1%。2004 年，以全部农民为基数，人均外出务工收入为 398 元，占人均纯收入的 14%，比 2003 年增加 52 元，增长 15%。2006 年，全国农民全年人均纯收入达到 3587.0 元，其中工资性收入为 1374.8 元。在工资性收入中，外出务工收入为 554.3 元，占纯收入的 15.4%，占工资性收入的 40.3%。当然，由于不同农户家庭状况的不同，在外出务工的人数以及务工收入占家庭收入的比例上也就存在一定的差异。

农民外出务工收入已经成为农民收入增加的主要贡献因素，务工收入在农民收入中已经开始占据主导地位，因此很多地方都把鼓励农民外出务工作为脱贫致富的重要手段。在国务院扶贫办的新世纪三大扶贫工作重点中劳动力输出转移培训就是其中之一。

显然，农民外出打工是农村改革开放的直接结果，显示出农民在提高收入减缓贫困过程中的主动性，同时也主要得益于中国出台的一系列规范和鼓励农村劳动力转移流动的政策，尤其是在“八七扶贫攻坚计划”期间，中国农村劳务输出高速发展，而且这些政策具有一定的连续性，并在实践中得到了进一步的补充和完善（如表 6－1 所示）。

国家所出台的一系列政策对于最终建立城乡统一的劳动力市场具有重要作用，但由于整个经济体制还处在转轨时期，相关的劳动力政策不是很完善，在初期甚至采取了一些不利于农村劳动力流动的政策，如“证卡合一”制度、春运期间的用工限制政策、外来人口暂住政策等。一些地方政府和相关部门为维护城市居民的既得利益还制定了限制农村劳动力流动的地方法规，这些都对农村剩余劳动力的流动产生了很大的阻碍作用。2000 年 7 月，劳动和社会保障部等部委与国务院发展研究中心联合发出了《关于进一步开展农村劳动力开发就业试点工作的通知》，提出改革城乡分割体制，取消对农民进城就业的不合理限制，这将对进一步减缓农村的贫困问题产生积极的促进作用。

表 6－1　　1992—2006 年农村劳动力流动的政策要点

发布时间	颁发单位	文件名称	政策要点
1993 年 11 月 3 日	劳动部	关于印发《再就业工程》和《农村劳动力跨地区流动有序化——“城乡协调就业计划”第一期工程》的通知	主要目标：主要输入、输出地区间的农村劳动力，就业实现有序化，即输出有组织，输入有管理，流动有服务，调控有手段，应急有措施。 主要内容：建立针对农村劳动力流动就业的用工管理、监察、权益保障、管理服务基本制度，发展各种服务组织，完善信息网络和监测手段，强化区域协作和部门配合。
1993 年 11 月	中共中央	关于建立社会主义市场经济体制若干问题的决定	鼓励和引导农村剩余劳动力逐步向非农产业转移和地区间有序流动。
1993 年 12 月	劳动部	关于建立社会主义市场经济体制时期劳动体制改革总体设想	培养和发展劳动力市场的目标模式是建立竞争公平、运行有序、调控有力、服务完善的现代劳动力市场。竞争公平，要打破统包统配的就业政策，破除妨碍劳动力在不同所有制之间流动的身份界限。劳动者自主择业、自主流动，企业自主用人。劳动力供求主体之间通过公平竞争、双向选择确立劳动关系。从长远发展看，建立公平竞争的劳动力市场，还要逐步打破城乡之间、地区之间劳动力流动的界限。 要建立农村就业服务网络，合理调节城乡劳动力流动，逐步实现城乡劳动力流动的有序化。 要在“九五”期间基本取消统包统配，进一步开放城乡界限，取消职工身份界限，扩大公平竞争范围，争取在 21 世纪末基本形成现代劳动力市场体系。
1994 年 8 月	劳动部	关于促进劳动力市场发育，完善就业服务体系建设的实施计划	必须在短时间内建立起完善的就业服务体系。具体计划：1994 年，着手华南（广东）、华东（上海）和华北（北京）三大区域劳动力市场信息中心建设，推进省际劳务协作，大力发展乡镇劳动服务网络，健全流动服务制度。1995 年，在重点地区（广东、福建、山东、浙江、江苏、北京、天津、上海、四川、安徽、湖北、广西、贵州、江西、河南、河北、甘肃）形成有效的管理制度、服务手段和调控方法，使农村劳动力有组织地输出、输入（跨地区流动持证率）达到 60%。
1994 年 11 月 17 日	劳动部	关于农村劳动力跨省流动就业的暂行规定	首次规范流动就业证卡管理制度：被用人单位跨省招收的农村劳动者，外出之前，须持身份证和其他必要的证明，在本人户口所在地的劳动就业服务机构进行登记并领取外出人员就业登记卡；到达用人单位后，须凭出省登记卡领取当地劳动部门颁发的外来人员就业证；证、卡合一生效，简称劳动就业证，作为劳动就业的有效证件。
1995 年	中共中央办公厅、国务院办公厅	关于加强流动人口管理工作的意见	促进农村剩余劳动力就地就近转移； 提高流动的组织化、有序化程度； 实行统一的流动人口就业证和暂住证制度； 整顿劳动力市场。
1997 年 8 月	国务院	关于小城镇户籍管理制度改革试点方案	应当适时进行户籍管理制度改革，允许已经在小城镇就业、居住并符合一定条件的农村人口在小城镇办理城镇常住户口，以促进农村剩余劳动力就近、有序地向小城镇转移。 经批准在小城镇落户的人员，与当地原有居民享有同等待遇。当地人民政府及有关部门、单位应当同对待当地居民一样，对他们的入学、就业、粮油供应、社会保障等一视同仁。 对在小城镇落户的人员，各地方、各部门均不得收取城镇增容费或者类似增容费的费用。

续表

发布时间	颁发单位	文件名称	政策要点
1997年11月	国务院办公厅	关于进一步做好组织民工有序流动工作的意见	加快劳动力市场的建设，建立健全劳动力市场规则，明确劳动力供求双方、中介服务以及市场管理的行为规范。劳动部门要按照统一、开放、竞争、有序的原则制定劳动力市场发展规划，会同有关部门切实加强对劳务中介服务组织的管理和引导，通过加强法律、行政、社会舆论监督等手段强化市场监管，坚决打击市场欺诈、非法职业介绍、牟取暴利等违法行为，维护劳动力市场的正常秩序。
1998年6月9日	中共中央国务院	关于切实做好国有企业下岗职工基本生活保障和再就业工作的通知	各级党委、政府和有关部门把国有企业下岗职工基本生活保障和再就业工作列入重要议事日程，实行党政“一把手”负责制，并纳入政绩考核的重要内容。 要继续鼓励和引导农村剩余劳动力就地就近转移，合理调控进城务工的规模。
1998年9月	国务院办公厅	关于做好灾区农村劳动力就地安置和组织民工有序流动工作意见的通知	就地安置为主，在此前提下，引导有序流动； 开展有计划、有组织的劳务输出； 制度劳务输出计划； 劝阻劝返、加强市场管理； 动态预测和通报。
1998年10月	中共中央	关于农业和农村工作若干重大问题的决定	适应城镇和发达地区的客观需求，引导农村劳动力合理有序流动。
2000年1月	劳动部办公厅	关于做好农村富余劳动力流动就业工作的意见	建立流动就业信息预测预报制度； 促进劳务输出产业化； 发展和促进跨地区的劳务协作； 开展流动就业专项监察，保障流动就业者合法权益。
2004年	劳动和社会保障部	关于推进混合所有制企业和非公有制经济组织从业人员参加医疗保险的意见	把与用人单位形成劳动关系的农村进城务工人员纳入医疗保险范围。 对在城镇从事个体经营等灵活就业的农村务工人员，可以按照灵活就业人员参保的有关规定参加医疗保险。
2006年3月	国务院	国务院关于解决农民工问题的若干意见	建立保障农民工合法权益的政策体系和执法监督机制； 建立惠及农民工的城乡公共服务体制和制度； 抓紧解决农民工工资偏低和拖欠问题； 依法规范农民工劳动管理； 搞好农民工就业服务和培训。

资料来源：杨顺成主编：《新时期扶贫开发战略》，四川人民出版社2005年版。

（二）劳务输出缓解贫困的理论基础

劳务输出是扶贫工作中转移人口战略成功实施的结果。中国农村缓解贫困的过程，也是城市现代经济发展的过程，尤其是农村的改革开放进一步推动了城市工业部门的改革开放，城市和发达地区的极化效应得到加强，城乡之间以及区域之间的收入差距被不断地扩大，由此而形成了农村劳动力向城市以及向发达地区自然聚集的过程。城市建设对劳动力的大量需求，为农村劳动力，尤其是贫困地区的贫困人口提供了就业的机会。实践证明，转移人口战略顺应了中国宏观经济发展的形势，在劳务输出的上述政策的引导下，贫困地区的贫困人口自发地向高收入的城市和发达地区流动，在参与城市建设和经济发展的过程中，他们获得了远远高于原来在农村地区的收入，基本上形成了一个劳动力进城务工就能基本脱贫的状况。

劳务输出是贫困地区和贫困人口自力更生缓解贫困的最有效的途径。它不要求中央政府改变非均衡的区域发展战略，不需要中央财政对贫困地区进行大规模的转移支付，也不需要地方政府为转移中的劳动力增加任何的投入。由此可见，人口转移战略与整个国家的发展阶段和中央的区域发展战略是一致的，一方面城市的发展吸引了大量的贫困人口就业，另一方面贫困人口在城市就业，极大地促进了城市的发展。

中国的贫困地区还处在农业经济为主的发展阶段，贫困人口更是处在以满足自身对农产品需求为目标的传统农业状态。由于人多地少，农村的贫困人口中存在着严重的隐蔽性失业。因此，将贫困地区的贫困劳动力转移出去，不但不会降低当地的经济产出水平，还会增加当地人口的人均收入水平。而中国东部沿海地区以及大中城市，由于政策上的倾斜，改革开放的力度比中西部地区大，无论是外资、合资企业的发展，还是私营企业和国有企业的发展，都对劳动力产生了大量的需求。正是来自中西部地区的无限供给的廉价劳动力，成为这些地区吸引外资的极大优势，并成为推动这些地区发展的重要因素之一。因此，贫困人口从农村向城市的就业性转移，不仅没有侵占当地人的就业机会，反而有力地推动了当地经济的发展。

随着中国改革开放的进程，当贫困地区和贫困人口逐步认识到贫困地区发展机会的有限性，他们不再被动地等待，而是主动地在外部空间寻找发展的机会。20 世纪 80 年代中，四川某农村社区经过村民广泛的讨论，决定派人出去看看能不能找到打工的机会。几天后，从新疆发回的电报称："地多人少，速来！"。在当地交通、通讯均不发达，而且对农民进城务工还存在一些不公平的情况下，贫困人口外出务工是需要有一定的勇气的。陕西榆林地区开发长庆油田，促进了当地第三产业的繁荣，在那里务工的农民给贫困家乡发回的电报为："钱多人好，速来！"与上一封电报具有异曲同工之妙。

从理论上来讲，贫困人口自发性的劳务输出是扶贫开发计划的重要措施。这种战略不反对发展极的存在，而是利用发展极的极化效应将人口向发展极集中，同时它也不反对区域差距的扩大，而是利用扩大的差异和"人往高处走"的心理，促进贫困人口向收入高的地区转移，扩展其生存和发展的空间。当中国以"效率优先"的区域发展战略受到质疑的时候，人们只看到的是地区差异和城乡差异加大的一个方面，而忽视了增加贫困人口大量就业的另一个方面。实践证明，让贫困地区的贫困人口参与到国家的工业化和城市化的进程，分享国家工业化和城市化的利益，是扶贫开发战略的重要组成部分。

当然，人口转移战略不仅要强调贫困人口向贫困地区之外的发展极集中，还应强调向贫困地区之内的发展极集中；不仅要强调利用现有的发展极，还应强调选择贫困地区之内区位条件好的地点进行密集投资，开发新的发展极。在某种意义上讲，西部大开发的战略正是针对后一点的。实际上，贫困地区内部的发展极更便于贫困人口集中。因为这种人口转移的空间距离短，社会距离小，更有利于那些能力贫困型的贫困人口。从贫困地区劳务输出的特点中，我们对此能有更深的理解。

从中国现行的扶贫战略中来考察，劳务输出具有更现实的战略地位。

1. 补充就地脱贫的不足。在区域开发扶贫战略中，扶贫的重点主要放在通过开发区域资源、改善区域发展的环境和条件来减缓贫困。这种考虑使农户的脱贫高度依赖于当地的资源和发展条件，在自然资源高度匮乏的地区，就地脱贫不仅成本高、效率低，而且脱贫的有效性也很差。在自然资源不足或在目前条件下就业机会和收入形成机会不可能大幅度增长的贫困地区，通过劳务输出来扩大就业和创收的机会，拓展就业的空间，可以帮助贫困农户较快地实现减缓贫困的目标。

2. 连接扶贫与宏观经济发展。在就地脱贫的战略框架中，穷人和贫困地区主要通过产业关联和财政转移支付，来将扶贫与宏观经济增长联系起来。在商品率较低、农民对市场依赖程度并不很高的贫困地区，仅仅依靠就地发展，在一定程度上会使贫困地区相对孤立于宏观经济的增长，减少穷人直接从宏观经济增长中受益的程度和速度。劳务输出通过劳动力的地区流动及与此相关的资金、技术和文化的流动，能够将减缓贫困与宏观经济增长直接连接起来，使参与劳务输出的穷人直接从宏观经济增长中受益。

3. 提供人力资本发展中的另类途径。众所诸知，人力资本贫乏是导致贫困的一个关键原因。在传统扶贫战略下，增加的人力资本的主要途径只要通过少量的技术培训来改善穷人的技术应用能力。这种方法在一定范围内，对人力资本的开发能产生一定的作用。但是由于不少贫困地区新技术的应用受资金、土地资源和有关政策、制度的制约，单纯的技术培训只能影响穷人的技术素质。劳务输出通过耳濡目染外部的文化和管理经验、边干边学的技术和管理学习方式，使输出人口的综合素质在较短的时期内得到提高，从而是开辟了穷人人力资本提高的另一条有效途径。

（三）贫困地区劳务输出的特点

据国家统计局对全国 592 个扶贫工作重点县的监测统计，2006 年，重点县劳务输出人口占劳动力比重达到 23.3%（其中包括当年外出打工人数占劳动力比重的 19.8%和未外出劳动力中曾经外出过的劳动力比重 3.5%），高于同期全国水平的 21%。这说明贫困县劳动力中劳务输出人数的比重高于全国平均水平。

从全国来看，劳务输出的基本格局是从中、西部地区流向东部地区。2000 年中西部地区流出的农村劳动力占全部跨省流动劳动力的 90%，只吸纳了 18% 的跨省流动劳动力。这意味着中西部地区提供了全国 72% 的净劳动力跨省流动人数。全国贫困县劳务输出人口的地区流向，与上述全国农村劳务输出的地区分布格局具有较大的差异。贫困县劳务输出中省内输出一直占全部输出人数的一半以上，省外输出中输往沿海地区的占 60%。贫困县与全国平均的劳务输出地区分布结构的差异，可能表明中国农村劳动力流动存在的类似水波传递的效应，即一般农村地区劳动力流向沿海发达地区，而贫困地区劳动力流向中等发达地区。导致这种地区分布格局差异的原因主要是就业机会、收入预期和输出适应过程的影响。对于一般农村地区的农民来说，温饱问题已经解决，他们需要比本地收入更高的就业机会。而且相对来说，他们比贫困地区的农民更了解发达地区的劳务需求，也更容易适应外面的生活习惯，因此倾向于流向发达地区。而贫困地区不少农民连温饱问题都没有解决，对他们来说，只要能获得高于本地收入的报酬，甚至只要能吃饱肚子，对家庭来说就是正的贡献。而且贫困地区的农民在没有输出以前对外部的世界非常陌生，输出到附近的城镇，生活也比较适应，因此他们也乐于接受附近地区较低工资的就业机会。

从全国农村转移劳动力的行业分布结构来看，工业、建筑、服务业和商业、饮食业在过去几年一直占据前 4 个输出行业的位置，尤其是工业吸收农村转移劳动力的数量一直占 37% 以上，是农村劳动力转移的主要行业。而在全国贫困县劳务输出的行业结构中，建筑业所占比重高居输出行业的榜首，占全部输出人数的 34%，然后是工业和服务业平分秋色，农业在贫困县劳务输出供给中占有 5% 的份额。

全国农村劳务输出人口中，男性占 65% 左右，女性占 34% 左右。男性在需要强体力和技能的行业占据着决定性的优势，如建筑、农业、交通运输和邮电通讯，女性在商业、饮食业和工业占有相对较大的份额。年龄结构：35岁以下的占63.7%，35岁以上的占36.3%；从受教育程度看，全国农村转移劳动力中，接受过初中或高中教育的占75%，只受过小学教育或文盲半文盲劳力占19%，具有中专以上文化程度的占6%；贫困地区参加劳务输出成员的家庭普遍具有两个共同的特征。第一，家庭人均耕地少，仅仅依靠现有土地资源无法满足家庭的消费和生活需要；第二，家庭劳动力较多，劳动力剩余比较丰富（资料来源：劳动保障部就业救济司、国家统计局农调队课题组："2000年中国农村劳动力就业及流动状况"）。

从劳务输出的方式来看，存在分散转移、相对集中的特点。其主要的途径有：（1）工头亲朋带出型：对贫困地区的农民而言，他们仍然处在比较封闭的小天地里，外出就业之初缺乏信息，为规避风险多由同乡带引，同村、同乡或同县聚集在劳务输入地就业的现象十分普遍。据对10个贫困县调查统计，有25%的农村劳动力是通过这种途径外出就业的；（2）自发走出型：据调查统计，不依赖任何关系自发出去到外地打工的占46.59%，是贫困地区劳务输出的主体，尤其是在农村社区打工致富的示范效应的引导下，劳务输出成为贫困人口增加收入的首选；（3）组织输出型：20世纪末，全国有组织的劳务输出只占农村劳动力的8.7%，但在新世纪将劳动力转移作为一项重要的扶贫措施时，有组织的劳务输出的比例明显增加，据统计，已占到28.39%。贫困地区劳务输出逐步向组织化、规模化和有序化方向发展。

（四）劳务输出对减贫的贡献

从宏观上来讲，在低收入农村人口占全国人口总数相当大比重的中国，彻底摆脱贫困也难以避免城市化的路径。最近20年中国经济的发展，在某种程度上说，也是通过城市化来减缓贫困的过程。农村劳动力流动在这个过程中起了重要的作用。第二，贫困地区劳务输出，也是调整地区经济结构缩小地区差别的重要实现方式。从20世纪80年代中期以来，中国地区间尤其是东西部之间的发展水平、收入差异在整体上一直呈拉大的趋势。从区域经济发展理论和发达国家区域发展的历史来看，缩小区域间的差异主要有资本流动和人口与劳动力流动两种主要方式。相对于资本流动来说，劳动力流动因其对区位条件的选择性较低，在缩小地区间收入差异的作用更加突出。第三，贫困地区劳务输出，也是建立统一的大市场和降低发达地区工资成本的一个重要条件。在建立全国统一的市场秩序的过程中，逐步缩小因人为障碍导致的地区间工资率的差异，是一个重要的课题。劳动力从工资率低的贫困地区流向工资率较高的发达地区，有利于缩小地区间的工资率差异。而统一的市场秩序的建立，最终将有利于创造一个有利于减缓贫困的宏观经济环境。

尽管劳务输出主要是作为一种经济现象，但由于劳务输出必然伴随着输出者生产和生活的社会环境的改变，输出者在输出过程中不仅仅可通过获得新的就业机会、增加收入，而且可学习新的技能并在对新环境耳濡目染的过程中受到输入地文化和社会环境的熏陶。从微观层面来看，劳务输出对减缓贫困的积极作用主要是：第一，拓宽就业空间，增加贫困户的收入。在资源匮乏的地区，劳动力的就业机会很少，而且通常工资率也很低。通过劳务输出实现异地就业，既可减轻当地的土地压力，又可增加收入。第二，学习新的技能，更新观念。劳务输出是一个学习和再教育的过程，输出者在劳务输出过程中，不仅要通过努力掌握所需的就业技能，而且为了稳定地获得就业机会还需要经历再社会化的过程。虽然在这个过程中会经受许多痛苦和磨难，而且很难说这种再社会化对输出者长期的发展是否有利。但是由于发达地区通常不仅仅是就业机会较多，而且在一定程度上也代表着新的思想和文化，输出者的再社会化过程在多数情况下会对他们的生活产生积极的影响。第三，劳务输出在收入、就业和文化观念以及行为方面的影响，不只是影响输出者本人及家庭的贫困减缓，更重要的是通过影响作用于其子孙后代。

据《2007 中国农村贫困监测报告》数据显示，2006 年重点贫困县平均外出务工人员年总收入达到 5716. 3 元。据世行项目劳务输出监资料统计，劳务输出人员平均月工资为 683 元。不同行业之间工资差别较大。劳工应得收入包括他们在一个月内所得到的正常工资、加班工资、福利费、伙食补贴或提供的工作餐折款（按每顿 3 元计算），项目输出劳工月平均应得收入为 509. 92 元，扣除未支付部分实得收入 455. 06 元。男女输出劳工之间的月收入存在一定的差距，男性比女性高近 10%。输出者个人月消费性支出 296. 29 元，同样男性高于女性。一月收支相抵平均可节余 158. 77 元，如果所调查的月属于正常季节，一个劳工一年可节余收入 1905. 56 元，扣除出来所花的旅途交通和食宿、上交管理费和打工证、临时户口等费用 657. 56 元，一年可净赚 1248 元。

国家统计局对全国扶贫重点县 53248 个农户的抽样调查结果显示，外出打工对农户人均收入的贡献是极大的（表 6 - 2）。随外出打工人数的增加，其在收入中的比重增加，低收入户外出打工人数较高收入户少 9 个百分点，而打工收入占总收入的比例则少 5 个百分点，反映出打工收入在减缓贫困中的积极作用。

表 6 - 2　　不同农户外出打工人数与收入的比较（2006）

	20% 低收入户	20% 中低收入户	20% 中等收入户	20% 中高收入户	20% 高收入户
户均人口数	4. 7	4. 6	4. 4	4. 1	3. 6
户均劳动力数	3. 1	3. 0	3. 0	2. 9	2. 7
当年外出打工劳动力比例（%）	15	18. 2	20. 5	22. 6	23. 3
人均纯收入	734. 4	1284. 9	1746. 8	2359. 2	4048. 0
外出务工收入	99. 8	189. 4	292. 8	437. 0	739. 2
外出务工收入占总收入的比例（%）	13. 6	14. 7	16. 8	18. 5	18. 3

资料来源：中国农村贫困监测报告 2007。

从自力更生的角度来看，尽管农民外出打工取决于城市经济发展对劳动力的巨大需求，也与政府的一系列相关政策有关，但最终仍然决定于农民家庭和自身的努力。全国农村贫困监测抽样调查结果显示，在 2006 年扶贫重点县通过政府和单位组织外出打工的人数只占 4. 6%（低于全国的 8. 1%），通过亲戚朋友介绍的占 34. 7%（低于全国的 59. 2%），而自发性的比例则高达 60. 7%（几乎为全国比例 32. 7% 的两倍）（资料来源于中国农村贫困监测报告 2007）。

参考文献

1. 龙月英主编：《劳务输出与农村脱贫》，贵州人民出版社，2001 年版。
2. 康晓光：《中国贫困与反贫困理论》，广西人民出版社，1995 年版。

3. 刘坚：《新阶段扶贫开发的成就与挑战》，中国财政经济出版社，2006 年版。

4. 王国良：《中国扶贫政策——趋势与挑战》，社会科学文献出版社，2005 年版。

5. 王国敏：“西部地区农村贫困与反贫困研究（一）”，http://www.sannong.gov.cn/njlt/zjyj/200412030432.htm。

6. 王三贵、李文：《中国农村贫困问题研究》，中国财政经济出版社，2005 年版。

7. 吴艳霞、刘祖丽：“西部贫困地区乡镇企业发展对策研究”，《现代企业》2004 年第 3 期。

8. 杨顺成：《新时期扶贫开发的战略》，四川人民出版社，2005 年版。

9. 张磊、李小云、黄承伟：《中国扶贫开发政策演变（1949—2006 年）》，中国财政经济出版社，2007 年版。

10. 中国扶贫基金会：《中国劳务输出扶贫研究》，中国经济出版社，2001 年版。

第七章　开发扶贫——中国缓贫的战略措施

中国政府进行大规模、全方位的扶贫开发是从1986年开始的。在此之前的扶贫政策可以认为是救济式扶贫，以发放救济金，解决贫困人口基本生存问题为主，不具有可持续性。而这之后开始的开发式扶贫，则是在政府的必要支持下，利用贫困地区现有的资源，进行开发性生产建设，形成独立的生产和发展能力，依靠地区自身资源来解决脱贫和发展问题。中国农村开发式扶贫的重点是贫困地区的经济增长和贫困人口的收入增长，在这一过程中，涉及到扶贫开发的措施与扶贫政策的适应性以及扶贫开发措施同贫困地区实际情况的适应性。中国各级政府及政府部门在全面致力于缓解贫困的努力中，高度重视扶贫开发在方法和措施上的创新，进而加快了扶贫开发的进程。

一、中国农村扶贫政策的演变

开发式扶贫是中国扶贫实践中的一种操作模式，它是在之前的救济式扶贫模式的基础上演变而成的，尤其是在充分认识到贫困人口脱贫致富的强烈愿望以及自身发展中所表现出的相应的能力后，需要将单纯的“输血”逐步过渡到对贫困人口“造血”功能的开发与培育上，并使之适应不断变化的经济社会环境条件。因此，从理论上对中国农村扶贫政策的演变进行分析，探讨其成功的经验和相应的理论基础，有利于我们进一步认识开发式扶贫的有效性和效率。

中国农村扶贫政策是20世纪80年代中期开始和形成的。这一政策大致可以分为三个阶段，包括1986—1993年的有组织扶贫工作的开端，1994—2000年的“八七扶贫攻坚计划”以及2001年《中国农村扶贫开发纲要》的颁布和实施。但总体而言，到目前为止，中国农村扶贫的基本政策并没有大的变化。经过多年的探索和实践，中国政府逐步形成并坚持“政府主导、社会参与、自力更生、开发扶贫”这样一条符合中国国情的扶贫开发道路，在宏观上同中国社会经济整体发展的进程相一致，而在微观上则是同贫困地区农村社会经济条件的改善相一致。农村贫困人口数量的不断减少，得益于扶贫政策的有效实施，而农民经济实力的增强，则进一步提高了这一政策的有效性。

（一）社会主义市场经济体系的建立与完善

中国的改革开放发端于农村的土地制度改革，继而是农业生产要素的逐步市场化，尤其是农业生产资料和农产品市场。在1978年，中国的经济体制改革虽然还没有明确提出要建立社会主义市场经济，但以农地所有权和使用权相分离为特征的农业家庭承包经营充分调动了亿万农民的生产积极性，随后国家所采取的逐步放开农业生产资料和农产品价格的市场化改革使得供求机制、价格机制、竞争机制逐渐发挥作用，为农民脱贫致富奠定了基础。农民从农产品产量增加、农产品价格提升、农业产业链延长、非农就业增加等各种渠道获得了收入的增加。1992年中国明确提出要建立社会主义市场经济体系以后，使得农地的产权、农业家庭承包经营、农业产业化经营、农民专业合作经济组织等发展趋势变得更加明确和规范，使农民通过市场机制更有效地配置自己的资源成为可能。市场化改革，即社会主义市场经济体系的建立使中国经济保持了30年的超高速增长，为中国农村大规模脱贫提供了有效的经济保障。

（二）有力的政府主导

社会主义市场经济体系的建立与经济的超高速增长虽然为中国农村扶贫提供了经济制度保障和物质保障，但市场经济本身并不能够自动解决贫困问题，并且由于贫困人口通过市场获得资源的弱势状态，还可能使贫富之间的差距不断加大。因此，缓解贫困问题离不开政府的干预，扶贫是各级政府义不容辞的责任。

中国农村扶贫工作一直是由政府主导的，其扶贫政策具有一致性和连续性。从中共中央、国务院1984年9月联合发出《关于帮助贫困地区尽快改变面貌的通知》，到1986年全国人民代表大会六届四次会议将“扶持老、少、边、穷地区尽快摆脱经济文化落后状况”作为一项重要内容，列入国民经济“七五”发展计划，可称之为扶贫政策的初步形成阶段；从1986年成立国务院扶贫开发领导小组，专门负责组织、领导、协调全国的扶贫开发工作，设立国务院扶贫办，作为中国扶贫的专职机构，负责扶贫开发的具体工作，到各级地方政府成立相应机构，统一领导和协调本地的扶贫开发工作，可称之为扶贫政策的具体化阶段；从1996年、1999年和2001年中国政府召开高规格的全国性会议，专题研究和部署扶贫工作，先后做出了《关于尽快解决农村贫困人口温饱问题的决定》、《关于进一步加强扶贫开发工作的决定》，到1992年中国政府与100多个国家的首脑共同签署了以减缓贫困、实现社会可持续发展为目标的《里约宣言》，向全世界宣告中国将与世界各国一起为谋求人类社会的可持续发展履行自己的责任和做出贡献，1994年中国又向全世界公布了《国家八七扶贫攻坚计划》，明确承诺到2000年基本解决中国农村人口的温饱问题，2000年中国政府签署了联合国《千年宣言》，为普遍提高人民福利，大幅度减少贫困做出郑重承诺，可称之为扶贫政策的深化阶段；从2001年中国政府制定并颁布实施《中国农村扶贫开发纲要（2001—2010）》，到2005年国务院扶贫办对《纲要》实施情况的中期评估，可称之为扶贫政策的系统化阶段。从这一过程中，可以看出，随着中国扶贫工作的不断深入，中国政府就农村扶贫工作的目标、任务、政策和措施形成了一系列越来越明确、具体、系统和符合实际的政策导向。

（三）开发式扶贫模式的形成

开发式扶贫是对过去传统的分散救济式扶贫的改革与调整，是中国政府农村扶贫政策的核心和基础，是中国改革开放从计划经济体系向社会主义市场经济体系转变的必然。坚持开发式扶贫的方针，就是以经济建设为中心，支持、鼓励贫困地区干部群众改善生产条件，调动贫困地区和贫困人口开发当地资源，发展商品生产，增强自我积累和自我发展能力。当然，不可否认的是，生活救济也是反贫困的重要组成部分，是扶贫初级阶段的有效措施，特别是有利于在短期内迅速改善贫困者的物质生活状况，但是，如果过分依赖于救济（特别是物质方面的救济）政策会产生一些不利的影响。一是造成被救济者的自卑和依赖心理；二是政府背上沉重的财政负担；三是可能妨碍整个国民经济的增长。因此，建立在自力更生原则上的开发式扶贫政策的制定和实施，标志着中国扶贫工作的一种根本性的战略转变。

（四）开发式扶贫政策与区域经济发展

中国农村贫困人口具有明显的区域特征，主要分布在中西部的老、少、边和偏远的山区。这些地区的主要特点一是生态环境被破坏，水土流失严重；二是人均农业资源匮乏、质量差（西南石山和喀斯特地区人均可耕地少，土地贫瘠；西北则水资源严重不足）；三是道路、水利等基础设施不足；四是缺乏基本的教育和医疗卫生等社会服务，从而影响贫困人口的基本素质和能力；五是上述因素共同导致农业生产率水平低下，市场和非农产业发育程度低。中国政府从20世纪80年代中期开始就试图改变这些地区的生产和生活条件，通过开发式扶贫将促进贫困地区的经济发展和帮助贫困人口脱贫结合起来。因此，开发式扶贫政策是中国区域社会经济发展战略的一个重要组成部分，所强调的重点是通过支持贫困地区和贫困人口的农业和非农业生产等多种创收活动来提高贫困人口的收入和消费水平，同时通过农村基础设施的建设来改变贫困地区的生产生活条件，从而不断增强贫困地区整体发展能力和竞争能力。

（五）开发式扶贫政策中的瞄准机制

中国农村扶贫过程中的瞄准机制是通过扶贫标准、扶贫措施、扶贫对象等的调整来提高扶贫政策的针对性和有效性。首先，中国农村的扶贫标准是根据本国农村经济发展和贫困的现状以及国家的财力状况确定的，其贫困标准低于国际上的每人每天1美元，以保证国家在现有财力下，能有效地针对贫困地区和人口的最基本需求问题，而随着经济的发展和物价水平的提高，贫困标准也在不断提高。其次，在扶贫措施的选择上，针对不同阶段和不同地区的实际情况，将重点放在当时当地最需要解决的问题上，以某一措施为主，以集中力量打歼灭战，并随着扶贫的进程而不断调整。如某些地区原来以搬迁移民为主，现在却以劳动力培训转移为主；原来以以工代赈为主，现在以小额贷款为主。第三，在扶贫对象的选择上，不断地缩小扶持的区域范围，从确定国家级重点扶贫县，到整村推进，从扶贫到村，到扶贫到户，政府扶贫资源不断向深度贫困的地区和人群集中。

（六）开发式扶贫政策与贫困人口的参与

尊重农民的首创精神和经营自主权，是中国农村改革和发展的基本经验，也是中国农村扶贫取得成效的关键。中国政府在实施扶贫开发政策过程中，始终认为穷人是扶贫开发的受益者和主体，强调自力更生、主要依靠穷人自身力量解决贫困问题。在扶贫开发项目的选择、设计和实施中，注意通过发挥目标群体的作用，提高项目设计的针对性、实施的成功率和效果的持续性。鉴于村一级组织在实施扶贫项目中的重要性，中国政府在贫困地区开展了基层组织建设和扶贫开发相结合活动，通过民主选举村级组织领导、村务公开等措施，提高广大村民参与扶贫项目的权利和积极性。为了使村民参与制度化和规范化，中国政府在制定新世纪10年扶贫规划时，学习和借鉴了国际上开展农村发展项目的做法，使用参与式方法制定村级扶贫开发规划。目前，列入新一轮扶贫开发的许多贫困村，已经按照参与式方法完成了村级扶贫开发规划。参与式方法的应用，使政府行为和村民意愿很好地结合起来，不仅有效监督了政府资源在传递中可能出现的不规范行为，而且极大提高了贫困人口投工投劳、实施项目的积极性。

（七）开发式扶贫政策与社会参与

中国政府在农村扶贫开发过程中，动员了大量的资金、技术、人才和经验等扶贫资源。这些资源来自中央政府、地方政府、社会团体、企业、个人等多个方面。在资源的传递上，中国政府建立了中央→省→市→县→乡→村多级畅通、监管规范的传递系统。扶贫开发计划实质是中央政府根据国家的发展理念和制度要求，实施的利益再分配过程。把中央政府行为成功变为全社会的行动，这显示了中国政府强大的社会整合能力和动员能力。

（八）开发式扶贫政策与国际合作

扶贫是人类共同的责任，世界各国和国际社会在扶贫工作中积累了丰富的经验。中国政府在农村扶贫开发过程中，积极开展国际合作和学习别国的经验。1990年，中国政府与世界银行合作，通过大量的实地调查和比较研究，形成了90年代中国扶贫战略研究报告，对中国政府制定20世纪90年代的扶贫政策产生了积极影响。1998年6月开始，中国政府又与世界银行、联合国开发计划署、亚洲开发银行合作，对中国的扶贫战略进行深入的研究，撰写了3份长篇研究报告，从不同的层面讨论了贫困的界定和监测系统的建立、缓解贫困的国家宏观政策、社区为基础的区域发展、科技扶贫、中国政府在扶贫开发领域与国际组织的合作等问题。以此为基础，2000年5月四方联合召开了国际研讨会。会议成果对中国政府制定21世纪初的扶贫战略发挥了积极作用。针对扶贫信贷资金到户率低、还款难的问题，中国政府从20世纪90年代开始考察学习孟加拉国的小额信贷扶贫模式，经过在国内试点、示范，形成了符合中国贫困地区实际的中国式小额信贷模式。世界银行扶贫项目中“一次规划，分阶段实施”的方法，关于贫困监测概念和贫困分析技术的方法，项目管理中的招标采购制度、报账制度，以及国际机构应用参与式方法实施发展项目的做法，已经被中国政府广泛采用。

二、开发式扶贫政策的理论基础

（一）经济增长是减缓贫困的必要条件

不论是从世界发展的历史来看，还是对于一个国家来说，贫困都被看作是经济落后的结果之一。经济增长对减缓贫困的作用主要表现为两个方面：第一是经济增长为贫困人口提供了更多和更好的就业机会，使其成为贫困人口增加收入的主要来源；第二是经济增长带来了政府财政收入的增加，从而使政府有更多的财力来解决贫困问题。第一个方面的作用可以使贫困人口直接受益，第二个方面的作用必须通过政府财政政策进行再分配。如果将贫困的变化分解为经济增长的因素和收入分配的因素，那么经济增长因素解释了短期贫困变化的70%和长期贫困变化的95%（Kaay，2005）。因此，对大多数发展中国来说，减少贫困的首要政策选择是促进经济的增长。

经济增长是减缓贫困的必要条件，但不是充分条件。经济增长能够带来减缓贫困的效应还取决于以下一些条件：第一，经济增长的产业领域能够给贫困人口带来就业和收入的增加。这首先是对劳动技能要求不高的劳动密集型产业，其次是农业。高科技产业的发展很难解决贫困人口的就业问题，农业的增长不仅有利于增加穷人的收入，而且有助于增加穷人的食物，因而农业的增长对于缓解农村贫困更为直接有效。第二，贫困人口有能力参与经济活动。如果贫困人口因为缺乏技能或残疾不能参与到经济活动中来，那这些贫困人口就无法获得经济增长所带来的直接好处。第三，政府必须有效地运用有利于穷人的公共财政政策。否则经济的高速增长会带来收入差距的进一步扩大，使得贫困问题更为严峻。

（二）人口迁移可以提高穷人的收入水平和生存能力

中国经济在地区之间、城乡之间发展严重不平衡，贫困地区不仅经济发展落后，而且生态环境恶劣。这使得中国在农村扶贫开发过程中，促进农业劳动力的转移和自愿搬迁成为一项重要的政策选择。

人口迁移存在两种动因：一是迁出地的推力；二是迁入地的拉力。二者的共同作用导致了人口迁移。其迁移规律表现为：（1）迁移规模与迁移距离负相关。（2）迁移在城乡间呈梯级扩展，即大都市吸引周边乡镇居民，后者迁出形成的空缺再由偏远村庄人口递补；反之，大城市人口的向外扩散也呈阶梯状。（3）迁移的流向与反流向共存。（4）城乡迁移倾向之差异，即乡村迁移者较之城镇为多。（5）短距离的迁移以女性居多。（6）迁移与科技、交通的进步呈正相关。（7）经济动机构成迁移的主要因素，即人们为改善物质生活而迁移的占多数。

迁移者的选择理论认为，迁移具有主体的选择性，只有某些特性的人才可能成为迁移者。迁移者并不是原居住地人口的一个随机样本，他与迁移者的年龄、性别、受教育程度和职业相关，是个具有选择性的样本。那些具有较高素质，如受教育程度较高、身体状况较好并富有进取精神的人对迁入地的正向因素能做出积极的反应，比迁出地的其他人口更趋向于迁移，且倾向于进行长距离的迁移。迁移者的选择性对强制性迁移不起作用，如由政治和宗教问题引发的迁移。总体而言，年轻人和具有较好素质的人更可能成为迁移者（Everett S. Lee，1966）。

近年的研究发现，迁移者并非都是年轻人和高素质的人口，而是与迁入地人口有某种联系的人，存在着“迁移者网络”。这一理论强调迁移者和迁入地已有移民的联系，这种联系构成的网络是一种社会资本，起着降低迁移成本、增加收益和减少风险的作用。迁移是不断生成社会网络的过程。在迁移过程中，迁出地与迁入地之间的关系网络一旦形成，就会引发更大规模的人口迁移。

（三）改善贫困地区的基础设施可以为脱贫致富奠定条件

贫困地区一般都远离城市，道路、电力、通讯、水利等基础设施严重缺乏，穷人的生存和生产环境恶劣。贫困地区由于地处偏远或山区，基础设施的建设成本较高，当地政府一般财力拮据，无力进行基础设施建设。贫困人口由于收入低下，也无力参与到基础设施的建设当中来。由于这些基础设施建设成本高昂，难有收入或收入低下，很难完全通过商业化的运作方式。因此通过中央政府的转移支付，并通过以工代赈等方式，让贫困人口参加到当地的基础设施建设当中来，成为很多发展中国家解决贫困地区基础设施建设的有效模式。

基础设施改善以后，穷人的生产和生活变得方便了，生产生活成本减低了，生活质量改善了，通过广播、电视、电话能够更迅捷地接收外部的新鲜事物和信息，逐步地改变了落后的生产和生活方式，有利于提高农业生产率和降低农业生产风险，便捷地进入市场和增加非农业就业机会，从而为脱贫致富奠定了条件。

（四）为穷人提供稀缺的生产要素有助于解除经济发展的瓶颈

贫困的突出表现是收入低下，储蓄低下或负储蓄，开展生产经营活动缺乏资金。有研究表明最穷的人正面临着金融约束或金融障碍，很少能得到贷款。发展中国家的正规信贷机构通常受到严格管理，如低利率、信贷配给和直接的信贷计划。即使在无管制的金融体系中，把穷人排除在正式的金融市场之外也能找到好的理由：穷人贷款额度小、交易成本高，很少有抵押品，没有信用记录（Carter，1988）。在许多发展中国家（如孟加拉国、印度尼西亚），小额信贷项目在其农村金融体系中发挥着突出的作用，并且因其能够克服传统障碍向穷人提供信贷而备受称赞。因而通过农村金融体系的创新，通过小额信贷、资金互助组织和政策性信贷机构向穷人提供信贷资金成为很多发展中国家的政策选择。

穷人在生产过程中所遇到的另一项约束是缺乏适用的技术。由于穷人的文化水平较低，或者对先进适用的农业技术不认识，或者无法掌握这些先进适用的农业技术，特别是随着农产品质量安全要求的提高，对农民的生产技术水平提出了更高的要求。对穷人来说，现代的农业生产技术都是外生的，这就需要政府和社会通过广播、电视、报纸以至于通过现场示范的办法来推广先进适用的农业技术。这样才能够提高农业生产的经济效益，促进农业生产的可持续发展。

（五）穷人赋权和扩大参与是缓解贫困的一项根本保证

穷人缺乏权力和受到各种各样的歧视是造成贫困的又一重要原因。许多政府和发展机构已认识到性别平等、人权和缓解贫困之间的联系。性别平等已成为缓解贫困的一个组成部分。联合国人类发展报告和众多的研究报告清楚地指出，社会性别不平等与人类贫困之间有非常强的相关关系。世界银行（2000）的政策研究报告指出：国家要有有效的发展政策，就必须把社会性别问题分析纳入政策分析，因为社会性别不平等会阻止世界消灭贫困目标的实现。“性别平等应该是缓解贫困的国家战略的组成部分，作为缓解其他形式的人类贫困的目标和途径。这就意味着，要争取结束在健康、教育和养育方面女童的歧视。通过确保妇女平等地获取土地、信贷和工作的权利而赋权妇女。采取更多的行动以终止对妇女的暴力和所有隐性的人类贫困的方面。性别平等的行动将促进缓解贫困的各个领域，因为妇女能带来新的能量、新的视角和组织创新。如果缓解贫困的策略没有赋权妇女，那么她们也不会赋权社会（《1997 年人类发展报告》）。”

缓解贫困是由政府主导、社会和贫困人口共同参与的社会经济发展战略。扩大参与是缓解贫困取得成功的一项根本保证。农村扶贫开发政策对扩大参与的强调反映在各个层次上：从一个国家（地区）减贫政策的制定，到社区公共发展规划，到穷人的参与式贫困评估。参与式发展的合理性表现在很多方面：第一，通过参与式发展，可以使贫困人口更有机会表达自身的利益诉求，从而有利于定位目标人群，并指定有针对性的政策安排，使贫困人口能够更多地分享发展成果（Karl，2000；UNESC，2005）。第二，参与式发展不仅是挖掘贫困人口需求信息的过程，更是一个贫困人口表现自身创造力的过程，从而有利于政策创新，提高减贫项目的有效性、效率、可持续性以及政府的责任性（Pretty et al，1995；Karl，2000；Beresford and Hoban，2005；Hjorth，2003）。第三，贫困人口通过参与式发展可以培养自身能力和独立性，从而有助于实现可持续的脱贫（Beresford and Hoban，2005）。第四，出于主体性的要求，贫困人口不仅作为发展的被动受益者，而且应该参与到发展的过程中来（G. Sen，1997，1999）。

（六）坚持经济、社会和生态环境的协调有助于农村扶贫开发的可持续发展

可持续发展是当今人类社会发展的崇高理念，也是中国农村扶贫开发的重要指导原则。

1. 从系统论的观点出发，可持续发展认为人口、资源、环境、社会、经济等要素是自然—经济—社会符合系统的组成要素，它们之间相互影响、相互联系，其中一个要素发生变化，必然会影响其他要素以及整个系统发生变化。因此，在农村开发扶贫工作中要改变某一个要素时，应充分考虑其他要素和整个系统的反馈。

2. 从发展的意义来说，可持续发展强调在资源环境永续利用基础上的发展，而发展是社会经济的全面发展，并且以满足当代人和后代人的基本需要为发展的根本目标。可以肯定，发展始终是可持续发展的关键和核心，离开了发展，可持续发展就无从谈起。发展是人类共同的权利，尤其是对农村扶贫开发来说，贫困和生态环境恶化均要在发展中才能解决。

3. 从可持续的范畴来看，可持续发展强调人类在追求健康而富有生产成果的生活权利时，应坚持其与自然相和谐的方式。在农村扶贫开发中，要充分考虑资源、环境的承载能力，绝不能凭借手中的技术和投资，采取耗竭资源、破坏生态和污染环境的方式，而应尊重自然，树立生态文明思想和新的发展观念。要求人们根据资源、环境条件调整自己的生产生活方式，使人类活动限定在资源环境持续的承载能力之内。

三、针对贫困地区基础设施的扶贫措施——以工代赈

（一）以工代赈项目的政策演变

以工代赈，是一项旨在改变贫困地区基础设施的公共工程计划。实施这项计划，不仅能为贫困地区的发展创造必要的条件，而且还可以使贫困者得到短期的就业机会和一定的经济收入。自1984年以来，中国政府实行的以工代赈项目可以分为两个阶段：即以实物为主和以资金为主两个阶段。

1. 以实物为主的以工代赈。

第一批，粮棉布以工代赈。1984 年，根据中国粮食储备比较多的情况，国务院决定，1984—1987 年，动用粮食 50 亿公斤，棉花 1 亿公斤和棉布 5 亿米（粮棉布折合 27 亿元），采用以工代赈的方式，帮助贫困地区修建公路、航道和小型水利工程。

第二批，中低档工业品以工代赈。1988 年，先后在四川、江西和宁夏三省、区开展试点。1989—1991 年动用价值 6 亿元的中低档工业品，在全国贫困地区开展以工代赈，除修建交通和水利工程外，还增加了解决人畜饮水困难的内容。

第三批，工业品以工代赈。针对当时全国工业品销售疲软、商业库存积压、企业库存偏大等情况，国务院决定，1990—1992 年，再拿出价值 15 亿元的工业品，采取以工代赈的方式，在贫困地区进行“山、水、田、林、路”综合开发。投向范围主要是中、西部地区和部分东部贫困地区，特别是少数民族聚居区。

第四批，粮食以工代赈。为使贫困地区稳定地解决温饱问题，国务院决定，在 1991—1995 年期间，每年投入 10 亿公斤粮食（5 年 50 亿公斤），开展以工代赈。即通过建设基本农田，改变贫困地区的生产条件，提高粮食自给水平。实施范围较前几批缩小，重点是中、西部长期吃返销粮的贫困地区。

第五批，江河治理以工代赈。1991 年我国部分地区发生了特大洪涝灾害，经济损失惨重。国务院决定，在 1991—1995 年，动用价值 100 亿元的粮食和工业品，以加快江河湖泊治理，恢复水毁工程。这批以工代赈，不仅仅是扶贫，主要是救灾和重建家园。实施范围是以淮河、太湖为主的 7 大江河、5 大湖泊的治理。

第六批，国营贫困农场以工代赈。1991—1995 年，国家每年安排 1 亿元资金，采取以工代赈方式，帮助地处偏远、自然条件较差的 100 多个国营农牧场改变面貌。

第七批，以粮棉布和部分日用工业品开展以工代赈。国务院决定，在 1993—1997 年以价值100 亿元的粮棉布和部分日用工业品开展以工代赈，重点解决中西部地区的贫困问题，主要扶持这些地区的农田水利基本建设，兴修旱涝保收的基本农田，山区水土保持小流域治理，农村人畜饮水工程，发展造林种果和畜牧业，支持农村交通、通讯等基础设施建设。

在第七批以工代赈项目结束以后，中央政府对以工代赈项目已较少采用实物支付的方式，转而采用现金支付。这为提高以工代赈计划的运作效率，依靠市场配置各项工程所需要的资源奠定了更好的条件。

2. 以资金为主的以工代赈。进入到 21 世纪以后，中国政府所实行的以工代赈项目基本是现金支付。“十一五”期间（2006—2007 年），国家以工代赈政策的主要目标是有效改善贫困地区耕地（草场）质量，稳步增加有效灌溉面积，明显提高农业综合生产水平，进一步缓解群众出行难和饮水困难问题，增强抵御自然灾害能力，改善局部生态环境。具体的以工代赈支持领域在以下几个方面：

（1）基本农田建设。①新增基本农田建设。在耕地数量严重不足的贫困山区，对耕地后备资源进行开发，包括宜农荒坡地开垦、荒滩造地及保土淤地等，提高项目区人均耕地水平，增加粮食等基本农产品的产量。②中低产田改造。结合农业区域布局和种植结构调整，通过土地平整和劣质地改良等措施，建设旱涝保收的标准农田，提高耕地综合生产能力。③小型农田水利建设。以增加有效灌溉面积为中心，加强以末级渠系为主的库井灌区田间配套建设；开展雨水积蓄利用、节水灌溉等旱作节水农业工程建设，提高水资源利用率；继续做好防洪防涝设施建设和农田易涝区综合治理。

（2）草场建设。结合退牧还草工程，加强贫困地区草场和饲草料场基地建设。

（3）乡村道路建设。在国家加大农村公路建设的基础上，进一步改善贫困乡村道路状况，重点解决中部地区村到村、西部地区乡到村的交通困难，延伸路网通达深度，完善路网工程。统筹安排乡村出口联结路、跨行政区断头路以及为优势资源开发、特色农业生产基地等配套的道路建设。

（4）人畜饮水工程建设。配合农村安全饮水工程建设，在巩固人畜饮水解困成果的基础上，重点建设水源严重不足，居住相对分散贫困人口的小型饮水工程。

（5）小流域综合治理。以控制项目区范围内水土流失为目标，采取工程和生物措施，改善项目区生产条件和生态环境。

为了提高以工代赈建设的针对性和实施效果，国家提出以集中连片区域中的贫困乡村和特困村作为扶贫对象，因地制宜，突出区域建设重点。

（二）以工代赈项目的作用与特点

1. 以工代赈项目的作用。以工代赈是中国农村扶贫开发政策当中的一项，其内容主要是政府以实物形式对贫困地区进行基础设施建设投资，一方面为当地经济增长创造物质基础，另一方面为贫困人口提供短期就业和收入（朱玲、蒋中一，1994）。以工代赈主要用于贫困地区的基本农田、小型水利、乡村道路、人畜饮水、小流域治理等基础设施建设，是贫困地区基础设施投资的主要来源。20 多年的实施，大大改善了贫困地区的基础设施条件和落后面貌，在促进贫困地区的资源开发和改善生态环境等方面，取得了显著成效，为解决贫困地区群众的温饱和脱贫致富做出了巨大的贡献。1984—1998 年，政府的以工代赈项目共新建或扩建公路 30 万公里，解决了 6300 万人和 5400 万头牲畜的饮水问题，新增 367 万公顷基本农田，扩大灌溉面积 487 万公顷，新增林地、果园面积 307 万公顷，4200 平方公里的水土流失地区得到控制（曹洪民，2003）。2000—2002 年，国家投入以工代赈资金 180 亿元，连同地方资金，总投资 290 多亿元。完成坡改梯和中低产田改造 850 多万亩，新增和改善灌溉面积 2300 万亩，新建和改扩建公路 10 万公里，解决 4330 万人和 1200 万头牲畜饮水困难问题，建设草场 1200 万亩（汪三贵，2004）。《中国农村扶贫开发纲要》提出：在今后十年中，将进一步加大以工代赈的规模，这也表明这一政策在中国扶贫开发过程中是一个比较成功的政策。

2. 以工代赈项目的特点。

（1）选择了适宜于农村贫困地区资源状况的项目和实施方式。中国农村贫困地区一般地处深山或偏远地区，交通不便，人畜饮水常常困难，农业和农村设施极为薄弱，但进行这些基础设施建设常常可以就地取材。贫困地区存在着较多的农业剩余劳动力，而农村的基础设施建设一般对技术的要求不高，可以吸纳较多的活劳动。以工代赈项目在较多地利用了农业剩余劳动力的同时，增加了贫困参与者的就业和收入。也就是说，与增加贫困人口的短期就业机会和补充收入相比，长期的增长目标处于优先地位（朱玲、蒋中一，1994）。

（2）采取了区域性瞄准机制。以工代赈项目是为了缓解区域性贫困而设计的，因而具有区域性瞄准的特征。在贫困地区范围内，项目瞄准的是村社，而不是单个农户，因而项目完成以后，所有的村民都可以受益，不可能将非贫困者排除在外。

（3）构建了多方参与机制。以工代赈项目在中央政府首先提出财政支持的前提下，要求地方政府应以不低于1:1的比例筹备配套资金，用于支付工程材料及其他开支，同时还要要求村社提出项目规划和农民的积极参与。应该说以改善贫困地区基础设施为核心的以工代赈项目充分地调动和发挥了中央和地方政府、村社和农民四方的积极性，集中了各方面的生产要素开展基础设施建设，为贫困地区生产和生活条件的改善奠定了较好的条件。

（三）以工代赈项目实施中的问题与完善

1. 以工代赈项目实施中的主要问题。

（1）项目的瞄准机制仍有待完善。早期的以工代赈项目具有计划经济的特点，借助于从中央到基层，沿着行政等级下达文件的方式来控制。自上而下的计划不可避免地带有长官意志，有时会脱离当地农民的最迫切需求。以工代赈资源分配方案，往往是地区之间和部门之间相互争夺投资指标，最终由上级政府仲裁而达到妥协的产物。以工代赈项目在立项和实施过程中都实行效率原则，这就使那些特贫地区由于无配套资金和特困村社与农民缺乏参与能力而不能首先受益。这说明以工代赈提高了贫困瞄准的精确度，但仍然存在着偏差，有待于采取其他的方式扶贫到户。

（2）地方政府的配套资金难以兑现。在以工代赈项目立项时中央政府就要求地方政府要提供不低于1:1的配套资金，但贫困地区政府的财政十分拮据，常常是收不抵支，一般无力提供配套资金。然而贫困地区政府为了得到中央政府的支持，都承诺提供相应的配套基金，但在项目的执行过程中却只能部分兑现或不兑现。这就造成了要么项目不能够按质按量及时完成，要么采取其他的变通措施加以搪塞，出现了很多不和谐的现象。因而在后续的以工代赈执行中逐渐减少以至取消了地方政府资金配套的要求。

（3）以剩余产品开展以工代赈降低了物品的可用性和实际价值。农村贫困家庭虽然具有很多相似性，但最迫切的需求或需要仍然具有很大的差异性。中央政府以剩余的粮食和日用工业品来开展以工代赈，首先使剩余产品得到了有效的处理，但农民以工资形式得到这些剩余产品特别是工业品以后，可能不是最需要的。他们很难使这些工业品变现，或者变现以后就贬值。就这一点来说，降低了对穷人支持的效果。农民最欢迎的工资形式是货币，而不是实物。

2. 以工代赈项目的完善。

（1）编制以工代赈建设规划。在国家以工代赈建设规划指导下，以县级规划为重点，编制各级政府的以工代赈规划。县级以工代赈建设规划是按照“面向贫困人口，避免重复建设，向贫困乡村延伸”的思路，以贫困乡村为重点，加强贫困农民直接受益的项目建设，做好以工代赈资金与政府有关支农资金的沟通衔接，提高以工代赈资金的扶贫效益。对道路交通、农田水利等投资量大、覆盖面广、延伸性强的建设领域，以工代赈主要开展骨干工程的延伸配套工程建设；对有关专项规划尚未完全覆盖的领域和偏远贫困乡村，以工代赈继续发挥小型农业基础设施建设的主导作用。省级以工代赈规划要坚持以国家政策为指导，以县级规划为基础，因地制宜、突出重点、综合平衡、统筹安排，提高省级以工代赈建设规划的指导性，并进一步做好与新农村建设、扶贫开发、农村公路建设、农饮水安全、退耕还林还草等相关规划的衔接。

（2）加强项目前期工作，建立和完善以工代赈项目库。建立和完善以工代赈项目储备库是做好规划编制和计划管理工作的一项基础性工作。按照“省管项目”的原则，各地在明确目标、任务和重点的基础上，科学论证、合理排序、动态调整，建立并不断完善省级以工代赈项目库，并做好与当地有关扶贫项目的衔接。

（3）进一步强化农民参与，集中连片开发，实现整体推进。在以工代赈项目建设过程中，要提高农民的参与程度，使农民享有知情权、参与权、选择权和监督权。除技术复杂的工程项目外，积极组织和吸纳项目区农民参与建设，在改善生产生活条件的同时，获得劳务报酬，增加收入。在特困乡村进行以工代赈建设时，原则上不安排农民筹资筹劳。在确定当地扶贫开发重点片区和建设领域的情况下，通过整体性强、受益面广的农村基础设施建设，实现连片开发建设和整体推进。

（4）规范管理，管好用好以工代赈资金。根据《国家扶贫资金管理办法》、《财政扶贫资金管理办法》和《国家以工代赈管理办法》等规定，要按照建设管理程序要求，加强以工代赈计划和管理，完善以工代赈建设项目前期管理工作，健全项目分级管理和审批制度；做好计划执行、资金使用、工程项目管理检查、工程验收等工作；推行公告、公示制度，主动接受干部群众和社会各界的监督；研究探索以工代赈建设工程效果的评价反馈和后期管护机制，以进一步提高以工代赈资金使用效果。

四、生态环境恶劣地区的扶贫措施——自愿性移民

（一）自愿性移民的主要政策

自愿性移民开发扶贫方式可以追溯到20世纪80年代初期开始的“三西”扶贫工作，从此，移民搬迁成为中国政府有组织扶贫工作的一个重要形式。“三西”建设中的移民开发工作是从1983年开始的，当时国务院决定，紧密结合河西、河套及沿黄新灌区的开发，对甘肃中部地区和宁夏西海固地区一部分干旱高寒，搞旱作农业不行，也无条件引水灌溉的特困地区进行移民开发。

自愿性移民开发扶贫是一项改变贫困农民群众生存环境，不得已而为之的治本工程。投资花费大，涉及问题多，工作非常艰巨。中央政府对此提出了明确要求，甘肃、宁夏、广西、广东、山西、云南等搬迁贫困人口较多的省区都制定了移民搬迁的条例或规定。

1993年，中央政府在《八七扶贫攻坚计划》中提出，对极少数生存和发展条件特别困难的村庄和农户，实行开发式移民。

1996年，中央政府在《关于尽快解决农村贫困人口温饱问题的决定》当中指出，对缺乏基本生产生活条件的少数特困村，要按照农民自愿的原则实行开发式移民。

2001年，中国政府在《农村扶贫开发纲要》中提出要稳步推进自愿移民搬迁。对目前极少数居住在生活条件恶劣、自然资源贫乏地区的特困人口，要结合退耕还林还草实行搬迁扶贫。要在搞好试点的基础上，制定具体规划，有计划、有组织、分阶段地进行；要坚持自愿原则，充分尊重农民意愿，不搞强迫命令；要因地制宜、量力而行、注重实效，采取多种形式，不搞“一刀切”；要十分细致地做好搬迁后的各项工作，确保搬得出来、稳得下来、

富得起来。经济发达的省市要从全局出发，适当增加吸纳和安置来自贫困地区的迁移人口，并作为对口帮扶的一项重要措施来抓。地方各级政府要制定鼓励移民搬迁的优惠政策，处理好迁入人口和本地人口的关系，尽快提高迁入人口的收入水平和生活质量。县内的移民搬迁由县政府组织，跨县的由省政府统一组织。要做好迁出地的计划生育和退耕还林还草工作，确保生态环境有明显改善。

为了进一步落实《中国农村扶贫开发纲要》，原国家计委在2001年9月提出了《关于异地扶贫搬迁试点工程的实施意见》。(1) 资金来源和管理。国家安排的资金从国债资金中解决，地方资金由地方机动财力等渠道解决。其他方面的资金如退耕还林还草、天然林保护、生态环境建设以及以工代赈资金等可以与之结合。国家补贴的中央预算内专项资金，要全部用于与搬迁群众密切相关的生产性基础设施、必要的生活设施及社会事业等，不得用于征地和其他补偿性费用。属于生产经营范畴的建设项目，不得安排国债资金。对确需安排的这类项目，可由地方通过其他渠道或群众自筹的办法落实资金。(2) 指导方针和主要原则。坚持扶贫与生态建设相结合；群众自愿；统筹安排、政策保障；先开发、后搬迁；因地制宜、讲求实效；量力而行、循序渐进的原则。(3) 信息反馈。上报的情况主要包括三方面的内容：一是计划执行方面的情况，包括资金到位、工程进度等；二是群众搬迁和安置方面的情况，包括政策到位、群众情绪等；三是迁出地的生态恢复情况。

2003年，国务院扶贫办指出，自愿移民搬迁是新阶段扶贫工作的一个必然选择，也是全面建设小康社会的必然要求。目前尚未解决温饱的贫困人口中，有相当大一部分居住在生存条件恶劣、自然资源贫乏的地区。若就地扶贫，不但成本高，也不能保证稳定脱贫奔小康，同时也不利于生态恢复与建设，因此必须实行异地搬迁。移民工作错综复杂，必须统筹规划，因地制宜，实事求是，量力而行。异地搬迁扶贫必须与生态移民、减灾防灾紧密结合起来，要做到坚持群众自愿原则，充分尊重民意；移民新村建设要做到生活、教育、卫生等实施配套；要建立新的产业，使移民有稳定的收入来源；各种政策要配套，使移民拿到土地使用证、户口证等，让他们搬得出、稳得下、富得起来。

2007年国家发改委制定了易地扶贫搬迁“十一五”规划，该规划实施范围为西部农村贫困地区，重点是西部地区国家扶贫重点县。规划期限为2006—2010年。该规划就搬迁的指导思想和指导原则，搬迁对象和搬迁、安置方式，搬迁目标、任务和建设内容，资金筹措和保障措施等提出了较为具体的政策措施。

（二）自愿性移民搬迁的具体实施

根据中央政府总的政策精神，需要移民搬迁的各省区政府都制定了自愿移民搬迁扶贫工作的实施细则和政策规定。在具体实施过程中主要包括以下几个方面的工作：

1. 移民地、移民户和安置地的选择。虽然各省区移民迁出地的具体情况有所不同，但迁出地基本上都具有以下几个特征：(1) 自然条件十分恶劣，大部分属于库区、深山区、地质灾害频繁发生地区，干旱或洪涝灾害频发；(2) 基础设施条件差，由于地处偏远，人口稀少，对其进行改善投入的总成本和人均成本都很高；(3) 耕地条件很差，难以解决温饱问题。

对搬迁移民的选择依据主要有以下几个方面：(1) 自然环境条件恶劣，人均耕地在0.3—0.4亩以下，粮食难以自给；(2) 贫困户年人均纯收入在国家或地方规定的贫困线以下；（3）住房、水、电、路、校等生存条件极差，基本丧失生存发展条件；（4）农民自愿。

安置地的选择依据主要有以下几个方面：（1）具备较好的生产和生活条件，通水、通电、通路，儿童能够就近上学，生病可以就近就医；（2）能够使移民获得一定数量的耕地和宅基地。

2. 移民的搬迁补贴及其优惠政策。移民搬迁补贴主要是针对住房的补贴，各地此项补贴的标准差异较大，最低的为1000元/人，高的在10000元/人以上。补贴的具体形式有货币补贴、实物补贴和公共建设。一般货币补贴主要用于建房和搬迁，实物补贴主要用于建房的材料和农业生产，公共建设主要是对移民安置区的基本生产、生活服务设施进行建设，如水、电、路等设施的建设。除此以外，各地方政府还对移民实施了减免税收、就业培训安置、子女免费入学等优惠政策。

3. 土地安置与户籍管理政策。土地问题的解决是移民搬迁能够稳定生活的重要保证，尤其是在以农到农的安置模式为主的政府有组织的移民活动中。土地政策主要涉及到耕地和宅基地的分配和使用。一般情况下，安置地的土地都是通过国家统一征用以后纳入移民安置计划，也有部分插花安置的地区采取在村集体经济土地中进行调整和分配。大部分进行整片开发的移民安置地对农户都采取了按照人口平均分配土地，按照农户平均分配宅基地的做法，基本上能够满足移民发展生产的需要。但是在一些插花安置的地方，由于原居民已经把好的、易于种植的土地承包了，移民只能到周边土地上开垦一些荒地维持生计，还有一些地区由于配套设施不完善，土地的立地条件较差，虽然移民能够获得足够数量的土地，但是这些土地的生产率非常低，难以保证农户恢复生产，从土地上获得足够的收益。

在通常情况下，移民搬迁后，户籍将转移到搬迁地，由安置地政府进行统一管理，但是在时间上各地的规定有所不同，有的地方在项目结束之后，就开始户籍转移；有的地方则在一段时间内，通常为3—5年，在此时间内，移民的户籍仍然属于原居住地政府管理，移民有来去自由的权利。这种政策虽然在一定程度上为移民吃了定心丸，但是也给移民管理带来很多麻烦，很多原住地政府只好在安置地建立管理办公室，这就出现了移民安置地在行政上隶属于原住地，而在地域上又隶属于安置地，出现了多头管理，也往往演变为无人管理的局面。

对于移民原住地的耕地，一般允许搬迁农户保留一段时间，搬迁农户的土地仍然可以自由支配，但大部分都在其亲戚朋友之间流转。退耕还林还草的可享受政策补助。移民原住地的房屋一般由农户自行处理。旧房屋拆除后原宅基地能复垦的复垦。

4. 移民搬迁的模式。中国自愿性移民搬迁呈现出以下几个特点：

（1）移民搬迁从地域上来看，以县内搬迁为主。从15个省区的数据来看，县内搬迁占到总搬迁数的93%，尤其是广西、河北、河南、江西、山西，宁夏、重庆等地全部都是在县内移民。这种搬迁方式更加有利于安排移民的生产和生活，便于调整土地，保证搬迁农户有足够的农地发展生产；便于组织和管理搬迁工作，节约搬迁路费；便于搬迁户了解安置地信息，做出更加符合自己利益的决策。

（2）从安置方式上来看，以集中安置为主，辅之以插花安置。从15个省区的数据来看，集中安置占到总搬迁规模的63%，插花安置占到总搬迁规模的35%。集中安置是指政府修建开发基地安置移民。集中安置点的建设主要包括水、电、路等基础设施、农田基本建设和文教、卫生、计划生育等服务配套设施建设项目，集中安置点需要大量的、集中连片的土地资源，目前虽采用的土地资源主要以国有荒地、国有农场等为主，开发成本相对较高。插花安置有贫困户自行投亲靠友，分散安置，政府给予一定补助。这种方式政府投入比较少，但困难户却很难找到合适的安置地。

（3）从移民安置后的生产方式来看，从原来以土安置为主，即从农到农安置模式为主，到逐步转向无土安置，即以劳务输出为主。由于搬迁户的文化水平和劳动技能较低，转移到非农产业困难较大。从农到农的安置模式有利于立即解决农民的就业和温饱问题，但这种模式在很多地方受到土地资源的限制，并且由于中国国民经济的快速发展，农业的比较利益不断下降，农民所增加的收入越来越多地来源于非农务工收入。因此，进入到21世纪，很多贫困地区的政府更多地采取了对贫困村、贫困户的青壮年劳动力转业培训的方式，促使这些劳动力转移到城市的非农产业就业。对政府来说，这种移民方式转移成本较小，不会遇到土地重新配置所带来的一系列社会矛盾。对贫困农户来说，收入增长更快，有助于彻底摆脱贫困。

（三）自愿性移民搬迁所取得的主要成就

1. 自愿性移民搬迁的总量较大。全国需要脱贫的移民人口744万，1978—1999年全国已经移民的人口为260.12万，已经移民的人口占要移民的人口的35%，已经在当地稳定居住的人口为241.74万，稳定居住人口占已经移民人口的93%，已经解决温饱的人口为224.92万，解决温饱的人口占已经移民的人口的86%，中央和省区补助的资金为58.1535亿元（国务院扶贫办，2001）。2001—2005年国家累计安排国债投资56亿元，搬迁122万人（国家发改委，2007）。

2. 自愿性移民搬迁的社会、经济、生态效益显著。在政府的支持和农民自身的努力下，以扶贫为目的的自愿性移民取得了良好的社会、经济和生态效益，这主要表现在四个方面：（1）移民搬迁后生产条件和经济发展环境发生重大的变化，加上国家采取了一系列帮助扶持措施，移民在搬迁定居后能很快恢复生产，基本上解决温饱问题，实现了脱贫致富。（2）扶贫移民搬迁减少了中国经济最贫困、生态最敏感、人口压力最大地区的环境和生态压力，并且使得迁入地的土地生产潜力得到了充分的发挥，有利于中国人口的合理分布和国土资源开发。（3）移民搬迁后，与原住地的居民还保持着紧密的关系，这为长期封闭在贫困山区的农户建立了一个对外交流的窗口和平台，有利于他们接受新技术、新观念，捕捉发展机会，从而促进贫困地区的发展。（4）移民对社会公共服务的可及性大大提高。

（四）自愿性移民搬迁所存在的主要问题与完善

1. 移民搬迁的资金不足。移民资金以政府投入为主，但是除了中央政府的资金可以保证以外，地方政府的配套资金往往难以保证，而社会资金也没有动员起来，存在资金缺口。中央资金投入也以以工代赈和财政发展资金为主，在移民搬迁方面的比例也不够大。移民搬迁补助资金一般是按人口或按户或两者的结合平均分配，其余搬迁资金由搬迁户自己承担，这就造成了很多贫困户或者因为缺乏资金而无力搬迁，或者为了搬迁欠下更多的债务，陷入更为贫困的境地。这说明移民搬迁中平均分配补助资金的办法降低了该项扶贫政策的瞄准机制。解决该问题除了要增加各级政府，特别是中央政府的资金投入外，经过甄别，增加对贫困农户的支持力度，会更有利于该项政策目标的实现。

表 7－1　　移民搬迁各省补助标准

省　区	对搬迁农户的补贴标准	省　区	对搬迁农户的补贴标准	省　区	对搬迁农户的补贴标准
广西	5000 元/人	河北	6000 元/人	河南	3000 元/人
湖北	4000 元/户	湖南	100000 元/户左右	江西	3500 元/人
内蒙古	5000 元/人	宁夏	3000 元/人	青海	450 元/人
山西	3000 元/人	陕西	1500 元/人，另 5000 元/户	新疆	25000 元/户
四川	6000 元/户	云南	5000 元/人	重庆	12000—15000 元/户

资料来源：李小云："自愿性移民对贫困和减贫的影响评估报告"，2006 年。

2. 移民对生产与生活不适应。搬迁后生产方式发生变化使很多移民感到不适应。搬迁前，农民基本是以农业收入为主；搬迁后，多数家庭转变为以非农业收入为主。搬迁后，迁入地和迁出地都有自己的土地，但由于路途遥远，对迁出地的土地难以再进行精心的照料，要么粗放经营，要么转租给别人。迁入地所分配的土地有限，难以满足生活水平提高的需要，要增加收入必须到非农产业中就业。但由于人生地不熟，加之缺乏技能，外出打工就业仍然存在很多困难。搬迁后生活方式发生的某些变化使一些移民感到不适应。搬迁以前移民生活中自给性消费占有较大比重，水、菜、燃料、粮食等常常基本自给，但搬迁以后这些生活必需品的商品性消费比重增加，意味着迁移户生活成本的提高，很多迁移户对此感到不适应。迁移户对由于风俗习惯以及宗教等所带来的差异也感到不适应。因此，对贫困户搬迁以后的生产、生活的指导，对他们到非农产业就业的培训与引导就成为贫困户迁得了、稳得住、能致富的必要政策选择。

3. 移民安置地的土地与环境问题。移民的集中安置需要征用大片的土地，但中国的农地大部分为集体所有，征用集体的土地会引发一系列的社会经济问题，一般较少采用。征用国有土地是各地的主要选择，但已开发的国有土地如国有农场也都有原来的使用者，征用这些国有土地会涉及或侵犯原使用者的利益，政府在征地处理不当的情况下会将其矛盾遗留给原来的土地使用者和新的移民。绝大多数移民安置地的土地质量较差，土地生产率较低，对其大规模开发又引发了新的环境问题。未利用土地资源的有限性和生态环境的脆弱性限制了大规模的移民搬迁，进而引发了对移民搬迁的战略性思考。随着社会经济的发展，特别是城市化的迅速推进，让具备能力的劳动力进入城市就业，通过城市化来部分地解决农村贫困也是一项重要的战略选择。

五、调动信贷资源的扶贫——扶贫贴息贷款

（一）扶贫贴息贷款政策的实施与演变

扶贫贴息贷款政策的主要目标是为贫困地区和贫困人口的生产活动提供信贷支持，以促进贫困地区的经济发展和贫困人口收入、生活水平的提高，并且贴息贷款不能用于生活消费。

1. 扶贫贴息贷款的启动。最早的贴息贷款项目开始于扶贫领导小组成立前的 1984 年，中国人民银行根据计划每年向革命根据地、少数民族地区和边远地区发放 10 亿元贷款。另

一项规模较小的没有贴息的贷款计划是中国农业银行向同样的地区发放的。

2. 扶贫贴息贷款计划的全面启动。当扶贫领导小组于1986年成立时，中央政府实施了一项由中国农业银行管理的针对国定贫困县的大规模的贴息贷款计划。该计划后来成为贫困地区最大和最重要的信贷扶贫计划。该项扶贫贴息贷款计划的主要内容是：（1）国务院决定，从1986年起，连续5年，每年发放10亿元专项贴息贷款，支持全国重点贫困县开发经济，发展商品生产，解决群众温饱问题。（2）专项贴息贷款所需信贷资金由中国人民银行每年专项安排，由中国农业银行发放，并进行专项管理，贷款收回要归还人民银行。（3）此项贷款由中央财政补贴大部分利息。专项贴息贷款是有偿有息资金，不得用于赈灾救济和无偿还能力的经营项目，必须按照信贷资金管理办法进行管理。坚持“有借有还，到期归还”，“谁用谁借谁还”和“群众借款自愿，银行贷款自主”等信贷管理的基本原则和制度，依法签订贷款合同，保护借款合同双方的合法权益，保证贷款的使用效益和安全。（4）专项贴息贷款，要与国家和地方原有用于贫困地区的各种扶持资金和其他贷款结合使用，按经济开发规划统筹安排，集中使用，分期分批地解决贫困地区发展商品生产的资金需要。（5）专项贴息贷款投放的重点是投资少、见效快、有市场、家家户户都能干、适合发挥本地资源优势，有助于尽快解决温饱的生产项目。贷款必须与优先支持发展养畜养禽、水产、采集、农产品加工、小矿产、小运输、建筑建材、劳务输出、增产粮食效果显著的新技术推广和经济林木等；以及直接为开发项目服务的商品生产基础设施。在贷款上，要优先安排生产周转贷款，对加工、服务生产设备贷款要从严掌握。不搞那些投资大、周期长、见效慢、同当前解决群众温饱相距较远的项目。（6）专项贴息贷款主要贷给贫困户或联户自主使用；或由贫困户承贷，带资直接参加联合体、乡镇企业入股经营；也可以贷给能为农户提供服务的或能为贫困户安排劳力就业的独立核算的各种农工商合作经济组织、乡镇企业和少数小型县办企业；少数具有法人地位，组织生产开发经营服务的经济实体，在自愿互利、有偿还能力的前提下，也可以出面承贷承还，使用到户。

3. 扶贫贴息贷款计划的拓展。1991年，国务院决定，“八五”（1991—1995年）期间在保持原扶贫资金数量不变的基础上，每年新增5亿元扶贫专项贷款，扶持一部分非国家重点贫困县进行经济开发，发展商品生产，尽快改变落后面貌。该项扶贫贷款计划的要点是：（1）投放范围。此项贷款必须用于经国务院贫困地区经济开发领导小组核定的214个非国家重点扶持的贫困县。（2）扶持对象。主要扶持人均纯收入低于300元的贫困户。（3）投资方向。优先投向种植业、养殖业、林果业和以农副产品为主要原料的加工业。重点支持这些产业中投资少、见效快、有市场、适合发挥本地资源优势的经济开发项目；并积极支持农业科技推广效益显著的项目。贷款支持的项目，要有助于带动当地经济起步、规模效益好的支柱产业的发展。（4）计划和资金的安排。此项贷款，由人民银行总行每年专项安排，由农业银行具体负责发放管理。人民银行给农业银行的借款期限一般为5年，借贷利率为月息3.9厘，贷款收回后归还人民银行。（5）利率和贴息贫困户和贷款单位使用贷款所付利息为月息2.4厘，与利率之间的差额由省、区补贴。省、区财政根据贷款的实际发放数，按季向省、区农业银行贴息。

4. 扶贫贴息贷款使用方向的重大转变与追加。1991年，另一项扶贫贴息贷款计划的使用方向有了重大转变。根据国务院的指示精神，“八五”（1991—1995年）期间，每年7亿元的扶贫贴息贷款要用于贫困地区的县办企业。其基本要点是：（1）贷款的使用要相对集中。每年7亿元贫困地区县办企业专项贷款（其中人民银行4亿元，工商银行2亿元，建设银行1亿元）要集中使用，人民银行和工商银行发放的贷款重点用于国家扶持的331个贫困县，兼顾新增5亿元扶贫专项贷款扶持的214个省定贫困县。建设银行发放的贷款，原则上只用于国家扶持的331个贫困县。（2）使用贷款的项目必须符合国家产业政策。贷款主要用于投资省、见效快、有资源、有市场，能带动千家万户发展商品生产、既富民又富县的龙头骨干项目和能形成地方支柱产业的项目；生产出口创汇产品和能形成劳动密集型产业的项目以及改造和扩建效益好、有发展前途的老企业与近几年新建的需要填平补齐的项目。无论上哪一种项目，都必须以尽快形成生产能力，提高贷款的使用效益，能够按期归还银行贷款为原则，并注意地区间资源的配置和产业的合理布局。

1992年，国务院决定新增5.5亿元扶贫专项贴息贷款，其中基本农田建设扶贫专项贴息贷款4亿元，恢复水毁扶贫项目专项贴息贷款1.5亿元。其基本要点是：（1）使用范围。基本农田建设贷款集中用于贵州、广西、四川等23个省区中国家扶持的贫困县（不含甘肃“两西”地区贫困县）和上年新增5亿元贷款扶持的贫困县，重点照顾这些县中人均纯收入250元以下、人均占有粮食600斤以下的贫困县。水毁项目贷款全部用于上年遭受洪灾的安徽、四川、湖北、贵州、河南、湖南6省中51个国家扶持和上年新增5亿元贷款扶持的重灾贫困县。（2）扶持项目。基本农田建设贷款主要用于建设旱涝保收、稳产高产基本农田所需的施工材料费。水毁项目贷款主要扶持尚未恢复的有市场、有效益的种植业、养殖业和加工项目。（3）计划和资金安排。贷款由人民银行总行安排专项计划和资金，农业银行负责发放和管理。人民银行对农业银行的贷款期限为5年，借款利率为月息3.9厘。借款到期后，农业银行将收回的贷款归还人民银行。如有特殊情况贷款到期不能收回的，经商当地人民银行同意，可相应延期农业银行的借款期限。（4）利率和贴息。贷款利率为月息7厘，贷款使用单位负担2.4厘，中央财政和省区财政各负担2.3厘。贴息期限一般按照贷款到期掌握。基本农田建设贷款期限为5年，水毁项目贷款期限一般为3年，最长均不超过5年。

5. 扶贫贴息贷款对象的进一步选择。1999年9月，中国农业银行在《关于进一步做好信贷扶贫工作的通知》中指出，坚持扶贫到村到户是夺取扶贫攻坚最后胜利的关键。但是，扶贫到户不能简单地等同于扶贫贷款到户，不能绝对化。各行应针对不同地区、不同贫困户的特点，区别对待，关键是扶贫贷款要放得出、收得回，这是检验贫困户是否真正脱贫的标志。要因地制宜地发放扶贫贷款，确保信贷扶贫的效益进村入户。对具备基本生产生活条件，有能力靠自身脱贫的，必须把贷款直接贷到户；对党政干部帮扶贫困户、能人扶持贫困户的也可贷款到户；对产品有市场、经营有效益的项目，可以通过“企业（公司）加农户”的形式，吸收贫困户劳动力或收购贫困户产品实现效益到户；对生存环境恶劣、根本不具备生产经营条件的贫困地区，扶贫贷款可用于移民开发项目，对改善贫困地区生产生活条件其重要作用的基础设施项目，可由项目法人承贷。经省级人民政府同意，扶贫贷款还可适当用于省定贫困县。在坚持贷款条件的前提下，灵活掌握贷款方式，直接到户的小额贷款一般采用信用贷款贷户联保的方式；经济实体贷款和项目贷款必须承担相应的扶贫任务，项目要有20%的资本金，采取担保贷款方式。

6. 带有多方支持的小额信贷的推进。在国外小额信贷扶贫成功实践的影响下，中国在20世纪90年代初就由国际机构和民间组织引进了小额信贷，并且在很短的时间内设立了多种小额信贷项目。其中大多数项目是与国际组织捐助者合作开展的，按照孟加拉乡村银行的模式，覆盖面较少，且瞄准穷人。民间小额信贷项目在早期取得了可喜的业绩，许多项目的贷款户还贷率接近100%。中国的扶贫和金融部门最初对小额信贷模式在中国是否适用持怀疑态度，但在发现民间和国际机构的小额信贷能够达到政府贴息贷款所不能达到的扶贫到户和高还款率这两个目标后，国务院扶贫办和中国农业银行决定利用贴息贷款来推广孟加拉乡村银行模式的小额信贷。地方政府扶贫部门建立了独立的扶贫社，通常雇用政府职员去协助建立贷款小组，发放和分期回收贷款。由于有政府的支持和大量的贴息贷款可以使用，政府的小额信贷项目扩展得非常快。到1998年8月已经覆盖到22个省（区、市）的600个县（Park et al.，2003）。

7. 扶贫贴息贷款规模的扩大与财政贴息方式的改革。进入21世纪，中国扶贫贴息贷款的规模迅速扩大。扶贫贴息贷款在2002—2004年间投入了将近200亿元支持贫困地区的农业产业化，投入210多亿元支持贫困地区的物质基础设施和社会基础设施，还支持50多亿元支持贫困地区中小企业发展。扶贫贴息贷款余额相当于扶贫重点县贷款余额的10%左右（吴国宝，2006）。

2004年，财政部和国务院扶贫办在全国11个省的33个县进行了财政贴息方式的改革，基本做法是将中央财政直接对农业银行总行进行贴息改为下划部分贴息资金达到地方财政，由县级财政直接将贴息资金核拨给发放贷款的金融机构或者补给得到扶贫贷款的贫困农户。

2005年，财政部、国务院扶贫办和中国农业银行经过共同协商，在2004年贴息方式改革的基础上，扩大改革的试点，资金规模由2004年的1650万元扩大到1亿元。试点省由11个扩大到21个，试点县由33个增加到200个（吴国宝，2006）。这项改革增加了贫困户和低收入户获得贴息贷款的机会，到期还款率有所提高。

（二）扶贫贴息贷款的绩效

1. 为贫困地区注入了大量资金，促进了贫困地区的经济发展。中国扶贫贴息贷款计划的最大作用是为国定贫困县提供了大量的有利息补贴的信贷资金。1986—2002年间，中央政府累计的信贷扶贫资金总额达到1253亿元，占到三项扶贫资金总额的53.8%。在部分贫困县，贴息贷款占到农行新增贷款总额的一半以上，成为地方流动资金甚至固定资产投资的主要来源（汪三贵，2005）。扶贫贴息贷款在很大程度上缓解了贫困地区信贷资金的不足，也推动了贫困地区农业产业化、基础设施改善、中小企业的发展和部分农户脱贫致富。

2. 扶贫贴息贷款的政策目标逐渐地发生了偏离，真正的贫困户难以获得贷款。在20多年的扶贫贴息贷款计划的执行过程中，农户特别是贫困农户获得贷款比较困难。其主要原因在于决定扶贫贴息贷款如何使用的部门主要有中央政府和国务院扶贫办、地方扶贫办、地方政府和中国农业银行。从中央政府和国务院扶贫办的扶贫贴息贷款政策的演变可以看到，将扶贫贴息贷款贷给县乡企业、产业化龙头企业以及进行基础设施建设就是原本的政策设计。地方扶贫办是以扶贫开发为宗旨，但它是地方政府的一个部门，最终还要听命于地方政府的决策。贫困地区政府特别是县乡政府最大的问题是财政收不抵支，将扶贫信贷资金贷给企业不仅有助于增加税收、缓解财政困境，而且会推动经济的更快增长。中国农业银行在承担这些扶贫信贷业务的同时迅速地走向了商业化，有着很强的盈利动机，最关心的是贷款安全性以及能否及时回收。让一家商业性银行承担政策性很强、难以获利的信贷业务，实难达到政策的预定目标。现在贴息贷款只有15%左右用于到户贷款，只有46%用于农业和农村发展，一半左右用于各类物质和社会基础设施（吴国宝，2006）。这种扶贫贴息贷款的格局是现有制度和政策的反映。

3. 扶贫贴息信贷资金的回收率较低，中国农业银行开展此项业务的积极性不高。还贷率低是中国扶贫贴息贷款计划所面临的另一个严重的问题。1991—1993 年到期扶贫资金的回收率仅为50%左右，1986—1993 年累计的逾期贷款占当年到期贷款的比例为136.73%，1986 年到 1993 年的呆账率为 40%。到 2005 年年底累计的农户扶贫贷款余额的不良贷款率还高达 76%。21 世纪初，农业银行将扶贫贷款的发放对象转向规模较大的产业化龙头企业和基础设施等，是政府和银行的共同选择。这种贷款方向的调整确在一定程度上提高了扶贫贴息贷款的质量。2000—2003 年间，不良贷款率大幅度下降了 39 个百分点，尽管以后有所上升，但仍低于 2000 年约 20 个百分点（中国发展报告，2007）。贷款质量的提高主要是因为农业产业化、基础设施、教科文卫及生态和旅游项目的不良贷款率较低所致。但目前的扶贫贴息贷款已经更多是名义上扶贫贷款，对贫困人口的影响越来越小，而且不良贷款率仍然远远高于一般商业贷款。造成扶贫贴息贷款还贷率低的原因很多。首先是贷款项目的失败，使贷款企业和农户已无还贷能力。其次是低下的甚至是负的实际利率刺激借贷者尽可能长时间地占用贷款。最后对赖账的企业和贫困农户也缺乏有效的制裁措施。

扶贫贴息贷款的经营成本高、风险大，财政贴息不能弥补所造成的损失。中国农业银行经营此项业务不是竞争的结果，而是中央政府的硬性安排。中国农业银行在走向商业化，对给本银行不能带来利润、只能带来损失的扶贫贴息贷款缺乏经营积极性，是一种正常的企业行为。

4. 小额信贷处境艰难，难以做到可持续发展。目前中国的小额信贷运动仍在某些方面继续发展，但就总体而言已经不再维持早期快速发展的势头，并且面临一系列制度和管理上的问题。事实上，自 20 世纪 90 年代末以来，中国参与民间小额信贷项目的农户数已经下降了。有一些早期的项目已经完全失败了。有一些是依靠一次性外部捐助，当捐助者转移到新的项目（如联合国儿童基金会、联合国人口活动基金会、联合国开发计划署和世界银行的项目）上时，就再也得不到新的捐助了。多数项目未能实现可持续发展。制度上的限制使小额信贷项目不能动员他们自己的存款从而制约其扩展的可能性。政府小额信贷从一开始就存在严重的制度缺陷，没有长远的目标，缺乏适当的培训、激励机制以及监管不力，使得政府小额信贷的快速扩展，不可避免地导致重要小额信贷原则得不到很好的贯彻，还贷业绩迅速恶化（Park and Ren，2001）。

六、贫困地区跨越式发展的扶贫措施——科技扶贫

（一）科技扶贫的主要政策内容

科技扶贫的核心是通过示范、培训，加大贫困地区和目标群体对农业高新技术、新品种的推广力度，充分发挥科技在扶贫开发中的带动作用。

从 1986 年开始，中国政府有关部门根据国家扶贫开发的总体战略和要求，适时提出科技扶贫的目标、措施和实施办法，并于 1996 年制定《1996—2000 年全国科技扶贫规划纲

要》，2001年和2006年又分别制定和颁布了“十五”、“十一五”的科技扶贫发展纲要，加强对科技扶贫的政策指导。纲要中指出，在扶贫开发过程中，必须把科学技术的推广和应用作为一项重要内容，不断提高科技扶贫水平。无论是种植业、养殖业、加工业，都必须有先进实用的科学技术作为支持和保证。要充分利用科技资源和科技进步的成果，调动广大科技人员的积极性，鼓励他们到贫困地区创业，加速科技成果转化。要采取更积极的措施鼓励民间科研机构、各类农村合作组织和各类科研组织直接参加项目，在扶贫开发中发挥更重要的作用，并在科学技术推广工作中提高自身的水平。拓展更广阔的发展空间。各有关省、自治区、直辖市政府要安排资金，建立科技扶贫示范基地，注重示范效应，充分发挥科技在扶贫开发中的带动作用。同时提出努力提高贫困地区群众的综合素质，特别是科技文化素质，是增加贫困人口经济收入的重要措施，也是促进贫困地区脱贫致富的根本途径，必须把农民科技文化素质培训作为扶贫开发的重要工作。

（二）科技扶贫的主要成效

1. 推广普及农业先进实用技术，促进了科技成果向贫困地区的转化。贫困地区相对落后的一个重要原因，就是科技落后，劳动者素质较低。推广普及农业先进实用技术是贫困地区解决温饱问题、增加农民收入和实现可持续发展三大战略任务的关键。在科技扶贫工作中，中央和各级地方政府因地制宜制定和组织实施了不同层次的农业技术推广计划，有重点、有步骤把先进实用的农业技术，推广应用到生产当中去，加速推动了贫困地区农业科技的进步。如特别重视粮棉油大田增产技术以及畜牧业、水产业、林果业增产技术为主要内容的农业技术推广，重点推广普及成熟配套的综合技术及增产增收潜力大、辐射面广的重大农业新技术；加强了种植业、养殖业品种改良繁育基地建设，对农作物和畜禽品种进行了提纯复壮和更新换代工作，为贫困地区的农业生产提供优良品种以及配套的技术服务。

2. 优化产业结构，提升了支柱产业的技术水平和竞争力。广大贫困地区依托当地的资源，发展了一批卓有成效的区域性支柱产业，辐射和带动了一大批贫困户走上脱贫致富的道路，有力地促进了贫困地区的经济发展。但贫困地区的支柱产业由于其产品质量低、品种单一，市场竞争力弱，产业布局分散，低水平重复等结构性矛盾突出。各级政府及相关部门通过组织有关专家对产业发展进行科学的规划，并根据当地的资源特点和国内外市场趋势，帮助贫困地区改造现有支柱产业和技术设备，提高资源的加工深度，改进产品质量，形成拳头产品，带动产品的系列开发。加强了生产、加工、包装、储藏、运输等环节的技术集成。为贫困地区引进、开发了大量先进技术和设备，为贫困地区扶持和培育了一批科技型龙头企业，优化了贫困地区的产业结构，使支柱产业市场竞争力有了较大的提升。

3. 通过外派和定向培养等方式，充实壮大了贫困地区的科技力量。自实行科技扶贫以来，从科研单位、大专院校、农业技术部门抽调大批农业科技人员，为每个贫困县配备一名科技副县长，一部分乡还配备了科技副乡长，专门负责农业技术推广工作。实施《国家八七扶贫攻坚计划》以来，全国已组织80余万科技人员参与科技扶贫，有1100多个科研院所、大专院校与贫困县乡挂钩，推荐实用技术近万项，帮助建立了12000多个科技扶贫示范点。大专院校向贫困地区定向招生、定向分配，广泛吸收农村青年参加农业广播电视大学和网络学校的远程教育，每个县办一所职业中学，在农村中学加设农业技术课，各县成立农业技术培训中心，实施针对贫困户的劳动力培训计划，使很多青壮年农民掌握了一两项脱贫致富的技术和技能。

七、农村社区综合发展的扶贫措施——整村推进

整村推进扶贫是进入21世纪中国政府所采取的农村开发式扶贫的重点内容之一。目的是利用较大规模的资金和其他资源，在较短的时间内使被扶持的村在基础和社会服务设施、生产和生活条件以及产业发展等方面有较大的改善，并使各类项目间能相互配合以发挥更大的综合效益。从而使贫困人口在整体上摆脱贫困，同时提高贫困社区和贫困人口的综合生产能力和抵御风险的能力。

（一）贫困村的确定

整村推进是以贫困村为基础的，因此首先必须根据一定的标准来选择贫困村。贫困村的选择基本上是根据亚洲开发银行专家组提出的村级加权贫困指数（WPI）来进行的。该指数对8个指标在村级进行了加权，即生活状况（人均粮食产量、人均年现金收入和土坯房的农户比重）；生产生活条件（饮水有困难的家庭比重、农户的通电率、通机动车的自然村比重）；卫生教育状况（女性长期患病率、中小学生辍学率）。然后，可以利用加权的贫困指数对村庄进行排序，指数越高，村子越穷，就越有可能被确定为贫困村。这种方式的优点是对贫困村的选择不仅考虑到了收入因素，同时也考虑了基础设施和社会发展指标，利用这些综合指标能比较全面地反映一个村庄的贫困状况。然而由于需要对每个指标给予不同的权重，而权重又是由各地根据每项指标的重要性自己确定的，因此同一指标的权重在不同的地区可能完全不同。这种加权方式虽然考虑了不同地区的人对贫困地域上的差异，但却使计算出来的贫困指数不能进行跨地区比较。考虑到各地情况的差异，在具体的操作中，并没有要求各个地区都采用所推荐的8个指标，而是各地可以在此基础上根据实际情况进行调整。这虽然增加了指标的灵活性以适应不同地区的情况，但也使地区间的比较更加困难（汪三贵，2006）。

按照上述方法，全国共确定了15万个贫困村，其中，西部占50%，中部占40%，东部占10%，可见国家扶贫开发的重点进一步向中西部转移。

（二）整村推进项目的规划与实施

1. 制定村级扶贫规划。整村推进的技术手段就是制定和实施参与式村级扶贫规划。目前全国制定参与式村级规划的基本程序是，首先是村级基本资料的收集与整理。了解的内容主要包括村的自然地理状况、经济发展状况、经济发展程度、人口、资源、社会状况，包括教育、卫生、村级组织等不同的内容。其次是对农户进行分类。农户分类是确保扶贫资源优先支付最需要农户的第一步，一般将村民分为救济户、特困户、贫困户和一般户四种类型。第三是村级扶贫开发问题和原因分析，需要组织男女贫困村民代表对贫困的问题和原因进行讨论。第四是村级扶贫开发项目的形成。包括发展项目的优势劣势及可行性分析、村级扶贫开发项目受益群体和参与群体的确定、所需支持的确定等等。第五是项目实施设计，包括技术、时间、资金等各方面的细节。最后是村级扶贫开发的监测与评估体系的确立和完成规划

文档，并按规划组织实施。

2. 整村推进项目的实施。整村推进所实施的项目都是以村级扶贫规划为基础的，绝大多数项目是村干部和村民利用参与式的方式提出来的，其主要项目有道路、饮水、沼气池、移民搬迁、产业开发等。

贫困村的道路建设主要是新建或扩建通村路和连接村内各自然村之间的村级道路，修建的标准以4—6米宽的沙石路为主，村内路的标准则更低一些。山区道路的建设成本一般都比较高，新建需要10万—20万元/公里，扩建则低一些。村内路因标准较低，新建需要4万—10万元/公里。标准稍高一点的道路项目的实施一般由县、乡政府相关部门组织，外包给专业工程队机械施工。有时需要村民投工投劳（义务或有报酬）做一些辅助工作，如搬运砂石料等。道路建设的费用一般由政府全部承担。

饮水工程项目由于各地的地理条件和水源的不同而有差别。一类是以修建水窖或水柜为主，即在山坡上或低洼处用石头等砌成一个蓄水池或蓄水窖，拦截和储存雨水形成的地面径流。另一类是以打深水井项目为主，即在村中打深井，借助水泵或水塔，通过管道将水送到各家各户。政府对此采用补助的办法，农户仍然要承担部分费用。

沼气池项目对贫困山区农户的生产、生活的改善和环境保护都有很好的效果。农户建沼气池首先要求养猪、养鸡等要达到一定的规模，以便为产气提供足够的原料。粪便和秸秆经过发酵以后所产生的沼气不仅可以用来做饭、照明和取暖，而且沼渣也变成了优质肥料，有利于发展有机农业。通过发展沼气，农民获得了更为方便的再生能源以后，农民不再上山砍柴砍树，也就有利于生态环境的改善。沼气池项目一般政府提供一半以上的补助，有的地方提供水泥、钢材等实物补助，不足部分由农户自筹。

移民搬迁项目是对居住在偏远山区靠当地资源难以维持生存的贫困家庭实施有补助性的搬迁计划。政府对需要搬迁的贫困农户按户和按人口实行补贴，这些补贴费用一般占到搬迁费用的1/3左右，其余需要农户自筹。对于较为富裕的农户来说，在政府的补贴下可以承担得起搬迁所需费用。但对更为贫困的农户来说，即使有政府补贴，要么无力搬迁，要么要靠借债来搬迁，在一定的时期内陷入更为贫困的境地。

产业开发项目主要是扶持发展具有特色的种植业和养殖业，通过专业村和专业户的发展使当地的某个或某些产业形成区域专业化、规模化生产，进而带动农民增收致富。产业开发项目的发展除了需要农民要有一定的经验和技术以外，最重要的是农民要有一定的生产资金。在政府财政补贴或信贷支持的情况下，有助于贫困农户参加到产业开发项目当中来。但对特困户来说，由于严重缺乏自有资金，更难以获得贷款，因而难以参加到产业开发当中来。

（三）整村推进所取得的成就

1. 提高了贫困的瞄准度。贫困村的确定是整村推进工作的一大贡献，即将扶贫开发的对象从贫困县变为贫困村，这是区域瞄准方式的一大进步。与以县为扶持单位相比，确定的贫困村由于可以超出贫困县的范围而有利于提高对贫困县外贫困人口的覆盖率，而贫困县内只有部分贫困村能享受扶贫资源也有利于减少资源的漏出。根据《中国农村扶贫开发纲要(2001—2010年)》确定的592个扶贫重点县，覆盖了全国61.9%的贫困人口和63.3%的低收入人口（中国农村扶贫开发概要，2003）。而扶贫村的确定则更进一步的发挥了扶贫瞄准机制的作用，全国共确定了15万个贫困村，占行政村总数的21%，截至2006年底，已有5.4万个贫困村实施了整村推进扶贫开发规划（国务院扶贫办，2007）。这对扶贫政策作用的发挥和效率的提高将起到巨大的作用。

2. 改善了贫困村的生产和生活条件，提高了农户收入。目前，整村推进所实施的项目都是以村级扶贫规划为基础的，绝大多数项目是村干部和村民利用参与式的方法提出的，项目主要集中在道路、饮水、沼气、移民搬迁和产业开发等方面。这些项目的实施，使得贫困村的基础设施有所改进，农户的生产、生活条件都有所改善，收入也都有所提高。

2001—2004年间，贫困村农户的收入增长整体上比非贫困村农户收入的增长快，贫困村高出非贫困村2个百分点，贫困县内的贫困村高出非贫困村1.1个百分点，这表明国家的扶贫政策在这一阶段的作用还是比较明显的。而对比整村推进村和非整村推进村可以发现，两者之间的差别更明显。所有整村推进村农户的收入增长要高于非整村推进村3个百分点，贫困县内整村推进村农户收入增长率高于非整村推进村农户2个百分点。可见，整村推进政策对贫困地区的贫困农户的作用是十分明显的（见表7-2）。

表7-2　贫困村、整村推进村与非贫困村、非整村推进村农户的收入增长（2001—2004年）

	村收入的增加额（元/人）	总增长率（%）	年均增长率（%）
所有贫困村	367.79	20.58	6.86
所有非贫困村	467.76	14.54	4.85
贫困县内贫困村	292.42	22.10	7.37
贫困县内非贫困村	321.46	18.68	6.23
所有整村推进村	455.51	23.72	7.91
所有非整村推进村	455.23	14.90	4.97
贫困县内整村推进村	367.21	25.08	8.36
贫困县内非整村推进村	300.85	19.23	6.41

资料来源：汪三贵："整村推进的实施方式和扶贫效果评估报告"，世界银行和国家统计局农调队。

（四）整村推进中所存在的主要问题与完善

1. 贫困村瞄准机制需要完善，精度有待提高。由于缺乏全国性的村级统计资料，贫困村的选择主要是由地方政府根据亚洲开发银行相关课题组推荐的标准进行，然而在整个选择过程中各地有很大的灵活性，使得各地所选择出来的贫困村不具有可比性，形成了贫困村的漏出。因此，应进一步开展研究，建立更为科学合理的评价指标体系，通过普查和住户调查，将遗漏的贫困村筛选出来。

2. 扶贫资金投入需要增加，管理需要完善。据不完全统计，要彻底解决一个村的贫困问题，平均每个村的扶贫资金计划为228万元，即使只进行公共基础设施（包括生产性和社会服务性）的建设，每个贫困村也至少平均需要100万元的投资，但是实际上每个贫困村获得的平均扶贫投资仅为34万元，仅占到需求量的15%（张磊，2006）。2001年以来，中央政府投入的三项扶贫资金每年都在300亿元以上，并且逐年都有增加。按照现有的扶贫资金投资总规模计算，国家投入的扶贫资金是完全可以满足每个贫困村平均200万元的资金需求。但是由于扶贫资金分散管理体制和部门利益的驱动，大量的扶贫资金并不能用于贫困村的扶贫开发，相当一部分扶贫资金甚至没有用于扶贫。从而使得扶贫纲要将近过半时贫困村获得的扶贫资金只占到资金需求量的15%，贫困村的资金投入量大大低于实际需求量（汪三贵，2006）。因此，进一步增加扶贫资金的投入，对扶贫资金实行统一管理、集中使用，提高扶贫资金的到位率，减少扶贫资金的漏出，成为今后整村推进当中的一项重要任务。

八、提升贫困地区和贫困人口实力的扶贫措施——产业化扶贫

（一）产业化扶贫政策的主要内容

《中国农村扶贫开发纲要》明确提出，要“积极推进农业产业化经营。对具有资源优势和市场需求的农产品生产，要按照产业化发展方向，连片规划建设，形成有特色的区域性主导产业。积极发展公司加农户和订单农业。引导和鼓励具有市场开拓能力的大中型农产品加工企业到贫困地区建立原料生产基地，为贫困农户提供产前、产中、产后系列化服务，形成贸工农一体化、产供销一条龙的产业化经营。加强贫困地区农产品批发市场建设，进一步搞活流通，逐步形成规模化、专业化的生产格局”，为促进贫困地区的生产结构调整、增加贫困农民的收入做出贡献。

产业化扶贫的内容包括确立主导产业，建立产业基地；提供优惠政策，扶持龙头企业；探讨运行机制，实现农户企业双赢。产业化扶贫，具有同时实现农民增收、企业增利和政府增税的可能性。对于农民收入低、企业成长机会少、政府税源弱的贫困地区来说，最为重要的工作是使其有可能变为现实。

中央政府为促进产业化扶贫所推出的相关政策是认定龙头企业和发放贴息贷款的根据。龙头企业是产业化扶贫目标能否实现的关键所在，也是贴息贷款的主要扶持对象。为了使信贷扶贫资金的运作更安全、更有效，2005年，国务院扶贫办根据《关于申报国家扶贫龙头企业的通知》中确定的评定标准，认定了260家国家扶贫龙头企业作为扶贫贴息贷款的重点扶持对象，并要求各省市区积极为国家扶贫龙头企业创造良好的外部环境，扶贫部门要把扶持国家扶贫龙头企业的发展作为主要任务之一，中国农业银行要把支持扶贫龙头企业的发展作为信贷扶贫的主要工作。产业化扶贫资金主要来源于财政贴息贷款。

从全国情况来看，扶贫贴息贷款已经大部分投向龙头企业，2003年用于产业化扶贫的扶贫贴息贷款达50亿元，占全部扶贫贴息贷款的57.2%。2004年政府实施的优惠政策给产业化扶贫项目带来的资金总额为17亿元，其中信贷扶贫资金占61.7%，财政扶贫资金和社会帮扶资金分别占18.7%和12.5%，税收优惠和财政贴息分别占3.7%和3.4%。扶贫系统也为龙头企业的发展提供了具体的支持计划：一是贴息贷款，使贴息贷款的数量与企业扶持的贫困农户数量挂钩。二是培训费用，如果龙头企业安排贫困农户的劳动力就业，可以用扶贫资金进行培训。

地方政府推出的相关政策更多一些，包括信贷扶持政策、税收优惠政策、财政资金扶持政策、土地使用政策、社会帮扶政策等。

（二）产业化扶贫政策所取得的主要成就

1. 提高了贫困地区龙头企业的竞争力，促进了当地经济的发展。经过筛选，确定了260家国家级扶贫龙头企业，这些国家级扶贫龙头企业不同程度地得到了中央和地方政府在财政、税收、信贷、土地使用、信用担保、营销推介等方面的大力支持，使得大多数企业在资金与原料来源有了更可靠的保证，产品质量和信誉程度有了大幅度提高，进而提升了贫困地区龙头企业的市场竞争力。产业化扶贫政策启动以后，扶贫龙头企业通常都是各地扶贫贷款的投放重点，进而缓解了扶贫龙头企业的资金短缺压力，促进了企业做大做强。通过扶贫龙头企业的带动，形成了一大批企业加工原料生产基地。如在当地政府的帮助下，重庆三牧集团在动员当地农民参与“小母猪”工程；呼和浩特市政府通过推进“奶业兴市”发展战略，建立了大量的奶牛基地和饲草料基地，有力地保障了以鲜奶为原料的伊利、蒙牛、奈伦等乳制品加工企业的原料需求。

2. 增大了贫困户的就业机会和收入水平。扶贫龙头企业在贫困地区的农户和市场之间架起了桥梁，通过形成稳定的农产品购销关系直接带动了农业的发展，提高了农业劳动力的利用率，不仅提高了贫困户的农业收入，而且使一些贫困户有机会到扶贫龙头企业就业，增加他们的工资性收入。产业化扶贫的扶持对象除了推动贫困地区支柱产业发展的扶贫龙头企业外，还包括参与支柱产业发展的贫困农户。由于贫困农户缺乏资金、技术和经营经验，因此，各级政府协调相关部门向贫困农户提供信贷，开展技术培训，甚至无偿提供种苗和技术，帮助贫困农户与龙头企业签订产品买卖以及生产要素等合同，以及政府的相关部门和干部与贫困农户结对帮扶等，使贫困户与龙头企业形成更为牢固的经济合作关系。

李周等（2006）通过对5个省的调查分析，认为参与产业化扶贫的龙头企业从为贫困农户增加就业机会和增加收入两个方面发挥了重要作用。在他所调查的5个省中，平均每家龙头企业辐射农户数为3423个，波动幅度在1161—6198户之间；辐射的贫困农户平均为1316户，波动幅度在578—2391户之间，贫困农户占总户数的比例平均为45%，波动幅度在9.3%—70%之间；辐射半径平均为4300公里，波动幅度在250—10000公里之间。户均增收有两个区间，一个在5—70元之间，另一个在2000—4000元之间（见表7-3）。因此，扶贫龙头企业可以在一定程度上扶持贫困农户。

表7-3　　5省平均每个龙头企业辐射的农户数和贫困农户数

	山东	江西	黑龙江	山西	湖北	平均
辐射农户数（户）	3416	6198	1161	3009	3333	3423.4
辐射贫困农户（户）	2391	578	625	1879	1111	1316.8
贫困农户占总农户的比重（%）	70.0	9.3	53.8	62.4	33.3	45.76
最大辐射半径（公里）	10000	1000	10000		500	4300
户均增收（元）	3970.9	5.0	69.2		2000	1209
贫困户均增收（元）	3403.6	21.4	45.0		2000	1094

资料来源：李周等：“产业化扶贫方式评估报告”，载于《新阶段扶贫开发的成就与挑战》，中国财政经济出版社，2006年版。

（三）产业化扶贫政策所存在的主要问题与完善

1. 扶贫龙头企业获得贷款仍然存在困难。国家扶贫龙头企业享有的信贷优惠政策是由中国农业银行所经办的贴息贷款，但中国农业银行已经走向商业化，自身利润最大化的追求使该银行在放贷过程中十分注意防范风险，即使存在财政贴息，该银行对扶贫龙头企业的贷款也十分审慎。扶贫龙头企业普遍反映，企业能否获得信贷资金与龙头企业的头衔并不紧密。因此，建议将扶贫龙头企业的信贷业务放到中国农业发展银行，而不是放到中国农业银行这样的政策性银行，以便更好地执行政府的政策意图。

2. 扶贫龙头企业所得到的优惠政策和所承担的社会责任不匹配。中央和地方政府给予了扶贫龙头企业一些优惠政策，但同时也对这些企业提出了帮扶贫困户的社会责任。贫困户与富裕农户相比，在资金、技术、经营理念和经营规模等各方面都存在较大差距，与贫困户结对越多越不利于龙头企业竞争力的提升。贫困地区的社会经济环境不如发达地区，加之有些优惠政策得不到落实，因而形成了扶贫龙头企业所得到的优惠政策与所承担的社会责任不匹配。因此，增大扶贫龙头企业的支持力度和使优惠政策得到落实，是使龙头企业承担一部分扶贫社会责任的重要前提。

3. 对产业化扶贫的政策效果在认识上仍然存在分歧。有人认为，把扶贫资金投放到以追求利润最大化为目标的企业，有可能会使扶贫的目标发生偏离。在扶贫资金仍然十分稀缺的情况下，直接帮助穷人和促进支柱产业的发展在短期内具有竞争性，可能会降低扶贫资金向穷人转移的效率，并产生资金的漏出。这种担心有一定道理。应该肯定，从短期来看，扶贫到村特别是到户，通过贫困户发展农业生产，通过劳务输出来增加农业和非农业收入，效果会来得更直接和迅速，有利于贫困农户快速解决温饱问题。但从长期来看，仅有农户经济的发展难以实现与大市场的对接。在农户经济发展的基础上，必须通过“公司＋农户”、“合作社＋农户”等多种农业产业化经营组织模式，通过农业产业链的延长，使农民获得一部分农产品加工、运销领域增值所带来的利润，使农民所生产的农产品获得稳定的销售渠道。因此，以产业化扶贫为切入点，培育贫困地区的支柱产业，是提升贫困地区产业结构和保障贫困地区经济持续稳定发展的必然要求，是与扶贫到村、到户、到人相呼应的发展战略。进一步完善和落实各级政府对扶贫龙头企业的各种优惠政策，构建优惠政策与龙头企业承担的扶贫社会责任挂钩的运行机制，是今后产业化扶贫的发展方向。

九、人力资源开发的扶贫措施——贫困地区劳动力转移培训

（一）农村劳动力职业培训的主要政策

1. 农村劳动力技能就业计划。本计划是劳动和社会保障部贯彻落实《国务院关于大力发展职业教育的决定》（国发［2005］35 号）、《国务院关于进一步加强就业再就业工作的通知》（国发［2005］36 号）和《国务院关于解决农民工问题的若干意见》（国发［2006］5 号）有关要求而制定的。

（1）指导思想。坚持培训与就业相结合、培训促进就业的方针，紧密结合企业用工需要和劳动力市场需求，综合运用职业培训补贴、职业介绍补贴政策，动员并组织社会各类职业教育培训机构和就业服务机构，为农村劳动者提供有效培训和服务，使其提高就业技能，促进其向非农产业转移和在城镇稳定就业，为国民经济持续健康快速发展提供有效的劳动力供给。

（2）目标任务。2006—2010 年，对 4000 万农村劳动者进行非农技能培训，年均培训 800 万人。培训合格率达到 90% 以上，就业率达到 80% 以上。逐步形成就业导向、政策扶持、社会参与的运行机制，充分发挥政策效应，有效利用社会资源，使向非农产业转移就业的农村劳动者普遍得到培训，技能水平得到明显提高，促进转移就业的稳定。

（3）主要内容。①实施分类培训，提高培训质量。组织农村初高中毕业未升学人员、农村退役士兵和其他农村新生劳动力参加劳动预备制培训。组织有意外出务工的农村富余劳动力参加劳务输出培训。组织在城镇务工的农村劳动者参加技能提升培训。要指导各类培训机构结合劳动力市场需求，进一步密切与用人单位的沟通和联系，大力开展订单式培训和定向培训，提高针对性和有效性。要根据国家职业标准和用人单位岗位规范要求，强化职业技能培训，突出操作训练，培训时间以 3—6 个月为主，努力使每一个参加培训的农村劳动者掌握一项技能，能够达到用人单位上岗要求。②实施职业技能鉴定，提供技能水平认证服务。对参加培训并有鉴定要求的农村劳动者，各级职业技能鉴定机构要本着方便、快捷的原则，积极为农村劳动力提供技能水平认证服务，对其职业能力进行客观评价。对鉴定合格的，按规定发放相应的职业资格证书。要针对农村劳动力的特点，大力开展专项职业能力考核工作。争取使大多数接受培训的农村劳动力能够获得相应的职业资格证书或专项职业能力证书。③加强和改善就业服务，做到输出输入双向对接。各级公共就业服务机构要普遍向农民工开放，免费为其提供综合性服务。要大力发展劳务协作，开发劳务市场，建立信息沟通渠道和政策协调机制。要结合当地人文和经济发展特点，努力打造劳务品牌，以品牌促输出。要加强各类职业介绍机构和劳务经纪人建设，大力开展诚信服务，提高劳务输出的组织性。要通过这些服务和对接，努力使每一个培训后的农村劳动力都能够顺利实现就业。④培训、就业、维权一手抓，推行“三位一体”工作模式。要牢固树立培训促进就业、就业引导培训、维权稳定就业的思想，工作中综合考虑并有机结合，搞好后续服务工作。要紧紧围绕农村劳动力转移就业过程中提高能力、顺利就业、防止侵害的需要，建立健全培训、就业、维权“三位一体”工作模式，促进农村劳动力的平等就业和稳定就业。⑤完善补贴办法，健全培训效果评价机制。各地要认真落实有关规定，对农村劳动力培训补贴资金规模做出合理安排。地方财政应安排补助资金，与中央财政补贴合并使用。要进一步完善经费补贴与培训质量和就业效果挂钩的机制和办法。参加劳动预备制培训和劳务输出培训的农村劳动力，经培训合格并实现就业的，培训机构可代其向所在地劳动保障部门申请相应补贴。参加技能提升培训的农民工，经培训获得相应职业资格证书并与用人单位签订一定期限劳动合同的，用人单位可代其向所在地劳动保障部门申请相应补贴。中央财政对东部 7 省市的就业补助资金，主要用于在城镇务工的跨省外来农民工。

2. 农村劳动力转移培训阳光工程。

（1）阳光工程的含义。为贯彻党中央、国务院的要求和部署，加强农村劳动力转移培训工作，农业部、财政部、劳动和社会保障部、教育部、科技部、建设部从 2004 年起，共同组织实施农村劳动力转移培训阳光工程（简称为阳光工程）。阳光工程是由政府公共财政支持，主要在粮食主产区、劳动力主要输出地区、贫困地区和革命老区开展的农村劳动力转移到非农领域就业前的职业技能培训示范项目。按照“政府推动、学校主办、部门监管、农民受益”的原则组织实施。旨在提高农村劳动力素质和就业技能，促进农村劳动力向非农产业和城镇转移，实现稳定就业和增加农民收入，推动城乡经济协调发展，加快全面建设小康社会的步伐。

（2）阳光工程的任务。2004—2005 年，重点支持粮食主产区、劳动力主要输出地区、贫困地区和革命老区开展短期职业技能培训，探索培训工作机制，为大规模开展培训奠定基础。培训农村劳动力 500 万人，年培训 250 万人；2006—2010 年，在全国大规模开展职业技能培训，建立健全农村劳动力转移培训机制，加大农村人力资源开发力度。培训农村劳动力 3000 万人，年培训 600 万人；2010 年以后，按照城乡经济社会协调发展的要求，把农村劳动力培训纳入国民教育体系，扩大培训规模，提高培训层次，使农村劳动力的科技文化素质总体上与我国现代化发展水平相适应。

（3）阳光工程的组织实施。①组织领导。在国务院的领导下，由农业部、财政部、劳动和社会保障部、教育部、科技部和建设部共同组织实施。成立全国阳光工程办公室，负责制定政策、综合协调和项目监管。各地在党委和政府统筹领导下，成立阳光工程办公室，负责组织开展本辖区的阳光工程工作。②培训管理。各地按照公开、公平、公正的原则，以订单培训的形式，面向社会招标确定项目实施单位。培训单位根据用工需求，制定培训计划，安排培训课程，组织开展培训和就业服务工作。③资金管理。培训经费实行政府和农民个人共同分摊机制。政府补助资金由中央财政扶持资金和地方财政扶持资金组成。政府补助资金通过培训券方式或培训机构降低收费标准的方式直接让农民受益，不用于培训单位基本建设、培训条件建设和技能鉴定。④监督检查。建立行政领导责任制，明确职责，逐级落实责任。向社会公布培训单位、培训任务、培训专业、收费标准及资金补助等情况，设立举报电话，接受社会监督。建立培训项目检查验收，重点检查农民培训台账、农民转移就业台账和补助资金使用情况。

3. 贫困地区劳动力转移培训雨露计划。

（1）雨露计划的含义。雨露计划是国务院扶贫办组织实施的，是新时期扶贫开发工作的重要组成部分。其主要任务是针对贫困地区青壮年农民就业、创业中遇到的实际困难，以政府主导、社会参与为特色，以提高素质、增强就业和创业能力为宗旨，以职业教育、创业培训和农业实用技术培训为手段，以促进转移就业、自主创业为途径，达到促进贫困地区经济发展、增加贫困地区农民收入为目的。

（2）雨露计划的目标。总目标是按照建设社会主义新农村的要求，朝着培养“有文化、懂技术、会经营”的新型农民的方向，经过努力，使贫困地区的农民整体素质有所提高，就业能力与创业能力明显增强，最终达到促进贫困地区农民收入增长和经济持续发展的目的。在“十一五”期间的目标是：通过职业技能培训，促成 500 万左右的青壮年贫困农民和 30 万左右贫困地区复员退伍士兵成功转移就业；通过创业培训，使 15 万左右扶贫开发工作重点村的干部及致富骨干真正成为贫困地区新农村建设的带头人；通过农业实用技术培训，使每个贫困农户至少有一名劳动力掌握 1—2 门具有一定技术含量的农业生产技术。

（3）雨露计划的组织实施。雨露计划主要通过四个层面组织实施：①青壮年劳动力转移培训。主要采取各级扶贫、财政等部门整合社会培训资源，公开认定培训基地，由各培训基地按照组织培训、就业和维权服务的办法实施。②复员退伍士兵就业培训。主要采取国务院扶贫办协调财政部、民政部、中国人民解放军总参谋部等有关单位，按照统一规划、分工负责的办法组织实施。③村干部和致富骨干培训。主要采取国务院扶贫办商财政部，中共中央组织部协调指导，省级扶贫办、财政、组织等部门结合当地实际编制规划，省、市、县各级共同参与的办法组织实施。④农业实用技术培训。这种培训是面向所有留在农业的劳动力开展的以提高农业生产效率为目的的普及性科技活动。主要由各级扶贫部门与各有关部门共同组织社会力量，通过各类培训班集中培训、现场观摩、咨询服务、印发材料以及利用广播、电视、互联网等多种形式、多种途径开展。

（二）劳动力转移培训的主要成效

从总体上看，劳动力输出培训效果非常明显。从目前培训的情况来看受训者个人或家庭支付 275—1500 元，国家给受训者每人补贴 600—1000 元，就可以让一个家庭约 4 口人脱贫，这样人均脱贫成本为 219—625 元，每万元就可以扶持 16—45 个人（李文等，2006）。劳动力转移培训的效果还反映在：与未经过培训的外出劳动力相比，工作更稳定、福利待遇以及维护自身权益等更有保障。同时，更容易获得掌握一技之长的机会，从而有利于长期在企业就业，最后成为真正意义上的工人。

（三）劳动力转移培训中存在的主要问题与完善

1. 瞄准目标的偏离与保证贫困家庭的劳动力参与劳动力转移培训。在农村劳动力的转移培训过程当中，除了一般的劳动力转移培训以外，还有专门针对贫困户的劳动力转移培训，对此培训存在一些目标偏离问题。其原因在于：首先是由于在招生过程中监督机制缺乏以及各种连带关系的作用，其次是由于贫困家庭支付培训费困难，因而在针对贫困家庭的劳动力的转移培训中混进了非贫困家庭的子女，出现了瞄准目标偏离的现象，使宝贵的机会和资源没有用在最需要扶持的贫困户家庭。因此，在劳动力转移培训过程中必须进一步强化在招生过程中的监督机制，防止贫困地区富裕农户占用招生名额，使贫困家庭的劳动力能够得到培训的机会。为了保证贫困家庭的劳动力能够支付得起部分的培训费用，可以尝试进一步提高培训支持力度或对培训者实行小额贷款的方式。

2. 在财政补贴资金有限的情况下注意协调各方的利益机制。农村劳动力转移培训需要多部门协调、涉及到各方利益，中央和各级地方政府既是倡导者又是参与者，他们的积极性和主动性涉及到该项政策能否得到真正的贯彻落实；培训机构是该项计划的具体实施者，他们的参与程度主要取决于该项培训所带来的经济利益大小；农户特别是贫困户的劳动力是该项计划的受益者，他们能否参加该项计划主要取决于他们是否有能力参加培训，如对该项培训的认识、文化水平、培训的支付能力等。如果说中央政府和地方政府主要追求的是社会目标，而培训机构和农村劳动力则主要追求的是各自的经济目标。各级政府在补贴资金有限的情况下，首先应保证培训机构有微利可得；其次是监督培训机构不弄虚作假、不乱收费，保证培训的质量；再次是进一步加强对招生的甄别，在保证符合条件的劳动力得到培训的同时，对符合条件而交不起学费的贫困家庭采取进一步的补贴措施，保证最贫困家庭的劳动力得到培训，走出困境。

3. 改进培训内容与提高培训质量。参加培训的农村劳动力文化水平较低并且参差不齐，职业培训机构缺乏合格的教师和实验设备，这给教学水平的提高带来了难度。培训的内容必须根据市场需求的变化不断地调整和丰富。要解决这些问题，仅靠现有项目的补贴难以做到。建议农业部、人力资源与社会保障部、财政部、国务院扶贫办与教育部和各省的教育厅联手，协同解决培训机构师资缺乏、实习场所和设备缺乏等问题，进而提高培训质量，增强培训者的就业能力。

总而言之，中国政府在逐步建立和完善社会主义市场经济制度的情况下，通过以工代赈、整村推进、产业化扶贫、自愿性移民、贫困地区劳动力转移培训、扶贫贴息贷款、科技扶贫等具体的政策和计划，走了一条开发式扶贫的道路。中国农村开发式扶贫的战略证明，经济增长是减缓贫困的必要条件，人口迁移可以提高穷人的收入水平和生存能力，改善贫困地区的基础设施可以为脱贫致富奠定条件，为穷人提供稀缺的生产要素有助于解除经济发展的瓶颈，穷人赋权和扩大参与是缓解贫困的一项根本保证，坚持经济、社会和生态环境的协调有助于农村扶贫开发的可持续发展。

参考文献

1. Akhter U. Ahmed et al：《全球最脆弱群体：贫困与饥饿的特征与成因》，国际食物政策研究所，2007。

2. 国家统计局农村社会经济调查司：《2007 中国农村贫困监测报告》，中国统计出版社，2008 年版。

3. 刘坚：《新阶段扶贫开发的成就与挑战》，中国财政经济出版社，2006 年版。

4. 王国良：《中国扶贫政策——趋势与挑战》，社会科学文献出版社，2005 年版。

5. 王三贵、李文：《中国农村贫困问题研究》，中国财政经济出版社，2005 年版。

6. 张磊：《中国扶贫开发政策演变（1949—2005 年）》，中国财政经济出版社，2007 年版。

7. 中国发展研究基金会：《中国发展报告 2007——在发展中消除贫困》，中国发展出版社，2007 年版。

8. 朱玲、蒋中一：《以工代赈与缓解贫困》，上海三联书店、上海人民出版社，1994 年版。

第八章　全面发展——中国减贫的可持续性

中国政府的减贫活动不仅针对于贫困群体，而且针对贫困的区域，在最近20年（1978—2007年）的减贫过程中，无论是从扶贫资源的分配还是扶贫的效果来看，针对区域的扶贫措施起到特别重要的作用。针对区域的扶贫是中国减贫活动中的重要组成部分，因此，“全面发展”也同时是针对贫困群体和贫困区域提出的。

《中国农村扶贫开发纲要（2001—2010）》（以下简称《纲要》）提出了“坚持综合开发、全面发展”的工作原则。《纲要》中扶贫开发的总目标定为：“尽快解决极少数贫困人口温饱问题，进一步改善贫困地区的基本生产生活条件，巩固温饱成果，提高贫困人口的生活质量和综合素质，加强贫困乡村的基础设施建设，改善生态环境，逐步改变贫困地区社会、经济、文化的落后状态，为达到小康水平创造条件”。国务院扶贫办一再强调，扶贫开发工作始终强调综合开发、全面发展，即不但要改善基本的生产生活条件，还要重视科技、教育、卫生、文化事业的发展，改善社区环境，提高生活质量和人的素质。在进行资源开发的同时，还要重视控制贫困地区的人口增长，实现资源、人口和环境的良性循环。

上述对于“全面发展”的阐述说明，全面发展要求不仅重视贫困人口数量的减少，还要重视贫困群体生活质量的提高；不仅重视贫困人口收入的增加，还要重视贫困群体长远发展能力的增强和发展条件的改善；不仅要重视贫困人口物质利益的保障，还要重视实现贫困群体的发展权利。因此，全面发展既是实施减贫战略的重要原则也是实现减贫的战略，同时又是中国减贫的最终目标。

全面发展的基础是中国减贫事业受到中国经济发展的有力支持。党的十六大之后，党中央提出以人为本、全面协调可持续发展的科学发展观，进而提出“两个趋向”的发展论断，坚持并不断强化“工业反哺农业、城市带动乡村”和“多予、少取、放活”的方针，使我国农业和国民经济的关系发生了深刻变化，从而也使我国扶贫开发事业的宏观背景发生了深刻的变化。在国家各项政策的支持下，公共财政对农业和困难群众的投入显著增加。特别是近年来，以“四减免、四补贴”为主要内容的中央强农惠农政策力度进一步加大，路、水、电、气等农村基础设施和教育、医疗、低保等公共事业的投入有较大幅度的提高。

全面发展是中国特色扶贫开发的重要经验，本文将从“全面发展”目标的演变过程、实施要点、对扶贫开发的影响、在未来扶贫开发中将会发挥的作用等方面对“全面发展”战略进行论述。

一、"全面发展"的战略要点

从1994年开始"八七"计划以后，我国政府特别提出了"开发式扶贫"的概念。中国有句古语"救急不救穷"，穷是一种长久持续的状态，需要一种持久的动力来解决。无疑，这种持久的解决办法只能是开发贫困者自己的生产能力。于是产生了"扶贫"的概念。扶贫就是动员全社会的力量通过发展贫困地区的生产来最终帮助贫困群体达到最低生活标准。《纲要》把"全面发展"作为扶贫开发的原则，认为"因为贫困的成因是复杂的，消除贫困的措施也必须是综合的。"在2003年《中国农村扶贫开发概要》中进一步指出，"全面发展"中为了从根本上消除贫困，其战略要点包括：

1. 要把扶贫开发纳入国民经济和社会发展计划，使扶贫工作有一个良好的外部环境。

2. 要加强水利、交通、电力、通讯等基础设施建设，为贫困地区发展和贫困人口脱贫致富创造条件。

3. 贫困地区不仅要发展生产、增加农户收入，还要重视科技、教育、卫生、文化事业的发展，改善社区环境，提高生活质量，促进经济、社会的协调发展和全面进步。

（一）将扶贫纳入国民经济和社会发展计划

"全面发展"的三个战略要点中，首要的重点是扶贫制度的建设。国民经济和社会发展计划主要是对全国重大建设项目、生产力分布和国民经济重要比例关系等做出规划，它为国民经济和社会发展远景规定目标和方向。中国各级行政区域发展的纲领性文件，它具有法律效力，它既是目标时段内政府领导下全社会的工作重点，也是全社会资源分配的依据，是解决发展过程中确保重点发展方向上的资源分配的重要工具。可见，凡纳入国民经济和社会发展计划的工作，必然是关系经济和社会发展的重大事项。《纲要》的目标是把扶贫纳入国民经济和社会发展计划，这说明政府正在把扶贫作为国家和社会的一项重大的发展战略，而不是一种暂时的措施。把扶贫纳入国民经济和社会发展计划将会产生以下的影响：

1. 有利于扶贫目标的实现。国民经济和社会发展计划是分配区域资源的重要依据，当扶贫列为当地国民经济和社会发展计划的目标时，扶贫就能够得到有力的资源保障，在现有条件下能够最大限度地实现扶贫的目标。

2. 有利于贫困群体和贫困区域得到全面发展。国民经济和社会发展计划着眼于不同行业和部门在发展中的配合与协调，扶贫作为重要的国民经济和社会发展计划目标，得到基础设施、文教卫生等部门和行业的支持和投入，有利于贫困群体和贫困区域的全面发展。

3. 有利于解决扶贫规划实施和其他部门发展之间的关系问题。当把扶贫作为一项国民经济和社会发展目标时，贫困群体和贫困区域就会从其他人群和区域中突显出来，就有理由得到更有利的资源分配。例如，大多数省的扶贫系统都做好了本省贫困村的整村推进规划，但是这个规划仅仅依靠扶贫办的资源是十分有限的，往往没有资金来支持建一个完整的学校或者修一条较长的水渠，在这种情况下，教育部门和水利部门的资金如果能够与扶贫规划相配套，就会起到很好的效果，因为贫困群体所要求的正是他们生活和生产中特别需求的，这样的项目效果是完全能够保证的。但在实际工作中，扶贫系统有时并不能协调其他部门的投入，也就是扶贫目标没有得到发展的优先序，扶贫以外的部门甚至以本部门的规划或县的经济发展规划为依据来拒绝执行扶贫发展项目。资金永远是有限的，关键是如何确定优先序，是发展乡镇企业以促进GDP增长还是为乡里乡亲解决实际问题？是着眼于人均收入的增加，还是着眼于贫困面的真正缩小？这总会是个选择，只有当扶贫作为一项国民经济和社会发展目标时，这个问题才能真正解决。

（二）加强贫困区域的基础设施建设

“全面发展”的第二个战略要点是加强基础设施建设，保证贫困群体和贫困区域的发展条件。这个战略要点的意义是针对了中国贫困特殊情况，这种特点情况包括两个方面，一方面是中国广大地区的发展水平很低，区域性贫困很突出；另一方面，贫困农户具有区域性特色。由于中国社会主义建设的成就，农村地区的农户都平等地拥有土地的使用权，因此贫困农户倾向于生活在土生土长的地方。在这种情况下，农村贫困农户往往会以村、乡、县等不同等级区域的形式集中分布。同时，由于中国各地区尤其是各大城市执行了户籍管理，限制了农户向城市的流动，这又进一步加强了贫困农户的集中分布。此外，区域的自然条件和经济发展基础都决定了区域发展条件的差异，在这种情况下，使贫困农户的分布不仅集中，而且往往处于发展条件较差的区域。

加强基础设施建设首先肯定受益的是贫困区域。例如，对于一个贫困县来说，加强公路交通的建设提高了物质的流通效益，降低了产品交易成本，提高了市场适应能力。肯定能够从这些建设效果中受益的是有物质要流通的、有产品要出售的或购入的，但不一定是贫困群体受益的。可见，贫困区域基础设施建设的直接影响是激活贫困区域的经济活力。这对于该区域贫困群体的长期脱贫极其重要。贫困农户的长期脱贫必须以区域经济发展为依靠，区域经济发展潜力决定了贫困农户脱贫的稳定性，因此，贫困区域的发展对于贫困群体的脱贫尽管不是充分条件但一定是必要条件。

加强基础设施建设是贫困群体长期脱贫的必要条件。开发式扶贫强调激发贫困群体的内在潜能，利用当地的资源条件，寻求长久、稳固的脱贫途径。在社会化、市场化极其发达的今天，贫困群体的发展式脱贫必须着眼于加入市场、发展特色经济并最终服务于社会经济才能得到稳定的脱贫效果。基础设施对于贫困群体的长期发展来讲，是必要的发展条件。

加强贫困区域的基础设施建设同样能够在短期内促进贫困群体的增收。作为国家经济政策之一，以工代赈直接把贫困群体作为受益目标群体，争取在建设基础设施工程的同时使当地的贫困群体以投工的形式分享利益，最直接的办法是使贫困群体得到食品和衣物，或者得到有保障的工资。以工代赈的办法被中国的扶贫系统创新地应用到其他方面。例如，在西藏自治区扶贫办制定的扶贫绩效考核指标当中，重点突出了要求所有的基础设施建设项目都要实现一定比例的以工代赈（如30%），鼓励基础设施工程使用当地的贫苦农牧民劳动力。

加强贫困区域的基础设施建设必须具有区域针对性，所针对的区域层次越低、范围越小，扶贫的效果越好。省级公路是国标路，服务于省际运输，工业部门和城市受益多；县级公路来往于不同的县域，将县内的交通网络联结于更大的公路网，促进了县域经济的发展，贫困群体会间接受益；乡级公路能够直接服务不同的贫困村，而村级公路即不同村之间的道路完全针对贫困群体。贫困群体日常所需要更多的是村内的道路，他们需要往地里运输肥料、从地里运出收获物、运输日常物品如燃料等，在没有村内道路的情况下，这些运输完全由人或畜力完成（专栏8-1），对于贫困户来讲，耗费人力意味着更多的食物消耗和更少的打工资源。实际上，越是区域层次高的基础设施如省和地区，越是贴近于国民经济和社会发展计划的非扶贫目标，如果投入大量的资金在省、地级公路的建设，即是在完成本区域的国民经济和社会发展计划，而并不针对扶贫目标。

加强贫困区域基础设施建设需要切实整合整村推进规划。整村推进规划是在国务院扶贫办的领导下，采取目标贫困农户参与的方式，以解决贫困问题为导向而形成的扶贫规划。从理论上讲，只要贫困问题存在，就不能有资金约束，而只是制定不同时全部完成的执行计划而已。整村推进并不一定意味着要限时整体完成，而是目标的综合和资金协调的综合使用。

专栏8-1

贵州省纳雍县千秋村有202户，2000年没有解决基础设施时，贫困农户投入大量劳动力进行生产和生活的运输。例如，仅一口人的承包地（约1.1亩），就要有20多背粪（100斤/背）才能种好，如果能多施当然更好。由于是山区，地都分散在山坡上，来回一趟就要1个多小时，有的要近两个小时。另一项生活运输是背煤。千秋村一般的四口之家，每年要用6000斤煤，每次要由马车拉到最近的地方，再用人工来背。壮劳力一背可背100斤，背的时间决定于卸煤之处与用户住处的距离。运输煤的路线是从村口大桥下到河床里进村，没有其他的路。大部分居民都在距离村边大桥1公里以外的位置。这一公里多路人们背上煤要走30分钟。照此计算，因公路修通后平均每一户仅在背煤上就能节省30个小时/年的重体力劳动。一年有4—5个月河床被洪水破坏不能通马车，人们只能在枯水季节储备煤炭。枯水季节天气较冷，煤炭的价格较高，并且要拉回一年的煤炭必须要一次出大笔的钱，农户有时不得不赊账，但是当地赊账要按较高的利息收回，这样农户就被迫成了高利贷的受害者。

整村推进规划的贫困问题导向，大大提高了扶贫工作的瞄准程度。在整村推进规划的指导下，贫困区域的基础设施建设能够更好地为贫困群体服务，例如，公路的走向、变压器的分布等。

（三）经济、社会的协调发展和全面进步

“全面发展”的第三个战略要点是贫困群体经济和社会的全面发展。《纲要》指出，“贫困地区不仅要发展生产、增加农户收入，还要重视科技、教育、卫生、文化事业的发展，改善社区环境，提高生活质量……”。在这个战略要点中突出强调了提高生活质量，扶贫要以提高收入为基础但绝不仅仅是增加收入，更要重视人的综合素质和竞争力的提高。提高生活质量是实现人类发展基本需求和基本人权的要求，以此为基础“全面发展”更重视贫困群体可持续的竞争力，这里包括了贫困群体的下一代的教育条件、贫困区域经济、生态、社会方面的可持续。从这个意义上讲，扶贫规划就是贫困群体发展的综合规划。

经济和社会的协调和进步首先是通过扶贫增进社会和谐，通过和谐社会的建立来推动贫困群体受益的提高。贫富悬殊的社会发展不稳定，利益的对立将削弱社会的凝聚力，不堪忍受的贫困将驱使贫困群体起来反抗已有的社会制度。美好的社会必须是公正、公平的。工业革命所带来的工人阶级的贫困成为无产阶级革命的理由，并使他们相信创造一个不同以往的社会不仅是可能的而且是必要的。无产阶级的反抗带来近代史上最大的、最持久的革命。目

前，许多发展中国家处于不安定的状态，政治的动乱持续不断，甚至会衍生恐怖行为。考察这些国家无一例外地贫富悬殊，贫困积累的结果就是腐蚀社会的根基。和平和发展成为世界的主题，前者是条件，而只有扶贫行动和减贫成就才是实现和平的基础。

在区域和社会发展过程中，要保护贫困群体的利益。贫困群体是社会的弱势群体，在国家发展的长远政策中，必须兼顾并体现减贫战略。贫困群体的脆弱性，使他们往往处于经济发展风险的浪头。以1997年的亚洲金融危机为例，大多数国家采取了大速度的宏观经济调整措施。如：紧缩性的财政货币政策；减少政府提供的社会服务、价格补贴和社会保障支出；甚至放开价格，减少进口等等。这样做的结果是：使失业增加，劳动者收入下降，甚至物价上涨，穷人的生活支出增大。无疑，这些调整的目的是使经济朝着健康协调的方向发展，从长远看，它是有利于缓和贫困、改善穷人处境的。但是从短期看，它对穷人的正负影响是交织的，或者可以说是弊大于利的。

重视贫困群体以发展中的作用，从被动扶贫到主动的开发。人类社会发展的重要内容是经济发展和生产形式的变化。工业社会以后，全部的经济内容均围绕市场在发展，生产和消费在这里成了最紧密的伙伴。几乎所有市场经济发展的结果都是市场的短缺，市场的扩展需要创造需求。贫困群体最终会从沉默的角落被发现，人们发现只有在满足最大多数人需求的时候，才能使经济效益最大化。我们的经济需要开发市场，需要反贫困，贫困是市场的敌人，也是市场经济的敌人。我国在20世纪90年代的后期提出了开发大西部的发展战略，这是最典型的以反贫困为发展手段的例子。结果表明，这一战略促进了中国经济在20世纪90年代后期的加速发展，甚至是我国抵御亚洲金融危机重要的手段。

改革开放以后，我国最重要的区域格局变化是东、西部差距的增大，其差距之大甚至要超过我们传统思想所认为的工农差别或城乡差别。中西部贫困地区农户所处的状态要比东部农户20年前的情况还要困难，因为当时巨大的农产品市场曾给山东、广东、浙江、福建等地农民通过农产品致富的机会，但是20年的改革开放已经改变了全国经济的面貌，也改变了市场、技术等发展条件。目前，我国中西部农户贫困的基本特征是：劳动力剩余，发展资金不足。当然，这也可以让人们认为，中西部贫困地区资金投放的边际收益最大。我国政府开发大西部的战略的重要组成就是从政策上引导资本投向西部地区，这对西部地区的发展是极为有利的。

贫困群体的全面发展将会推动全社会的进步：通过开发贫困群体的人力资源，促进全社会经济形式的变化。我们知道，人们已经公认当今世界已经进入知识经济时代，人才是宝贵的资源。培养人才是教育的任务，产生天才更需要适合的社会环境。让我们想想在贫困群体当中有多少人可能成为人才，又有多少罕见的天才被埋没，而社会的发展是多么需要他们，扶贫作为战略的意义就一目了然了。

在我国贫困地区，人力资本的积累有两个来源：一是贫困区域以外对其进行的人力资本投资，二是贫困人口自身的积累。对微观的单个家庭而言，在子女接受义务教育上投资并未使家庭收入增加。因此不愿送子女上学成为常事。结果是，新一代农民身上的人力资本存量将得不到多大提高。这样势必造成一种恶性循环。

经济学早已经公认了发掘人力资源对经济发展的重要意义。作为一种长期发展战略的要素，从亚当·斯密开始就把人力资本当作固定资本的组成部分。马歇尔在他的《经济学原理》中也认为，在各种资本投资中，对人本身的投资是最有价值的。贝克尔在《人力资本》

中认为人力资本对经济增长和增加国民收入具有重要作用，并且论证了教育投资是生产性投资，对经济发展有巨大影响。按照贝克尔的观点，投资活动可分为两种，一种主要影响现在的福利，一种主要影响未来的福利。那么，单从贫困者以外采取的为改善外部环境的反贫困投资可归结为前一种投资；用于改善贫困者自身资源的质和量、影响未来货币收入和消费的投资则为后一种投资，即人力资本投资。

显然，就国家成功的发展而言，奇方妙诀是不存在的，减贫却有助于创造成功的全社会发展。政府必须向贫困群体投资，为他们提供初等和中等教育、基本的医疗卫生保健以及向穷人提供某种形式的社会保障，这是核心的东西。我国近年来的扶贫经验说明，消除贫困需要全面的措施，必须建立在反贫困理念之上。例如，根据学者的计算①，1988—1995 年间人口构成的变动导致中国贫困率下降了 3.42%。这些非经济因素包括城乡居民结构、农户的非农化比例、农村家庭规模变小、农村居民年龄结构的变化、农村居民受教育程度的提高等等。

“全面发展”的扶贫战略需要国家政策的支持。国家政策作为国民财富和经济利益的最终调解器，必须起到兼顾公平的作用。在市场条件下，穷人的利益最易被忽视，穷人也最容易受到伤害。如果仅是以经济效益为导向，那么最有效的投资对象并不是贫困群体。这里，我们必须重视市场经济的一个重要特征是目标的短期性特征。任何一个市场参与者都没有能力考虑其他人的利益，或者社会发展的长远效益。所有公平的原则、社会发展的长远目标、持续稳定的理想等等的实现都要依靠政府的引导。从这个意义上讲，“全面发展”的扶贫战略是社会主义优越性的体现，也是中国式扶贫的重要特色。

二、“全面发展”的理论基础

“全面发展”的理论基础来源于三个方面，第一是福利学理论，第二是国家发展政策；第三是中国减贫的实践。

（一）福利学基础

福利是社会化概念，即如果脱离了社会大背景根本不存在福利的概念。例如，如果仅从一个贫困农户所生活的环境和状态来看，我们看到的是一种与城市不同的艰苦生活环境，这种不同的本质是差异而不一定是贫困。“贫困”是充满价值判断的概念，尽管“贫困”听上去由来已久，然而贫困线的确定、扶贫目标的确定等等都包含价值判断，这种判断体现的是社会的主流价值观。如果我们进一步把扶贫作为一种发展干预，那么福利就是指导这种干预的思想基础。因此，“全面发展”的理论根源首先来自于福利学。

在美国社会工作协会（NASW）编《社会工作百科全书》② 中，“社会福利可能最好被理解为一种关于公正社会的理念，这个社会为工作和人类的价值提供机会，为其成员提供合

---

① 魏众、B. 古斯塔夫森：“中国转型时期的贫困变动分析”，《经济研究》1998 年 11 月。

② 钱宁：《社会正义、公民权利和集体主义》，社会科学文献出版社，2007 年第 1 版，原文作者转引自尚晓援：“‘社会福利’与‘社会保障’再认识”，《中国社会科学》2001 年第 3 期。

理程度的安全，使他们免受匮乏和暴力，促进公正和基于个人价值的评价系统……这种社会福利的理念基于他们的假设：通过组织和智力，人类社会可以生产和提供这些东西，而因为这一理念是可行的，社会有道德责任实现这样的理念。”我们在这里看到，三个因素构成社会福利，第一是社会公正；第二是对于个人价值评价的尊重；第三是对于人类社会组织效率的信任。只有在有效率的社会组织中才能够按照社会公正和实现个人价值的标准来改善人们的生活环境和生活状态。从这个意义上看，社会福利的实现，是公民利益的现实体现，对于大多数人来讲，任何人类社会组织（如国家）使公民受益的途径就是推进社会福利的改善。

国家推动社会福利的改善要通过社会福利政策。社会福利政策[①]是指政府选择作为或不作为并因而影响其人民的生活质量的任何事情。广义来讲，社会福利政策包括了几乎所有政府所做的事情——从税收、国防和能源保护，致电健康照顾、住房和公共救助，也可以说，社会福利政策是指通过给其公民提供服务或收入对他们的福利有所影响的政府活动。我们也可以说，社会福利政策是对市场状态下，人们追求个人利益最大化的无序状态的干预。社会福利政策包括了所有的国家政策，因为国家的任何政策都会影响到公民的利益即社会福利，从这个意义上看，社会福利政策就是从福利角度来看社会发展的政策，其中包括了大多数的国家政策。

日本著名社会福利学者[②]谈到福利概念时指出：“当我们考虑构筑社会福利学的理论时，首先需要明确的一点是社会福利并不是单纯的作为目的、概念以及活动的方法而成立的，它同时又是在社会的实际运行当中，作为一种制度或者政策而存在”。当谈到扶贫时，我们同样需要明确，扶贫是一项政府活动，还是一种制度和政策？前者注重的是结果，而后者注重的是过程。如果我们仅仅是注重结果，也就是消灭贫困人口，那么是否还有必要顾及“全面”的问题？显然，我们这里考虑的扶贫，是指作为一项政策而言的。

从福利学的角度来看，扶贫是一项社会福利，如其他社会福利一样，扶贫的目标应该是推进社会公平和个人价值的实现。这种公平和价值不仅仅是指收入，也不仅仅是住房、医疗、教育，还包括贫困群体自身的发展能力、贫困群体对发展和资源的决策权的实现等等。这正是“全面发展”所追求的目标。因此，从福利学角度来看，作为一项社会福利，扶贫对于贫困群体支持应该就是“全面发展”。

（二）国家政策基础

“全面发展”的基础是中国的国家发展政策。中国的国家发展政策经历了一个从封闭到开放；从以意识形态中心到以经济为中心，再到全面发展的过程。

建设中国特色社会主义，包含着丰富的内容和任务。近20年来，中国的发展政策都体现出一个明确的发展远景，即不断完善小康社会目标，同时又在不断构建更清晰、全面的发展目标。在社会主义初级阶段，首要任务就是要在中国实现社会义现代化[③]。

全面发展的思想体现在国家的发展政策上首要的就是建设四个现代化。针对毛泽东时代

① 何敬、葛其伟译，［美］戴安娜·M·迪尼托著：《社会福利：政治与公共政策》，第5版，中国人民大学出版社，2007年第1版。

② 钱宁：《社会正义、公民权利和集体主义》，社会科学文献出版社，2007年第1版。

③ 李君如著：《全面建设小康社会综论》，江西高校出版社，2003年第1版。

的“大同”思想，邓小平同志提高了“小康社会”的概念[①]，这标志着中国的发展政策从封闭走向了开放，“小康社会”的提出是相对于发达国家很高的现代化程度提出的。1979 年 12 月 6 日，邓小平同志在会见来访的日本首相大平正芳时提出，中国现代化所要达到的是小康状态。他说[②]：“翻两番，国民生产总值人均达到 800 美元，就是到 20 世纪末在中国建立一个小康社会。这个小康社会，叫做中国式的现代化。”

1982 年党的十二大确定了 20 世纪末“人民物质生活可以达到小康水平”的目标。此后，中国的国家发展政策以经济为中心的特点逐渐突出，GDP 指标的作用也越来越明显。1984 年邓小平明确提出，“所谓小康，就是到本世纪末，国民生产总值人均 800 元”。1990 年中共十三届七中全会通过“八五”计划，对“小康”的阐述是“所谓小康水平，是指在温饱的基础上，生活质量进一步提高，达到丰衣足食……”1997 年，江泽民在十五大报告中指出，“展望下个世纪，我们的目标是，第一个十年实现国民生产总值比 2000 年翻一番，使人民的小康生活更加宽裕。”在这个过程中，国家政策趋向明确，也就是使用 GDP 等数据来描述和控制发展目标。

1991 年国家统计局联合 12 个部委提出了全国小康水平基本标准（见表 8－1），这个标准覆盖了经济水平、物质生活、人口素质、精神生活和生活环境等五个方面，各方面中又包含了更具体的方面，如物质生活方面包括了收入、居住、营养、交通等 4 个方面 5 个指标，这个标准共包括了 17 个指标，因此这套指标所涵盖的内容是全面且丰富的。到 2000 年，由于我国宏观经济突飞猛进，各项指标都完成很好，17 个指标中有 14 个超额完成了 10 年前所定的小康指标，如恩格尔系数的小康值是 50，2000 年已经达到 45。2000 年是还没有完成的指标有 3 个，即农村人均纯收入，只完成了 84.5%；农村初级卫生保健基本合格以上县比例，完成了 80.4%；还有一个没有完成的指标是人均蛋白质摄入量。

表 8－1　　1991 年制定的全国小康水平基本标准[③]

指标类别	指标名称	指标类别	指标名称
一、经济水平	1. 人均国内生产总值		农村通公路行政村比重
二、物质生活		结构	6. 恩格尔系数
收入	2. 人均收入	三、人口素质	
	城镇人均纯收入	文化	7. 成人识字率
	农村人均纯收入*	健康	8. 人均预期寿命
居住	3. 人均居住水平		9. 婴儿死亡率
	城镇人均使用面积	四、精神生活	
	农村人均钢木结构住房面积		10. 教育娱乐支出比重
营养	4. 人均蛋白质摄入量*		11. 电视机普及率
交通	5. 城乡交通状况	五、生活环境	12. 森林覆盖率
	城市每人拥有铺路面积（平方米）		13. 农村初级卫生保健基本合格以上县比例*

*　到 2000 年年底尚未完成的指标。

① 景海峰：“小康社会的历史语境和时代意义”，载《深圳大学学报》，第 19 卷第 6 期。

②《邓小平文选》第三卷。

③ 贺铿：《总体小康社会与全面小康社会，小康社会——创新与发展》，北京师范大学出版社，2003 年版。

在全部17个指标中，专门针对农村人口的仅有4个指标，占指标数量的23%；但是在2000年没有达标3个指标中，就有2个指标是专门针对农村人口的指标。换言之，4个针对农村的指标只完成了2个，任务只完成了一半。这至少说明了一个问题，即农村的发展相对于全国是落后了，农村的发展受到了明显的制约。

2002年江泽民提出：2020年全面建设小康社会目标，经济增长与工业化目标；政治民主与法制目标；社会发展与人的发展目标；可持续发展目标，即经济、政治、社会和可持续发展四大目标①。坚持四方面的全面发展。这是中国发展政策上第一次提出人的发展、社会发展、经济发展、环境发展等多方面的协调的目标，这是对于以经济发展为中心的初级目标的一次提升。四大发展目标把中国的国家发展政策引向全面发展。

全面发展的国家政策中进一步强调了社会的和谐发展。2005年胡锦涛提出：社会主义和谐社会的基本要求是，民主法治、公平正义、诚信友爱、充满活力、安定有序、人与自然和谐相处的社会。这种“和谐社会”建设要求将国家发展政策引向一个新的高度，现代化目标的核心是对经济增长和技术的追求，而现代化社会发展的最终还要有一个价值归宿，也就是人和社会所追求的境界：个人价值的实现和社会生活质量的提高。对“和谐社会”的强调使国家对经济目标的追求与社会、人的发展目标相统一。因此，我们可以看到，国家发展政策的发展趋势是全面发展，这种全面发展的实质是经济、社会、政治和环境发展之间的相协调。

进入“十一五”以后，国家发展政策进一步调整，为了适应新的挑战和推动社会协调发展和全面进步，从“十一五”规划开始发展政策从国民生产总值（GDP）导向逐步转向人类发展指数（HDI）导向。人类发展指数（HDI），是在三个指标的基础上计算出来的。健康长寿，用出生时预期寿命来衡量，根据预期寿命来计算健康指数；教育获得，用成人识字率（2/3权重）及小学、中学、大学综合入学率（1/3权重）共同衡量，综合得出教育指数；生活水平，用人均实际GDP（购买力平价法即PPP下并以美元计）来衡量，得出经济发展指数。与GDP相比，人类发展指数是一个综合指数，它超越了经济领域，注重沟通平衡与协调、经济与道德、效率与公平、工具与目的、眼前与长远、局部与全局的关系。

从注重GDP转向以人类发展指数为发展的参考指标，这是一个很不容易的过程，需要一下的经济基础来支撑，如果没有改革开放后20年的发展，根本不可能顾及如此众多的方面，因此，从GDP到HDI是一种发展的结果，而不是简单的改变。

“十一五”规划纲要②中指出的制约发展的一些长期性深层次矛盾依然存在：耕地、淡水、能源和重要矿产资源相对不足，生态环境比较脆弱，经济结构不合理，解决“三农”问题任务相当艰巨，就业压力较大，科技自主创新能力不强，影响发展的体制机制障碍亟待解决。“十五”时期在快速发展中又出现了一些突出问题：投资和消费关系不协调，部分行业盲目扩张、产能过剩，经济增长方式转变缓慢，能源资源消耗过大，环境污染加剧，城乡、区域发展差距和部分社会成员之间收入差距继续扩大，社会事业发展仍然滞后，影响社会稳定的因素还较多。国际环境复杂多变，影响和平与发展的不稳定不确定因素增多，发达国家在经济科技上占优势的压力将长期存在，世界经济发展不平衡状况加剧，围绕资源、市场、技术、人才的竞争更加激烈，贸易保护主义有新的表现，对我国经济社会发展和安全提

① 胡鞍钢：《2020中国全面建设小康社会》，清华大学出版社，2007年版。

② 《中华人民共和国国民经济和社会发展第十一个五年规划纲要》，2006年3月。

出新的挑战。

《中共中央关于构建社会主义和谐社会若干重大问题的决定》（2006 年 10 月）指出："更加积极主动地正视矛盾、化解矛盾，最大限度地增加和谐因素，最大限度地减少不和谐因素，不断促进社会和谐"。

国民经济和社会发展的"十一五"规划，首次从国民经济和社会发展计划改为国民经济和社会发展规划。以五年为单位进行国家建设，乃是计划经济的一个重要象征，中国经过多年的改革开放，市场经济已经成为经济增长的主要引擎，在经济格局发生变化之后，计划实际上已经不能对大多数经济活动主体产生足够的约束力了。"规划"二字是指确定目标，所强调的是"规"，也就是该往哪里去，即方向问题；"计划"所注重是使有限的资源发挥最大的效益，能做多少事做多少事，所强调的是效率。

规划更倾向于控制发展的思想而不是约束具体的行为。规划的例子最典型的是在德国，如德国在两德统一以后制定的全德区域空间发展规划①，在这个规划里并没有具体的发展目标数据，只是分析应该遵循的一些发展原则，如使用新能源、加快旧城改造等，相反在各种活动在各级政府之间的责任分工方面却有详细的法律规定，这种规定使得各级政府必须做事，在规划的框架内做事，必然结果是接近了规划所提出的发展方向。总之，规划与计划相比更强调做事的质量，而计划更强调在有限的资源约束下做事的数量。

市场的发展，会导致或扩大不同群体之间在收入、福利等方面的差距，此时需要政府发挥平衡作用，通过各种合理而有效的财政转移手段，使社会各个群体的基本需求得到满足，从而维持一种较为和谐的社会状态。"十一五"规划在追求经济持续快速增长的同时，政策取向将关注增长的均衡、机会的均等和社会的公平，政府更要对更多的公共目标进行预测和规划。

"十一五"规划纲要提出"预期性指标是国家期望的发展目标，主要依靠市场主体的自主行为实现，政府要通过创造良好的宏观环境、制度环境和市场环境，并适时高速宏观调控方向和力度，综合运用经济政策引导社会资源配置，努力争取实现。约束性指标是在预期性基础上进一步强化了政府的责任指标，是中央政府在公共服务和涉及公众利益领域对地方和中央政府有关部门提出的工作要求。政府要通过合理配置公共资源和有效运用行政力量，确保实现。"

国家发展政策从追求经济目标转向社会、经济协调发展，从重视速度到更讲求质量，这个变化过程对于扶贫工作产生强烈的引导作用。在扶贫工作中同样存在质与量的矛盾、经济追求与协调发展的矛盾。一个突出的例子是如何看待贫困线的问题。如果只是强调贫困线，那么每一分钱的投入都要产生出经济效益来，也就是要为脱贫做出贡献。在这种情况下，贫困社区的基础设施建设就不被重视，一些地区甚至不得不用指标来保证扶贫资金投入到产业部门，但实际上由于贫困群体的市场竞争力弱，找到一个好的产业投资方向是极其困难的，因为那是让政府去控制市场，根本上很难成功。但即使是在这种情况下，为了让扶贫的钱产生扶贫效益，也就是减少贫困人口，扶贫部门又不得不围绕减少贫困人口这个目标来工作，特别地重视能够带来直接产出的项目而控制对于基层基础设施的投入。国家发展政策从

① Federal Office for Building and Regional Planning, Spatial Development and Spatial Planning in Germany, Bonn, March 2001.

GDP到HDI的转变说明，无论是国家的发展还是贫困群体的发展，最终的价值归宿应该是人和社会的全面发展。扶贫部门绝不能单纯地围绕贫困线，只强调贫困线就是仍然处于GDP唱独角戏的发展框架中，20年国家的经济发展和减贫成就说明，扶贫框架也应该发展，这种发展就包含在“全面发展”当中。

“全面发展”的扶贫是适应全面发展的国家发展政策的结果。在中国这样的发展中大国，扶贫不只是一项活动，而是一项政策和一种常设的制度，它必须适应国家发展政策的要求。扶贫的“全面发展”就是对于贫困群体和贫困区域来讲的政治、经济、社会和环境的协调、持续发展，它同时也是对于国家发展政策的有力支持和必不可少的发展组成。

（三）减贫实践基础

如前所述，“全面发展”的扶贫战略既有福利学基础（这是充分的理由），也有国家发展政策的引导（这是充足的条件），除此之外，20年减贫实践也指明了“全面发展”的必要性（这是明确的要求）。中国近20年的减贫成就来自于两种力量，首先是国家经济的普遍增长所带来的经济机会增加；其次是政府主导的扶贫活动。这些减贫实践证明，“全面发展”是取得减贫成就的条件也是巩固减贫成就的保证，更是贫困群体持续发展的基础。

宏观经济的普遍增长从下面三个方面推动了贫困群体受益从而减少了贫困人口的总数。

1. 宏观经济的高速发展带来的经济增长解决了社会总体福利水平不足问题，这是我国从普遍贫困状态向区域贫困、点状贫困状态改变的基本动力。我国经济长期的高速增长，尤其是经济增长农业的贡献相应还比较高，经济增长明显的有利于穷人。但不能忽视的是，由于经济结构发生变化，经济增长的主要贡献与农业关系不显著的时候，经济增长的福利也就很难“涓流”到穷人。

2. 以土地制度变革为核心的农业内部改革促进了农业生产力的发展，促进了农业剩余的产生，从而保证了农村贫困人口的食品安全和营养需求。这对很多发展中国家的减贫活动有着积极的借鉴意义，大部分发展中国属于农业国，中国的经验表明，农业的发展对减贫是十分有效的。

3. 乡镇企业的发展和劳动力市场的开放，进一步扩展了农村劳动力的就业空间和现金收入来源，从而也带动了农业生产率的提高，保证了农村贫困人口的收入需求。到2002年，中国乡镇企业产值占国内生产总值的31%，占农村社会增加值的65%；上缴税金2500亿元，占全国财政收入的13.2%。目前乡镇企业已吸纳农村劳动为1.33亿人，占农村劳动力的26.8%，占社会劳动力的18%。中国目前有流动劳动力约为1.2亿人；2004年农民工年平均务工收入为6471元，农民工寄回或带回的现金收入成为农村家庭改善生计的重要来源。乡镇企业和劳动力流动为农村人口创造了就业机会，实现了农村人口收入增长的需求。

宏观经济增长虽然从减少贫困地区、解决食品供应和解决剩余劳动力就业三个方面取得了显著的减贫效果，但是这种效果只是宏观经济结果的一个方面，如上所述，这种“涓流”效应是无法把握的，也就不能控制，因为这在很大的程度上还是市场作用的结果，减贫效果只是一个类似“副产品”的作用，从这个意义上讲，宏观经济增长带来的减贫效果是一种被动的结果。在这情况下，其实无法判断是否“全面发展”，因为这不是计划中的过程。

中国政府对于贫困的主动出击，就是扶贫行动，发起于1984年，由一系列重要的政策文件组成。这些文件呈现出一个不断走向“全面发展”的过程。

1984 年 9 月 29 日国务院颁发了《关于帮助贫困地区尽快改变面貌的通知》，该通知成为中国 1986 年以后扶贫工作的一个基本的指导原则，明确提出了针对贫困地区的优惠政策：

- 对贫困地区从 1985 年起，分别情况，减免农业税。最困难的免征农业税 5 年，困难较轻的酌量减征 1—3 年。
- 鼓励外地到贫困地区兴办开发性企业（林场、畜牧场、电站、采矿、工厂等）5 年内免缴所得税。
- 乡镇企业、农民联办企业、家庭工厂、个体商贩的所得税是否减免以及减免的幅度和时间由县人民政府自定。
- 一切农、林、牧、副、土特产品，都不再实行统购、派购办法，改为自由购销。
- 部分缺衣少被的严重困难户，可由商业部门赊销给适量的布匹（或成衣）和絮棉。赊销代款免息。

《国民经济和社会发展第七个五年计划（1986—1990 年）》，指出老、少、边、穷地区要发展交通运输，促进山区商品经济的发展。主要优惠政策为国家对老、少、边、穷地区继续在资金方面实行扶持政策；继续减轻老、少、边、穷地区的税收负担。进一步组织发达地区和城市对老、少、边、穷地区的对口支援工作。

最初的这两个文件内容的核心是推动贫困区域的发展，手段是减免税收及放宽政策，并加之一定的资金扶持。由于这一时期中国大部分地区仍然是经济总量增长不足，扶贫政策也必然是在发展区域经济核心，相比之下，针对贫困群体只提到了对严重困难户赊销衣物的扶贫措施。显然，扶贫措施瞄准的对象是区域，而不是贫困群体，既没到村更没到户。

20 世纪 90 年代又有两项扶贫政策决定了国家的扶贫事业，其一是“八七”计划；其二是“解决温饱的决定”。1994 年《国家八七扶贫攻坚计划》明确提出要集中人力、物力、财力，动员社会各界力量，力争用 7 年左右的时间，到 2000 年年底基本解决当时全国农村 8000 万贫困人口的温饱问题。其主要奋斗目标是：（1）到 20 世纪末解决贫困人口温饱的标准：人均纯收入达到 500 元以上（按 1990 年不变价格）；人均建成半亩到一亩稳产高产的基本农田等；户均向乡镇企业或发达地区转移一个劳动力；户均一项养殖业，或其他家庭副业等。（2）加强基础设施建设：基本解决人畜饮水困难；绝大多数贫困乡镇和有集贸市场、商品产地的地方通公路；消灭无电县，绝大多数贫困乡用上电。（3）改变教育文化卫生的落后状况。“八七”计划的主要贡献是具体化了“解决贫困人口的温饱问题”的内容，当扶贫目标一旦具体化到户以后，扶贫部门就发现，瞄准贫困户其实并不容易，暴露出原有扶贫方式中的许多问题，最突出的就是，知道一个地方很穷，也知道那里存在很多的贫困户，但是就是不知道他们是谁，也无法落实“解决温饱”的具体指标。这就使得政府扶贫方式在实践的推动下不断改进，直到推向扶贫项目到村入户。此外，“八七”计划强调基本设施的建设和改变文教卫生问题。

1996 年《中共中央、国务院关于尽快解决农村贫困人口温饱问题的决定》（简称为“解决温饱问题的决定”），为了保证“八七扶贫攻坚计划”的顺利完成，中国政府对农村扶贫政策和措施进行了必要的调整，调整内容主要为：大幅度增加了扶贫投资；推广小额信贷项目；强调扶贫到户；逐渐重视特殊群体（如残疾人、妇女）的贫困问题；指定国家统计局负责对 592 个贫困县的经济和社会发展以及扶贫投资情况进行跟踪监测，并发表中国的贫困监测年度报告。

“解决温饱问题的决定”明确提出了扶贫到户，首次提出了建立贫困县的扶贫统计监测体系；开始重视贫困中的特殊群体。通过建立扶贫监测体系健全了扶贫方法，完善了扶贫制度。这一文件和“八七”计划传达了同一个信息，就是必须瞄准贫困群体，扶贫要到户。这一政策倾向在随后的文件中得到了加强。1999 年 6 月中央扶贫开发工作会议，下发了《关于进一步加强扶贫开发工作的决定》，明确指出：扶贫开发到村到户的核心，是扶贫资金、干部帮扶和扶贫项目等各项措施真正落实到贫困村、贫困户。

《中国农村扶贫开发纲要（2001—2010 年）》完整体现了中国农村扶贫的战略与特色。这 10 年的扶贫奋斗目标是：尽快解决少数贫困人口温饱问题，进一步改善贫困地区的基本生产生活条件，巩固温饱成果，提高贫困人口的生活质量和综合素质，加强贫困乡村的基础设施建设，改善生态环境，逐步改变贫困地区经济、社会、文化的落后状况，为达到小康水平创造条件。《纲要》的目标从贫困人口、到贫困地区直到改善经济、社会和文化状况，并直接与小康目标相结合。这个目标突出反映了“全面发展”的原则。

减贫实践必然导向“全面发展”，其理由是：在继续坚持产业开发和劳动力转移的同时，最主要地推动贫困户脱贫是那些能到户的措施，正因为贫困户具有贫困特征，他们在同等条件下没有竞争力，他们也不能承受过高的项目门槛，他们必须要政府把措施送到他们手里才能享受到扶持。这些减贫实践证明，扶贫到户是扶贫的必然途径（这里所指的扶贫到户并非单项措施，而是指能够瞄准贫困户的所有措施包括以工代赈、劳动力转移甚至产业扶贫中的具体措施）；但是贫困户的减贫效果并不直接决定于他们本身的意愿（如打工、看病等），而是决定于机会。机会来自于发展条件即所处的社会环境，我们不能仅仅说是经济条件，因为在市场机制下，竞争力决定发展能力，所以政府能够创造的是一些发展条件，而想要取得经济收益，并不是政策可以控制的。贫困户所处的社会环境决定了他们的收入、支出、可接近的服务、可受到的支持（如信贷等），这种社会环境的创造就是“全面发展”。“全面发展”所要求的都是必要条件，因为在实际的减贫过程中，没有单一的充分条件，也就是没有一种有效的捷径能够显著减贫。因此政府要做很多事，这些措施的影响是无法完全控制的，因为在不同的条件下同一措施将发挥不同的效果。对于扶贫攻坚所剩下的贫困群体，他们同时具备了区域贫困、资源缺乏、素质较低等三方面的贫困特征，这三方面条件欠缺已经具备了专家①所指出的所有贫困类型（除突发灾害外）。因此，现阶段，“全面发展”是扶贫政策的必然选择。

综上所述，扶贫到户是减贫实践发展证明的核心扶贫方式；而“全面发展”是必然的扶贫政策，需要正确处理好扶贫到户和“全面发展”之间的关系。作为扶贫政策的“全面发展”仍然要围绕扶贫到户来进行，“全面发展”所指的是对象明确的全面发展，否则，“全面发展”就会分散扶贫力量，削弱扶贫效果。

三、全面发展的减贫成就

在有利于穷人的经济增长结构和开发式扶贫的共同推动下，中国在减贫方面取得的巨大

① 康晓光：《中国的贫困与反贫困理论》，广西人民出版社，1995 年版。

成就，中国的减贫不仅体现在以货币性贫困线衡量的贫困人口数量的减少，更重要的是表现在贫困地区经济的发展、贫困社区的综合发展以及贫困人口的能力提高和生计改善。全面发展是整个扶贫工作的目标。贫困地区广义是指广大的中西部地区，特别是老、少、边、穷地区，其中突出的代表是592个国定扶贫工作重点县；贫困社区主要是指贫困的行政村，他们往往集中于贫困地区，同时他们都是各个贫困地区的贫困典型，15万个进行整村推进的贫困行政村就是贫困社区的典型。贫困人口是指收入在贫困线以下的绝对贫困人口和勉强解决温饱问题的低收入人口，2001年按国家贫困线衡量的绝对贫困人口是3209万人，低收入人口有6213万人。农村贫困人口主要是贫困户的人口，他们是开发式扶贫的对象。

（一）落后地区经济社会发展

1. 落后地区基础设施条件显著改善。由于历史和自然条件等方面的原因，中国不同区域之间的经济发展水平存在明显的差别。新中国成立之时，工业、交通、基础设施等的70%以上集中在仅占国土面积11%的东部沿海地区。建国以后，政府就一直把经济基础较差的内陆地区作为建设的重点，但是在计划经济体制下，这些措施虽然发挥了一定的作用，在中、西部地区建成了一些工业大城市，却同时显出了这种模式的弊端。第一，计划经济下所建成的工业大城市与乡村地区处于隔离状态，许多大型的工业基地都是以“飞地”的形式建成，与本区域的经济体系没有内在联系，对周围经济的带动作用极其有限；第二，计划经济下所形成的工业大城市本身不具备成为技术创新的源头，加之体制上的束缚，中西部地区的这些大城市在市场经济中的竞争力较弱，根本不能承担起区域经济增长的重任。西部地区（西藏自治区单列）包括重庆直辖市在内的11个省级单位，共有375个国家级贫困县，占592个扶贫重点县的63.3%。中国落后地区的形成源于多种原因，有历史因素、自然条件因素也有体制因素。因此，落后地区经济要得到全面发展，就需要多管齐下，需要政府的统筹更需要市场力量的推动。

如前所述，1979年以来的中国经济体制改革推动了宏观经济的发展，特别是农村经营体制改革使农业生产力得到巨大的发展。1999年年末，中国政府提出了“西部大开发”战略，在第十个五年计划（2001—2005年）中，中央把缩小地区经济差距作为经济发展的重要方针，制定了加强内陆地区特别是西部地区的交通道路、发电供电等基础设施的建设，改善投资环境，吸引外资等措施和计划。在此期间，西部基础设施建设取得较大进展，陆续新开工60个重大建设工程项目，投资总规模约8500亿元，包括交通干线、水利枢纽、通信网络、西电东送等。

根据国家《西部大开发“十一五”规划》，在铁路建设方面，将组织实施一批通达珠三角和环渤海地区通道、西北与西南地区通道和沿边境对外国际运输通道以及大型铁路枢纽建设等重大工程，扩大铁路网覆盖面，完善铁路网结构。到2010年，仅西部铁路网总规模就将达到35000公里。中部、西部铁路网规模将分别增长25%和27%。此外，贵阳至广州快速铁路项目也将正式开工。这条铁路是西南地区连接华南、华东的重要通道，设计线路长度820公里，设计时速250公里，建成后贵阳至广州的列车运行时间将缩至5小时以内，制约大西南与珠三角地区铁路运输“瓶颈”的“肠梗阻”有望彻底疏通。以大理到瑞丽、大理到香格里拉的“北进西拓”工程为重点的云南铁路建设高潮也拉开了序幕。“十一五”期间，云南铁路建设投资约500亿元，到2010年将增加铁路新线1100公里，与2005年相比增长50%，意味着云南每万平方公里拥有铁路里程将达到87.8公里，与2005年相比增长50%。

2. 落后地区经济增长迅速。尽管以西部地区为代表的落后地区得到了基础设施方面的投入，改善了条件，但是进一步取得经济增长还需要更全面的政策支持。这种政策支持是中国社会主义体制的优越性。表现在不仅有统筹的规划，还有直接的投入；不仅有全面的政策，而且有各部门的创造性的努力。

西部大开发是进入21世纪的宏观经济主题，"十一五"期间西部大开发总体规划，规划了西部地区发展有特色的优势产业的取向、布局和政策，重点发展六类有特色的优势产业。第一类就是能源，希望在西部地区打造一系列的能源基地。第二类是矿产资源，包括把有色金属潜在的价值经过有序开发，变成现实的价值。第三类是高技术产业。第四类是装备制造业。第五类是农副产品深加工。第六类是旅游，绿色旅游、文化旅游和红色旅游，西部地区的资源都非常丰富。

专栏8-2

商务部"推进西部在开发，振兴东北地区等老工业基地，促进中部地区崛起，鼓励东部地区率先发展"。2006年商务部推出了"万商西进"工程，重点是支持中西部具有区位优势的地区承接东部地区加工贸易梯度转移；以中西部国家级和具备条件的省级开发区为载体，加强东中西互利合作，促进东部地区产业优化升级，支持中西部地区承接国际和东部开放型产业梯度转移。商务部会同相关部门支持中西部地区国家级开发区基础设施建设，优化投资环境，举办中西部投资的博览会，办好"万商西进"的贸易合作平台。"万商西进"工程以来，2007年1至6月，中西部地区外商投资增长速度明显加快，特别是西部地区实际合作外资增幅达51.93%，比全国平均水平高出39.76个百分点。（资料来源：西部时报，2007年7月31日）

1. 国家对西部发展的政策支持是鼓励外商企业投资西部地区特色优势产业。经国务院批准，2004年7月，国家发展改革委和商务部联合颁布了《中西部地区外商投资优势产业目录》，不仅扩大了特色优势产业投资的准入范围，还明确指出外商投资西部特色优势产业除了享受国务院下发的《关于进一步鼓励外商投资意见的通知》文件中的优惠政策外，还可以享受《中西部地区外商投资产业目录》中规定的在纳税、用地等方面的优惠政策。

2. 优化全国产业布局，对西部地区发展特色优势产业优先立项和审批。支持西部地区具备基本条件的地方发展资源加工项目，做到优先审批。对国家投资或需要国家批准的重点项目，只要西部地区有优势资源，有市场，就予以优先安排。

3. 对西部地区特色优势产业发展的重点工程给予信贷政策支持。国务院下发的文件中明确提出，对国家布局的西部特色优势产业重点工程，中央财政要给予资金或贷款贴息支持。鼓励各类金融机构采取银团贷款、混合贷款、融资租赁等形式，加大对西部有竞争力的特色优势产业集团进行技术改造并给予贷款支持，包括扩大贷款规模、延长贷款期限等措施。

为了响应中央关于西部大开发的规划，各个部门和地区从本部门和本单位出发创造出新的政策和做法来服务西部大开发。以海关部门[①]为例，为解决中西部企业的“出海”难题，中国海关着眼于区域经济协调发展，力推区域通关改革，坚持全国海关一盘“棋”，以“属地报关、口岸验放”为主要内容，实现“一次申报、一次查验、一次放行”，实现不同区域海关间信息共享，为中西部企业开启快速通关路，2006 年 7 月正式在全国推广。上海是长江流域的出海门户，水陆空枢纽，2006 年上海口岸进出口转关货值 1322 亿美元，占上海口岸总量的 23.6%，在上海口岸出口总值中，异地企业的出口贸易额占 50%。根据全国海关的改革政策，上海海关制定了进一步支持中西部地区外经贸发展的 6 项措施，货物从内陆到口岸之间无需再用海关监管工具运输，每一辆非海关监管车可节约成本 1 万元，机场的入、出仓费每公斤可节约 0.8 元，由于减少了报关量，企业还节省了大量人工成本，同时还有大量无法用金钱衡量的时间成本。海关改革措施拉近了中西部经济与国际大市场的联系，增强了中西部企业的国际竞争力。

落后地区的经济发展首先表现在产业结构上。2000—2004 年间，西部地区国民生产总值分别增长 8.5%、8.8%、10.0%、11.3% 和 12%，明显高于“九五”计划内的增长速度。从产业结构上看（见表 8－2），中西部地区与东部地区的差距正在显著地缩小。

表 8－2　　三大地带产业结构的变化

地　区	1978 年			2004 年		
	第一产业	第二产业	第三产业	第一产业	第二产业	第三产业
东部	22.86	57.68	19.45	9.60	52.39	38.01
中部	35.49	46.40	18.11	17.13	49.16	33.77
西部	37.10	43.73	19.17	18.80	44.58	36.62

资料来源：根据《1979 中国统计年鉴》和《2005 中国统计年鉴》整理。

中西部地区经济增长的动力主要来自于乡镇企业、私人企业（包括外资）和固定资产投资的增长。中西部经济结构调整中，乡镇企业功不可没。2006 年中国中、西部地区的农业总产值比上年增长 7.0% 和 7.3%（见表 8－3）。

表 8－3　　中、西部地区乡镇企业增加值　　数额：亿元

年份 地区	2000	2001	2002	2003	2004	2005	2006
中部地区	8660	8193	9447	10288	11654	13992	15800
年增幅（%）		－5.4	15.3	8.9	13.3	20.1	12.9
西部地区	2040	2848	1877	2119	2481	3018	3400
年增幅（%）		39.6	－34.1	12.9	17.1	21.6	12.7

资料来源：根据范小玉：“2006 年我国农村区域经济呈现持续良好发展态势”，《调研世界》2007 年第 2 期所供数据计算。

在中西部地区进行农村固定资产投资通过多个渠道，以各级政府的财政投资为主。2000 年以年，中西部地区的农村固定资产投资保持了稳定甚至快速的增长（见表 8－4），其中中央政府的投资起到极其重要的作用。2006 年用于农村建设的中央投资约 530 亿元，占全年

---

① 资料来源：《光明日报》，2007 年 10 月 24 日。

中央政府投资总规模的比重超过45%，比2001年高出10个百分点。其中，直接用于支持粮食生产、农村基础设施、农村扶贫的中央投资超过310亿元，比"十五"年均水平高出近60亿元；120多亿元用于支持重大水利工程建设，改善农业生产条件；安排农村饮水安全工程40亿元，比2005年增加1倍，计划解决2000万农村人口的饮水安全问题。

表8-4　中、西部地区农村固定资产投资　单位：亿元

地区＼年份		2000	2001	2002	2003	2004	2005	2006
中部地区	投资额（亿元）	1547	1693	1832	1987	2307	2801	3332
	增速		9.4%	8.2%	8.5%	16.1%	21.4%	19.0%
西部地区	投资额（亿元）	874	953	1059	1213	1276	1469	1549
	增速		9.0%	11.1%	14.5%	5.2%	15.1%	5.4%

资料来源：根据范小玉："2006年我国农村区域经济呈现持续良好发展态势"，《调研世界》2007年第2期，所提供的数据计算。

中西部地区各省都根据各自的情况通过各种途径加快本省贫困地区的发展。专栏8-3展示了安徽省内贫困地区发展的情况，可以看出，作为农业大省，安徽省扶贫重点县农村经济的发展起步于农业生产方式的转变，在经济增长的过程中，贫困县增强了农业生产能力，为稳定脱贫打下了坚实的基础。

专栏8-3

安徽省属于国家的中部地区，经济较不发达，全省56个县中共有国定贫困县19个，另有省定贫困县11个，共计30个扶贫重点县（以下简称重点县）。重点县总人口2143.7万人，占全省总人口的32.9%。2000年全省有绝对贫困人口126万，低收入人口374万。2003年，由于遭受严重的自然灾害，绝对贫困人口激增到179万人。到2005年，贫困人口又减少到130.9万人。在2001—2005年间，30个重点县生产总值年增长率为10.0%，其中13个重点县平均增长率超过了全省农村平均水平。由于国家加大了对粮食主产区的生产补贴，以及扶贫投入增加，重点县农民生产条件明显改善（见下表）。

"十五"期间安徽省扶贫重点县农业现代化情况比较[1]　单位：公斤/公顷

范围	2000年			2005年		
农资用量	化肥	农药	薄膜	化肥	农药	薄膜
全省	598.52	17.87	13.74	698.04	23.16	19.13
重点县	550.67	18.25	15.56	686.84	20.41	22.42
非重点县	624.14	18.42	12.33	700.45	24.59	16.65

1　资料来源：王蕾等："'十五'期间安徽省扶贫开发工作重点县经济和社会发展概况"，《安徽农业科学》2007年第35期第5页。

3. 落后地区的教育和卫生事业得到改善。2004年西部地区"两基"攻坚计划实施以来，取得了巨大成就。410个攻坚县中有368个县实现了"两基"目标，其他42个县达到

"普六"标准，西部地区"两基"人口覆盖率达到98%；中央财政投入100亿元资金新建、改扩建7651所寄宿制学校，满足了195.3万名新增学生的就学需求和207.3万名新增寄宿生的寄宿需求；从2006年起国家对西部地区农村义务教育学生全部免除学杂费，2007年秋季起全部免费提供国家课程教科书，近50%的寄宿生享受了家庭经济困难寄宿生生活补助；中央和地方财政投入110亿元资金实施了"农村中小学现代远程教育工程"，覆盖36万所农村中小学，1亿多中小学生共享优质教育资源；实施了农村义务教育阶段学校教师特设岗位计划、城镇教师支援农村教育计划和农村教师远程培训计划等，招聘特岗教师3.3万名，培训农村教师130余万名，西部地区农村教师整体素质逐步提高。

"十一五"期间，中央财政将安排100亿元加强职业教育基础能力建设，同时各地财政投入的资金将达200多亿元以支持农村职业学校建设，提高农村职业学校办学能力。在中央财政职业教育经费安排上坚持向农村和贫困地区倾斜。以贵州为例，从2001—2010年，88个县区几乎都可以得到一个国家级、一个省级职业教育项目，资金平均约300万元，这对贵州职业教育发展具有重要的推动作用，许多得到项目支持的职业学校，招生规模翻番，办学条件明显改善。据统计，2004年以来，中央财政共投入12.5亿元专款，支持了634所县级职业技术学校建设，投入8800万元专款，支持了55个县级职业技术学校职业技能实训基地建设。

《卫生事业发展"十一五"规划纲要》把"人人享有基本医疗卫生服务"作为目标，加大政府卫生投入。2007年国家投入27亿元，将甲肝、流脑等纳入国家免疫规划，预防传染病由7种扩大到15种。目前，我国人均预期寿命接近73岁，在发展中国家中处于领先水平。按照党的十七大报告关于这一目标的总体要求，我们必须走中国特色医疗卫生改革发展道路，建立起符合国情的基本医疗卫生制度，从基础性框架起步，朝着更加全面的水平发展，从覆盖面不够大，朝着逐渐覆盖城乡全体居民发展。为了建立这一制度，我们必须把握两个坚持，一是"坚持公共医疗卫生的公益性质"，遵循医疗卫生事业为人民健康服务的宗旨，强化政府提供基本医疗卫生服务的责任，完善国民健康政策，加大政府的卫生投入，从有利于群众及时就医、安全用药、合理负担出发，为群众提供安全、有效、方便、价廉的医疗卫生服务。二是"坚持预防为主、以农村为重点、中西医并重"的方针，在政府的主导下，提供全面的公共卫生和预防保健服务。建立基本医疗卫生制度，关键是深化医药卫生体制改革，形成比较完善的服务保障体系。

从2008年开始，新农合建设由试点阶段转入全面推进阶段，2008年将基本覆盖全国所有县（市、区）。2008年政府将提高对新型农村合作医疗的财政补助水平，财政补助标准将由现行的40元提高到80元，其中中央财政补助标准从20元提高到40元。目前新型农村合作医疗筹资标准是50元左右，农民个人缴费10元，中央和地方财政各补助20元。在筹资方面，从2004—2006年，全国新农合共筹资329亿元，有4.7亿农民得到医疗费用补偿243.9亿元。在中医药的运用中，我国现在纳入新农合体系的定点医院也包括了中医院①。

（二）扶贫重点县的全面发展

据592个国家扶贫重点县上报的统计数据，2004年国家扶贫重点县得到的与扶贫相关

① 《人民日报》2008年1月13日。

的扶持资金（简称扶持资金，包括专项财政扶贫资金、扶贫贷款以及退耕还林、天保工程、义教工程、农业综合开发等多个项目资金）达 292 亿元，与 2002 年相比，年度资金总量增加 16.3%。以县为单位，平均每个县得到的扶持资金为 4933 万元。

国家在这些扶贫重点县投资在各行业的资金分配格局基本保持稳定、投入到农业和农产品加工业的资金超过 1/3。另外近 1/3 的资金用于基础建设，包括道路、电力、基本农田、人畜饮水等。用于社会服务和提高生活质量的资金比例为 5%。这些资金的作用效果包括，2004 年新增基本农田 500 千公顷，占这些县全部耕地的 2.4%；当年新增及改扩建公路 12.5 万公里；当年解决饮水困难人数 656.8 万人，占当年尚未解决饮水困难人数的 22.6%；当年解决饮水困难牲畜头数 551.6 万头；向其他地区办出劳动力人数 2674.9 万人，占乡村从业人员的 25.2%。

2006 年，扶贫重点县贫困人口比 2001 年下降 546 万，贫困发生率比 2001 年下降 2.8 个百分点（见表 8－5）。

表 8－5　　国家扶贫重点县农村贫困程度减少情况（2001—2006）　　单位：万人；%

年　份	贫困人口	低收入人口	贫困发生率	低收入人口比重
2001	1812	3865	9.1	17.6
2002	1752	3076	8.8	15.4
2003	1763	2946	8.8	14.7
2004	1613	2580	8.1	12.9
2006	1266	1844	6.3	9.2

扶贫重点县经济实力增强，2004 年扶贫重点县人均地区生产总值达到 3997 元，2001—2004 年年均递增 15.3%，与全国县域平均水平相比，扶贫重点县人均地区生产总值的增长速度高出 0.5 个百分点。贫困县主要经济指标都有明显的改善，生活生产方式向现代化过渡。

2006 年扶贫重点县农民人均纯收入为 1928 元，扣除物价因素实际年增长比例为 10.2%。其中革命老区农民人均纯收入为 2015 元，比上年实际增长 10.9%，少数民族聚居村农民人均纯收入为 1804 元，比上年实际增长 10.7%，陆地边境县农民人均纯收入为 1672 元，比上年实际增长 12.8%。

贫困县教育水平提高。据国家统计局农村社会经济调查司对全国 592 个扶贫重点县贫困监测调查显示，2004 年，扶贫重点县 7—15 岁儿童在校率为 93.5%，其中，低收入农户 7—15 岁儿童在校率为 93.4%，贫困农户 7—15 岁儿童在校率为 88.9%。2006 年贫困县儿童在校率为 95.3%，比上年提高了 0.6 个百分点。16—50 岁青壮年劳动力中，文盲劳动力占 9.3%，比上年下降了 0.6 个百分点，同时青壮年劳动力中接受过技能培训的劳动力比例为 14.6%，比 2004 年上升了 1 个百分点。2006 年扶贫重点县农村平均每个小学生的学杂费和书本费分别比 2005 年下降 25.6% 和 15.4%。

2006 年扶贫重点县参加农村新型合作医疗的农户比例达 37.7%，比上年提高了 20.7 个百分点。其中，西部地区扶贫重点县参合农户比例是 40.1%，中部地区是 33.3%，分别比上年提高 20 和 21.8 个百分点。

（三）少数民族贫困地区的全面发展

中国是一个多民族国家。到2008年为止，我国政府先后建立了5个自治区、30个自治州、120个自治县（旗）。此外，还建有1700多个自治乡，作为民族区域自治的补充。1984年，我国通过并颁布了《中华人民共和国民族区域自治法》，2001年，又推出了它的修订本。

由于历史、社会和自然条件等原因，相当部分少数民族地区经济发展落后，社会发育程度较低。"八七计划"期间，全国348个少数民族地区县和非民族地区少数民族自治县中有257个被列为国家重点扶持贫困县。中国政府十分重视少数民族贫困地区的扶贫开发工作，在政策、措施方面给予了重点倾斜和特殊照顾。在核定国家重点扶持贫困县时，对民族县给予特殊照顾，提高标准，扩大扶持范围。在安排中央扶贫资金时，重点向少数民族地区倾斜，从1994年到2000年，国家共向内蒙古、广西、西藏、宁夏、新疆5个自治区和贵州、云南、青海3个少数民族人口较多的省投入扶贫资金432.53亿元，占全国总投资的38.4%。

经过全社会各方面的共同努力，特别是少数民族地区广大干部群众的艰苦奋斗，中国少数民族贫困地区扶贫开发工作取得了明显成效：一是贫困人口大幅度减少，贫困发生率大幅度下降。以西藏自治区为例，"八七计划"期间，农村贫困人口由48万人减少到7万多人。二是农牧民收入快速增长，生活条件得到改善。"八七计划"期间，5个自治区和3个少数民族人口较多的省农民人均纯收入增长速度高于592个贫困县平均增长水平28.7个百分点。三是基础设施明显改善，教育、卫生等各项社会事业也得到了较快的发展。

2005年中央财政向内蒙古、广西、西藏、宁夏和新疆5个民族自治区，以及贵州、云南、青海3个少数民族人口较多省份的财政扶贫资金就达48.4亿元。2005年末，民族地区农村绝对贫困人口1170.4万人，比上年减少75.2万人①。据国家民委扶贫办对全国5个自治区及云、贵、青3个多民族省和其余的民族自治地方，共20个省、自治区、直辖市的农村贫困监测结果分析和据国家统计局对全国31个省（自治区、直辖市）6.8万个农村住户的抽样调查中民族8省区调查数据统计分析，2005年末，民族地区农村绝对贫困人口1170.4万，比上年减少75.2万人；其中民族8省区农村绝对贫困人口879.7万，比上年减少75.3万人。从各省、自治区来看，绝对贫困人口与低收入人口数量合计减少较多的是内蒙古、广西和贵州，共计减少175.1万人，占民族8省区合计减少数量的66.7%。

我国有22个人口在10万以下的少数民族，总人口63万，统称人口较少民族。国务院审议通过的《扶持人口较少民族发展规划（2005—2010）》，明确要通过5年左右的努力，使人口较少民族聚居的行政村基础设施得到明显改善，群众生产生活存在的突出问题得到有效解决，基本解决现有贫困人口的温饱问题，经济社会发展水平基本达到当地中等或以上水平。

"十一五"期间，国家发改委已决定安排10亿元资金，扶持人口较少民族聚居村的基础设施建设；财政部将每年安排1.12亿元，用于改善人口较少民族群众生产生活条件及农牧民增收；国家开发银行也将加大信贷资金的扶持力度；国务院扶贫办已将345个人口较少民族聚居的贫困村全部列入整村推进规划，并优先启动。

实践证明，少数民族贫困地区脱贫的出路是加大旅游业的开发，发挥环境和文化的优

① 《中国民族报》2006年7月11日。

势，但是同时，也要特别注意少数民族脱贫面临的特殊问题。根据在四川省 36 个扶贫重点县的研究表明①，少数民族县输出劳动力数量远远低于汉族贫困县劳动力输出量；性别结构以男性为主，女性仅占 29.81%，而同地区汉族贫困县妇女劳务输出占输出劳动力总数的 42.89%。劳务输出范围也有明显的差异，如 2003 年研究对象中汉族地区的劳务输出中有 70.90% 输出到省外，而少数民族输出劳动力中只有 29.07% 向省外输出。

（四）贫困社区的发展

贫困社区主要指行政村，也可以大到乡，小到自然村。在区域经济发展的推动下，贫困社区的基础设施得到不断地完善（见表 8－6）。相信这个不断发展的过程会持续进行，贫困社区的发展条件会随之完善。

表 8－6　　扶贫重点县社会基础设施发展（2001—2004 年）

年　份	2001	2002	2003	2004
1. 通过公路的行政村比重	92.2	95.4	96.6	97.5
2. 通电的行政村比重	95.8	96.8	97.7	97.8
3. 通电话的行政村比重	76.9	83.8	88.4	90.5
4. 能接收电视节目的行政村比重	95.4	95.8	96.2	96.5
5. 通公路的自然村比重		72.2	75.1	77.7
6. 通电的自然村比重		93.0	94.2	95.3
7. 通电话的自然村比重		52.6	59.3	64.6
8. 能接收电视节目的自然村比重		83.9	86.7	88.0

贫困社区发展主要受益于近几年来的参与式“整村推进”战略。《纲要》实施之初，全国确定了 151 万个贫困村作为扶贫工作的重点，这些重点村的个数占全国行政村总数的 21%，覆盖了全国农村贫困人口的 80%，这些村中，34% 为少数民族村。《纲要》明确要求把这些重点村纳入到扶贫规划当中，并要求贫困户参与规划过程，到 2004 年年底，已经有 43% 的扶贫重点村完成了参与式扶贫开发村级规划。

鉴于“八七”计划实施的实践经验以及国际扶贫经验②，国务院扶贫办在专家的参与下研究设计出一套“参与式整村推进扶贫”模式③。参与式是指扶贫对象在扶贫项目的规划和决策中有发言权，扶贫项目需要针对实际的贫困问题，也就是通常所讲的以问题为导向。在这里，“参与式”是指规划与群众的关系，而“整村推进”所指的是资金整合的方式以及社区规划的目标。一个令人深思的问题是，“能否把整村推进目标理解为一定使一个社区完全脱贫？”无论如何，人们无法忽视的是脱贫过程的时间投入。人们倾向于把问题尤其是扶贫问题仅仅理解为资金的问题，这导致一种认识：只要有足够的资金，就能解决贫困的问题，比如，我们每年给每个村投入 100 万元（到底给几年呢?）。但实践使我们认识到，扶贫最

① 朱洪、郭正模：“贫困少数民族地区与汉族地区劳务输出差异及原因分析——以四川省 36 个扶贫工作重点县为例”，《特区经济》，2006 年第 9 期。

② 任燕顺：“对整村推进扶贫开发模式的实践探索与理论思考——以甘肃省为例”，《农业经济问题》，2007 年第 8 期。

③ 王国良等编：《参与式扶贫培训教程》，中国财政经济出版社，2003 年版。

终是让贫困群体有一种发展的能力，这也是所谓“开发式”的含义，因此，我们不能忘记这种能力需要一个培育的时期，即使政府能够向这个村子投入很多钱，恐怕结果仍然是一群不断抱怨的穷人，他们没有足够的时间投入所有应该投的工，他们不能理解政府为他们所做的，总之他们没有时间消化所得到的一切，没有时间和能力去适应改变了的发展环境。也许5年给100万元是正确的，至少好于1年给100万元。我们不能寄希望于在一个规定的时间内尤其是一个相对较短的时间内使一个有着上百个贫困户的社区完全脱贫，这种奇迹可能发生，但不能作为规律来发挥作用。因此，“参与式整村推进”可以理解为以贫困户决策为主体的不断解决他们所面临发展问题的一个过程，到底这个过程需要外界支持到多长时间，我们只能说时间越长越好，如果只规定两三年或一两年时间，往往只能建设一些硬件，而不能培育起能力。

“参与式扶贫开发村级规划”自2003年在各省推广，国务院扶贫办设计了严密的操作方法，并对各地扶贫系统的人员进行了规范培训。各地也根据实际又对村级规划的制定进行了摸索和探讨，保证了规划的质量。在西藏自治区，由于地域广大，人口分散，西藏自治区扶贫办提出了“整乡推进”战略，并设计了适宜于西藏自治区当地条件和贫困情况的操作手册。实施参与式整村推进战略体现出以下的减贫优势：

1. 提高了项目决策的瞄准度，先有问题才有项目，一旦实施，保证扶贫效果。

2. 提高了项目实施的效率，由于贫困群体参与的决策，受到动员和教育，能够主动参与项目的实施。

3. 提高了贫困群体的脱贫信心，由于贫困群体知道规划的内容，对于今后周围将要发生的改变有所预期，能够相应地调整行为而受益。

4. 锻炼了贫困社区的组织能力，通过组织群众参与规划和实施项目，以及后期的继续管理与参与，建立起社区内部的交流平台，提高组织效率。

事实上，参与式扶贫开发规划的影响远不止于上述几点，由于贫困社区所面临的问题完全取决于贫困群体特有的价值观，因此，参与式扶贫开发规划的结果就是当地贫困群体价值观下的发展干预，其影响特别深远。例如，2007年西藏自治区拉萨市尼木县吞巴乡提出的扶贫项目里的产业项目是扶持传统的藏香生产。这个乡生产最有名的藏香，使用最传统的工艺，在整个生产过程中不用一点铁器，但是他们没有钱添置名贵的药材也缺少议价能力，当地扶贫办和乡民商议成立了藏香生产协会并给予贷款扶持，结果是不仅得到很好的经济效益，而且使传统工艺得到扩大，及时稳定了藏香生产户的生计，藏香生产协会迅速自主扩大，保留了一种传统文化，也有利于当地生态环境的保护。

参与式整村推进战略中最困难的是资金捆绑，实践证明，这方面确实需要扶贫干部克服传统进行创新才能取得效果。请看以下案例。

我们来看一下陕西省在省一级是如何进行整合与捆绑的。陕西省贫困面大、贫困人口多，有扶贫重点县50个，绝对贫困人口232万人，另有27个省定贫困县。2000年全省安排了16个重点贫困村进行整村推进试点，2001年扩大到138个村。陕西省执行了国务院扶贫办的整村推进思路，省政府按照“渠道不乱、用途不变、各尽其力、各记其功”的原则进行组织协调各相关部门，以整村推进重点村为载体，将各类涉农资金捆绑起来，集中用于整村推进。省扶贫开发领导小组出台“五到村”政策，即水利部门引水到村，电力部门送电到村，邮电部门负责邮递和电话到村、广电部门负责广播电视到村。把整村推进与以工代赈、信贷资金、移民搬迁、专业技能培训、农业综合开发、小流域治理、退耕还林等投入结合起来。《纲要》实施以来，全省用于整村推进的专项扶贫资金累计达到79亿元①，其中国家和省财政扶贫资金19.4亿元，信贷扶贫资金53.5亿元，世界银行贷款6亿元，捆绑部门资金15亿元，群众投资投劳折价16亿元，平均每个村投入达到100万元以上，其中财政扶贫资金对每个村的标准是25万—30万元。财政扶贫资金主要用于公共性和公益性的项目上，重点投入在水、电、路、基本农田等项目上，改善贫困群体的生产生活条件。

专栏8-4

2006年西藏自治区拉萨市尼木县帕古乡的整乡推进规划启动之时，主要做了三件重要的协调工作，即：

- 成立县级整乡推进领导小组
- 成立乡级整乡推进实施领导小组
- 召开相关部门的项目协调会

在乡级整合时出来一个大表，请县、地区专业技术人员对项目进行投资概算，把相关单位整合项目分列出来，到相关单位核实，与单位负责人协调并达成承诺书，承诺保证本部门在今后三年内安排实施整乡推进规划中的村级社区的相关需求项目并保证落到实处。例如帕古乡的三个村提出了四个有关教育的项目，包括完小建设，教学点建设以及扫盲教育项目等。县扶贫办到教育局协调时，教育局认为这些项目都可以安排，并且还补充了为完小建设澡堂的项目。在村级需求调查时，没有村民提出澡堂需求，但教育局从更高的角度补充了这个项目，完善了整乡推进中教育方面的项目内容。另一个例子是，当扶贫办与县卫生局协调项目时，卫生局补充了150户改厕项目，但当地群众对于这个项目还很陌生，县扶贫办发现这个项目受群众欢迎的程度并不高，他们也把这个情况反馈给了卫生局，调整了这个项目。在尼木县扶贫办上报的整乡推进扶贫发展规划报告的附录中，有11个县级相关单位盖章的承诺书，这说明准备阶段组成的领导小组确实起到了作用。

尼木县帕古乡参与式整乡推进规划共计19个项目（除安居工程以外），其中55.96%的项目通过县级部门的整合项目（主要是基础设施建设项目）解决，也就是整合了扶贫系统以外的资金。

以村民的需求排序为基础，县扶贫办针对剩余项目根据资金情况进行优先排序。尼木县扶贫办把不能在三年内安排的项目作为今后申报的项目库，并且已经把项目库的内容通报给相关部门。在这个意义上，“整乡推进”规划发挥了指导项目的作用。

同样，湖北省恩施州也根据当地条件进行创造性发挥②，使当地的贫困村在整村推进中真正受益。该州辖2市6县，总人口384万人，其中农业人口占88%，少数民族人口占53%。恩施州8个县市都是扶贫重点县，2000年全州有1888个贫困村，占村总数的62%；12.7万个贫困户，占农村总户数的14%；共有贫困人口45.83万人，贫困发生率为12%；低收入人口116.16万人，贫困人口与低收入人口合计为162万人，占总人口的42.2%。通过整村推进的实

① 中共陕西省委政策研究室、陕西省扶贫办联合调查组：“扶贫就是发展——陕西省新阶段扶贫开发的调查”，《陕西综合经济》，2006年第3期。

② 中共恩施州委、恩施州人民政府：“认真实施整村推进扶贫规划”，《政策》，2006年第4期。

施，到2005年基本实现贫困村人人有饭吃、有衣穿、有水喝、有房住，适龄儿童能上学，有病能就医，改善了重点贫困村基本生产生活条件。到2005年年底，全州累计379个重点贫困村捆绑投入各类资金3.8亿元，村平均100万元。全州31位在职州级领导干部和121位县处级领导干部在重点村建立了扶贫工作联系点，每个安排帮扶部门（单位）537个；安排驻村工作队员500多个。2001—2005年，各帮扶单位直接投入到重点村的帮扶资金3890万元，引进项目资金4200万元，引进人才152名，资助贫困学生3040名。

中国政府的扶贫机构正在不断地探索各种深入社区的扶贫方式，更好地进行减贫活动。例如，近年来引入的社区主导型扶贫方式，突出地把社会自主性作为扶贫的切入点。2007年社区主导型扶贫试点由国务院扶贫办外资项目管理中心①和世界银行、世界宣明会、国际计划和行动援助组织等合作开展，项目内容涉及改善农村生活和生产条件、提高农民素质、增加农户发展投入、改善社区环境、提高农村基层民主水平和文明风气等方面。项目区分布于广西、四川、陕西、内蒙古4省（区）的60个重点贫困村，总投资约4800万元。社区主导型发展项目特别注意保障困难群众在社区的决策权，提供必要的资金和技术条件，优先支持他们的发展，通过制度保证社区的每一个人都能享受到发展的成果。项目实施过程中，县、乡政府的作用主要是为社区的发展提供支持、指导、服务和监督，协助农民解决其自我发展过程中难以解决的问题。

综上所述，在中国政府的减贫过程中，贫困社区是最基层的操作单位也是特别重要的减贫目标。减贫实践证明，贫困社区的参与对减贫起到关键作用，目前的整村推进战略正确地发挥了贫困社区的自主发展潜力因而取得了减贫效果。贫困社区正是在整村推进中得到了全面发展。

（五）贫者为本的发展

帮助贫困群体发展是减贫的最终目标，因此所有的减贫工作始终应该以人为本，也就是以贫者为本。但是做到这些并不容易，因为在市场经济下，贫者是弱者，帮助弱者发展就要放弃对效率的追求。中国政府扶贫的一大特色就是在社会主义价值观的指导下，发挥了政府的统筹力量，通过一整套扶贫制度的建设保证了贫者为本的扶贫活动的规范进行。

在推动落后地区、贫困社区发展的过程中，贫困人口在发展条件上得到改善。2006年农村居民人均纯收入3587元，扣除价格上涨因素，比2002年增长1111元。2006年农村居民家庭恩格尔系数为43%，比2002年的46.2%明显下降。2000—2006年落后地区农民人均纯收入增长情况见表8－7。

表8－7　　中、西部地区农民人均纯收入水平　　单位：元/人

	2000年	2001年	2002年	2003年	2004年	2005年	2006年
中部地区	2029.9	2165.2	2265	2382.0	2726.6	2999	3331
		6.7	4.6	5.2	14.5	10.0	11.1
西部地区	1556.5	1662.2	1771	1883.7	2090.8	2300	2487
		6.8	6.6	6.4	5.7	10.1	8.1

资料来源：根据范小玉，“2006年我国农村区域经济呈现持续良好发展态势”所供数据计算。

① 国务院扶贫办网站。

2006年全国农民的税费负担人均11元，比上年减少2元，在2005年下降65.1%的基础上又下降15.45%，税费负担占当年农民人均纯收入的比重由2005年的0.4%减少为0.3%。同年，中西部地区农村居民人均生活消费支出分别为2590元和2102元，比2005年增加12%和8.7%。

国家统计局农村社会经济调查司[①]对全国31个省（区、市）6.8万个农村住户和7100多个行政村的抽样调查显示，2005年年末，农村转移劳动力达18319万人，比上年增加957万人，增长5.5%。已转移劳动力占农村劳动力的比重为37.4%，比上年提高1.9个百分点。农村转移劳动力以异地转移为主。在转移劳动力中，在本乡镇地域内实现非农就业的劳动力占46.5%，异地转移即转移到本乡镇地域以外劳动力占53.5%。在农村转移劳动力中，在制造业就业的劳动力占33.8%，在建筑业就业的劳动力占12.6%，在第三产业就业的劳动力占50.2%。中西部地区4000余万农村劳动力转移到东部地区，约占中西部转移劳动力的45%。

在贫者为本的发展中，处于扶贫重点县的贫困人口受到特殊的重视，得到了更多的投入，以弥补他们在区域经济条件和自然条件方面的不足。经过多种扶贫措施的运用，扶贫重点县贫困人口的主要经济指标有了明显的改善（见表8－8）。

表8－8　　扶贫重点县贫困人口主要经济指标（2001—2006）

	2001年	2002年	2003年	2004年	2005年	2006年
人均年末金融机构各项贷款余额（元）	1890	2031	2131	2241	2353	2629
人均年末金融机构各项存款余额（元）	2104	2443	2824	3320	3973	4803
人均城乡居民存款余额（元）	1576	1832	2133	2473	2917	3246
人均农业用电量（度）	63	65	70	75	91	91
公路总里程（公里）	515881	543548	556262	587807	623000	679000
民用汽车拥有量（辆/万人）	32	35	37	43	62	80
固定电话用户数（部/万人）	437	554	669	789	1010	1118
移动电话用户数（部/万人）	122	238	389	582	1061	1408

资料来源：中国农村贫困监测报告2007、2006。

以贫者为本的减贫活动，一方面要围绕贫困者状况的改善来进行干预，另一方面要发挥贫困者的潜力来进行干预。江西省21个扶贫工作重点县对“十一五”规划及新农村建设的影响的调查[②]发现，贫困人口对于减贫活动的资金和劳务投入十分巨大，除去社会投入以外，贫困人口的投入相当于政府投入的1.2倍（见表8－9）。这充分说明，在参与式的开发式扶贫中，贫者也是自助者。

表8－9　　江西省样本村扶贫规划的整合资金情况　　单位：万元

	“十一五”规划	新农村建设	移民工程	合　计
扶贫资金	94.1	137.58	27.6	259.28
整合资金	85.24	257.54	70	412.78*
总资金投入	179.34	395.12	97.6	672.06

*其中有100万元为社会捐助。

① 《调研世界》，2007年第1期。

② GTZ与江西省扶贫办联合的江西省扶贫监测技援项目中《江西省参与式扶贫影响评价报告》。

四、低保制度对开发式扶贫的补充作用

农村低保制度与开发式扶贫是相互补充的广义扶贫制度，它们都是针对农村贫困群体的制度性措施。但是其间存在明显的差异：

1. 开发式扶贫的目的是为有潜力的贫困群体提供发展的机会，最终培育贫困群体的市场竞争力，使他们依靠自身的能力稳定地摆脱贫困成为社会财富的贡献者；而低保制度的受益者主要是发展潜力有限的贫困群体，他们得到的不是发展的支持而是维持生活的支持；

2. 开发式扶贫针对的是贫困户和贫困群体，虽然采取到村入户措施，但是更注重社区和群体的发展能力的培养；而低保群体直接针对的是个人，注重的是维持个人的生活；

3. 从长远来看，开发式扶贫的对象将会摆脱贫困状态，依靠自我发展能力独立发展；而低保群体中的大部分如残疾、年老体弱、丧失劳动能力等类型的群体一般会终身享受低保而无法摆脱。

农村低保是一项保障农村绝对贫困人口生存和基本生活需要的制度。根据国家民政部公布的数据，截至2007年3月，全国农村社会救济（包括农村低保、特困救济和五保供养）人数为3486万，其中仅农村低保人口就达2781万，超过了当年国家统计局公布的农村绝对贫困人口（2148万）。

2007年，中国社会救助制度进入制度全面建设的新时期。《政府工作报告》提出，2007年要在全国范围建立农村最低生活保障制度。国务院《关于在全国建立农村最低生活保障制度的通知》明确要求，2007年在全国建立农村低保制度，现阶段以因病残、年老体弱、丧失劳动能力以及生存条件恶劣等原因造成生活常年困难的农村居民为保障重点。截至2007年第三季度，农村低保制度已在全国31个省、自治区、直辖市2663个涉农县（市、区、旗）全面实施，共保障农村困难群众2781万人，全国平均低保标准为每人每年851元，月人均补差30元。1—9月份，全国农村最低生活保障支出56.4亿元。从保障人数看，2007年第三季度，比2006年增加了1272万人，比第一、二季度分别增加了993万人和714万人。2007年年底纳入农村低保的困难群众将达到3000多万人。截至2007年第三季度，全国农村低保对象中：未成年人203.3万人，占7.3%；老年人543.1万，占19.5%，两者总人数为746.4万人，合计比例为26.8%。

国家民政部汇总的农村低保对象的认定标准是各县、市、区政府自行制定的低保标准。在公布的2663个已建立农村低保制度的县、市、区中，低保标准低于2006年农村绝对贫困线（693元）的有1627个，占样本总数的57.4%；低保标准高出低收入人口标准（958元）的有701个，占样本总数的23.3%。由此可见，按农村低保标准测算，我国有近六成的县、市、区的农村低保对象，即便享受了低保待遇，仍处于绝对贫困中；而低保标准超过1天1美元的国际贫困标准的县、市、区也超过两成。

两个因素直接影响当地农村低保救助水平：一是当地经济社会发展水平和财力状况，二是当地政府消除贫困的决心。地方财力相对宽裕，党政领导高度重视，农村低保标准可能趋高；反之，亦然。实际情况也正是如此。从2007年第二季度农村低保标准看，客观呈现了

我国东、中、西部地区经济社会发展水平的现实差异。统计显示，农村低保标准低于600元（含600元）的县（市、区）数，全国平均水平为35.7%，东、中、西部分别为12.3%、38.3%、59%；农村低保标准超过1080元的县（市、区）数，全国为15.7%，东、中、西部分别为39%、4.8%、2%。具体到各省、自治区、直辖市，京、沪两市的农村低保标准全部越过1天1美元的国际贫困线。至于政府意志的强力作用，江西省的农村低保救助水平可见一斑。江西虽属我国中部经济欠发达的省份，但省辖所有涉农县（市、区）政府制定的农村低保标准全部高于绝对贫困线。

为了更好地扶持贫困群体，低保制度和开发式扶贫需要很好地相互结合。低保人群和开发式扶贫对象生活在同一个社区当中，面对同样的发展环境与条件，他们随时有可能从一种扶助方式的目标群体归入另一种扶助方式的目标群体，关键是必须至少有一种方式切实能够帮助他们渡过生活中的困境。因此，扶贫方式进一步完善的目标是能够使低保和扶贫都以贫困群体为本，灵活配置不同的适用资源得到更好的减贫效果。

参考文献

1. 范小建："中国特色扶贫开发的基本经验"，《求是》，2007年10月。

2. 范小玉："2006年我国农村区域经济呈现持续良好发展态势"，《调研世界》，2007年第2期。

3. Federal Office for Building and Regional Planning，Spatial Development and Spatial Planning in Germany，Bonn，March 2001.

4. 何敬、葛其伟译，[美] 戴安娜·M. 迪尼托著，社会福利：政治与公共政策，第五版，中国人民大学出版社，2007年第一版。

5. 贺铿："总体小康社会与全面小康社会"，《小康社会——创新与发展》北京市社会科学界联合会、北京师范大学编，北京师范大学出版社，2003年第一版。

6. 胡鞍钢：《2020中国全面建设小康社会》，清华大学出版社，2007年第一版。

7. 《中华人民共和国国民经济和社会发展第十一个五年规划纲要》。

8. 康晓光：《中国的贫困与反贫困理论》，广西人民出版社，1995年版。

9. 景海峰："小康社会的历史语境和时代意义"，《深圳大学学报》，第19卷第6期。

10. 李君如著：《全面建设小康社会综论》，江西高校出版社，2003年第一版。

11. 钱宁：《社会正义、公民权利和集体主义》，社会科学文献出版社，2007年第一版。原文作者转引自尚晓援："'社会福利'与'社会保障'再认识"，《中国社会科学》，2001年第3期。

12. 钱宁：《社会正义、公民权利和集体主义》，社会科学文献出版社，2007年第一版。

13. 任燕顺："对整村推进扶贫开发模式的实践探索与理论思考——以甘肃省为例"，《农业经济问题》，2007年第8期。

14. 魏众、B. 古斯塔夫森："中国转型时期的贫困变动分析"，《经济研究》，1998年第11期。

15. 王国良等编：《参与式扶贫培训教程》，中国财政经济出版社，2003年第一版。

16. 中共陕西省委政策研究室、陕西省扶贫办联合调查组："扶贫就是发展——陕西省新阶段扶贫开发的调查"，《陕西综合经济》，2006年第3期。

17. 中共恩施州委、恩施州人民政府："认真实施整村推进扶贫规划"，《政策》，2006年4月。

18. 朱洪、郭正模："贫困少数民族地区与汉族地区劳务输出差异及原因分析——以四川省36个扶贫工作重点县为例"，《特区经济》，2006年第9期。

第九章 国际合作——减贫资源和经验的分享机制

随着改革开放的进程，中国政府认识到中国的扶贫是世界反贫困事业的重要组成部分。中国政府强调自力更生、艰苦奋斗，主要依靠自身的力量解决贫困问题，同时也一如既往地积极开展国际扶贫合作与交流。多年来，中国政府与联合国机构、发达国家援助机构以及非政府组织等，在扶贫领域开展了卓有成效的合作。在吸收国际减贫资源以补充中国政府扶贫资源上的不足，虽然只是最初的动机，但在这一过程中，国际上一系列先进的减贫理念、先进的减贫理论和操作方法，逐步被介绍和应用于中国减贫的实践，使中国开发扶贫的效果不断提高，许多方法的本土化，反过来对加速世界反贫困的步伐产生了积极的效应。同时，中国在力所能及的条件下，积极参与到世界反贫困的斗争中，以特有的方式和方法，为发展中国家提供援助。中国国际扶贫中心的成立，标志着中国政府将在世界反贫困事业中发挥更大的作用，尤其是将中国减贫的成功经验和模式在发展中国家推广应用。本章重点探讨国际合作在促进减贫资源和经验分享机制形成上的贡献。

一、国际援助对中国减贫的支持

国际援助是指政府间（官方）双边和多边发展援助以及由非政府组织提供的私人（非官方）援助，包括所有货币形式或者类似形式的官方赠与和优惠贷款，它起源于旨在帮助欧洲战后重建的马歇尔计划以及支持战后新兴独立的民族国家恢复发展的四点计划。

20 世纪 50 年代以来，国际援助的重点领域发生了很多变化。起初，国际援助的主要领域是经济发展目标，即通过可用于投资的国内和国外储蓄量的增长，实现产出和收入的增长。到了 20 世纪 60 年代，人力资本受到重视，援助计划扩展到教育、保健和其他人类服务事业。在 20 世纪 60 年代后期和 20 世纪 70 年代，援助计划包括了促进经济增长以外的目标—收入再分配、减轻贫困、满足基本需要，与此同时，农村发展成为国际援助的重要动因。在 20 世纪 80 年代和 20 世纪 90 年代早期，援助更多地关注宏观经济稳定和结构调整。随着发展中国债务负担的日益沉重，20 世纪 90 年代中后期以后，债务减免成为援助的一项重要内容；同时由于全球范围内贫困问题日益严重，反贫困成为国际援助的重点，尤其是 2000 年联合国提出千年发展目标以后，反贫困领域内的合作成为主要国际援助机构的重点援助方向；最近，环境保护和民主化又成为援助国的主要目标。无论援助重点领域如何调整，反贫困一直是国际援助的共同目标。

1979 年，联合国开发计划署（UNDP）批准了第一个援华方案，标志着中国开始接受国际发展援助。1995 年，中国政府批准成立了国务院扶贫办外资项目管理中心，具体负责扶贫国际合作项目的组织管理、咨询服务，同时也负责推广国际机构先进的扶贫理念、扶贫项目的管理模式与方法。

在过去的 20 年里，国际金融组织贷款、国际多双边发展机构的官方援助和国际 NGO 的发展援助成为中国减贫事业中有益的组成部分，有效地推动了中国减贫事业的发展。中国政府高度重视国际扶贫合作，在《中国农村扶贫开发概要（2001—2010 年）》中明确要求，新阶段的扶贫开发要“发展扶贫开发领域的国际交流与合作，继续争取国际组织和发达国家援助性扶贫项目”；“通过多种渠道、不同方式争取国际非政府组织对我国扶贫开发的帮助和支持。”要“加强与国际组织在扶贫开发领域里的交流，借鉴国际社会在扶贫开发方面创造的成功经验和行之有效的方式、方法，进一步提高我国扶贫开发的工作水平和整体效益。”

（一）参与中国减贫活动的国际组织

根据 UNDP 在 1997 年编写的参与中国扶贫、粮食安全和妇女三类项目的国际组织名录，有各类国际组织 50 多个从不同角度参与了中国的扶贫活动。这些组织由于性质的不同，在华扶贫工作的资金在运作上存在很大的差别，一般来说，联合国系统和非政府组织在华的扶贫投资都是无偿的，国际金融机构则以贴息或低息贷款为主，而外国政府对中国的帮助多为无偿，但要求中国政府进行财政配套。但随着中国政府在反贫困方面所取得成就以及能力上逐渐加强，这些国际机构的对华援助也逐渐从减贫领域向环境保护和民主化领域转移。

参与在华扶贫工作的国际组织从性质上可以分为四大类：

第一类是以联合国开发计划署为代表的联合国系统。联合国机构是最早参与中国的扶贫工作的国际机构，1979 年，联合国开发计划署(UNDP)在中国设立代表处，作为联合国系统在华机构的协调人。此后，联合国粮农组织（FAO）、世界粮食计划署（WFP）、联合国儿童基金会（UNICEF）、联合国劳工组织（ILO）、联合国人口基金会（UNFPA）等机构先后在中国设立代表处。联合国系统在反贫困领域内的开展工作的核心指导原则是推动 2000 年联合国大会提出的人类千年发展目标（MDGs）的实现，其所属各个机构在全世界范围内扶贫活动均围绕这一目标展开，在中国同样如此。

第二类是以世界银行和亚洲开发银行为代表的国际金融机构。目前参与中国扶贫活动的国际金融组织有世界银行（WB）、国际农业发展基金会（IFAD）和亚洲开发银行（ADB）、德国复兴银行（KFW）、日本协力银行（JBIC）等。这些国际金融机构对华援助的主要方式是采取贷款的形式，辅之以一些社会发展项目，在这些机构中，以世界银行的发展干预为重点，揽括了反贫困行动中的方方面面。

第三类是非政府组织。非政府组织包括宗教团体、私人基金和慈善组织、研究组织、志愿医生、护士、工程师、农业科学家甚至经济学家的联合会。非政府组织是志愿性组织，他们大多数与发展中国家的当地基层群众组织合作，同时，非政府组织也会代表特定的其他国内或国际的利益集团。在华参与扶贫活动的非政府组织主要有福特基金会、世界自然基金会

(WWF)、香港乐施会、爱德基金会、世界宣明会、英国救助儿童会、国际计划、国际鹤类基金会、美国渐进组织等。

表 9-1 联合国系统在反贫困领域内的主要职能

机构名称	行动
联合国粮农组织	国家和区域紧急项目提供救助和恢复性援助，重点是恢复粮食安全和乡村生计。这包括对跨界病虫害的管理，包括禽流感和沙漠蝗虫，并解决自然灾害带来的后果
联合国开发计划署	监测和汇报，尤其是关于与千年发展目标有关的国家具体目标；地方一级的主动行动
联合国难民署	确保难民和国内流离失所的人的有效安全
联合国人口基金	人口角度纳入国家发展计划：艾滋病问题、老年化问题、社会性别问题
联合国妇女发展基金	性别问题
联合国艾滋病规划署	艾滋病问题
国际劳工组织	创造就业，保护权利，保护穷人：妇女、老人和残疾人，对话
联合国工业发展组织	援助发展中国家和转型期国家创造非农业部门以下方面的生产能力：组织和管理企业、更新技术、达到财务要求、取得利用本国市场和国际贸易的机会和通过公共—私营合作伙伴关系实现各种集体效率的提高、发展集群和网络及其他机构方式
世界卫生组织	减少地方病、消灭和根除疾病
联合国教科文组织	协助所有粮食计划署在教育部门的活动，特别是帮助它筹备项目、审查和评估粮食和教育领域的国别方案和政策的执行
联合国儿童基金会	卫生、营养、艾滋病、教育和儿童发展、儿童保护与社区服务、贫困地区儿童规划和发展、儿童环境卫生和儿童发展纲要和女童项目

资料来源：笔者根据联合国开发计划署网站的相关资料整理。

第四类是以英国海外发展署为代表的双边发展机构，这些组织主要是外国政府支持对华援助活动代表机构，同时也要求中国政府的积极参与，体现的是双方政府间的合作。这类组织上比较活跃的有澳大利亚（AusAID）、加拿大（CIDA）、德国（GTZ）、荷兰、芬兰、瑞典和日本（JICA）等国政府的发展机构。

（二）国际支持中国减贫的概况

1. 投入的规模。从援助力度上来看，国际社会对华援助主要来自于官方援助（ODA），国际 NGO 的发展援助所占比重比较小。截至 2005 年年底，中国从国际上获得的官方发展援助资金达到 457 亿美元[①]，平均每年 16.9 亿美元，1995 年达到援助的高峰 34.7 亿美元，然后逐年下降，2001 年对华官方援助为 14.13 亿美元，2002 年为 14.71 亿美元，2003 年最低，只有 13.33 亿美元。2004 年又开始有所上升，达到了 16.85 亿美元，2005 年为 17.57 亿美元。对华援助虽然总体规模比较大，但是仅占到中国国民经济的 0.08%，如果按照人均获得援助水平来看，人均为 1.35 美元。从 1981—2002 年，近 30 个国际非政府组织用于中国扶贫的无偿资金约为 2 亿美元。

从援助来源上看，双边援助是对华援助的主力，占到 78.07%，对华援助排在前几位的国家依次是日本、德国、法国、西班牙、加拿大、澳大利亚、英国、瑞典，前两者分别占

① 中国外资扶贫中心的统计数据和 OECD 的略有不同，外资中心认为从 1981 2002 年，中国累计接受的对华官方援助金额为 676 亿元，统计口径可能不一致。

39.9%和8.7%。此外，中国还是日本的第二援助国、意大利和德国的第三援助国。

表 9－2　国际对华官方发展援助资金规模（1979—2005）

	1979—2005 年			2005 年		
援助情况	ODA	多边援助	双边援助	ODA	ODA/GNI	人均援助额
援助数额（百万美元）	45702.8	12754.3	32948.5	1757	0.08%	1.35

注：数据来源于 OECD 官方网站，http：//www.oecd.org/dac/stats/。

2. 方式和内容。从国际对华援助资金分布上来看，国际对华的官方援助的以贷款援助和技术合作两种形式为主，分别占到了 51.63%和 31.70%。从 1979—2005 年的发展趋势来看，技术合作的比重越来越大，1979—1995 年，技术合作的比重仅占到 16.2%，而到了 2003—2005 年，技术合作的比重增加到了 53%；贷款援助的比重越来越低，1979—1995 年，贷款援助占到了 72.1%，到了 2003—2005 年，贷款援助比重下降到了 23.5%。国际 NGO 的对华援助主要是无偿援助。

表 9－3　国际对华官方发展援助形式（1979—2005）

援助形式	1979—1995 年平均比重	1996—2002 年平均比重	2003—2005 年平均比重	总体情况
技术合作	16.2	25.9	53	31.70
贷款援助	72.1	59.3	23.5	51.63
食物援助	1.1	0.7	0	0.60
紧急援助	0	0.6	1.6	0.73
直接投资	0	0.5	0.3	0.27
其他	10.6	13	21.6	16.07

注：数据来源于 OECD 官方网站，http：//www.oecd.org/dac/stats/。

从援助内容上来看，无论是官方援助还是国际 NGO 的发展援助，其主要领域包括社会基础设施与服务、经济基础设施和生产部门。这三个领域分别占到了 32.10%、36.07%和 17.27%。从发展趋势来看，社会基础设施与服务，如教育、医疗、水供应和人口项目等获得援助力度正在逐渐增大；交通运输通讯和能源等大型经济基础设施建设以及直接投资与发展生产的援助力度下降非常明显。

表 9－4　国际对华官方援助部门分布情况（1979—2005）

部门分布	1979—1995 年平均比重	1996—2002 年平均比重	2003—2005 年平均比重	总体情况
1. 社会基础设施与服务	14.9	25.3	56.1	32.10
2. 经济基础设施	46.6	44.4	17.2	36.07
3. 生产部门	29.6	12.1	10.1	17.27
4. 多（跨）部门	6	15.2	10.4	10.53
5. 商品援助（包括食物援助）	2.6	1.3	0.2	1.37
6. 其他援助活动	0.3	1.7	6.0	2.67

注：其他援助活动包括债务缓解相关活动、紧急援助、援助方管理成本、对 NGO 的支持、援助国难民，等等。数据来源于 OECD 官方网站数据库。

国际组织在华扶贫援助的方式主要为资金援助和技术援助两大类。资金援助主要分为贷款项目和无偿援助项目，多数资金援助是通过具体的项目方式来实现的，如修建公路和设计具体的农村发展项目。技术援助是指主要通过提供技术、专家等途径来支持中国的反贫困行动，如亚洲开发银行在2001年支持国务院扶贫办进行参与式村级发展规划的程序和方法的制定。一般来说资金援助和技术援助都是直接在中国范围内开展的本土化的援助活动，现在也有一些国际机构采取一种新的间接的援助方式，即国际援助，为发展中国家的专家、学者、专业咨询顾问和其他相关人员提供学习和深造的机会，从而推广发展干预的新思路，如福特基金会在奖学金项目等。从目前各种方式的援助规模来看，以项目形式为依托的资金援助仍然占主流地位，并且项目援助的效果也最为明显。

国际组织在华的扶贫项目包含的内容十分广泛（见表9－5），主要包括环境治理和可持续发展、基础设施建设、农村综合发展、提供和改善公共服务品、产业开发和扶贫研究等，这些援助项目对中国政府的农村减贫活动起到了很好的补充作用。

表9－5　　国际组织在华扶贫项目一览表

项目类型	实施机构和项目名称
环境治理和可持续发展项目	亚行：甘肃治沙项目 欧盟：云南省红河环保和扶贫项目 国际粮农组织：甘肃沙漠综合治理项目 国际农发基金：宁夏、山西环保和扶贫项目 英国海外发展部：云南环境发展与扶贫项目，等等
基础设施建设项目	亚行：河北高速公路项目 日本国际协力银行：甘肃省公路建设项目 世界粮食计划署：以工代赈项目，等等
农村综合发展项目	亚行：农村扶贫方式试点项目 欧盟：白朗县农村综合发展项目 儿基会：贫困地区社会发展行动 联合国开发计划署：内蒙、新疆、江西参与式农村发展和扶贫项目 世界粮食计划署：农村综合开发项目 世界银行：中国西南、秦巴和西部扶贫贷款项目，等等
提供和改善公共服务项目	教育类： 欧盟：甘肃基础教育项目 儿基会：贫困地区基础教育项目、远程教育项目，等等 安全饮水类： 澳大利亚国际发展署：贵州省独山县兔场镇人畜饮水项目 儿基会：农村安全饮水项目，等等 卫生与医疗类： 儿基会：妇幼营养项目 澳大利亚国际发展署：巴中农村卫生改善项目，等等 小额信贷类： 美慈国际：小额信贷项目 国际农发基金：湖北农村信贷项目，等等
产业开发项目	欧盟：水牛发展项目和奶牛发展项目 国际粮农组织：山西油葵生产与加工 国际农发基金：北方草原和畜牧发展项目 加拿大国际发展署：新疆妇女创收项目，等等
扶贫方法研究	亚行和联合国开发计划署：参与式村级发展规划制定的程序和方法 联合国开发计划署：农村贫困监测系统研究 德国技术合作公司：参与式贫困监测体系研究，等等

资料来源：根据国务院扶贫办外资项目管理中心所编的《反贫困——国际合作在中国》一书整理。

3. 区域分布。从1979年以来的总体发展情况来看，国际对华援助开始向中西部倾斜，世界银行的贷款大约有60%投向了中西部地区，联合国系统的项目也重点是在西部地区。双边援助项目最初主要在东部沿海地区，但现在也开始朝着向中西部地区倾斜和集中。可见，国际对华援助的分布完全符合我国扶贫工作的重点区域的分布特点。

表9-6　双边赠款项目的援助区域

		1980—1983年	1990年	2004年
北京执行	个数	12	8	11
	%	36.36%	25.00%	27.50%
东部沿海地区执行	个数	11	6	1
	%	33.33%	18.75%	2.50%
中西部地区	个数	6	13	23
	%	18.18%	40.63%	57.50%
信息不详	个数	4	5	5
	%	12.12%	15.63%	12.50%

资料来源：根据周弘等著《外援在中国》一书中，第358—359页内容整理，社会科学文献出版社2007年2月版。

二、国际援助对中国减贫的贡献

（一）配合中国减贫的援助框架

国际援助的目的是通过推动欠发达国家的发展使其人民从世界的发展中受益，这就是马歇尔计划的主旨。中国之所以被看作是欠发达国家，原因无疑是大量贫困人口和广大贫困地区的存在。因此，国际社会各种机构在中国的活动日程表上，都特别突出对中国减贫活动的关注。

各个机构都会根据中国政府的扶贫政策和计划并结合自身的宗旨形成自己的在华扶贫策略。在扶贫策略的形成过程中，各个机构一般会聘请咨询专家与相关的中央和地方政府部门和其他扶贫机构进行广泛的接触与协商，以便使自己的策略既符合中国的实际需求，也满足自己的发展理念。

联合国系统援助机构的援助框架突出了推动人类发展的主题。联合国开发计划署（UNDP）在中国的援助目标是：旨在中国致力于促进人类发展，从而使女性和男性共同创造更美好的生活。作为联合国的发展机构，联合国开发计划署利用其丰富的国际经验，帮助中国寻求应对发展挑战的解决之道。通过建立伙伴关系和不断创新，联合国开发计划署在中国注重削减贫困、加强法治、促进环境的可持续性以及防治艾滋病，为实现千年发展目标和公平的小康社会而不懈努力。

UNDP认为，中国的小康概念与千年发展目标有许多相似之处。两者之间强烈的趋同性为资源与知识共享提供了契机。小康概念和千年发展目标都是以人为本的发展观，代表了“人民的议程”。两者所关注的发展都将给人们的生活带来直观且可量化的变化。中国政府强调以人为本的发展观，这一庄严的政治承诺为开发计划署和联合国系统提供了一个独特的契机。在第十一个五年计划（2006—2010年）期间，开发计划署和联合国系统可以通过一系列以提供知识与经验为基础的项目和计划，支持中国的远期改革行动。作为中国政府可信赖的发展合作伙伴，联合国开发计划署将不遗余力地支持中国全面建设小康社会，促进人类发展，同时全面实现千年发展目标。

在经济合作与发展组织（OECD）下属的发展援助委员会（DAC）对其发展项目的评价明确指出，其在各国派出的援助机构进行援助的目标是促进发展合作产生最好的发展影响，为此必须致力于关注和支持援助行动与受援国减贫战略以及受援国其他框架、体系及过程的协调，受援国的自主性和能力发展必须是首要考虑的内容。

作为金融机构，世界银行是主要的国际援助贷款的承担者。世界银行的目标是：帮助会员国中的发展中国家和地区提高生产力，促进其经济发展和社会进步，减轻贫穷，改善和提高人民生活水平。其任务是：提供资金，提供经济和技术援助，并促进其他方面对发展中国家的投资。亚洲开发银行（ADB）的宗旨是通过向亚太地区发展中国家（地区）提供项目贷款和技术援助，促进和加速本区域的经济合作。可以看出，国际金融机构的援助框架就是为受援国提供金融支持。

参与中国减贫的各个双边机构的援助框架是支援和辅助中国发展。日本国际协力机构（JICA）直属日本外务省，它以培养人才、无偿协助发展中国家开发经济及提高社会福利为目的实施国际合作。JICA的中国事务所以培养人才和支援中国的国家开发建设为事业的中心。英国国际发展部（DFID）的纲领是：领导英国政府与世界贫困的斗争。DFID的援助框架是帮助发展中国家消除贫困障碍并帮助发展中国家应对自然或人为灾害，同时DFID明确支持联合国提出的“千年计划”，并将其作为国际双边援助的目标。

相对于国际多边和双边机构而言，国际民间机构在中国的扶贫活动的规模都很小，但也更具有独立性、创造性和灵活性。国际民间机构在扶贫中既有与地方政府部门的合作模式，也有与国内民间机构（特别是草根性的民间机构）的合作模式，但都是独立地寻找合作伙伴和确定扶贫方式。它们的援助框架更具有鲜明特色。以美国的民间组织福特基金会为例，它的行动纲领是“建立和平，加强和平，加强经济、民主社会的教育以及个人行为和人与人的关系”。它的重要目标之一就是“发现和资助研究某些有可能以后为政府所采用的思想，并使之实现”。换言之，它会积极支持那些有利于完善政府扶贫理念的思想的传播和方法的探索。

国际民间机构的扶贫活动一般都深入到基层社区，并且特别关注农民的组织与参与，很多项目都由农民自己组织管理。在扶贫实践中创造了一些独特的模式并取得很好的效果，如由国际鹤类基金会资助的草海村基金项目就是由农民自己管理的环保与扶贫相结合的小额信贷项目。

在总的扶贫策略和框架下，具体的扶贫项目是国际和双边机构与相关的政府部门共同协商形成的。在当前的组织体系下，每一个国际和双边援助机构都有一个中央政府的对口部门，如世界银行和亚洲开发银行对口财政部，联合国开发署对口商务部，粮农组织对口农业部。尽管扶贫项目并不一定由对口部门来执行和实施，但对口部门在项目的形成过程中起着重要的作用。项目的类型、项目地点的选择和项目执行的方式等都是由对口部门和国际或双边发展机构共同商定的，很多情况下，政府的对口部门甚至起到主导作用。

综上所述，参与中国减贫的国际机构都有各自的援助框架，从框架内容上看，它们的框架都服务于中国的减贫与发展，尽管对于发展的方式可能存在不同的理解。这些国际发展机构的框架表明，他们对介入中国减贫活动的定位是协助中国政府实施中国政府自己的减贫战略，这种定位决定了国际机构援助中国减贫的方法和贡献。

（二）对减贫资源的贡献

中国是发展中国家，经济发展水平不高。尽管中央政府对扶贫工作给予了最大的关注，但是经济实力有限。相对于绝对数量很大的农村贫困人口，政府的投入力度显得不足。国际组织对于中国贫困地区的投资，在一定程度上补充了中国政府投入的不足，加快了扶贫工作的进程。从1995—2000年期间，国际组织在中国的扶贫领域的投入约为55亿元人民币，其中扶贫软贷款44亿元，扶贫捐赠11亿元（李周等，2001）。世界银行的扶贫项目在这方面发挥了积极的作用，目前已经开展了西南、秦巴、西部三期扶贫贷款项目，覆盖9个省区、108个贫困县，100多万贫困人口；UNDP项目在11个省的48个贫困县开展，受益人口近40万人；联合国儿童基金会的项目在12个省25个县开展，受益人口15万人，其他国际组织的项目尽管规模有大有小，内容不尽相同，但是均在项目区（如一个地区或几个县）形成一定的投资强度，在局部发挥了较大的作用。根据国际机构对它们所作的贡献的估计，国际机构的扶贫项目对脱贫的贡献率为4%（李周等，2001）。

以广西为例，西南扶贫项目利用世界银行贷款达1.135亿美元，折合人民币近10亿元，几乎相当于中央支持广西的无偿扶贫资金2年的总量。加上国内配套资金，群众自筹在内各方面对项目建设的投入，项目投入总量达到20亿元人民币。这些投入的增加对项目所覆盖的12个县、91个乡、515个特困村的经济社会发展起到了积极的推动作用。

（三）对减贫理念的贡献

国际机构带来了不同于中国政府的“贫困”概念，从而就有不同的减贫理念。

无论对于国际机构还是对于中国政府，对贫困概念的认识都随着发展阶段而变化。最初的情况都是在寻找绝对贫困标准，国际上使用购买力平价下人均1美元作为绝对贫困线；而中国政府制定出以温饱为基准的国定贫困线，这是一种科学主义的反映，立足于管理操作的考虑。这种理解容易导致一种狭隘贫困观，就是把贫困理解为物质的不足甚至是生存条件不具备。其实对于贫困的理解，是对于发展理解的反映，对于发展理念的理解高度决定了对于贫困理念理解的深度。

贫困概念首先是生存条件即物质需求的满足、其次是发展条件的满足，进而是对于发展的自由与权力的满足①。阿马蒂亚·森理论的核心思想是：自由是发展的首要目的，自由也是促进发展的不可缺少的重要手段。围绕这一中心问题他认为，“经济发展就基本性而言是自由的增长，发展是由自由的扩展所组成，人们生活质量的衡量标准是实质自由而不应该是财富，发展可以看作是扩展人们享有的真实自由的一个过程”。

《国家八七扶贫攻坚计划》除了按照明确的标准消灭农村绝对贫困以外，还要求为贫困农户加强基础设施建设，改善教育文化卫生的落后状态。这反映出对贫困的理解已经扩展到了满足发展条件的层面上。到了2001年，《纲要》指出“……巩固温饱成果，提高贫困人

① 张瑜等：“基于阿马蒂亚·森自由发展观的中国农村发展问题探析”，《学术交流》，2007年第10期。

口的生活质量和综合素质，加强贫困乡村的基础设施建设，改善生态环境，逐步改变贫困地区社会、经济、文化的落后状态，为达到小康水平创造条件。”这反映出对贫困的理解随着国家对发展目标的追求而变化，对贫困的理解已经包括了社会、经济、文化和环境等多个方面，但这里还是没有考虑到自由发展的权力。

联合国发展计划署《1997 年人类发展报告》中提出了“人文贫困”的概念：人们在寿命、健康、居住、知识、参与、个人安全和环境等方面的基本条件得不到满足，而限制了人的选择。从中我们已经能够看到“千年计划”框架的缩影。世界银行《2000/2001 年世界发展报告》指出：穷人生活在没有最基本的行动与选择的自由的境况中，而这种自由是使他们生活改善理所当然应该具备的。通常他们缺少必要的食品和住房、教育和医疗，以便使他们能过上所有人都向往的那种生活。面对疾病、经济混乱和自然灾害他们十分脆弱。同时他们经常遭受国家和社会的不公正对待，在涉及决定他们重大问题上没有发言权。”这是对于人类社会发展深刻认识基础上对贫困概念的理解。从中我们可以看到，中国政府对于贫困的理解发源于中国社会的发展状况，在高度和深广程度上与国际机构均有差别。

在国际机构参与中国减贫活动的过程中，他们的减贫理念表现在其项目设计、研究方法和价值观等等方面。以世界银行中国扶贫项目为例，它的总体目标是：（1）验证以一项重点突出多门类的农村发展项目作为扶贫方式的有效性；（2）促进从贫困地区向较为富裕的农村和快速发展的城市输出劳务方面的“市场友好”发展；（3）提高国家和地方一级的贫困监测水平；（4）大幅度降低中国西南地区 35 个特困县、秦巴山区 26 个贫困县、西部地区 33 个贫困县和山西省 20 个贫困县的绝对贫困程度。本项目还将通过土地及牧场的改良和土壤保持工程使山区的环境恶化状况得到遏制，甚至有所扭转；同时，通过让农户在项目设计和执行过程中发挥决定性作用而鼓励当地公众的大力参与。可见，项目涉及的内容包括所有可能的社会发展和经济发展的措施，这与世行对贫困的定义相吻合，即贫困问题不单纯是通过经济增长可以解决的，需要同时改善穷人的社会发展条件、生存和生产条件。

国际机构对于中国政府减贫理念的贡献就是：对于贫困的认识需要不断扩展，向更深更远的方向扩展，最终发现减贫与发展根本就是一个目标。减贫理念直接影响到减贫方法与效果。传统的扶贫方式是实施各种短平快的项目，千方百计提高农民收入，而没有考虑到农民的实际条件，往往造成了扶贫资源的浪费。国际组织注重对农民人力资源的开发和社区基础设施条件的改善，为贫困人口提供机会，并且也取得了实际的成效，因此中国的扶贫也开始强调机会扶贫，这在新世纪的扶贫纲要中有明确的体现。

（四）对减贫方法的贡献

国际援助的载体是国际项目。多数情况下，国际和双边机构的扶贫项目都是由政府的业务部门来实施的。根据项目规模的大小，会分别在中央、省和县一级设立项目办公室。项目办可以完全由中方的政府工作人员组成，也可能包括外方的管理和咨询人员。对于大的工程类项目，有严格的采购和招标程序并由专业性的公司来实施；而对于非工程项目或小型项目，主要由地方政府和村民委员会按计划组织实施。国际项目集中体现了国际的减贫经验，这对中国减贫方法有多方面的贡献。

1. 追求全面减贫效果。尽管不同的外来组织和机构在农村发展中，由于组织的特点而决定了其各有不同的发展领域，但在实践中，都强调农村发展中以人中心的原则和发展项目的综合性、参与性、示范性和可持续性等，而形成了不同组织在下列几个重点中各有侧重，并将其他方面尽可能地有机地综合在一起。因此，许多项目都采用农村综合发展的名称。

(1) 生态保护与自然资源管理，强调以社区为基础的，在提高农民环境意识的同时，建立社区自身的有关生态保护和自然资源管理的组织形式和规范，利用社区长期形成的对生态环境保护的乡土知识和技术，将环境问题和农民的生计问题结合在一起，实现社区的可持续发展；

(2) 以人畜饮水为重点的基础设施建设，在于解决贫困人口最基本的生存问题，尤其是在集中于西北干旱山区和西南卡斯特山区的广大贫困地区，人畜饮水已经威胁到他们的生存。生存是发展的前提和基础；

(3) 社区教育和社区健康。不仅仅是对教育和健康基础设施的投入，改善社区教育和健康的基本条件，更重要的是注重提高社区有关教育和健康的意识，并形成一定的制度和规范，使社区能建立自我管理的机制；

(4) 社区规划和组织能力建设。克服社区在项目活动中的短视和急功近利的思维和行为方式，引导社区根据可持续发展的原则和社区实际的资源情况，制定较长远的社区发展和项目规划，同时，注重社区组织能力的建设，提高其自我管理和自我发展的能力；

(5) 小型创收活动，强调以农户为单位、以农民现有技能为基础的小规模的经济活动为起点，进而引进新的技术，对农民进行强化实用技术培训，逐步改变其传统低效的生产经营模式。同时，以市场为导向，将农民逐步地引导到市场中去，根据市场需求而进一步地将农民组织起来。

追求全面发展减贫效果的国际项目收获丰富，如开始于1993年覆盖全国35个贫困县的世界银行的中国西南扶贫项目使得项目村的贫困发生率下降了5.8%，缓解了项目区贫困人口的食物安全问题，增强了贫困人口对公路、电力、教育和卫生医疗等公共服务的可及性，同时还解决了82.7万人口和30万牲畜的饮水问题。

2. 要求目标群体参与。中国扶贫工作的主要特点就是政府行为，认为政府是反贫困的主体，农民只是被动地从政府的各项扶贫活动中受益。而国际组织一直都强调“农民是农村发展的主体，贫困人口是减贫的主体”，并且把这种理念真正贯彻到扶贫项目中去，取得良好的扶贫效果和社会效果。这也促成了中国政府开始反思贫困人口在扶贫工作中的作用，开始重视开发贫困人口的潜力，利用乡土知识，目前国务院扶贫办在全国推广参与式村级规划就是一个明证。

参与式方式为很多国际机构扶贫项目所倡导，贯穿在扶贫活动的各个层面，例如通过参与建立农户自己的组织、参与式项目计划和规划、参与式实施项目、参与式监测和评估以及参与式培训等。目前在国内很多非政府组织，尤其是中国农业大学国际农村发展中心和云南省 PRA 网络的共同努力下，参与式方法在中国正逐渐走向主流化，被国务院扶贫办系统所采纳，并逐渐推广到其他与扶贫相关的机构。

强调农户在社区发展项目中的参与，对于提高项目的效益以及最终使农民成为社区发展的真正主体是极为重要的。调动农民广泛地参与到项目中，包括对项目活动的选择、项目活动的计划以及对项目的监测和评估等环节，增加项目管理的民主性和运行的透明度，同时使农民在具体的实践中提高管理能力。以社区中的最贫困者为目标群体，与政府发展项目采取区域性开发途径不同的是，将农村中最贫困的农户作为发展项目直接的受益者，采取投入、培训、技术、服务直接到户的具体措施，使贫困户的技能得到有效的提高，收入能不断地增加。

3. 注重能力建设。能力建设包括两个层次，一是项目管理人员的能力建设，二是农民能力的建设。国际援助项目通过设计和执行项目来实现能力建设目标。

在国际援助的农村发展项目中，一般均安排有足够比例的资金从事人力资源的开发，以提高项目人员和农民的技能，作为项目顺利执行的重要保证。如加拿大开发署（CIDA）于2003—2008年在西藏自治区实施的人类基本需求项目，主要以培训当地干部和农牧民为项目活动。

国际援助项目的执行过程就是对项目区合作部门管理人员的培训过程。实际上，这些年的经验表明，国际援助项目的合作部门尤其是项目办的人员受到了多次的培训并有相当比例的考察机会，使这些人员的综合素质和管理理念明显区别与其他的部门和人员。可以说，外资项目培育出一些专职性的扶贫开发组织机构，能够更好地实施综合性扶贫战略，有效地协调不同部门、社会各个方面在减贫活动中的参与。

国际援助项目对于农户能力的建设都与参与式方法相结合，在参与中培训农户。对社区人力资源开发的重视，一般采用技术培训的途径，提高社区的能力，增强社区发展的自信心，提高其自我组织、自我管理、自我发展的能力。

4. 重视性别敏感。国际援助项目积极推进性别意识主流化，把对于妇女发展能力的重视贯彻在项目设计与执行的每一个环节。大型援助项目都设有社会性别专家来监督项目的性别敏感目标，这些措施不仅带动了中国的政府合作单位改进性别意义，同时也为中国执行第四届世妇会所提出的性别意识主流化做出了贡献。

强调妇女在农村发展中的作用和意义。在许多农村地区，由于男人外出打工，妇女便成为社区生产的主要力量，但长期以来得不到参与社区活动及参加培训等应有的机会，由此而造成社区性别和社区结构的失衡。提高妇女在社区生活中的社会地位、经济地位和政治地位的核心是为他们提供首先参与到社区发展中去的机会，通过参与而不断地提高他们的技能以及与决策、计划、组织管理等方面相关的能力。

5. 强调项目操作的规范。与国内政府项目不同之处主要在于，国际和双边扶贫项目一般都有比较严格的前期准备和实施过程中的独立监督和独立的咨询专家组，部分项目还进行影响评估。国际援助项目强调项目从立项到完成每一个环节的规范操作，必须包括可行性研究、监测、评估等步骤，具体来讲项目规范操作体现在以下几方面：

（1）建立严格的项目程序，尤其是在项目前期所进行的预可行性研究、可行性研究是中国政府项目所忽略的步骤，较长的项目准备时间常常为地方政府所抱怨。同时，在项目确定之后，需要进行项目区社会经济基本情况的调查和分析（sociological and economic baseline survey），并在此基础上对项目活动进行规划和设计。在项目实施的过程中，建立对项目的监测和评估体系，包括常规监测制度、项目的中期评估、项目终期评估和项目的影响评估等。在国际组织进入中国的初期，往往聘请专家进行评估，在发现其存在很大的弊端时，逐步开始采用参与式的监测评估方法。

（2）建立分权的项目管理制度，尤其是对资金、物资、人员和技术等的管理，根据项目组织机构的设置和项目活动内容的特点，使不同的项目管理层次都有相应的决策权，并形成不同层次管理的计划。尤其是国际NGO所开展的项目中，这一点上表现得更加明显。

（3）强调贫困监测。例如，世界银行依靠本身的资金优势和人力资源优势，与中国政府最具有组织资源和专业技术水平的国家统计体系相配合，对各个项目区和各个分项目进行全面的跟踪监测，不仅为世界银行项目的效果评估提供了完整的数据基础，同时也为中国的贫困监测系统的开发和建立进行了探索性的尝试。

国内项目以往长期不重视项目的动态管理，只重视项目是否按计划实施以及资金是否按计划使用。在世界银行、联合国开发署和德国开发公司等多边和双边机构的帮助下，中国政府的扶贫部门已经开始着手进行扶贫监测、扶贫投资和项目的管理信息系统建设。这将对今后中国扶贫开发效率的提高起到积极的推动作用。

6. 推广小额信贷模式。联合国发展署（UNDP）和中国国际交流中心（CICETE）从20世纪的90年代中后期陆续在中国开展了以扶贫为目标的小额信贷示范项目，并得到了中国人民银行的认可。大部分项目取得了好的还款率，改善了贫困家庭的生活水平。UNDP先后在中国十几个省份开展了小额信贷项目。其中内蒙古赤峰、贵州和甘肃等地已经成功开展了十几年小额信贷项目，为中国农村金融体制改革提供了示范。

小额信贷模式的重要意义在于，综合了性别与发展理念、社会资本理念、贫困群体的脆弱性等多种研究成果，它是人为设计而成功扶贫模式，无论是从减贫理念（如能够使人们深入地了解减贫的本质即提供机会重于提供物质）还是减贫方法都极具启发性。许多国际机构在中国推广了小额信贷模式，至少给他们中国的同事提醒：扶贫不仅需要资金更要讲究科学的方法。

小额信贷的资金使用模式的运用是中国在借鉴国际经验方面的一个典型，也是中国政府把扶贫资金直接使用到贫困农户手中的一个有效尝试，目前在云南、四川、陕西和广西等省区运用得比较多。

7. 促进减贫的社会参与。国际援助机构历来注重与政府以外的各种民间组织进行合作。虽然他们不可能在中国找到与福特基金会相类似的民间机构，但是毕竟中国仍然存在一些非政府组织，这为国际援助机构推广他们的理念和方法又增添了一条新的渠道。国际援助机构重视非政府组织的理由是，他们坚持认为对于同一个事物不同的群体一定有不同的看法，可宝贵的正是不同的角度和理念，这样才能把一件事做好，充分发挥各方面的潜力。

国际援助机构对于社会参与的重视与中国政府历来的减贫经验有很大的不同，因为受传统思想的影响，中国政府一直把减贫作为社会主义制度的优越性来对待，这样就把减贫工作完全承担下来。在中国政府的力量太强大，而民间的力量太弱小，于是人们很习惯让政府单独承担减贫任务。但实际上，社会参与在减贫活动中特别重要。

大部分国际机构都是国家政府的委托机构，在中国和其他发展中国家进行扶贫活动，这也为中国政府在确定扶贫执行机构提供了思路，虽然政府扶贫仍然是扶贫的主要组成部分，但同时也开始重视培育非政府机构来进行扶贫活动，尤其是支持非政府组织的发展，在新世纪扶贫纲要中就明确提出要充分发挥非政府组织在扶贫中的作用。

（五）国际援助方法的局限性

虽然国际组织在华扶贫工作取得了很多显著的效果，尤其是对中国政府扶贫和社会扶贫在理念、方法等方面的影响不可忽视，为中国的扶贫事业贡献了力量，但是仔细考察这些机构在华的扶贫活动，仍然可以发现很多值得注意的问题。

1. 扶贫是一项系统工程，单个的扶贫项目是很难解决贫困群体减贫和贫困地区发展的问题的，国际机构的扶贫工作很多是依托单个具体的项目进行的，这种单个的项目是无法全面满足贫困群体的发展需求的。出现这种情况的主要原因是由于扶贫资源的有限，单个国际机构很难承担贫困地区综合发展的重任，这就需要我们去反思国际机构之间在扶贫工作上的合作和沟通，目前各个机构在中国都有自己的扶贫项目和扶贫区域，这种分散的扶贫资源的使用方式使得扶贫工作呈现出中国乡镇企业初期发展的特点“村村点火”，而没有形成合力，从根本上解决贫困地区的发展问题。这就造成了在很多贫困农村，国际扶贫项目结束后，村庄没有形成新的发展动力和兴奋点，有的甚至重新回到未执行项目时的状态。

2. 考察国际项目的项目预算书，项目资金有很大的比重是用于聘请各方专家和机构建设上，真正达到贫困群体手中的或者说贫困群体直接从中受益的却不多。很多的国际扶贫项目遵循一种不成文的国际惯例：高薪聘请国际专家，尤其是出资国的专家，致使项目资金的一大块用于支付工资和差旅费，而这些国际专家在扶贫项目中能够发挥多大的作用，值得讨论，因为扶贫项目不同于一般的研究项目，它是一项操作性很强的并且高度依赖当地的人力资源和社会资源的实践工作。国际项目由于在组织上的规范性，防止扶贫资源的挪用，倾向于成立自己的项目执行办公室，这些机构建设的费用也都是从项目预算中出资。这样算来真正用来实施项目的资金就非常有限了。

3. 国际扶贫项目重视参与式方法的使用，并且对项目文本和报告写作都有很强的参与式的要求，这在一方面保证了贫困农户的参与性，但有的时候太教条主义相反还不利于扶贫工作的有效开展。参与式方法的一个重要内容就是在项目的各个阶段召开各种类型的村民代表座谈会，频繁的会议牵扯了贫困群体的时间和精力，在项目真正实施的时候，很多贫困群众已经失去了积极性，影响了项目的实施效果。并且中国很多地方的行政村是有很多自然村组成的，每个自然村都非常分散，尤其是在云南、贵州和广西等省区自然村之间距离很远，有的都没有道路相连，召开村民代表座谈会的难度非常大，但为了满足国际项目要求，基层的执行部门就会不可避免地出现作弊的行为，这种为了参与式而参与式的做法背离其真正的宗旨，影响了扶贫项目的实施效果。因此如何将参与式方法的运用和中国农村的特点结合起来，是一个非常值得研究的问题。

4. 外来组织强调以社区为单位从事农村发展项目，但在大的社会环境，尤其是市场环境得不到根本性的改变时，其所能发挥的作用也往往是很有限的。在采用小额贷款所开展的农户创收活动中，小规模时，主要针对当地市场，问题不十分突出，但发展到一定规模时，产品的销售便成为最大的制约因素。在许多的发展项目中，由于涉及到的社区范围十分有限，作为示范是极为成功的，但要将其成功的模式进行扩散推广时，便会受到种种限制，因为这种成功是建立在资金、人员和技术密集的基础上的，带有很大的倾斜性，而其他非项目社区在缺少相应支持的情况下，无力效仿。在注重社会发展项目时，往往对经济发展项目投入不足，农民在满足了基本的生存需求后，仍然无力增加收入，有时甚至会强化社区固有的依赖思想。

三、国际对华援助的发展趋势

随着中国经济的快速发展和综合国力的不断增强，各援助国和国际组织纷纷调整对华发展援助战略，从援助资金规模、重点合作领域及合作方式等各方面都有一些较大的变化。

（一）对华援助资金规模将会减少

虽然受国际援助总体资金规模大幅提高的影响，近几年国际对华发展援助有所增加，但中国已进入中等收入发展中国家，国际发展援助也逐步将重点转移到非洲和拉美的贫困地区，许多援助国已不再将中国作为援助的重点，因此未来几年内对华援助规模将进一步缩小。作为中国最大援助国的日本近几年来不断减少对华援助，并计划于2008年终止对华日元贷款及大规模对华无偿援助。按照DFID的《2006—2011年对华援助计划》，今后几个年度英国对华发展援助的预算也将逐渐减少，2006/2007年度为4000万英镑；2007/2008年度为3500万英镑；2008/2009年度为3000万英镑。中澳新国别方案（2006—2010年）中也明确提出，澳大利亚今后的对华发展合作将主要以经验和政策交流为主，不再提供资金和硬件援助，澳大利亚对中国援助呈现稳中有降的态势①。加拿大对华“国别发展规划框架”和2005年5月加政府公布的新国际政策明确指出到2010年，CIDA至少将其2/3的双边援助集中用于25个国家（人均GDP低于1000美元），今后加拿大不再将中国列为其重点的援助国家。

（二）合作领域的转移与扩展

按照援助国和援助组织的对华战略文件，未来几年内国际对华援助将继续围绕“千年发展目标”的八个具体目标展开，主要集中在基础教育、医疗卫生、环境可持续性、性别平等、消除贫困，及建立全球伙伴关系等几个方面；并且援助领域逐步向政策层面转移。2005年DFID发表《2006—2011年对华援助计划》，确定今后5年对华援助的重点仍是帮助中国减贫和实现联合国千年发展目标相关的领域，具体包括基础教育、艾滋病防治、肺结核防治、供水与卫生。中澳新国别方案（2006—2010年）对援助领域和内容作了实质性的调整，确定未来发展合作将主要集中在政府管理、环境（水资源管理和保护）、卫生（艾滋病防治及传染性疾病）三个领域。

（三）加强与中国公民社会组织的合作

2005年初，国务院扶贫办、财政部和亚洲开发银行共同签署了《非政府组织和政府合作进行村级扶贫规划试点的技术援助备忘录》；2005年11月19日，亚行“非政府组织和政府合作进行村级扶贫规划试点”项目启动仪式暨NGO招标说明会在人民大会堂举行，这被媒体称为政府向非政府采购服务的标志性事件。2005年6月初，世界银行、国务院扶贫办与民政部共同启动了“中国发展市场”活动，鼓励中国基层民间组织扶贫创意和创新项目。世界银行在制定最新的2006—2010年《国别伙伴战略》的过程中，邀请了中国民间组织参与磋商，提出他们对世界银行援助工作的看法。2006年5月，由国务院扶贫办和世界银行合作开展的社区主导型发展试点项目中有5个国际非政府组织参与实施，其中行动援助、国际计划、世界宣明会和世界自然基金会协助项目培训和项目区的辅导工作，香港乐施会协助

---

① “从中澳发展合作新战略看多、双边发展援助政策的发展趋势”，商务部网站，2006－09－18 http://www.mofcom.gov.cn/aarticle/s/200609/20060903191338.html。

进行项目涉及和后续的监测与评价。2006 年 9 月，国际劳工组织（ILO）启动“中国预防以劳动剥削为目的的拐卖女童和青年妇女项目”，该项目是由国际劳工组织与中国政府和非政府组织合作，由英国国际发展部驻华代表处（DFID - CHINA）资助 225 万美元。

进入 21 世纪，国际援助机构之间的联系日益密切，尤其是在千年发展目标和其他一系列国际援助的指导战略框架下，国际援助机构的合作化程度不断增加，网络化程度不断提高。目前国际援助体系的网络化主要体现在三个方面，一是各援助国/国际援助机构之间合作更加紧密，合作方式也趋于多元化；二是援助国官方援助机构与本国非政府组织的关系更加密切，许多发达国家开始通过本国非政府组织来实行对外发展援助；三是援助国与受援国的非政府组织的联系有所加强，援助国对受援国的援助国别战略也开始吸纳当地非政府组织的参与。国际援助体系的网络化促进了国际援助机构之间的协调与合作，有利于各援助国和援助组织相互责任机制的形成以及相互信任关系的确立，从而使国际援助发挥最大效应。与此同时，随着越来越多资金进入到第三世界国家中的非政府组织，国际援助机构日益关注这些组织本身的制度和能力建设①。

（四）中国减贫国际合作的需求

虽然 2001 年随着八七扶贫攻坚计划的顺利完成，中国政府宣布中国已经初步解决了贫困人口的温饱问题，中国的扶贫事业取得了举世瞩目的成就，但是中国的贫困问题仍然十分严峻，扶贫工作仍然是中国政府和社会共同关注的重要领域。2001 年以后，在亚洲开发银行和联合国开发计划署、澳大利亚发展署等国际机构的共同支持下，以参与式村级发展规划的为核心的新的扶贫方式在中国农村扶贫工作中开始发挥作用，中国扶贫工作进入了新的历史阶段，扶贫工作所面临的问题也不同于 2000 年之前，有了一些新的特点，归纳起来主要有：

1. 推动有利于穷人的国家经济发展政策。长期以来，我国经济发展的基本战略是农村支持城市，农业支持工业，通过农产品价格剪刀差、严格的户籍管理制度、农村税费体制等方式来促进城市的发展，在农村地区，尤其是家庭联产承包责任制以后，集体经济基本解体，农村发展和农民增收主要依靠家庭联产承包责任制所带来的巨大的制度创新效益，国家经济发展政策不仅不能让农民受益，反而农民还要倒贴。现在虽然这些直接的从农村和农民手中获得利益的做法几乎不存在了，但是国民经济发展战略却从劳动密集型为主体的轻工业发展向重化工业以及资本和技术密集型产业迈进，这种宏观经济发展战略转变带来了我国国民经济这几年以非常高的增速发展，但是农村和农业却从这样的产业链中脱离下来，而不能随着整个国民经济发展而同步提升。如果农民不能从国民经济发展中受益，完全依靠社会政策或公共政策来对国民经济增长的福利的二次调节，农村发展和农民生计改善的动力就会出现不足，速度则更慢。因此制定有利于农村、农业和农民发展的国家宏观经济发展战略是加快我国扶贫工作进程、缓解贫困问题的第一条件，在这方面，世界银行为首的国际金融机构有着得天独厚的优势，因为这些机构有丰富的资金资源和研究、分析世界各国宏观经济发展的经验，能够为中国宏观经济发展战略的调整提供资金和知识的支持，并且这也与世界银行、亚洲开发银行未来对华援助战略是一致的，以亚洲开发银行为例，在其中长期发展战略

---

① 李小云、饶小龙等：“外国对华官方发展援助的演变及趋势”，《国际经济合作》，2007 年第 11 期。

中，就把促进均衡全面的经济增长和完善市场经济运行机制作为援助的重点领域。

2. 完善减贫理念。在邓小平同志的共同富裕理论和改革开放等基本国策的指导下，我国东部地区由于良好的区位优势和国家各种优惠政策的扶持发展得早，并且发展速度快，中西部地区发展受到地理条件、气候条件和区位条件等多方面的限制发展相对比较缓慢，形成了在我国大陆地区东西部差距问题，虽然“西部大开发”和“振兴东北”两大发展战略已经在中国经济和社会协调发展中开始发挥作用，但是从西部大开发的重点工程，如西气东输、西电东送等，仍然还带着西部地区为东部地区提供能源，仍然是为东部地区发展提供动力支持的烙印，西部地区没有成为发展的原动力库，能源输出并不能解决西部贫困地区的贫困状态，也不能解决贫困人口的生计问题。2002 年联合国开发计划署和壳牌石油公司联合进行的“西气东输工程社会经济影响评估”结果显示沿线的贫困地区和贫困人口有着强烈的受益于该工程的愿望，如使用上清洁安全廉价的燃气，但是由于工程建设的特点，只能在人口集中、工业规模大的大中城市建立闸门，用于供气，生活在绝大部分沿途的农村地区是无法享受到这些天然气的。因此，如何保证这些促进地区性发展的重大工程或者项目让贫困地区和穷人受益也是我国今后经济发展中面临的一个难点。虽然目前我国很多重点工程和项目开展了经济评估和环境评估，但经济评估仍然局限于成本收益分析，而缺乏有效的社会影响评估。而亚洲开发银行在此方面有着深厚的优势，亚洲开发银行在中国的高速公路项目都要进行社会经济影响评估，并为受到项目影响的沿途贫困地区农村人口提供合适的生计替代和综合社区发展项目。我国目前还缺乏进行大型项目社会影响评估的能力和机制以及必要的资源，因此国际机构，尤其是在社会经济影响评估方面有着丰富经验的国际机构有必要在这方面加强对中国的支持。

3. 推动减贫理念的主流化。中国对社会政策的关注始于 20 世纪 80 年代末期，正值经济体制改革向纵深发展，触发了潜在的社会问题。90 年代以来，这些社会矛盾的脉络更加清晰地展现出来。在 2000 年之前，中国的社会政策更加关注的是城市发展中面临的问题，如下岗职工问题、社会保障问题等，对农村发展中面临的问题关注的相对较少。随着我国综合国力的提高，中央政府的干预能力逐步加强，对农村问题的关注程度也正在提高。2000 年以来，中央政府出台了一系列的有关农村发展的社会政策，这些支农政策包括税费改革政策、粮食生产促进政策、环境恢复方面的政策、人力资源开发类政策、农村公共服务政策和基础设施建设类政策等，涉及到农村发展的方方面面；与此同时也加大了对农村发展的资金投入力度，从 2000 年的 1200 多亿增加到 2004 年的 2300 多亿，增加了近 92%，这些政策为促进农村发展起到了积极的作用。社会政策从来都是和社会福利的概念紧密结合在一起，社会政策是实现社会福利分配的一种手段和方式，一般来说，社会福利的分配有四种方式，即普遍供应、分类供应、选择性有条件的供应和优待某些特殊群体，除了普遍供应以外，其他三种的福利分配方式都存在着“谁受益”的问题，鉴于社会政策和社会福利之间的密切关系，在一种需求永远大于供给的情况下，谁将从社会政策中的受益也就成为社会政策发展中的关键问题，而这个问题也一直是我国很多非普遍性供应的支持农村发展政策中的关键问题。研究表明，在贫困地区，一些群众盼望的政策没有及时足额落实到位；一些政策实际上对贫困地区的积极影响远低于其他地区，实际上扩大了贫、富差距；还有一些政策较多地损害了贫困地区贫困人口的经济权益，特别是贫困地区的一些条件先天不足，难以充分地从现有的政策中获利。根据国家统计局农调总队的数据，2004 年全国 592 个国家扶贫开发工作重点县（以下简称扶贫重点县）的农户负担水平为1.5%，而全国的农户负担水平为1.3%，全国农民人均减负30元，扶贫重点县人均减负19.2元，减负差超过10元，说明政策性减负的力度扶贫重点县仍然低于全国的平均水平；此外对贫困地区影响最大的转移支付政策为粮食直补政策，大部分因为贫困地区不属于粮食主产区而无法得到补贴，而其他作物的价格在粮食价格下降的压力下也在下降；一些生态环境保护政策限制了当地农民的使用权，而又没有得到应有的补偿；或者设计政策时，缺乏对替代生计的考虑。而根据中国农业大学人文与发展学院最新的一项调查数据显示，大部分支农政策在贫困村的发生率都不是很高。

之所以出现这样的情况其主要原因在于中国政府政策制定过程中没有考虑到贫困地区问题的特殊性和复杂性，也没有设计出让贫困地区和穷人受益的机制，在实施过程中也没有有效的监督机制、并且也没有政策实施效果评价体系来对政策实施情况进行及时地分析和反馈，在整个周期中，重制定、出台和筹资而轻实施、监督和评估，而中国政府每年根据这些政策提供的财政支持达到千亿元，这些资源如果不能为穷人所受益，那么这些社会政策也就失去了调节社会福利分配的意义。因此今后的国际机构在华扶贫战略可以在此方面能够有所倾斜。

4. 改进贫困监测方法。虽然目前关于贫困测量的讨论很多，但争论的焦点都是在用国际1美元的标准或2美元标准来代替我国现行的贫困线，或者是争论用收入贫困线还是消费贫困线，但是这些争论终究都没有脱开用经济指标这个单一的贫困维度来测量贫困，而贫困问题具有极强的多元性和多维性，不仅仅是指收入的不足，更多情况下是社会、健康、教育、服务等多方面的不足，虽然目前关于贫困的多维性的研究已经很多，并且这些概念已经被人们所接受，但是真正如何将这些理论研究的成果，也就是说如何将多元测量贫困的方法运用到我国的扶贫工作实践中去，仍然是一个相当大的挑战，国际机构在参与式贫困评价和多维测量贫困方面有着丰富的经验，尤其是世界银行在前几年出版了《穷人的呼声》系列突出在这方面做出了非常显著的成绩，但是在中国如何运用这样的方法，从而保证我国的贫困问题的界定能够更加符合贫困问题的特点，能更有效地指导我国扶贫工作，目前还没有一个完好的方法和操作指南，因此国际机构如果能在这方面为中国政府提供技术支持是非常有用的。

5. 提高专项扶贫项目瞄准度。我国扶贫工作中，依托项目进行目标瞄准长期以来受到了研究者的质疑。研究表明，很多扶贫项目不能够覆盖大多数贫困群体。项目的选择受到了管理方便与农户需求分散这一矛盾的制约而无法做到准确瞄准，即使在实行村级扶贫规划的重点村中这一状况也没有根本改变，从而造成了我国扶贫资金不能准确瞄准穷人的结果。研究表明，扶贫项目对贫困群体的覆盖率只有16%，而对中等户与富裕户的覆盖率分别为51%和33%。同时，贴息扶贫贷款的使用严重偏离目标，扶贫信贷资源流向既不是穷人集中的贫困村，也不是由穷人主导的企业，而是众多一般性的企业。当然所支持的这些企业都会对地方经济的发展产生积极作用，并诱发就业，从而可能带动穷人的收入增加，但是这些企业并无明确的瞄准贫困群体的机制，因此，所诱发的就业并不必然意味着作为信贷扶贫资金的目标群体穷人的真正受益。虽然村级规划为资金的贫困村瞄准提供了技术支持，但是各地扶贫系统工作人员在真正操作村级发展规划时还存在着能力和资金不足的问题；而目前资金仍然在一些县级层次的职能部门管理，资金的运作很难受到贫困群体的监督，资金偏离轨道就是无法避免的，因此有很多学者建议将资金下放到村级层次管理，但是政府官员则认为村级没有资金管理的能力。鉴于我国目前农村社区发展的现状，也的确存在这样的问题，村一级尚无资金管理的制度体系，而且也缺乏相应的技术人员，加之村级的民主化程度还比较低，不可能将资金直接下达到村，由村民自主管理。但是在一些地区也开始萌发了很多村级财政资源管理的形式，因此如果能够在一些有条件的地方进行预算制度的贫困村发展试点，也就是说可以通过一个5年的村级发展规划，然后在村级建立发展规划委员会，通过对委员会的培训，并在村级建立起资金计划使用的监管体系，并将这个体系严格置于村民的监督之下。在此情况下将资金按年度以预算的形式下达，以满足其在社会发展中的各项需要。国际机构也可考虑在这方面给中国政府一定的支持。

6. 促进扶贫方式的创新。无论是八七扶贫，还是新世纪扶贫，我国扶贫工作总是以基础设施建设为主。以工代赈资金因其项目内在的规定性，只能使用于生产、生活基础设施等公共品的建设方面，约占到3/4；扶贫贷款的40%多用于农村物质基础设施和社会基础设施建设；财政发展资金也同样是主要投向于农村基础设施建设，尤其是村级公路建设。出现这一结果的主要原因有三：第一，财政扶贫资金支持目标项重点村转移，而重点村开发规划在资金总量约束、创收活动难组织的条件下优先考虑物质和社会服务基础设施；第二，迄今为止尚未找到财政扶贫资金扶持种养业发展的有效安全的方式、方法，其投资偏向基础设施某种程度上反映了财政扶贫资金在扶持贫困农户增收上的困惑或无奈；第三，迄今为止，对于政府在农村扶贫中的功能定位不是十分清楚，政府在以开发扶贫为主旨的农村扶贫中如何扮演一个合理的角色，在实践中有些举棋不定。与此同时，贫困地区贫困人口的需求是多样化的，有收入动力不足方面的、有生计安全方面的、有社会服务的不可及方面的等等，如何改变我国目前的扶贫投入以基础设施建设为主的现状，从而促进以穷人为目标的，以社区为基础的扶贫方式的创新也成为我国今后扶贫工作中面临的一个困惑，只有解决了这个问题才能保证我国扶贫资源能够有着有效的产出。很多国际机构在过去的对华扶贫援助项目都是以社区为基础的综合发展项目，涉及到农村发展中的方方面面，因此可以将其经验和中国政府扶贫工作结合起来，更好地推动中国政府的扶贫工作的开展。

7. 促进扶贫系统的能力建设。扶贫系统作为我国扶贫工作的专职部门，其工作能力直接影响到了我国扶贫工作的效果，但是我国自1986年成立专门的扶贫机构以来，对扶贫系统的能力建设投入就存在着严重的不足，尤其是地方直接参与扶贫工作的工作人员，这些人员就更缺少系统的培训，并且有很多人都是从县级其他机构分配过来的，参加扶贫工作之前从来没有接触过扶贫工作，其能力的培养只能是在“干中学”，以参与式村级规划的推广工作来看，虽然目前已经有几万个村庄制定了规划，但是很多县级扶贫工作者根本就没有制定规划的技术能力和思想认识，只是为了完成上级分配的工作任务，导致制定出来的规划存在着很多的形式主义、照搬照抄等问题，不能成为指导我国扶贫工作的有效文件。除了这些具体的能力缺乏问题外，我国扶贫系统部门也存在很多整体上的能力不足问题，如扶贫监测体系缺乏等，因此如何促进扶贫系统的能力建设也将成为我国今后扶贫工作的一个重要方面，国际机构在能力建设方面有着很多丰富的经验，加强该领域的合作是非常有意义的。

8. 促进中国经验和第三世界的交流。贫困是一个全球性的问题，反贫困也是世界各国尤其是发展中国家政府的共同努力的方向，很多国家在反贫困领域内积累了大量的经验，这其中当然也包括中国。2004年在上海召开了世界扶贫大会，向全世界全面介绍了中国在过去近20年内扶贫开发工作的主要做法和成就，促进中国向世界其他国家学习也非常重要，比如说斯里兰卡为什么能够在较低的国民经济发展水平上取得较高的人类发展，如何建立惠及全国人口的社会保障体系；同样作为人口大国的印度，在面向穷人的金融活动方面有着很丰富的经验，而在其克拉拉邦，国民经济发展程度并不高，但是却建立了一套完整地面向非正式部门就业者的社会保障体系等，还有一些国家在应对艾滋病问题方面有着丰富而卓有成效的经验，如泰国等，这些国家在反贫困方面的工作经验对于我国的扶贫工作有着极为重要的借鉴作用，因此加强中国和其他国家在扶贫领域内的交流，让中国扶贫系统的工作人员能够多多地去像这些国家学习，这对我国的扶贫工作会很有好处的。大部分的国际机构在世界各国都有自己的办公室或者办事处，都开展了大量的扶贫工作，因此在对各个国家的反贫困工作经验进行总结和研究、组织扶贫系统工作人员参观考察等方面有着独特的优势。

四、中国对外发展援助和发展趋势

中国对外援助始于20世纪50年代。截至2006年，我国共向160个国家和区域组织提供了援助，其中包括接受过一次性或少量援助的40个国家和区域组织，各类援助项目达2000多个。这些项目涉及受援国生产和生活的各个领域，内容包括工业、农业、文教、卫生、通讯、电力、能源、交通以及社会公共设施等。同时，积极鼓励和支持中国有实力、信誉好的优秀企业到发展中国家开展投资合作，中国企业已在60多个国家实施了100多个优惠贷款项目。除上述成套项目援助外，中国还向广大发展中国家提供了大量的物资援助和各类技术援助。自1983年以来，中国向100多个国家和10多个国际及区域组织提供了技术援助。共举办各类技术培训班264期，培训技术人员6500多人，涉及农业、畜牧业、渔业、小水电、机械、能源、医疗卫生、环保、气象、沙漠治理、粮食加工等几十个专业。此外，自1998—2003年底，中国政府还为发展中国家举办“经济管理官员研修班”35期，共有来自106个国家的751名经济管理官员参加研修活动。此外，自1998—2003年底，中国政府还为发展中国家举办“经济管理官员研修班”35期，共有来自106个国家的751名经济管理官员参加研修活动①。

中国政府在提供援助的同时，为减轻受援国经济发展负担，还无条件减免了部分友好重债贫穷国和最不发达国家的对华部分债务。中国政府已与亚、非、拉美和南太地区的46个国家签署了免债议定书，免除这些国家对华部分到期债务，其总额逾160亿元人民币。此外，中国政府积极响应国际社会和有关国家呼吁，在阿尔及利亚、伊朗、巴基斯坦大地震，印度洋海啸，美国飓风灾害等重大灾难后，在最短的时间里提供了紧急人道主义援助，有效支援了有关国家政府和人民的救灾工作。在2005年，世界各地自然灾害频频发生，中国对外援助的力度和规模也达到空前高度，中国已成为世界援助的重要力量之一。2005年世界粮食计划署停止对华的粮食援助，同年中国就以57.7万吨的援助总量，一跃成为仅次于美

① “中国对外援助的基本情况”，2005年9月18日，http：//www.bjyouth.gov.cn/special/200508zyz/5/58895.shtml。

国和欧盟的世界第三大粮食援助捐赠国[①]。

（一）中国对外援助的状况

改革开放后，中国的对外援助进入了一个新的阶段，中国从自身和受援国的实际情况出发，从援助的规模、布局、结构到援助方式、管理体制等多方面进行了调整和改革。这一时期中国对外援助金额减少，但援助面增大。从1979—1994年的16年间中国对外援助资金总额为221.2亿元，年平均为13.8亿元，相当于20世纪60年代中期的水平；而从援外支出占国民生产总值的比重来看，则处于建国以来的最低水平。但与此同时，中国援助的受援国数量则在增长，到1994年援助国数量达到102个[②]。

与此同时，中国积极参与多边援助。1983—1994年间，中国同联合国发展机构积极合作，共同向99个发展中国家和9个国际组织提供多双边结合的援助，累计培训各类技术人员1500多人[③]。这一时期中国更加突出对外援助的经济意义，中国对外援助中军事援助成分明显减少，经济技术援助的比例不断加大。到1994年底，中国向最不发达国家提供的经济技术援助资金已达160多亿元，援助项目969个，还为34个最不发达国家执行了联合国开发计划署169个培训项目，并向32个国家派出9058名医务人员[④]。

1995年下半年起，中国对外援助的改革进一步深化，突出表现为实行援助资金来源多元化和援外方式和内容多元化，中国积极推行政府贴息优惠贷款和援外项目合资合作，同时适当增加无偿援助。对外援助方式改革后，中国对外援助资金除了政府财政拨款外，还增加了企业和金融机构的部分资金，使得对外援助的规模有所扩大。自此，中国对外援助的基本框架基本形成，这一阶段我国的对外援助工作开始和我国经济建设的发展需求和能源需求相结合。

2001年以后，我国继续扩大对外援助规模，到2005年，对外援助金额达到了74.7亿元。虽然早在20世纪50年代我国就开始了对一些国家实施了人道主义援助，但是人道主义援助在我国援助事业中所占份额相对较少，2001年以后，我国政府开始加大了人道主义援助的力度。中国先后向遭受地震灾害的伊朗、巴基斯坦、阿尔及利亚，向遭遇水灾的斯里兰卡、巴基斯坦，向遭遇海啸的东南亚和南亚诸国，向遭遇飓风灾难的美国，向遭受恐怖袭击的俄罗斯等国家提供紧急援助，同时还向遭受战乱的南斯拉夫、科索沃、阿富汗、伊拉克等国家提供救援。特别是2005年，中国先后向21个国家伸出援手，越南禽流感，罗马尼亚水灾、厄瓜多尔登革热、乌拉圭飓风，等等，援助范围遍布全球。在所有的援助中，三起最大的援助：（1）印度洋发生海啸，累计援助金额高达5亿元人民币，多边捐助金额2000万美元；这是中国对外援助史上最大、最多的一次。（2）2005年8月，美国遭受"卡特里娜"飓风袭击，中国政府紧急提供500万美元救灾款和一批救灾急需物资。（3）2005年10月，巴基斯坦北部发生里氏7.8级强地震，中国先后四次向巴提供了总价值2673万美元的援助；随后40天里，还向巴空运了26批次救灾物资[⑤]。

---

① "中国对外粮食援助全球第三"，河南小麦网，2006年7月23日，http://www.xiaomai.cn/show.asp?id=14670。

② 李争平、张翠微："走出新的援外之路"，《经济日报》，1995年11月14日。

③④ 戴伦彰主编：《走向21世纪的中国对外经济关系》，中国物价出版社，1997年版。

⑤ "2005年中国对外援助情况"，2006年1月19日，http://www.dragontv.cn/detail.php?InfoID=45087。

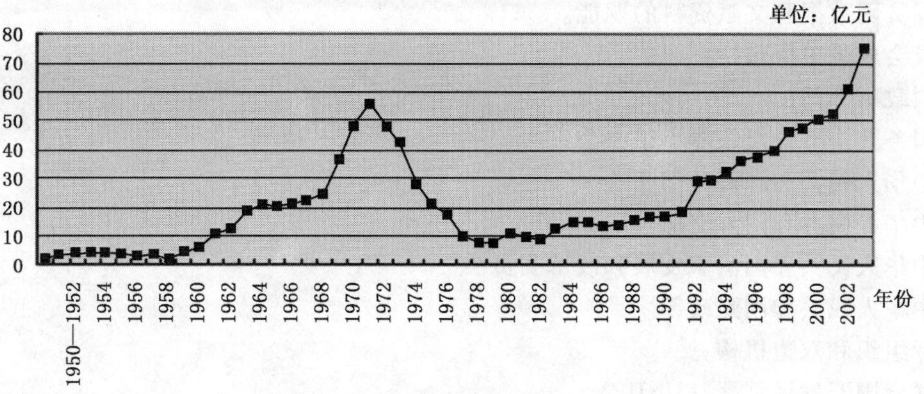

图 9 - 1　中国对外援助规模变化趋势图

资料来源：张郁慧："中国对外援助研究"，中共中央党校博士学位论文，2006 年 5 月。

（二）中国对外援助的组织机构

长期以来，中国的对外援助是以各部门为单位组织实施的，尤其是外交部、商务部、农业部、卫生部等下设的国际合作机构，在一定程度上存在对外援助资源分散的不足。

2005 年 5 月，中国国际扶贫中心正式成立，标志着我国对外援助制度性框架的形成。它是由中华人民共和国政府与联合国开发计划署及其他国际组织共同发起并组建的国际性扶贫机构，以"交流扶贫经验、推进减贫进程，组织应用研究、促进政策优化，加强国际交往、推动国际合作"为宗旨，致力于促进世界各国成功减贫经验的总结、研究、交流与推广，促进国际社会在减贫和社会发展领域的交流与合作，促进国际社会减贫政策设计、执行能力的提高，从而为"消除世界贫困事业做出贡献"。

中国国际扶贫中心的核心职能：

——举办国际减贫交流活动，促进减贫领域知识、信息和经验的共享，为国内外政策制定者、理论研究者和发展实践者搭建交流与合作的平台；

——开展减贫能力建设，为全球范围从事减贫领域相关工作的各类人员提供培训与咨询服务；

——组织减贫应用研究，开发理论知识，开展政策分析，为发展中国家制定减贫政策、实施减贫项目和开展国际合作提供技术支持；

——与有关国际机构合作，设计和实施针对发展中国家具体需求的减贫项目。

中国国际扶贫中心的成立是中国政府履行援助发展中国家承诺的重要行动，体现了中国政府努力推动和深化国际减贫与社会发展合作的意愿。

中国国际扶贫中心实行理事会领导下的主任负责制。理事会是中心的核心决策与咨询机构，由来自中国政府相关部门和联合国开发计划署等国际机构的代表组成；理事会下设学术顾问委员会，由国内外经济学和社会学领域的知名专家组成，为中心开展研究、交流和培训工作提供咨询服务和智力支持；中心主任由理事长提名并经理事会任命，负责中心日常管理工作；首席技术顾问协助中心主任开展培训、交流和研究项目的组织管理、对外联络和筹集资源等方面的工作。中心下设研究处、规划处、交流处、培训处和信息处等五个职能部门，分别承担开展应用性专题研究、制定项目实施规划、组织国际交流活动、举办减贫专项培训、整理贫困数据和文献资料的职能。

理事会成员单位包括：

中国政府部门：

国务院扶贫开发领导小组办公室

中华人民共和国商务部

中华人民共和国外交部

中华人民共和国国家发展和改革委员会

中华人民共和国财政部

国际组织和双边机构：

联合国开发计划署（UNDP）

世界银行（WB）

亚洲开发银行（ADB）

英国国际发展部（DFID）

非政府组织：

中国国际交流协会

根据预定宗旨和工作定位，针对国际社会特定减贫需求，中心业务项目将集中在减贫专项培训、扶贫交流协作和贫困专题研究等三个方面。研究项目为交流和培训活动服务，通过交流项目传播研究成果，利用培训项目将研究成果转化为现实实践能力和具体减贫政策措施。

项目具体内容包括：

1. 减贫专项培训

服务目标：

中国和其他发展中国家减贫领域的决策者、研究者和实践者。

培训内容：

贫困理论知识

贫困的概念、实质和表现形式；贫困标准；致贫因素和致贫机制；减贫政策的经济学和社会学原理；国际社会贫困问题理论概况及其发展演变。

贫困问题研究方法：

贫困数据收集和处理方法；贫困状况监测和减贫措施成效评估技术；研究贫困问题的经济学方法。

各国减贫政策介绍：

各国取得显著成效减贫政策的背景、内容、实施方式、成效和经验教训；国际组织在发展中国家实施的减贫措施；具有突出成效减贫政策在国际范围内推广应用的方式。

减贫项目组织管理技术：

减贫项目的立项、方案制订、实施、过程监测、绩效评估和调整。

培训方式：

举办减贫专题研讨会，邀请专家作主旨演讲，被培训者参与讨论，掌握培训内容。

组织减贫专题培训班，邀请专家授课。

组织实地考察。

中心将根据受训对象特定要求确定培训内容和培训方式。

2. 扶贫交流协作

举办贫困论坛：

与国际组织及有关国家机构合作举办各类主题的论坛，分析世界范围内的贫困状况、表现形态及变动趋势，探讨各国致贫因素和致贫机制的差异，展示国际社会贫困问题的理论成果和研究方法，传播各国减贫政策信息和实践经验。

合作实施具体减贫项目：

与国际组织和有关国家机构在充分考虑资源和能力的基础上共同合作实施针对发展中国家贫困人群与区域的各类减贫项目，以人力资源培训和技术援助项目为主。

组织国际组织和发展中国家机构的各类人员来中国实地考察扶贫开发工作

3. 贫困专题研究

中心单独或与国际组织及有关国家机构合作，组织开展如下几个领域的专题研究：

贫困理论与政策：

贫困概念、实质及其表现形态；致贫因素和致贫机制；减贫政策的理论依据；减贫政策实施机制的设计。

贫困监测和控制技术：

贫困标准制定；贫困数据收集、处理与分析；贫困状况监测与减贫成效评估。

减贫项目的组织管理技术。

有关国家减贫典型经验的总结与推广：

收集、整理、分析有关国家减贫典型经验，研究其内在规律和其他国家借鉴这些经验的条件，寻找推广相关经验的方式。

中心成立以来，中国国际扶贫中心开展了大量卓有成效的工作：

- 完成了中国扶贫开发基本资料收集整理工作，促进了国际社会了解和学习中国扶贫经验基础的形成。
- 开展了针对发展中国家减贫领域政府官员的培训，促进了中国与相关发展中国家减贫政策及基本经验的共享。
- 举办了各类交流活动，促进了全球减贫与社会发展领域的政策制定者、理论研究者和发展实践者之间的广泛交流。

截至2007年底，完成了减贫应用研究项目13项；国际减贫培训班7期，对来自59个国家的191名中高级官员进行了培训；举办了3次高级别大型国际会议及6次专题国际研讨会；出版了4本扶贫理论与实践专著，2个会议论文集。

（三）中国对外援助的主要方式[①]和内容

在过去的50年间，中国对外的援助战略也逐步发生变化。对外援助方式从初期单一的无偿援助发展为当前的无偿援助、无息贷款、优惠贷款、混合贷款、合资合作等多种方式。援助内容从物资援助扩展到成套项目、投资合作项目、一般物资、现汇援助、技术合作、人员培训和派遣志愿者等多个领域。目前中国对外援助主要有以下三种方式：无偿援助、无息贷款、优惠贷款。

① “中国对外援助的基本情况”，2005年9月18日，http：//www.bjyouth.gov.cn/special/200508zyz/5/58895.shtml。

1. 无偿援助。主要用于帮助受援国建设中小型社会福利性项目，如医院、学校、低造价住房、打井供水等。此外，无偿援助还用于提供物资援助、人道主义紧急救灾援助及人才培训等。

2. 无息贷款。主要用于帮助受援国建设一些基础设施和民用设施项目。在过去50多年里，中国帮助发展中国家建设了一大批公共民用设施。今后，为满足受援国的迫切需要，中国政府还将保留适当比例的无息贷款，用于帮助受援国建设这类项目。

3. 优惠贷款是中国政府指定的金融机构对外提供的具有政府援助性质的中、长期低息贷款。优惠利率与中国人民银行公布的基准利率之间的利息差额由中国政府进行补贴。优惠贷款主要用于中国企业与受援国企业合资合作建设、经营当地需要、又有经济效益的生产性项目，或提供中国生产的成套设备和机电产品等。优惠贷款是具有援助性质的贷款，因此主要向经济困难的发展中国家提供。

除以上三种主要援外方式外，中国政府还面向非洲国家设立了“投资专项资金”和“非洲人力资源开发基金”。前者用于支持和鼓励有实力、有信誉的中国企业到非洲国家投资，开展互利合作；后者用于帮助非洲国家培训各类管理和技术人才等。

我国对外援助的主要内容包括物资援助、成套项目、现汇援助、技术合作、人员培训、派遣志愿者和人道主义援助。

物质援助是我国最早的对外援助内容之一，物质援助又包括紧急物资援助、结合项目的物资援助、设备的升级换代和紧急救灾援助。

成套项目。是指在我国政府向受援方政府提供的无偿援助、无息贷款、低息贷款及其他财政援助资金项下，由我国政府选定实施企业进行勘察、设计，提供施工机械和设备材料并派遣工程技术人员，在受援方境内承担或指导施工、安装和试生产全过程或其中部分阶段的各类工程项目。目前我国一共实施了2000个左右的对外援助的成套项目，涉及到20多个领域，主要为社会服务福利设施建设，如学校、医院、供电和水利项目等；基础设施建设项目，主要包括道路、桥梁、港口和码头等建设；农业发展项目，帮助建设农业农场，目前在非洲一共援建了40个农场；政府办公楼建设，如广电中心、会议中心、体育场馆等。

现汇援助：这主要有两种方式，一是直接提供资金和贷款，一是减免重债穷国的债务。2000年，我国免除了40多个非洲国家1999年到期的109亿元的债务；2005年，免除了所有发展中国家2004年到期的债务；2006年免除了非洲重债穷国2005年到期的债务。

技术合作项目。主要包括成套项目的运营、管理、维修技术合作以及轻工类技术援助，主要是指以减贫和脱贫为目标，为当地人培训一些轻纺、针灸、针织和刺绣等技术，或者是结合当地的资源，开展竹藤编制培训以及信息技术培训等。中国已经派出了55个工程技术人员。

人员培训项目。1983年开始的，主要形式有结合项目开展培训活动；第二种方式是请进来培训，每年中国要办400多个培训班，培训的人员包括政府官员、技术人员和科技人员。自1983年以来，中国向100多个国家和10多个国际及区域组织提供了技术援助。共举办各类技术培训班264多期，培训技术人员6500多人，涉及农业、畜牧业、渔业、小水电、机械、能源、医疗卫生、环保、气象、沙漠治理、粮食加工等几十个专业。此外，自1998年至2003年底，中国政府还为发展中国家举办“经济管理官员研修班”35期，共有来自106个国家的751名经济管理官员参加研修活动。2006年，中国一共邀请了近6900人到华参加培训，加大对人才培训的力度。2006年11月中非合作论坛结束后，中国加大了对非洲进行培训的规模，计划在3年内至少要培训15000人。

派遣志愿者。2005年，在团中央的协助下，我国开始向发展中国家派遣海外志愿者，迄今已经派遣了150名，派遣国家主要为泰国、缅甸、老挝、津巴布韦、埃塞俄比亚和塞内加尔等，2007年计划扩展到22个国家和地区。派遣的志愿者的主要服务领域包括汉语教学、信息服务、农业技术服务、医疗卫生服务和行政管理服务等。

人道主义援助。中国对发展中国家遭受的各种灾害予以高度关注，及时向受灾国家和人民提供救灾款项和物质。早在1952年中国政府就向发生水灾的匈牙利提供了5万吨粮食。近年来，世界各地自然灾害和恐怖事件频频发生，中国政府不仅及时向受灾国提供了各种形式的紧急救灾援助，而且还积极参与国际间重大紧急救援行动。

（四）中国国际援助的发展趋势

中国对外援助和西方国家的对外援助存在着一些差异，主要表现为以下几个方面：（1）在受援国家的选择上，中国对所有的发展中国家，只要有需求，基本上都会提供援助，但西方国家在受援国家上倾向于选择自己国家传统的殖民地或者势力范围；（2）中国的对外援助是不附加任何政治条件的，西方一些国家的对外援助往往会附加一些政治条件；（3）中国的对外援助形式多样，涉及领域广，而西方国家的对外援助往往集中于减贫、环保等领域；（4）中国的援助以无偿援助为主，贷款援助条件优厚，不向很多西方国家的援助最后成了受援国沉重的债务负担；（5）中国的专家不享受特殊待遇，中国不允许在受援国工作的专家有任何特殊的要求和享受，坚持与受援国专家一样对待，而不向一些西方国家采取的是本国专家在受援国享受的是本国待遇，无形中增加了援助的实施成本，援助资金以一种变相的方式又从受援国流回到援助国。

从目前中国对外援助现状来看，中国的外援和国际援助之间的联系比较少，中国在对外援助上还处于对外高度保密的阶段，外界对中国援助的数量、目的以及形式都存在着很大的疑问，并且中国也没有将“反贫困”作为对外援助的显著性符号，外界对中国的对外援助的动机和目标持很大的怀疑态度。但这些都不会影响到中国对外援助的发展，相反随着中国经济与社会的持续快速发展，中国在国际发展领域将发挥越来越重要的作用，越来越多的援助国和援助组织寻求与中国在这一领域的交流与合作。根据胡锦涛在2005年9月份出席联合国首脑会议上发表的讲话以及2006年11月中非论坛北京峰会上中国政府对非八项政策举措，今后我国还将在力所能及的情况下继续向其他友好的发展中国家提供更多的帮助。

专栏9-1　中国加强对外援助的五大举措

2005年9月14日，胡锦涛在出席联合国首脑会议上宣布了中国为支持发展中国家加快发展而采取的五项重大举措：

第一，中国决定给予所有同中国建交的39个最不发达国家部分商品零关税待遇，优惠范围将包括这些国家的多数对华出口商品。

第二，中国将进一步扩大对重债穷国和最不发达国家的援助规模，并通过双边渠道，在今后两年内免除或以其他处理方式消除所有同中国有外交关系的重债穷国2004年底前对华到期未还的全部无息和低息政府贷款。

第三，中国将在今后3年内向发展中国家提供100亿美元优惠贷款及优惠出口买方信

专栏（续）

贷，用以帮助发展中国家加强基础设施建设，推动双方企业开展合资合作。

第四，中国将在今后3年内增加对发展中国家特别是非洲国家的相关援助，为其提供包括防疟特效药在内的药物，帮助他们建立和改善医疗设施、培训医疗人员。具体通过中非合作论坛等机制及双边渠道落实。

第五，中国将在今后3年内为发展中国家培训培养3万名各类人才，帮助有关国家加快人才培养。

1. 非洲作为援助重点区域。2000年中国和非洲各国建立了中非合作论坛，迄今已经召开了三次中非合作论坛峰会，中国政府表明将重点援助非洲的立场，2006年11月4日胡锦涛在中非合作论坛北京峰会上提出援助非洲的8项措施，标志着中国将重点援助非洲地区，而这一点是和国际援助发展趋势保持一致的。

专栏9-2　中国援助非洲的八项措施

第一，扩大对非洲援助规模，到2009年使中国对非洲国家的援助规模比2006年增加1倍。

第二，今后3年向非洲国家提供30亿美元的优惠贷款和20亿美元的优惠出口买方信贷。

第三，为鼓励和支持中国企业到非洲投资，设立中非发展基金，基金总额达到50亿美元。

第四，为支持非洲国家联合自强和一体化进程，援助建设非洲联盟会议中心。

第五，免除同中国有外交关系的所有非洲重债穷国和最不发达国家截至2005年底到期的政府无息贷款债务。

第六，进一步向非洲开放市场，把同中国有外交关系的非洲最不发达国家输华商品零关税待遇受惠商品由190个税目扩大到440多个。

第七，今后3年内在非洲国家建立3到5个境外经济贸易合作区。

第八，今后3年内为非洲培训培养15000名各类人才；向非洲派遣100名高级农业技术专家；在非洲建立10个有特色的农业技术示范中心；为非洲援助30所医院，并提供3亿元人民币无偿援款帮助非洲防治疟疾，用于提供青蒿素药品及设立30个抗疟中心；向非洲派遣300名青年志愿者；为非洲援助100所农村学校；在2009年之前，向非洲留学生提供中国政府奖学金名额由目前的每年2000人次增加到4000人次。

2007年1月30日至2月10日，国家主席胡锦涛访问非洲8国，全面启动了中非务实合作8项政策措施的落实。在中非双方共同努力下，8项政策措施的落实工作已取得初步成效。目前，中国已与18个非洲国家签署了免债议定书，与26个非洲国家办理了免关税换文。中国承诺援建的非洲联盟会议中心已于5月25日“非洲日”在埃塞俄比亚首都亚的斯亚贝巴举行奠基仪式。旨在鼓励和支持中国企业到非洲投资的“中非发展基金”已正式启动。中国与非洲国家在人力资源开发、教育、文化、农业、医疗卫生等领域的合作也全面展开。2007年，中方计划为非洲国家培训各类人才5000名；向15个非洲国家派遣45名高级农业技术专家；向33个疟疾疫情较重的非洲国家提供一批特效青蒿素类药品，设立10个疟疾防治中心；向12个非洲国家派遣114名志愿者①。

2. 促进千年发展目标。联合国千年发展目标是国际援助事业的基本战略指导，中国以往的国际援助活动大部分也是在这个框架下进行的，但并没有将其标志化和显著化，从而引起国际社会对中国国际援助的不理解。建议中国也根据联合国千年发展目标的框架，向其他发展援助供给国学习，制定国别援助战略。其他发达国家可以在制定国际援助战略上对于中国给与一定的帮助和支持。

3. 加强中国减贫经验的国际交流。中国在减贫方面所取得的成就举世公认，世界银行认为如果没有中国在减贫上的成就，全世界贫困人口的数量是上升的，加强对中国减贫经验的国际交流也将是中国国际援助发展的重要内容。目前，中国在加快减贫经验的国际交流方面也采取了一些建设性的措施，如2005年5月中国政府与联合国开发计划署及相关国际机构于2005年5月共同发起并组建了中国国际扶贫中心。中心成立的目标是为了促进全球范围减贫领域政策制定者、理论研究者和发展实践者共享信息、知识和经验，开展针对发展中国家减贫实际需要的国际合作，提高发展中国家设计和实施减贫政策的能力，从而推动全球减贫事业的均衡发展，自成立以来，按照机构宗旨要求，以总结中国扶贫开发经验、整理国际减贫政策信息和理论知识以及开发国际减贫培训与交流资料为核心，中心先后开展对中国的扶贫政策、扶贫文献研究、农村政策发展等进行了系统研究，并翻译成英文，向国际社会介绍中国的减贫经验。中心还承担了对发展中国家的扶贫系统官员的培训活动，向发展中国家介绍中国的扶贫经验，同时中心还多次组织了国际性反贫困行动研讨会，对中国减贫经验的传播起到了积极的作用。

参考文献

1. 戴伦彰主编：《走向21世纪的中国对外经济关系》，中国物价出版社，1997年版。

2. 国务院扶贫办外资项目管理中心编：《反贫困——国际合作在中国》。

3. 国务院扶贫办外资项目管理中心："中国外资扶贫回顾与展望"，2005年12月。

4. 李小云、饶小龙等："外国对华官方发展援助的演变及趋势"，《国际经济合作》，2007年第11期。

5. 李争平、张翠微："走出新的援外之路"，《经济日报》，1995年11月14日第5版。

6. 石林主编：《当代中国的对外经济合作》，中国社会科学出版社，1989年版，第55页。

7. 张郁慧："中国对外援助研究"，中共中央党校博士学位论文，2006年5月。

8. 《中国对外经济贸易年鉴1994》，中国社会出版社出版。

9. 张瑜等："基于阿马蒂亚·森自由发展观的中国农村发展问题探析"，《学术交流》，2007年第10期。

10. 周弘等著：《外援在中国》一书中第358—359页内容整理，社会科学文献出版社2007年版。

---

① "中国政府非洲事务特别代表刘贵今大使在欧中非三方研讨会上的发言"，中华人民共和国外交部官方网站，2007年6月29日，http：//www. fmprc. gov. cn/chn/zxxx/t335121. htm。

11. “中国对外援助的基本情况”，2005－9－18，http：//www. bjyouth. gov. cn/special/200508zyz/5/58895. shtml。

12. “中国对外粮食援助全球第三”，河南小麦网，2006 年 7 月 23 日，http：//www. xiaomai. cn/show. asp?id＝14670。

13. “2005 年中国对外援助情况”，2006－1－19，http：//www. dragontv. cn/detail. php?InfoID＝45087。

14. “中国政府非洲事务特别代表刘贵今大使在欧中非三方研讨会上的发言”，中华人民共和国外交部官方网站，2007 年 6 月 29 日，http：//www. fmprc. gov. cn/chn/zxxx/t335121. htm。

第十章 任重道远——新世纪我国农村贫困和反贫困的新特点

我国的扶贫工作从20世纪80年代开始发展到新世纪，取得了巨大的成就，同时随着社会经济的进一步发展，我国农村的贫困状况呈现一些新的特征。在科学发展观以及和谐社会的发展战略下，我们对于贫困人口的关注也转向了更丰富的内涵，即扶贫工作要解决的主要问题不仅仅是温饱问题，还要促进发展，缩小差距，构建和谐。党的十七大报告将2020年的目标明确为"绝对贫困现象基本消除"，同时要求提高扶贫标准，这对我们扶贫工作提出了新的要求。在当前的情况下要达到这一目标，需要我们对于中国贫困的新的界定分析以及反贫困政策的绩效评价和工作重点进行深入的有针对性的分析。加深对新世纪贫困形势的认识，有助于拓展农村扶贫工作的思路，同时只有这样才能达到我们全面建设小康社会的总目标。

一、新世纪农村贫困状况

新世纪初，党中央、国务院制定并颁布实施了《中国农村扶贫开发纲要（2001—2010年）》（以下简称《纲要》），在接下来对《纲要》的实施中，各级政府以及各种社会组织群体都对扶贫工作给予了大力的支持，综合新世纪以来我们的扶贫工作的情况，可以说既有成绩也有很多新的挑战。成绩主要表现在：

1. 扶贫成效显著。我国的扶贫工作从20世纪80年代开始发展到新世纪，取得了巨大的成就。农村绝对贫困人口由1978年的2.5亿人减少到2006年的2148万人，贫困发生率从30.7%下降到2.3%；低收入人口也从2000年的6213万减少到2006年的3550万，低收入人口占农村人口比例从6.7%下降到3.7%。

2. "大扶贫"格局的形成。新世纪以来，特别是党的十六大以来，随着对科学发展观的战略理念的贯彻落实，中央政府对农村的财政转移力度加强[①]，国家针对农村地区的大量的社会政策，如农村最低生活保障、贫困地区义务教育"两免一补"、贫困人口的医疗救

① 中央财政安排的扶贫资金由1980年设立之初的5亿元增加到了2007年的144亿元。28年间，累计安排扶贫资金1600多亿元。与此同时，地方财政也不断加大扶贫开发的投入力度，形成了中央与地方财政共同投入扶贫开发的良好局面和财政扶贫资金稳定增长的投入机制。

助、新农村建设等各项支农惠农政策的出台以及“整村推进”扶贫工作的深入展开，从国家到地方以及各种社会组织群体，都对扶贫工作给予了极大的支持。我国的扶贫工作逐渐形成了一个“大扶贫”的格局，扶贫开发工作正在步入一个新的历史时期。

3. 减贫速度加快。2001—2003 年，全国农村绝对贫困人口年均减少 103 万人，低收入贫困人口年均减少 198 万人；2004—2006 年，这两项分别年均减少 250 万人和 689 万人，后三年明显高于前三年。这是经济增长、专项扶贫计划和“反哺”政策共同推进的结果，是党的十六大以来扶贫开发工作一个突出的亮点。

4. 在保持贫困人口继续减少的基础上，国家扶贫开发工作重点县农民人均纯收入显著增加，贫困地区基础设施和社会服务水平进一步提高。

在看到扶贫工作取得巨大成绩的同时，也应该看到在成绩的背后我们所面对的扶贫工作的严峻性：

1. 扶贫工作的任务仍然艰巨。我国的扶贫标准很低，根据农村贫困监测数据，到 2006 年底，全国农村绝对贫困和低收入人口总数 5700 万，占农村人口 6%。重点地区贫困人口规模更大、贫困程度深、增收门路少、返贫现象严重；

2. 贫富差距拉大，相对贫困程度加重。2001—2006 年，全国城乡居民收入差距从2.9:1扩大到 3.3:1。贫富差距的扩大，威胁社会主义和谐社会的构建。农村贫困地区面临着各项社会服务缺乏、农民工的保障缺位、环境条件恶劣地区、农民生计提高困难、教育费用支出增加等贫困因素的累积因果循环问题，这些问题的交互作用，必然进一步放大贫富之间的差距，特别是在整个经济增长的大背景下愈发显现出对于增长的可持续性以及社会公平、社会稳定的现实挑战。

3. 扶贫工作的难度加大、扶贫投入的边际效益下降。进入 21 世纪，剩余贫困人口大多是脱贫素质较低或分布在生产生活条件更差的地区，解决他们温饱问题难度明显增大。按照目前的投入力度和减贫进度，到 2010 年实现“纲要”确定的战略目标难度很大。

4. 致贫原因进一步复杂化。致贫既有自然灾害和自然环境的原因，也有社会经济发展中的市场以及城市化的原因，另外针对贫困农户的社会服务和社会保障政策的不到位也是使得农户返贫的重要原因。

2001 年至今，按照官方统计的数字，贫困人口下降速度减缓，贫困问题表现出刚性的稳定。家庭联产承包责任制和开发式扶贫制度经过 10 多年的强势作用其边际效益越来越低，加上现实的发展战略在越过了以劳动密集为主体的轻工业的发展之后，近几年来一直向重化工业以及资本和技术密集型产业迈进。这种日益强化的重化工业结构是这几年我国农村发展并未能随着整个国民经济发展而同步提升的主要深层次原因，同时，一般认为当贫困发生率下降到 5% 以下的时候，经济增长对贫困的缓解作用就非常小。此外我国贫困人口的分布经历了区域贫困（18 个贫困地带）、县级贫困（592 个国家级贫困县）到村级贫困（15 万个贫困村）的过程，贫困人口更加分散，呈现出点状分布的特点，减贫成本也就随之增加。还有，过低的贫困标准导致所界定贫困人口生计十分脆弱，在自然灾害和其他形式的风险冲击下极易出现返贫情况。最后，目前以基础设施建设为主的扶贫活动并不能直接作用于贫困人口的收入增加，因此按照收入为指标的贫困人口变动监测很难反映出扶贫工作的贡献。因此新世纪的农村贫困人口数量下降速度放缓，逐渐趋向稳定。在没有其他更好的能够直接反映扶贫效果的监测体系前提下，贫困人口数量变化作为社会各界关注我国扶贫工作的一个最直接的指标，这极易造成社会各界对扶贫工作的误解，从而对扶贫努力失去信心，因此很多学者也提出了改善我国扶贫监测系统或者是重新划定我国贫困标准的建议。

表 10－1　　新世纪贫困人口变化

	绝对贫困人口			低收入人口		
	贫困线（元）	贫困人口数（万人）	贫困发生率	贫困线（元）	贫困人口数（万人）	贫困发生率
2001 年	630	2970	3.2%	872	6102	6.6%
2002 年	627	2820	3%	869	5825	6.2%
2003 年	637	2900	3.1%	882	5617	6.0%
2004 年	664	2610	2.8%	924	4977	5.3%
2005 年	683	2365	2.6%	944	4067	4.3%
2006 年	693	2148	2.3%	958	3350	3.7%

资料来源：刘坚主编：《新阶段扶贫开发的成就与挑战》，第 24 页，中国财政经济出版社，2006 年 7 月。

贫困人口数量变动的不显著，也暗示了仅仅从数量上去理解我国目前的农村贫困问题已经不再有现实意义了，对贫困问题的关注应该要转向对贫困社区的发展状况和贫困人口的生计水平的微观层面了。

随着我国这几年在农村基础设施建设上的大力投入，贫困农村的行政村的通电、通路、通电视信号等基础设施条件得到了明显的改善，均达到了 90% 以上，但是自然村的情况不容乐观，调查表明，自然村的通路率仅为 64.7%，通电视信号的比例为 80% 左右。相对于水路电等条件的改善，贫困农村的医疗和教育条件的发展相对缓慢，调查表明，贫困村拥有卫生室的比例仅为 79.56%；而随着农村教育体制的改革，撤销大量的村小，建立所谓的中心小学，使得部分贫困村的小学被撤销，在两免一补以及其他相关的支持农村教育事业发展的政策的刺激下，农民子女的小学教育费用负担方面虽然有了一定的缓解，但又重新增加了其儿童受教育的时间成本和安全隐患。在拥有村小的贫困村，校舍的安全性和师资质量方面都存在着非常严重的问题，贫困村小学的危房比重高达 22.6%。自然灾害的频繁发生成为我国这几年返贫情况严重的主要原因，调查显示有 66% 的贫困村都受到了不同类型和不同程度的自然灾害，在受到自然灾害的村中，减产 3—5 成占到 63.33%；减产 5—8 成的占到 25.67%；减产 8 成以上的占到 11%。总而言之，贫困村的基础设施和社会服务条件都有了很大改善。尤其是电力和道路方面，国家的巨额投入起到了明显的效果。但是贫困村的文教卫生等社会服务条件却仍然不容乐观，农村的小学教育主要问题不再是学费问题，而是中央对村一级小学教育资源的整合措施，极大的影响到了农村小学的数量和质量。与此同时产生的贫困地区儿童，尤其是女童的受教育问题便凸现出来。加上由于农村劳动力流动所产生的留守儿童问题①，使得未来贫困地区的小学教育面对更大的困难。学龄儿童总辍学率（小学和初中）已经超过了 10%，以此推算，在义务教育的后三年也就是初中阶段，贫困地区的初中辍学率更应该远远高于这个数字。与此相关的是，义务教育的脆弱性，以及贫困地区的卫生医疗的落后，极大的影响了目前贫困村人口和劳动力资源的质量。

而纵观贫困农户的生计状况，（1）自然资本受到不可抗拒的因素影响较多，因而使生

① 叶敬忠等：《关注留守儿童》。

计暴露于风险之下，而没有可行的措施予以补救。面对这种情形，贫困农户一般都是听天由命，不能发挥其主观能动性，表现出农户的脆弱性。（2）贫困农户的物质资本一般只能维持自身生产和生活的需要，在面临风险的时候不具有转换性，不能转变为可以交换的资产来降低生计脆弱性。（3）贫困农户没有可以流动的金融资本积累，并且在金融服务的可及性方面也非常低，他们更多地依赖于农村的非正规金融机制，如高利贷、亲朋好友的互借互助等。（4）人力资本的数量和质量使其他资本的运用成为可能，对人力资本的投资具有在未来得到回报的特点，但贫困农户缺乏对人力资本进行投入的能力，他们绝大部分人没有参加过培训，并且也有相当部分的农户不能送孩子上学，也不能去医院看病。（5）农村社区是社会资本比较弱的地区，贫困农户的社会资本主要表现为家庭网络，很少参与各种社会组织，也很难拥有社会权威，而相对封闭的狭窄的家庭网络对于农户抵御不利的打击有时是非常无力的。生计系统的脆弱性以及资产配置和转换上的有限性是贫困农户的典型特征。从实际调查数据来看，农村贫困人口这些年的在各种资产拥有状况并未得到明显改善。

二、新世纪农村贫困的基本特征

相对于20世纪，中国农村贫困问题发生了显著的变化：（1）从社会成员的普遍贫困到贫富差距在日益扩大，这就要求中国新世纪初的扶贫战略需要考虑控制贫富差距，直接瞄准穷人，当前的政府选择则是扩大政府的转移支付来直接帮助穷人。（2）从基本需求不能得到满足的收入性贫困为主到多元贫困为主，这就意味着仅仅关注贫困人口温饱问题的低水平的扶贫战略已经不能满足贫困人口的发展需求，贫困人口的健康、教育、社会福利等方面的要求应该成为新世纪初扶贫战略关注的焦点。（3）从区域贫困到阶层性贫困转变，中国的贫困分布从全社会贫困、18个贫困地带、592个贫困县和15万个贫困村逐渐演变，这个过程同时意味着贫困问题不再是区域经济发展不足的问题，而逐渐发展成为群体性贫困，贫困的主要人群，如弱势群体、边缘群体等已经不能直接受益于区域经济发展战略，这就要求中国的扶贫战略应该更加以人为本，直接指向穷人。

（一）贫困地区和贫困人口分散化

在中国政府实施扶贫战略的初期，中国的农村贫困人口是区域性集中分布的。但随着贫困人口的逐年减少，贫困人口在区域上的分布也越来也越分散。目前，中国的农村贫困人口的分布很少是集中连片的，而是零星散布于不同的乡村之中，表现在：国家扶贫开发工作重点县中也有非贫困乡；非国家扶贫工作重点县也存在贫困乡村；在有些贫困乡中也并不是所有的农民均为贫困人口；非贫困乡也存在贫困人口。

这种贫困人口的分布特点使中国开发式扶贫资金的目标瞄准存在一些偏差。2001年以前，中央扶贫资金的瞄准对象是所有的扶贫重点县。这种做法的结果是扶贫重点县中的贫困乡和非贫困乡均得到了扶贫资金，扶贫资金被592个扶贫重点县的2亿农民平均使用。比如在1998年底，分布在扶贫重点县的农村贫困人口只有2100万人，因此国家的扶贫资金只有1/10用到了应该用的地方。而当时，分布在592个扶贫重点县中的贫困人口只占了全国农村贫困人口的一半，这就是说非扶贫重点县的2100万贫困农民却没有得到扶贫资金，只能得到数额有限的省里的扶贫资金。2008年，592个县的人均GDP和农民人均纯收入为5584元和1928元。仅分别相当于全国的35%和54%，三次产业比重为：27.4∶40∶32.6。农业比重大大高于全国平均水平。城镇化水平22.1%，仅相当于全国20世纪80年代初水平①。2002年，根据颁布的《中国农村扶贫开发纲要》，中国把在中西部21个省（区、市）的少数民族地区、革命老区、边疆地区和特困地区确定592个县，作为新阶段国家扶贫开发工作重点县，取代以前的国定贫困县。但这也没有完全改变以前贫困目标瞄准存在偏差的问题：非国家扶贫开发县的贫困人口（592个县的农村贫困人口仅覆盖了全国农村贫困人口的50%和低收入人口的60%）得到的扶贫资金仍然很少；国家扶贫开发县仍然难以完全瞄准其中的贫困人口。中国国家统计局局长李德水也认为："目前的极端贫困人口多生活在自然条件极其恶劣或人力资源严重不足，很难通过扶贫开发实现脱贫的地区，而且剩余贫困人口在地域上分布非常分散，目前以贫困村为单位的扶贫方式难于帮助在非贫困村的贫困人口"（李德水，2003）。

（二）绝对贫困向相对贫困的转化

已经被识别出来的14.8万个贫困村覆盖了中国1.8亿农村人口，根据官方口径覆盖了中国83%的贫困人口，即2400万，据此可以计算出这14.8万个贫困村的平均贫困发生率为13%，但根据李小云等在全国100个贫困村进行的参与式贫富排序结果，其贫困发生率在35%—80%之间，这样可以估计贫困人口数量至少是目前官方公布数字的3—6倍，即7200万—1.4亿左右。如果还考虑到贫困村确定中存在的问题，则实际贫困人口数量则还会增加。贫困村识别过程中的限定指标的做法，使得贫困村的最终确定并不能完全反映贫困村的真实数量，还有相当数量的与现在已经认定的贫困村社会经济发展程度相似的贫困村未能进入政府承认的贫困村名单，如某省认定了1200个贫困村，但根据地方官员估计该省至少有5000个实际贫困村，根据从其他省了解的情况，已经被认定为贫困村的数量只占到实际贫困村数量的35%—75%，即便以75%估计，目前实际贫困人口数量至少是目前官方公布的4—8倍，即相当于在1.2亿—2.4亿之间。

对贫困人口数量的估计的差异，其实质是对贫困标准（即贫困线）的不同判断。官方的贫困线也一直在变化，1978年为100元，1985年为206元，1990年为300元。2008年前采用的贫困线是1994年根据马丁法测算的625元标准，随后根据农村居民消费价格指数进行更新，1997年为640元，2003年为637元。2007年底，中国农村贫困人口存量为4320人，其中绝对贫困1479人，低收入人口2841万。据此官方在界定贫困人口时为了统计的方便（农村住户调查系统）就将贫困人口定义为人均纯收入低于当年贫困线的人口。这种收入贫困线的界定方法存在明显缺陷，一则没有考虑到中国过去10多年的经济的发展变化；二则没有考虑到纯收入计算中有形资产的贡献，这些有形资产，如秸秆、生产工具等是无法转化成资本来降低贫困农户的脆弱性的；三则没有考虑到农民家庭消费支出的货币刚性，贫困地区农民在教育、健康等方面的货币性支出是目前这种纯收入计算体系无法应付的。

---

① 数据来源：中国发展门户网2008.3.26。

(三) 少数民族贫困问题突出

中国的少数民族占全国总人口的9%。根据国务院扶贫办(2003)提供的材料,由于少数民族大多分布于自然气候条件比较恶劣的山区,目前少数民族的贫困问题仍然比较严重。表现为:

1. 贫困面大。2006 年末,少数民族自治地方农村贫困人口 948 万人。贫困发生率 7.1%,初步解决温饱但还不稳定的农村低收入人口为 1587 万人。2005 年底,少数民族聚居区的农村绝对贫困人口为 1170.4 万人,占全国的 49.5%。其中约有 20 个民族 390 万人,贫困发生率 23.9%。初步解决温饱的农村低收入人口为 2048 万人,占全国 50.4%,贫困发生率 6.9%,比全国高 4.4 个点。

2. 特殊群体的贫困问题较为突出。19 个人口较少民族相对聚居的行政村有 640 个,总人口 85 万人,其中贫困人口 17.5 万人,贫困发生率 18.4%。国家扶贫开发重点县中,有牧区、半牧区县(旗)83 个,边境县(旗、市)41 个。这些地区社会发展程度低,人口、资源、环境矛盾突出,还有相当数量的贫困人口没有解决温饱问题,部分地区呈现区域性民族整体贫困。

3. 生活条件差,社会公益事业发展滞后。少数民族和民族地区尚有 7201 万人、2893.6 万头(只)牲畜为解决饮水困难,有 338.6 万户少数民族群众存在不同程度的住房困难。贵州省有 19 个乡镇,8900 个村不通公路,1045 个村不通电,37 个乡镇没有卫生院,425 万人饮水困难。部分偏远地区贫困群众常年遭受结核病、大骨节病困扰,因病致贫现象突出。

4. 生态环境建设和移民搬迁任务紧、困难大。广西 56 万无田无地或少田少地的农村人口中大部分是少数民族,需要采取移民搬迁,但搬迁计划和资金落实难度较大。贵州居住在缺乏基本生存条件地区的极贫人口有 46.5 万,大部分是少数民族群众,不进行移民搬迁将无法解决他们的温饱问题。此外,部分民族地区由于实施天然林保护、退耕还林还草、退牧还草工程的补贴标准偏低,产业结构调整迟缓等问题,群众生活水平有所下降。

另外少数民族的一些传统观念对扶贫也产生了一些不利的影响。例如,有研究认为,云南少数民族中"靠天吃饭、安土为本"的传统农业生产观念;小富即安的狭隘满足观念;轻视知识文化的观念;早婚、多育的生育观念;挥霍浪费的畸形消费观念。这些均对少数民族的扶贫造成了消极影响(李国和,2003)。

(四) 返贫人口增加

在新世纪,农村低收入人口返贫率高,自我发展能力弱。大部分贫困人口居住在生态脆弱地带,他们脱贫之后,被视为低收入人口。虽然他们暂时解决了贫困温饱问题,但由于财产储备不足,资源禀赋极差,一遇天灾人祸,非常容易返贫。据国家贫困监测调查结果,农村低收入农户的收入波动很大,贫困地区的低收入人口每年的返贫率在 30% 左右(李德水,2003)。统计数据表明:2003 年新增返贫人口占当年贫困人口的 53.3%(鲜祖德,2004)。这部分在贫困线附近徘徊的农户,他们处于贫困边缘,尽管其中的一年越过了贫困线,而一旦受到不利的社会经济自然等因素的影响,极有可能再次陷入贫困之中。

产生这种现象的原因是:我国的贫困线标准比较低,高于官方贫困线的低收入农民数量较多，他们按国际标准仍可认为是贫困人口。2003 年的贫困线标准为 637 元，此标准仅能维持一个人的最基本生存。据有关统计资料表明，中国还有一大部分徘徊在贫困线上的低收入农民（年人均纯收入在 627—1000 元之间）。这部分人家庭经济基础相当脆弱，自我发展困难，经不起任何风险和天灾人祸，容易重新返回到贫困状态。根据世界银行确定的每天收入一美元的标准，截至 2002 年，中国的贫困人口为 8800 万人，比同期按中国贫困标准计算的贫困人口多了 5980 万人。完善的农村社会保障体系是农村应对各种风险的有力武器，能有效地防止返贫现象。但中国目前农村的社会保障体系覆盖面小，标准低，还不足以稳定解决温饱。

（五）贫困深度加重

长期以来扶贫开发工作目标定位在贫困户和中等户，因为这两种类型的农户具有一定的生产开发条件。扶贫开发工作的中心在于贡献于贫困农户的能力开发和建设，而没有考虑到农村社会安全网的构建。农村的实际情况是缺乏社会安全网机制，没有普遍性的政府支持的社会保障体系，如养老保险、医疗保险等，也缺乏商业保险的基础和激励机制，商业保险公司没有动力为农户提供小额保险服务，穷人在很大程度上依赖非正式的社会安全网，如社会网络；在缺乏有效的社会保护的情况下，扶贫工作的效果的持续性也就难以得到保证，这也是这些年低收入人口极易返贫的一个重要原因。

绝对贫困问题因为标准的不同会逐渐放大，相对贫困也随着贫富差距的扩大而日趋严重，相对贫困程度也逐年加深，这种趋势一直都存在，只是在绝对贫困人口和收入性贫困问题占主导地位时很容易被忽视。2006 年，中国城乡居民可支配收入的差距达到 3.28∶1，根据社科院的一项研究，如果加上社会保险和福利等非货币性收入因素，城市居民的平均收入水平是农村的 5—6 倍，中国是世界上城乡差别最严重的国家。592 个扶贫工作重点县的人均 GDP 水平仅为 100 个最发达县的 1/7，农民人均纯收入水平最低的 20% 人口占全部收入的比重只有 6.4%，高收入组拥有全部纯收入的 43.8%。自 1996 年到现在，农民人均纯收入的基尼系数持续上升，2006 年底为 0.3646，0.3731，如果考虑农民的其他金融资产和房产的差异，农民的不平等程度还会更大①。这种城乡差别和农户内部之间差别的扩大，说明了社会分配的不公平在加剧，相对贫困人口在逐年增加，相对贫困深度加重。

当收入贫困是贫困的主要表现的时候，经常会用以贫困农户的人均纯收入和贫困线之间的差距指数的贫困深度指数来说明贫困程度，但随着对贫困的多维度测量成为共识，贫困深度指数也就不能准确而全面的说明贫困人口的贫困程度了。若用中国贫困人口的生计状况和小康水平作比较，贫困人口距离小康水平还很遥远。根据国家统计局的一项计算，中国西部地区小康实现程度目前仍然处于 -14%。

（六）农村贫困向城市转移

在传统的计划经济体制下，中国的人口流动受到许多政策和制度的高度制约，流动非常困难。改革开放之后，一些不利于人口流动的政策措施和制度环境开始松动，余下的则比较容易被规避，从而使人口流动变得相对容易了。这样，人口流动开始发生，并随着城乡、地

---

① 国家统计局：《2003 年中国农村贫困监测报告》，中国统计出版社，2003 年版。

区差异的扩大而逐渐增加。

人口的流动既包括城镇之间的人口流动也包括城乡之间的人口流动。但从实际情况来看，流动人口中的主要组成部分是从农村地区流向城镇地区的农民工。根据第五次人口普查的数据，2000 年全国流动人口总数为 12107 万人。其中，从城镇流出 3267 万人，占 27.0%，从乡村流出 8840 万人，占 73.0%；流入城镇 9012 万人，占 74.4%，流入乡村 3095 万人，占 25.6%。即 1.2 亿流动人口中，从乡村流出的有 73%，流入城镇的有 74%。（国家统计局，2002）2003 年，流动人口 1.4 亿，省内流动 65%，跨省流动 35%。

流动人口的大量增加造成了很多社会问题。从贫困问题的角度看，由于与当地户籍人口相比流动人口，尤其是从农村流向城镇的农民工，在许多方面都处于弱势地位①，这些人口发生贫困的概率就可能比当地户籍人口高出许多。李实（2001）使用中国社会科学院经济研究所课题组的调查数据进行估计，发现城镇中流动人口的贫困发生率比城镇户籍人口的贫困发生率高出 2 倍以上。中国城市贫困研究课题组（2003）依据国家统计局的调查数据进行估计，结论包括：（1）流动人口的贫困比率很高。全国范围内流动人口贫困比率平均达到 15.2%，在一些城市如乌鲁木齐、济南、南京、呼和浩特、银川、郑州等超过了 20%。（2）流动人口的平均贫困率比城市户籍人口高出 50%。

除了收入贫困，流动人口在非收入贫困方面也比城镇户籍人口处于更加不利的地位。一项由国务院妇女儿童工作委员会、中国儿童中心、联合国儿童基金会联合组织的中国 9 城市妇女儿童状况调查表明，流动儿童在医疗保健、营养水平、健康水平和就学等各个方面的指标都明显比城镇户籍居民更低；流动妇女在孕期保健、孕妇死亡率等各个方面的指标也明显比城镇户籍居民更差。（陈晓蓓，2003）

（七）农村贫困的女性化

由于农村劳动力大量流向城市，留守务农的以妇女、老人和儿童为主。农业女性化现象十分明显。这种趋势和传统扶贫开发中的性别盲视和不敏感将使妇女贫困问题进一步突出。另外，由于在增加收入、接受教育获得资源、参与政治决策中男女之间存在极大的不平等，致使以原来的扶贫思路开展扶贫工作会遇到很多阻力而且表现出不持续。“男女之间存在的巨大不平等与扶贫和经济发展有着紧密的联系”（世界银行，2001）。

全国妇联和国家统计局组织实施的第二期中国妇女社会地位调查表明：全国从事纯农业劳动的农村妇女比例为 82.1%，比男性高 17.4 个百分点。而兼营非农业性生产经营活动的男性为 35.3%，比女性高近 1 倍。说明在农村地区由于劳动力的外流，男性往往外出打工，妇女在当地农村生产生活中承担了主要的责任，但她们的收入却远远低于男性，以农林牧渔业为主的女性于 1999 年的年均收入只是男性收入的 59.6%。

目前，农村妇女的弱势状态可从下列数据中得到充分的反映：

1. 2000 年农村女性文化程度为初中以上的比例是 42.3%，比男性低 20.8 个百分点；女性文盲率为 13.6%，比男性高 9.6 个百分点；2006 年，女性文盲率为 10.9%，比男性高 2.9 个百分点，男性劳动力受教育年限为 8.7 年，女性为 7.4 年。

2. 2005 年，全国孕产妇死亡率为 47.7/10 万，而贫困地区则高达 53.8/10 万；

① 主要包括政府政策、制度安排含有对流动人口歧视的成分、受教育程度差等等。

3. 2000 年的中国妇女地位调查发现，70% 的无地人口是妇女，其中 20% 从来没有土地，44% 因为结婚而失去土地，7% 因为离婚而失去土地（李宗敏，2002）。广西的一项调查发现，有 20.8% 的农村妇女没有自己名下的土地，这一比例比农村男性高 17.5 个百分点。这些没有土地的妇女，因结婚和离婚失去土地的占 76.9%，高出男性 49.14 个百分点，这反映广西农村出嫁女和离婚妇女享有的土地权益在一些地区不同程度受到了侵害（刘旭金，2003）。中国社科院朱玲博士对山西对 10 个村的调查发现，除两个村以外，“每个村都有无地妇女，”有的村无地妇女的比例甚至高达 34.3%（《农地分配中的性别平等问题》朱玲）。

（八）城市贫困问题

与农村贫困相比，20 世纪 90 年代之前的城镇贫困问题是微不足道的。这不仅是因为农村贫困的程度相对来说要严重得多，也是因为当时的城镇贫困人口的确比较少。按照世界银行在 1992 年发表的报告《中国：1990 年代的减贫战略》（China: Strategies for Reducing Poverty in the 1990s），在 1990 年，中国的城镇贫困人口数量仅为 130 万人（贫困发生率 0.4%）。与当时农村贫困人口 9600 万人（贫困发生率 11.5%）相比，这的确是一个微不足道的数字①。

表 10－2　1978—1990 年的中国城镇贫困：与农村贫困相对比

年份	城镇贫困			农村贫困			全部贫困	
	贫困线（元）	人数（百万）	比例（%）	贫困线（元）	人数（百万）	比例（%）	人数（百万）	比例（%）
1978				98	260.5	33.0		
1981	171	3.9	1.9	158	194.3	24.3	198.2	19.8
1984	190	0.8	0.3	179	88.7	11.0	89.5	8.6
1985	215	0.9	0.4	190	96.4	11.9	97.3	9.2
1989	304	0.9	0.3	262	102.5	12.3	103.4	9.2
1990	321	1.3	0.4	275	96.8	11.5	98.2	8.6

数据来源：The World Bank, 1992.

进入 90 年代之后，随着企业改革大规模展开和下岗、失业工人快速增加，城镇贫困问题开始恶化。Khan（1998）利用 1988 年和 1995 年两次关于中国城镇贫困问题的调查数据进行估计，发现 1995 年中国城镇贫困发生率比 1988 年上升了 12%，并且贫困的程度也加深了。中国城镇贫困研究课题组（2003）根据国家统计局 1998 年抽样调查数据重新估计了各地和全国的城镇贫困线、贫困人口数量和贫困发生率。其估计结果为，按照人均收入低于极端贫困线来衡量，1998 年全国城镇贫困人口数为 1477 万，贫困发生率为 4.73%；按照人均支出低于极端贫困线来衡量，1998 年的城镇贫困人口有 3702 万人，贫困发生率为 11.87%。李实（2001）利用中国社会科学院经济研究所课题组对国内 13 个城市 5300 个住户的调查数据进行估计，结论是 1999 年中国城镇贫困人口大约在 2300 万，贫困发生率约 5.9%，并且

① 一些研究者认为，世行的这一估计有低估中国城镇贫困人口数量之嫌，原因可能是它低估了城镇贫困线并且也没有将流动人口包括进来。这些意见可能都是正确的。不过，当时中国的城镇贫困问题的确并不严重，这也是多数学者所承认的。

贫困程度比1995年进一步上升（表示贫困程度的指标——贫困距比1995年上升了36%）。2004年，贫困人口约在3000万左右，贫困发生率在6%—8%之间。

三、农村贫困人口的需求特征

贫困标准的确定是以最小需求为核心的，最小需求的概念与“需求什么”和“需求多少”等问题是联系在一起的。相关学者对最小需求的内容进行过讨论，认为对于最小需求的结构和标准的确定应该因地制宜，不过，大致要考虑以下内容：基本生理需求，包括维持正常生存活动必需的营养与热量、最低衣物和居住场所；基本社会服务享受，它以教育、卫生保健、文化活动等为主体；基本生产资料和生产资源的占有与使用，这是贫困户就业指标的衡量范畴；基本人身安全保障环境，涉及到贫困户尊严、人身权利、人际交往和社会地位等因素。除此之外，还需考虑贫困户消费的偏好（消费习俗、消费传统等）（董棣，1999）。对于贫困者需求的确认在很大程度上有助于扶贫政策的制定和实施，毕竟，贫困者本身的观念及需求作用超过了外来的力量。

上述最小需求的描述已经比较全面，可以明确的是，贫困新特征下的各种需求不再局限于某时某地，而具有空间的流动性和时间的变动性。社会服务和精神上的需求如果要得到满足更需要贫困人群的主观能动作用。因此，需求变化的核心集中在贫困农民的能力建设需求上；此外，由于环境变化，相对贫困的指向与上述贫困的新特征相结合，最小需求的标准相对提高，比如，教育作为基本社会服务享受，过去的标准是识字算数，当前的标准则变化到上职高、上大学等等。根据相关研究和扶贫实践，我们可以从以下方面将该需求具体化为：

（一）对强化自身以及家庭资本的需求

这一部分的需求主要包括农户对于新技能、知识、信息、资金等的需求。从本质上说，对各种知识、技能的需求也是农户对于增强自身人力资本的需求。人力资本对于脱贫有着巨大的潜能作用。人力资本的积累过程是人口（自然人或人力资源）——教育投入（原始积累）——提高素质（知识、信息、技术的运用和创造）——增值（自我价值的实现和社会财富的增加）。掌握各种知识和技能的过程是一个增值的过程，增值以后才能够获得更大的流动性，并增加脱贫的机会。同时，新知识新信息要能够转化到实践中需要有积极的态度，知识技能得到运用很多时候都与社会资本的强度联系在一起。在农村这一需求直接体现在寻求与不同人群的对话和交流的机会上。这种需求是与态度改变直接联系在一起的。

资金需求在这里指的是：加强孩子教育、技能培训需要的资金，从事新的生产活动、外出就业活动需要的资金或者启动费等等。这些资金需求的含义已经不同于满足基本生理需要所需资金，而是与人力资本和家庭资本的增加相关的需求。相关的信贷和贷款活动如果能够考虑到这一需求而给与支持，其产生的作用将超过资金投入生产和生活救助补贴所产生的作用。

（二）对外部环境的需求

外部环境是指自然、经济和社会环境，即农户对于抵御自然、经济风险以及期望得到社会服务的需求。

自然风险和市场风险是农户面临的最主要的风险。自然风险在很多情况下是导致农户长期贫困和返贫的原因，难以抗拒。市场风险是指农户在与市场衔接的过程中的风险。市场风险的抵御需要农户提高市场信息分析能力、加强农户间合作能力、增强谈判能力。此外，还需要对提高能力所需要的配套条件补充完善以保证其可持续性的需求。市场化进程中大量贫困人口的出现，或者说带来的贫困脆弱性，需要有各种保险机制来予以克服，除了上述的农民自身的能力建设，还需要类似发达国家主要农作物和大牲畜保险及风险补贴机制，弥补农民在竞争中的不利地位，以增强农户生产和投资的信心。

社会服务需求主要是指包括教育、卫生等方面在内的服务需求。以往在评价农户贫困程度时往往只以经济标准进行衡量，忽略了农户的整体福利水平。与城市相比，农村地区的教育、医疗、养老、农民工的就业相关的服务和保障还都存在空缺。以实现小康社会为目标，立足于广大农村的扶贫工作不得不考虑上述需求。

（三）对权利的需求

贫困人群的能力提高，并不一定就能获得决策权和各项谈判的优先位置。许多农民缺乏利益保障及表达机制，导致了其相对贫困甚至绝对贫困。现有的法律没有对农民经济上的产权和使用权做明确的规定。出现纠纷时很多农民对于自己权益的维护没有依据。因此出现了很多政府以国家的名义对农民权益进行直接剥夺的案例。

（四）特殊群体的需求

随着我国经济和社会的发展，社会分化日益明显，新兴社会群体层出不穷，社会群体呈现出高度多样性、复杂性和波动性等特征。这一部分群体的出现是和社会经济发展的进程相统一的，是这个进程的产物，他们在我们当前的社会中按照分类一般是属于小群体，但是这些小群体因为和社会的发展紧密相关，具有时代特点，所以也引起了社会的极大关注。如当前主要受关注的留守群体、艾滋病患者、移民群体等等，这些群体在当前都属于弱势群体，并且其产生和发展都与其贫困的背景相关。这些群体不仅有着上述的贫困需求，而且还有一些群体特定的需求，如留守人口对于家庭亲情的渴望、移民群体对于社区认同的渴望等等，在我们的扶贫研究中，对于上述的群体都有过研究，并且也提出了许多相关的政策建议。但同时也应该看到，这些群体的产生发展是与社会大环境密切相关的，对于这类群体的解决方案也要放在社会的大环境中去思考。这也要求我们在扶贫工作中要给予考虑，以在更大程度上解决贫困问题。

四、新世纪农村扶贫开发的特征

（一）政策安排

2001 年以来，在中央的政策导向方面的扶贫意识有了加强，许多部门政策比较多地关注贫困地区和贫困人口。特别是近两年，在以人为本的发展哲学指导下，中央出台了许多农村政策，对改善农民生计发挥了积极的作用，农民从这些政策中得到了比较多的经济和福利实惠。贫困农民从许多农村政策，特别是针对贫困问题的农村政策中获得好处。对于财政转移支付性质的政策，贫困地区的贫困人口也得到了较多的利益，如退耕还林政策、教育两免一补政策、计划生育奖励政策等。一些基础设施建设项目如农村电网改造项目，也使农民得到好处，许多部门的基础建设项目已经较好地与整村推进村级扶贫工作结合起来，在这方面地方政府和地方扶贫开发领导小组的作用非常关键。

但具体到某一个地方，不一定所有的政策都施行。从地区分布来讲，有一些政策比较关注贫困地区，如教育“两免一补”政策首先计划在西部和扶贫重点县实施；但也有些政策偏向于在经济水平发达的地区实行，如农村新型合作医疗政策、农村最低生活保障政策、农村税费改革政策；或者偏向于农业生产条件较好的地区，如粮食、农机、良种直补政策主要向粮食主产区倾斜，农业综合开发项目等项目也开始向粮食主产区和农业产业化发展水平高的地区集中。综合来看，贫困地区得到较其他地区更多实惠的政策并不太多，主要的是退耕还林政策、两免一补等政策。

表 10-3　　各项支农政策在贫困村发生的情况　　单位：%

	贫困村发生率	农户知晓率	农户满意度
税费改革	89.67	84.85	82.70
良种补贴	47.03	38.91	62.08
农业机械的补贴	12.53	11.03	30.14
保护价收购	33.41	30.15	45.82
粮食直补	53.41	50.59	68.44
退耕还林	67.47	59.41	47.84
退牧还草	9.67	15.77	35.30
公益林	10.11	7.91	37.94
合作医疗	19.78	20.44	31.51
两免一补	67.47	38.92	36.52
最低生活保障	44.40	22.36	53.40

然而，对于近年出台的某些政策，贫困地区从中获得的收益要明显地少于全国平均水平。在农村税费减免的政策实施中，2004 年，全国实施的不同程度的农村税费负担减免的改革，使扶贫工作重点县人均减负 19.2 元，共计减负约 38 亿元。但扶贫工作重点县的负担水平仍然高于全国平均水平。根据国家统计局农调总队的数据，2004 年全国 592 个国家扶贫开发工作重点县（以下简称扶贫重点县）的农户负担水平为 1.5%，而全国的农户负担水平为 1.3%，全国农民人均减负 30 元，扶贫重点县人均减负 19.2 元，减负差超过 10 元，说明政策性减负的力度扶贫重点县仍然低于全国的平均水平。如果要达到全国平均水平，以扶贫工作重点县 2 亿农户人口计，按照负担水平来计，扶贫重点县少获得财政转移支付 6 亿元；按照减负幅度来算，扶贫重点县少获得财政转移支付投入 20 亿元。

2004 年全国大部分农民都从直接财政转移支付中获利。2004 年 592 个扶贫重点县农民人均转移性收入为 70 元，农民主要是从扶贫救济、粮食直补、退耕还林还草等惠农政策的落实中得到了实惠。但贫困县农民转移性收入的增长幅度（增长 10.8%）远低于全国平均水平，2004 年，全国农民得到的转移性收入人均 116 元，增长 19.3%，新增加的收入主要来自国家给予农民的粮食直补、良种补贴和购置更新大型农机具补贴的收入。以 70% 的转移性收入为政策转移收入计，扶贫重点县农民少获得政策转移性收入约 64 亿元左右。其中对贫困地区影响最大的转移支付政策为粮食直补政策，大部分因为贫困地区不属于粮食主产区而无法得到补贴，而其他作物的价格在粮食价格下降的压力下也在下降。

许多贫困地区为山区环境敏感地区，一些政策，可能给贫困人口造成的损害超过收益，特别是天然林保护工程，以及不断扩张的自然保护区建设，在许多地方限制了农民的合法权益，而农民并没有得到合理的补偿。参照在中部和东部地区实施的森林生态效益补偿项目的 5 元/亩的补偿标准（2002—2004 年中部、东部计有 2 亿亩森林每年得到 10 亿元补偿，2005 年起将有 4 亿亩森林得到 20 亿元补偿），西部集体林区的村民因天保工程每年共计损失约 15 亿元的收入，而其中大部分人口属于贫困人口。

许多政策设计了不少不利于贫困地区的实施条件，使得迫切需要该项政策的地区不能优先实施这样的政策。如农村最低生活保障、贫困人口的医疗救助、新型合作医疗政策等，都有较好的理念，也符合农民的实际需求，但都依赖于地方政府的财力，造成的结果，实际上是发达地区先行实施和收益，贫困地区无法真正实施。综合开发类型的政策提出一些地方的财政拼盘、集中连片、高标准等要求，对贫困地区的客观制约非常大。

由于现在农民包括贫困农民的相当部分收入来自于非农产业，但一般农民缺乏从事非农产业的有关知识、技能等方面的培训，对于农民这方面的需求总体上政策回应不够，有一些培训计划，缺乏针对农民的具体设计，多样性、灵活性不足，在执行过程中落实不够，虽然培训活动存在这些问题，但是参与过培训活动的农民对其评价却非常高，这也就说明了农民对培训活动的需求是非常强烈的。

目前来看，农村和贫困地区的有关政策很多，涉及的部门也很多，但相互之间如何能进行有效的配合，需要进行研究。特别是一些政策，明确提出针对贫困农户，但实际执行过程中并没有关于如何确定贫困人口的程序性规定，容易造成目标失准的问题。

（二）资金投入

2001—2004 年三项扶贫资金年平均计划额为 317.75 亿元，比 2000 年增长了 28.13%，年平均增长 6.39%。扶贫贴息贷款、以工代赈资金和财政扶贫资金年平均增长率分别为 5.38%、5.63% 和 10.09%；据统计 2001—2004 年实际扶贫资金 1307.32 亿元，实际投入扶贫资金增长了 14%，其中中央财政扶贫资金增长了 45.4%，中央以工代赈资金和扶贫贴息贷款分别增长 1.91% 和 3.78%。虽然扶贫资金计划和实际投入都有所增长，但是其增长率大大低于中央财政收入和支出的增长率。

除上述专项扶贫资金外，新世纪以来，中央政府也增加了对贫困地区的财政转移支付。从 2001 年到 2004 年，通过“两减免三补贴”政策、对贫困地区的建设支持以及直接的财政转移支付，国家向贫困地区现金支持达到了 8810 亿元。

由于中央财政扶贫资金从 2002 年开始逐步向重点村倾斜，而全国 44.47% 的重点村分布在非重点县，因此扶贫资金总量上虽然仍然以流向贫困县为主，但是其比重相对于“八七扶贫攻坚计划”阶段下降了 8 个百分点，从 2001 年的 74.2% 下降到 2004 年的 66.21%。但是从不同资金投向结构上看，流向非重点县的扶贫资金主要来源于财政发展资金，这主要是因为以工代赈资金按规定只能用于重点县，而信贷扶贫资金的放款原则有了新的调整。

新世纪扶贫资金目标投向上最为重要的转变就是在整村推进模式的推动下，扶贫资金开始到村到户，以2004年为例，其重点村获得扶贫资金129亿元，比2001年增长了21%，但是这也主要来源于中央财政扶贫资金。相反，扶贫贷款到村到户的比重却有所下降，从2002年的21.32%下降到15.63%，扶贫贴息贷款已基本丧失了为贫困户提供直接信贷服务和支持的能力。

从扶贫资金的结构投向上看政府扶贫资金的使用正在基础设施化：以工代赈资金因其项目内在的规定性，只能使用于生产、生活基础设施等公共品的建设方面，约占到3/4；扶贫贷款的40%多用于农村物质基础设施和社会基础设施建设；财政发展资金也同样是主要投向于农村基础设施建设，尤其是村级公路建设。出现这一结果的主要原因有三：第一，财政扶贫资金支持目标向重点村转移，而重点村开发规划在资金总量约束、创收活动难组织的条件下优先考虑物质和社会服务基础设施；第二，迄今为止尚未找到财政扶贫资金扶持种养业发展的有效安全的方式、方法，其投资偏向基础设施某种程度上反映了财政扶贫资金在扶持贫困农户增收上的困惑或无奈；第三，迄今为止，对于政府在农村扶贫中的功能定位不是十分清楚，政府在以开发扶贫为主旨的农村扶贫中如何扮演一个合理的角色，在实践中有些举棋不定。

新世纪在扶贫资金管理上主要从提高扶贫资金安全性，防止资金被违规使用上进行了很多调整，这些调整主要包括：（1）增加了用因素法分配资金的考虑因素，自然条件、基础设施状况、农村人均纯收入、人均GDP和资金使用效率等都被考虑到资金分配中；（2）报账制的实施，从制度层面强化了对扶贫资金的监督；（3）扶贫项目和扶贫资金公示，加强了对扶贫资金的社会监督。但是由于报账制和公示制还刚刚建立，在很多地方其程序和形式还很不完善，有些地方还没有执行能力，因此进一步规范程序，对地方管理机构进行能力建设是非常必要的。

各项资金不能有效整合，不能统筹使用，使得各项资金不能汇成消除贫困、推动农村发展的合力问题一直是困扰我国农村扶贫工作的一个难题，资金的多头管理、单枪匹马地工作的局面在有着整村推进的强大推动下也没有得到改善，初步分析，至少有以下几方面的原因：第一，以扶贫名义确定和分配的资金与广义的对农村的其他专项转移支付之间没有确立功能、职责清晰的边界，在现实的资金分配中，存在着扶贫资金用于贫困县、重点村而其他广义的农村专项转移支付用于非贫困县、非重点村的默认的分配原则，这导致了贫困县、重点村在很大程度上被排除在使用规模更大的其他农村转移支付资金的对象之外；第二，专款专用产生的专门的和专业部门的管理要求也更清楚地将各专项资金打上部门的烙印，并且可能成为部门利益的一种体现，从而使各项资金的整合使用面临诸多难以突破的藩篱；第三，在现行的条块分割的管理体制下，做到资金的真正整合是非常困难的。

（三）新世纪我国主要扶贫方式

同八七扶贫攻坚计划阶段所采用的大会战、集中力量将绝大多数的扶贫投入放在基础设施建设上不同，新世纪我国扶贫方式则更具有多样性，更加注重贫困地区和贫困人口的能力的开发和促进，采取了整村推进、产业化扶贫、劳动力输出培训以及对极端贫困地区的自愿移民扶贫开发等扶贫方式。

1. 整村推进。整村推进是新时期我国农村开发式扶贫的三大重点内容之一。目的是利用较大规模的资金和其他资源，在较短的时间内使被扶持的村在基础和社会服务设施、生产和生活条件以及产业发展等方面有较大的改善，并使各类项目间能相互配合以发挥更大的综合效益。从而使贫困人口在整体上摆脱贫困，同时提高贫困社区和贫困人口的综合生产能力和抵御风险的能力。

整村推进的技术手段就是制定和实施参与式村级扶贫规划。根据相关统计数据，在10.6万个贫困村中，83%的贫困村已经完成村级扶贫规划。河北、黑龙江、江西、湖北、广西、重庆、贵州、四川、云南和青海等10个省区已经完成了所有贫困村的村级规划。但山西只完成9%的贫困村的村级规划，甘肃完成了34%，吉林41%。

目前启动整村推进的贫困村只占总贫困村的32%，占已完成村级扶贫规划贫困村的43%。扶贫纲要的实施时间将近过半，而启动整村推进的贫困村只有近1/3，近70%的工作任务落到扶贫开发纲要的后五年中。如果不采取有力的措施，要在2010年前完成所有贫困村的整村推进工作将十分困难。

以贫困村为对象和村级扶贫规划为基础的整村推进是新时期我国开发式扶贫的重要举措，它的实施改变了过去以贫困县为对象的分散的扶贫模式，使贫困村的农户在短期内因获得大量的投资而在生产和生活条件方面迅速改善，收入水平也因产业的发展和生产率的提高而增加。总体来看，整村推进和其他扶贫投资的效果是显著的。贫困村的农户收入增长要比非贫困村高2%，整村推进村农户的收入增长比非整村推进村高8%—9%，尽管收入增长在贫困村内并不是平均分配的。贫困村和整村推进村在生产性基础设施和社会服务设施方面的改善也同样显著。但是从整村推进采取的具体的扶贫措施来看，在扶贫项目选择上并无太多新意，仍然主要为道路建设、饮水条件改善、沼气、学校、移民搬迁和产业开发等6大类，但是这些项目的选择不再是过去由上级政府决定了，而是农户自己选择的结果。借助参与式的方法和工具倾听农民的声音是整村推进扶贫的一个重要特点。

整村推进的资金需求量和实际资金投入缺口甚大，影响了整村推进工作的有效进行。据不完全统计，要彻底解决一个村的贫困问题，平均每个村的扶贫资金计划为228万元，即使只进行公共基础设施（包括生产性和社会服务性）的建设，每个贫困村也至少平均需要100万元的投资，但是实际上每个贫困村获得的平均扶贫投资仅为34万元，仅占到需求量的15%。整村推进扶贫资金不足的主要原因在于各个部门对整村推进这项工作认识上的不统一，目前扶贫贷款和以工代赈资金基本上没有用于这项工作上，国务院扶贫办虽然名义上可以协调各个部门的扶贫工作，但是真正能协调的只有财政发展资金。资金不足使得整村推进工作也只能是蜻蜓点水，成效有限。

贫困村的确定是整村推进工作的一大贡献，将扶贫开发的对象从贫困县变为贫困村是区域瞄准方式的一大进步。与以贫困县为扶持单位相比，确定的贫困村由于可以超出贫困县的范围而有利于提高对贫困县外贫困人口的覆盖率，而贫困县内只有部分贫困村能够享受扶贫资源也有利于减少资源的漏出。但是贫困村确定中出现的问题也是整村推进工作不能达到预期目标的重要原因。由于缺乏全国系统完整的村级统计资料，贫困村的确定采用的是亚洲开发银行推荐的参与式贫困指数法，但是各地并没有严格按照这套方法来做，而是各有各的计划，各有各的安排，这样导致的现实结果就是目前贫困村只覆盖了61%的贫困人口，45%的低收入村没有被确定为贫困村和11%的贫困村在高收入组，这不仅没有提高扶贫瞄准的准确性，同时覆盖不完全和漏出问题依然比较严重。

整村推进所带来的最大改变也仅仅局限于瞄准单元的变化和项目来源的变化，在此工作指导下的具体扶贫方式仍然采用的是项目形式。贫困村的很多农户参加项目之后，受益很大、效果也非常明显，但是，受益最大的这些农户往往是贫困村中收入水平处于中等或较高的那部分群体。无论是基础设施项目如道路、饮水、沼气池项目，社会发展项目如修学校，移民搬迁项目还是产业开发项目，那些未解决温饱的贫困人口从中受益都非常有限。很多贫困人口因为这种参与项目的门槛过高而被排斥在项目之外，根本谈不上什么受益。这是因为绝大多数到户的项目都需要农户自己配套一部分资金，配套资金的比例常常超过项目总成本的一半，从而超过了绝对贫困人口的承受能力。而公共设施项目如道路和学校又因为绝对贫困人口有限的经济活动和付不起服务的费用而被排除在受益者之外。

2. 产业化扶贫。产业化扶贫的内容包括确立主导产业，建立生产基地；提供优惠政策，扶持龙头企业；探讨运行机制，实现农户企业双赢等等。产业化扶贫，具有同时实现农民增收、企业增利与政府增税的可能性。对于农民收入低、企业成长机会少、政府税源弱的贫困地区来说，最为重要的工作是使其有可能变为现实。

我国产业化扶贫的重要手段是提供政策支持。政策支持主要包括信贷扶贫政策、税收优惠政策、土地使用政策，社会帮扶政策等，这些政策支持的直接就转换成了对龙头企业的资金支持。2004 年政府实施的优惠政策给这些省的产业化扶贫项目带来的资金总额为 17 亿元，其中信贷扶贫资金占 61.7%，财政扶贫资金和社会帮扶资金分别占 18.7% 和 12.5%，税收优惠和财政贴息分别占 3.7% 和 3.4%。从全国情况来看，扶贫贴息贷款已经大部分投向到龙头企业，2003 年用于产业化扶贫的扶贫贴息贷款达 50 亿元，占全部扶贫贴息贷款的 57.2%。扶贫系统也为龙头企业的发展提供了具体的支持计划：一是贴息贷款，使贴息贷款的数量与企业扶持的贫困农户数量挂钩。二是培训费用，如果龙头企业安排贫困农户的劳动力就业，可以用扶贫资金进行培训。

目前我国已经认定了 260 家国家级扶贫龙头企业。这些龙头企业通过订单农业、大户带动、股份制和合作制以及合作组织等利益联接机制在企业和农户之间形成利益共享、风险共担的共同体，促进农村产业结构的调整，发展主导产业，从而为农户提供就业机会、产品市场等，增加农民的收入，促进农民生计水平的改善。从 5 个省的调查数据来看，龙头企业对农户的扶持和辐射作用是非常明显的：平均每家龙头企业辐射农户数在 1161—6198 人之间，辐射的贫困农户在 578—2391 个之间，贫困农户占农户数的比例在 9.3%—70% 之间。辐射半径在 250—10000 公里之间。户均增收有两个区间，一个在 5—70 元之间，另一个在 2000—4000 元之间。

目前我国龙头企业的发展也面临着很多困难，主要表现为：第一，龙头企业贷款和农户贷款面临着同样的问题，作为商业银行的中国农业银行在考察龙头企业的信贷信誉等级时，仍然以其还贷能力作为放款的主要依据，大部分龙头企业很难获得必要的资金支持。第二，龙头企业和农户之间的双赢机制没有建立，龙头企业的追求商业利润的本质使得其会想方设法地将市场的风险完全转嫁给农民，或者是拒绝向农户返还利润，而农民在市场波动情况下履行合同的诚信度也不高，农户与公司之间的利益联接机制极为脆弱。

3. 劳动力输出培训。近年来，随着我国宏观经济结构的变化，劳动力市场的供需也出现了结构性短缺，一方面是制造业发达的东部地区劳动力市场需求巨大，技能型人才资源严重短缺，用工单位找不到技术工人，而另一方面，中西部地区有大量文化程度低、没有经过任何技能培训的农村剩余劳动力转移就业困难，在这样的背景下，国务院扶贫办决定将贫困地区劳动力转移培训作为新世纪扶贫工作的主要途径和工作重点。全国各省、市、县扶贫部门纷纷采取各种措施，利用当地中等技术学校和其他教学条件，建立劳动力转移培训基地，并从组织、资金等方面加强指导和扶持。

劳动力转移培训的对象是国家和省级扶贫开发工作重点县和重点村的年龄在18到35岁、小学以上文化程度的青年劳动力；培训内容重点为家政服务、餐饮、保安、酒店、建筑、园林绿化、制造、电子装配等用工量大的行业所需技能专业。培训时间根据专业技术要求不同，一般在1—6个月。根据中西部14个省市的统计，目前，已经建立了培训基地共有1499个，2001—2004年4年间，已培训农村劳动力242万人，平均每年培训约61万人。各级政府共投入资金6.1亿元。

从总体上来看，劳动力输出培训效果非常明显。从目前培训的情况来看受训者个人或家庭支付275—1500元，国家给受训者每人补贴600—1000元，就可以让一个家庭约4口人脱贫，这样人均脱贫成本为219—625元，每万元就可以扶持16—45个人；而按照常规的扶贫方式，每万元仅能扶持1.34人。另外，劳动力转移培训的效果还反映在：与未经过培训的外出劳动力相比，工作更稳定、福利待遇以及维护自身权益等更有保障。同时，更容易获得掌握一计之长的机会，从而有利于长期在企业就业，最后成为真正意义上的工人。因此，从减少农村和农业人口的角度来看，可以说农村劳动力靠亲戚朋友介绍或自发外出打工更多的是输出，而劳动力转移培训则更多的是真正意义上的转移。

但是由于在招生过程中，缺乏有效的监督机制，获得招生权利的乡村两级工作人员极容易出现寻租行为以及培训工作性质本身对劳动力的特殊要求使得劳动力转移培训工作存在瞄准目标偏离现象；培训资金严重不足、培训内容和市场需求脱节等问题的存在都给劳动力转移培训工作的可持续发展带来了沉重的压力。

4. 自愿移民扶贫开发。自愿移民扶贫开发方式可以追溯到20世纪80年代初期开始的“三西”扶贫工作中，自那以后，移民搬迁成为我国政府有组织的扶贫工作中的一个重要形式。在八七扶贫攻坚计划，我国17个省区实施了政府有组织的移民搬迁活动，搬迁规模达到了近300万人，投入资金近60亿元。新世纪扶贫开发纲要则更加明确地将自愿移民搬迁提到一个比较重要的内容，据国务院扶贫办的统计数字，全国需要搬迁的贫困人口达到700万人，到2003年为止，已经搬迁了340万人。根据12个省区的统计资料，2001—2004年，一共移民搬迁了116万人，中央和地方政府共投入资金49亿元，人均实际投资约为4200元，比八七扶贫攻坚阶段提高将近1倍左右。

目前从全国来看，移民搬迁模式表现出以下几个方面的特点：第一，移民搬迁从空间上来讲，以县内搬迁为主。从15省区的数据来看，县内搬迁占到总搬迁规模的93%，尤其是广西、河北、河南、江西、山西、重庆等地，几乎百分之百的移民都是属于县内搬迁。第二，从安置方式来讲，以集中安置为主，辅之以插花安置。从15省区的数据来看，集中安置占到总搬迁规模的63%，插花安置占到总搬迁规模的35%。第三，从安置后的生产方式来看，仍然以有土安置为主，即从农到农安置模式为主。第四，从移民工作的组织主体来看，政府仍然发挥着主导作用。

移民搬迁对于搬迁农户产生了很多积极的影响，这主要表现为：生存环境的改善、收入水平的改善、移民对社会公共服务的可及性大大提高等。移民搬迁带来的这些发展上的优势也使得大部分搬迁的并且能够在安置地安居下来的农户对移民政策的满意程度相对比较高，据对宁夏和云南两地的移民安置地农户的调查，有85%的农户对安置地的生产生活条件表示满意，有80%的农户认为移民后的生活比移民前要好。

但是移民搬迁也给部分农户生计带来了很多消极的影响，主要为：第一，由于生活方式的转变带来的现金支出的增加以及形象工程和新村建设等增加了农户的搬迁成本，有限的到户补贴不能承担，造成了部分搬迁农户负债情况严重。第二，劳动方式、消费方式和现金支出结构的变化以及文化上的差异时的移民在安置地很难适应，长期不能整合到当地的生产生活中。第三，部分移民安置地的土地问题，如征地引起的安置地原居民和移民农户之间的冲突、安置地土地立地条件差不足以维持农户的生计需求、不能给农户提供必要的土地等，成为制约移民农户发展生计的主要障碍。第四，水、路、电、教育、医疗、市场等配套建设的不完善也使得移民生活陷入了困境。第五，一些地方没有考虑到安置地的环境承载力，大量的人口迁入给当地带来了沉重的环境负担，安置地的生态环境问题逐渐显现。

在迁出地的选择上，虽然各省区在移民迁出地选择的文字表述上各有不同，但实质上没有差别，迁出地基本上具备以下几个特征：首先是自然条件恶劣，大部分属于山区、地质灾害频繁发生地区，生态环境相对比较脆弱；其次是基础设施条件差，并且对其进行改善投入成本高；第三是耕地条件差，一方水土养活不了一方人；最后是人口密度相对较小，居住比较分散。在搬迁移民的选择标准上，大多省份要求搬迁移民户为生存条件恶劣、自然资源贫乏地区的特困人口，但是在实际搬迁过程中却出现两个和工程的出发点相违背的结果。由于各地制定的移民实施细则对移民户选择设有严格的标准，在一定程度上排挤了贫困农户，同时由于总投入规模的限制，移民有一定的搬迁指标的限制，移民变成了一种稀缺资源，这些都造成了在同一社区中，相对富裕的农户搬迁了，留下的却是贫困农户。但由于土地分配没有及时调整、原居地逐渐被排除在扶贫干预的范围之外，原居地并没有得到相应的发展，原居地居民的生产生活条件也并没有因为部分富裕人群搬迁而发生变化。

自愿性移民搬迁活动存在的最大的困难就是资金缺口太大。首先计划投资标准和实际投资标准之间差距明显，全国各省制定的补贴标准约为平均每人5000元左右，人均实际投入与此相比相差800元/人，全国按照已搬迁的340万人计算，仅此一项资金投入缺口就达到了27亿元。如果按照移民搬迁的实际投入成本计算，缺口将会更大。第二计划投资标准和实际需求之间差距也非常明显。根据地方负责官员的估计，在青海平均每人需要投资1.5万元，在江西人均投资需要1万元，在云南省人均投资也需要1万元，如果按照人均实际需要投资1万元计算，则搬迁一人，资金缺口为5800元，搬迁340万人，则缺口达到了近200亿元。如果在未来几年内，仍然将坚持要搬迁余下的360亿人，仍然按照目前的投资规模，资金缺口则将会超出200亿元。因此加大对移民搬迁这项工程的投入是保证这项措施真正发挥减贫作用的关键。

五、新世纪我国扶贫工作面临的主要问题

（一）目标瞄准偏离问题

目标瞄准偏离是我国扶贫工作中一个痼疾，并且这种偏离具有多层次性：首先是贫困群

体识别中就存在了偏离，尽管村级瞄准相对于县级瞄准已经提高了瞄准的精度，但是由于缺乏统一的全国村级统计资料、简单易操作的识别方法和贫困村识别的监督机制，仍然有很多贫困村被排除在外，也有很多非贫困村被纳入到扶贫范围。其次在每一个具体的扶贫项目中都存在着目标瞄准偏离的问题，对整村推进中需要农户配套的项目、龙头企业扶贫带动、劳动力转移培训、自愿移民搬迁具体的扶贫项目评估中无一例外的发现了目标瞄准偏离的问题，并且这种偏离的主要形式是非贫困农户排挤贫困农户，从而受益于扶贫资源。因此，扶贫工作中的目标瞄准偏离已经不是一个道德范畴的问题，而是一项制度性的缺陷，现行的扶贫制度缺乏一种只有穷人感兴趣或者是排斥富人的纠偏机制，扶贫资源在很大程度上成为一种稀缺资源，扶贫资金成为各省、各县、各村、各农户相互竞争的产品，在这种各方博弈的过程中，失败的总是弱势群体。

（二）扶贫资金总量投入不足

虽然我国当前中央财政扶贫资金投入的绝对数字看上去非常大，并且也呈逐年上升的趋势，但是和我国减贫的实际需求之间还相差甚远，同时扶贫资金的增长速度也远远低于我国财政总收支的增长速度，扶贫资金在整个财政支出体系中的比重出现了下降趋势。从对各项具体扶贫方式的评估中，资金问题已经成为限制扶贫措施发挥扶贫效果的主要瓶颈，使很多扶贫项目活动流于纸上、流于表面，不能从根本上解决贫困人口的困难，满足他们的需求。同时，资金的有限性增加了扶贫资源的稀缺性，也相应增加了扶贫瞄准偏离的风险。据估计，如果要满足我国的扶贫缺口，从根本上缓解我国的贫困问题，即便只是去解决剩余的2600万左右绝对贫困人口的问题，以2004年计算，最保守的方案也要求中央财政用于扶贫开发方面的支出增加52.41%。

（三）建立在项目基础上的条块分割管理体制

我国扶贫工作的显著特点就是专项扶贫和社会扶贫相结合，扶贫资金跟着项目走，项目又归属于不同的部门去进行管理，造成了我国扶贫工作的条块分割的管理体制，其最关键的原因是：（1）支持和规范各项资金投入、分配、使用和管理的政策和制度上存在冲突；（2）条条、块块之间在扶贫中的分工和配合机制没有有效形成；（3）没有在源头上对各项资金进行整合。目前各部门之间的扶贫工作通常都是各自为阵，缺少必要的沟通、合作，也就是说缺乏跨部门报告机制，其重要原因有二：一是长期以来对扶贫信息收集工作的严重漠视，没有对信息的迫切需求，各部门内部很少花大力气收集与本部门有关信息，这样，自然谈不上跨部门报告信息或与其他部门共享信息。二是很长时期以来，扶贫资金和项目管理存在部门分割以及资金分配不透明现象，各部门对自己部门所管辖的项目或资金以及使用效果讳莫如深，自然也谈不上与其他部门共享信息。这众多部门之间合作不足造成了扶贫工作的重复性和资源的浪费，影响了扶贫效果。

（四）扶贫主体的低度参与

贫困人口是扶贫工作的主体，各国的减贫活动的共同经验就是强调贫困人口的参与和增强对贫困人口的了解和信心，而不是把他们看作是被动的扶贫干预的受众对象，但在中国传统的扶贫工作中恰恰就忽视了贫困农户的参与。扶贫干预活动往往是自上而下的，贫困人口的参与只是被动的投工投劳和自筹资金，其乡土知识体系、主观能动性和发展决策权没有得到足够的重视和挖掘，扶贫工作成为一种单向度的政府行为，扶贫项目的适应性和扶贫效果的有效性降低了，有时候甚至起到了相反的作用。实际上贫困人口是发展的决策者和执行者、政府是保证者、专家是支持者，要保持角色的统一就必须保证贫困人口真正参与到发展干预中来，提高他们的参与程度。目前我国扶贫主体的低度参与所导致的最直接的问题主要有：第一，扶贫项目在社区层次缺乏有效的监督机制，这也造成了扶贫资源的渗漏和偏离；第二，扶贫项目实施结束后缺乏有效的可持续的管理和维护机制，造成了扶贫行为的短期性，扶贫资源的浪费；第三，扶贫项目的设计脱离了贫困农户的实际需求，限制了扶贫项目的减贫效果，同样也造成了扶贫资源的浪费。

（五）对扶贫项目缺乏有效和系统的监测和评估

目前我国对扶贫项目的监测和评估还停留在项目检查和抽查的层次上，在实际的操作过程中存在许多问题：重计划、轻监测，重投入、轻产出，重工程产出成果、轻实际扶贫效果等。并且就是这样的不完善的项目检查制度也是由各个部门自己在执行，部门之间缺少必要的协调和信息交换，针对同一种类型的项目不同的执行部门在检查时有不同的指标，并且这种形式的检查历来都是一种自上而下的，往往流于形式，在检查技术上缺乏参与式的评价。这样就造成了目前我国对扶贫资金管理上的松散性：只知道计划资金安排，不知道实际资金的使用模式和使用效果。这也就说明了我国还没有建立起有效和系统的扶贫监测和评估体系。

六、新世纪农村扶贫中需要进一步加强的领域

20世纪末国际劳工组织的研究已经表明，只从收入水平考虑，不足以解决贫困者的问题，因为还有一些公共服务项目如现行教育制度等，在其制定和执行中都对贫困者怀有偏见。新时期的反贫困工作重点应着重考虑到缩小城乡差距，同时，衡量贫困不仅应该瞄准贫困人口的收入水平，在经济飞速增长和收入差距不断扩大的形势下，还应考虑到贫困和低收入人口的收入增长速度。因而，面对贫困的更多新特征，与以前相比，反贫困工作要面临更大的困难，扶贫工作再也不可能由某个部门就能独立承担下来，多部门的合作状况将成为反贫困是否有效的关键，促使新世纪的扶贫政策真正体现出：“新形势下以实现小康社会为目标，缩小地区差距，维护社会公平的扶贫阶段”。

（一）政府政策制定与实施面临的挑战

尽管十七大提出了“要逐步提高贫困标准的要求”，但是过去的那种将扶贫标准简化到某个区域、某个时点和某个固定的年人均纯收入标准已经远远不能适应当前贫困新特征下所产生的多样化的需求，不过，认识到新的需求后，制定并实施适应性的政策仍然面临着很大的挑战。

这个挑战的关键在于如何促进各个部门间的合作。我国政府部门分割、各管一摊的现象

目前仍然存在，造成了资源的使用效率低下和管理职责不明确等问题[①]。那么，统筹扶贫管理也不可能是由某个职能部门集中调配和使用人力、资金等资源。可以考虑在统一规划下，将扶贫工作纳入整个经济发展管理体系的各个相关部分——民政、教育、卫生、民族宗教、水利、农业、林业、商务等，同时，建立某个独立机构进行有关减贫的监督。

（二）提供有效的外部支持

对于农户的有效的外部支持包括资金和信息的提供，技能、知识的培训以及各种社会保障措施的建立。

资金的支持包括两个方面。一是对应农户个体的资金支持；二是对于扶贫工作的资金支持。前者也是当前农村金融中的一个重要问题，特别是对于贫困农户的资金支持。因为贫困农户往往更是被排斥在正规的金融服务体系之外的。在这种情况下，完善信贷和贷款机制，特别是促使小额信贷的效力能够得到推广和拓展，将提高资金投向的针对性。后者的有效的提供将对于扶贫项目的实施产生巨大的影响，从而提高扶贫项目的有效性，这就需要政府扶贫部门有效协调资金并解决好扶贫资金的投向，比如，有限资金总量下，对某个区域的全面扶贫工作，如何在基础设施建设项目、经济项目和教育文化项目之间进行取舍等，资金投向的科学性对于农户增强人力资本，以应对自然灾害和市场风险具有重大的影响。当然对于人力资本的增强除了资金的支持外，还需要各级政府部门以及各类组织对农户提供其他各种形式的培训。

社会保障体系的建设涉及到救灾、保险、合作、民政救济等等内容，包括社会保险、社会救助、社会福利以及社会优抚的“社会安全网”。如何才能将农村居民与城镇居民给予同等考虑，并且根据不同条件落实各种操作性强的政策措施，应该是反贫困战略中的重点内容。就目前的条件看来，农村最低社会保障制度的完善与实施的落实是较为关键的，它的有效实施将作为示范而有助于该体系的不断完善。同时，社会保障体系的建设还包括农村合作医疗制度的完善。合作医疗实质上是一种互助共济、参与方一起共担疾病风险的机制，理论上应该能遏制因病返贫的现象。但是，相关研究发现（胡善联，2002；赵昌文，郭晓明，2005），农民是否自愿参加合作医疗取决于他的支付能力和支付医院，而这些与收入、法律保障、医疗条件和水平、宣传教育等都是有关的。研究表明，现有的农村地区的合作医疗并不能减轻农民的医疗负担。对于因病致贫或因病返贫现象突出的广大农村，如何建立一种有效的贫困医疗救助制度至关重要。各个政府部门的统一认识、市场对医疗保险机制的完善等等都是完善该制度面临的挑战。

（三）建立维护农民权利的各种机制

总的来说，在各种经济建设过程中农民受到的资源损失、成本投入损失和失业损失等，如果不进行及时的补偿，则通过公共财产的收益再分配的直接结果就是加剧收入的不平等，提高贫困发生率。同时，农民又没有顺畅的表达机制，很多不同意见和怨言都没有办法传达

---

① 例如，从政府支农投资的角度来看，仅属于建设性拨款投入的来源就包括：农业固定资产投资、农业综合开发资金、扶贫以工代赈资金、专项财政扶贫资金和财政部门直接安排支援农业生产、扶持农业产业化、农村小型公益建设资金。

到决策的过程。上访作为唯一可以表达意见的机会，在很多时候却是没有效率的。因此，建立维护农民权利的机制，而且要体现在国家资源分配的各项活动中，确实是一项非常困难的任务。在建立维护农民权利的机制中也应该考虑到特殊群体的要求，针对他们的需求特点建立各种协调机制来满足他们的需求。

（四）确认企业与民间组织在反贫困战略的制定及其实施中的位置

新时期的扶贫应该将政府扶贫与社会扶贫结合起来。当前我们“大扶贫”格局的形成，主要是综合了各种机构和组织在内的扶贫力量。政府、双边多边机构所发挥的作用是极为重要的，而且是资源再分配过程中的主要组成部分。与政府扶贫模式相比较，企业扶贫模式的主要优势在于企业使用扶贫贷款实施经济开发项目所具有的优越性，并成为连接农村和市场的中介。扶贫开发企业可以把扶贫资金增值后的收益，按所享受优惠政策的一定比例返还给贫困地区，作为地方财政的扶贫资金来源，即把作为市场主体的扶贫开发企业的部分利润转化为政府扶贫的公共资源；扶贫开发企业可以通过资源开发、加工、销售等一系列活动，把贫困地区潜在资源优势转化为商品优势和市场优势；扶贫开发企业可以定向招募贫困地区的劳动力就业；扶贫开发企业可以通过自己的市场行为和市场活动，把纷繁复杂的市场信息反馈到信息闭塞的贫困地区，引起人们观念和思维方式的改变。民间组织具有政府扶贫所不具备的针对性强、扶贫命中率高、强烈的创新冲动，适应快速变化的需求，更加具有敬业精神的特点，因此在扶贫的瞄准率、成功率方面，政府与民间组织之间有很大的差距，而且民间组织对于边远地区贫困群众的成功覆盖率相比政府更大。从总体趋势上看企业与民间组织参与扶贫的活动才刚开始，从长远的发展来看，其发挥的作用将会越来越大，虽然目前它们的力量非常薄弱、对扶贫的支持力度还非常小，但是，其作为政府扶贫机制的补充，可以在了解贫困者需求、进行社会动员、监督扶贫绩效等方面起到重要作用。随着企业的社会责任感的增强，我国公益法规的完善、全民公益意识的提高，社会扶贫的作用会更为显著。

（五）进行扶贫立法的研究和探索

我国目前立法扶贫的基本经济、社会政治条件已经基本具备，已经有一定的法律基础。如我国针对全国2000万城市贫困人口，建立了城市低保、养老保险、失业保险三大保障体系。1997年，国务院为了加强对各类扶贫资金的管理，提高使用效益，制定了统一的《国家扶贫资金管理办法》。该办法对各类扶贫资金的扶持对象、条件等作了明确规定。政府于2001年正式颁布《中国农村扶贫开发纲要（2001—2010年）》，提出了今后10年中国农村扶贫开发的目标任务、指导思想和方针政策。是继《国家八七扶贫攻坚计划》之后，又一个指导中国农村扶贫开发工作的纲领性文件。1993年7月2日第八届全国人民代表大会常务委员会第二次会议通过、并于2002年12月28日第九届全国人民代表大会常务委员会第三十一次会议做了修订的《中华人民共和国农业法》，在第十章的第八十五条和第八十六条对扶贫工作做了具体的规定。在国内已经有很多学者在理论范围内进行讨论和推进。全国人大代表郭海亮在2004年全国“两会”的提案中建议：将《扶贫法》纳入本届人大的立法规划。2005年十届全国人大三次会议的代表沈爱琴、刘庆宁等63名代表在议案中，要求通过立法和修改法律的方式，进一步加强对人民群众合法权益的保障，包括涉及贫困弱势人口权益的低保、农民权益、农村教育等。贫困的成因是复杂的，包括自然、政治、经济、文化等多种因素。制度性根源只是其在特定的国家和历史条件下产生的主要原因之一。因此，反贫困立法的作用是有限的，反贫困立法是在现有的法律框架内，在改革和完善现有的法律制度基础上，对于反贫困中的特有社会关系进行调整。

扶贫法律要明确规定贫困者的政治权利、经济和发展权利。包括农民的自治权、自主经营权、公平交易权、土地承包经营保护权、教育权等产生制度性贫困的所有人权；法律要明确反贫困主体即承担救助扶贫义务和职责的主体，应首先明确包括中央政府、地方各级政府在内的国家的责任主体地位。扶贫法律要明确反贫困的组织管理体制，包括贫困的监测、考核系统和组织机构、反贫困的目标体系及其实施战略、反贫困的组织机构网络、管理体系和信息传递系统等内容；要明确反贫困的评价考核体系。包括扶贫资金预算、使用、管理；项目的设立、监测评估；相应的监管制度和反馈程序等方面的制度内容。

反贫困立法是反贫困的必要法律保障和必需的结果。在我国扶贫进入攻坚战后，将此项工作规范化、制度化、法制化无疑是具有紧迫性的，是对我国政府解决贫困问题成果的稳固，是对于社会稳定和经济持续发展的有利保障。但是一项法律制度的实施必然涉及到众多的关系调整对象，特别是在这样一个社会转型时期，更应该是审慎的。因此这里建议：(1) 国家开门立法，吸引广泛的社会参与。(2) 在立法过程中同时进行政府相关职能的重新梳理和多部门的整合。(3) 注意与相关法律之间的衔接。(4) 建立包括贫困主体在内的，社会组织和其他民众参与的反贫困法律实施监督体系。

七、减贫与社会主义新农村建设的关系

在新世纪农村减贫工作中，首先，需要明确中国贫困问题的长期性以及缓解贫困状态的复杂性和艰巨性，需要形成更有效的制度和机制；其次，在中国社会经济新的发展阶段，需要不断明确减贫中的相关关系，将减贫的努力有机地整合到社会主义新农村的建设以及全面构建和谐社会的过程中。

（一）目标瞄准与减贫的关系

衡量贫困的标准不是一成不变的，受社会进步、生存质量、物价指数、消费水平、时间和经济国际化等因素变化的影响，因此需要根据客观情况进行调整。同时这个标准不只包括经济标准，还包括社会心理标准。

世界银行根据贫困程度将弱势群体划分为绝对贫困和相对贫困。绝对贫困是指缺乏维持生存的基本物质。中国的贫困问题是指弱势群体的绝对贫困。可以说衡量贫困的统计指标，主要是在一定程度上变化的经济标准。调查中发现，各地区的扶贫工作主要根据既定的标准，以绝对贫困的群体为目标开展工作。从绝对贫困人口的数量变化上看，虽然整体数量不断下降，但速度减缓，很多绝对贫困人口会转化为相对贫困人口，而对于相对贫困人口的关注度的不足，也是返贫率较高的原因。

相对贫困是当前非常重要的一个问题，研究相对贫困对于我们当前的扶贫工作具有重要的意义。相对贫困指的是与社会平均水平相比其收入水平少到一定程度时维持的那种社会生活状况，各个社会阶层之间和各阶层内部的收入差异。相对贫困意味着“相对剥夺”的存

在。“相对剥夺”，这一概念最早是由英国著名学者彼德·汤森（Peter Townsend）提出来的，他对贫困问题作了充分考察后认为：“当某些人、家庭和群体没有足够的资源去获取他们所在那个社会公认的、一般都能享受到的饮食、生活条件、舒适和参加某些活动的机会，那么就可以说他们处于贫困状态。他们由于缺少资源而被排斥在一般生活方式、常规及活动之外。”他强调社会资源的分配不均，而非资源的贫乏而不能维持基本的生活。因此，相对贫困的本质是指一定阶层的人物质上或非物质上遭到持续性的“剥削”而导致的社会不平等。

相对贫困问题的特征主要有三个：一是相对贫困是一个相对于社会经济发展水平而确定的标准，是跟国家和经济发展水平相适应的；二是相对贫困是财产、收入在社会贫富阶层之间的分配的均衡度的表现，其对于社会和谐与稳定有着重要的意义；三是相对贫困人口往往是处于社会的中间阶层人群，这部分人群的发展应该成为我们今后扶贫工作的重点。

我国扶贫工作的研究主要关注了绝对贫困，而对于相对贫困问题的研究不多，主要的观点是认为解决温饱是贫困人口的第一要务。但是随着我们的政策的实施以及社会经济的发展，绝对贫困人口下降的同时，我们的相对贫困人口在不断的增加：一方面是绝对贫困人口解决温饱后成为了相对贫困人口，这部分更容易返贫；另一方面是由于社会经济本身的发展使得很多人陷入了相对贫困之中。比如，随着社会物价水平的提高购买力下降、基尼系数的不断扩大以及社会发展水平标准的不断提高，越来越多的人陷入了“相对贫困”的陷阱之中。并且相对贫困不只是在农村中存在，应该说是存在于我们整个的社会中。所以，从当前一个时期来看，相对贫困人口的关注也应该进入我们的工作范围，以保持社会的稳定与和谐。

在当前的农村贫困的研究中，对于农村地区各项社会服务缺乏问题、农民工的保障问题、环境条件恶劣地区的农民生计提高问题、贫困地区教育费用支出对返贫的贡献问题、自然保护区划定、退耕还林还草、退牧还草等环境保护政策所造成的农民生计替代问题、农产品市场化过程中对将农产品作为生存物质需要的农民造成的负面影响以及特定人群的心理贫困等问题已经超出人均纯收入意义的贫困，而形成了新世纪贫困的新特征，这些特征在整个经济增长的大背景下愈发显现出对于增长的可持续性以及社会公平、社会稳定的重要意义。随着贫困特征的多样化，现有的衡量标准如果不能跟上形势变化就会忽略相当一部分贫困群体，致使其持续贫困或返贫。如果将全国的情况统一起来，将分析聚焦于经济增长等大环境变化对农村地区不同人群产生的不同影响，以及宏观政策实施中导致的差异性影响，从而导致低收入人群在生计等方面出现的问题作为贫困的新特征来分析时，贫困的特征还表现为政策因素和经济结构调整等环境因素导致的贫困。

因此，今后的扶贫工作的重点不仅要关注绝对贫困，更要关注相对贫困，特别是在当前和谐社会的构建战略框架下。一是对相对贫困的认识可以使我们更加清楚地认识到我们的扶贫工作的艰巨性和长期性；另一个方面也可以使我们对扶贫的关注由贫困的数量表现转向为结构表现，从而更好的实现减贫。

（二）农村宏观政策与减贫的关系

从20世纪80年代以后20年，我国的扶贫战略分别经历了“输血式”为主的扶贫、以扶持贫困地区区域经济发展为主的开发式扶贫、以扶持贫困人口为主的开发式彻底消除贫困战略。采用的扶贫方式也多种多样，包括以工代赈、科技扶贫、机关定点扶贫、横向联合与对口帮扶、社会公益扶贫、劳务输出、异地搬迁、国际合作形式。虽然扶贫政策在整体上对于“治贫”取得了显著的效果，但是这样的一些扶贫政策在实施过程中也有许多“致贫”的现象。

以移民扶贫工程为例，在调查中发现，移民扶贫的方式有利于政府集中进行农村基础设施建设、实现农民生计转换和开拓农业产业化扶贫、为农民脱贫致富等创造良好的生产生活条件。然而在具体实施过程中也暴露了弊端。主要表现为：（1）移民后新社区中的社会文化冲突。如果在社区内文化冲突问题协调不好，很容易导致新的贫困。许多移民新村是由来自不同村子的农户构成的，政府根据具体的生产生活条件和农民需求，为特定的村子制定特色农业产业，帮助建立的农民协会，然而这些努力能否发挥作用以及辐射的范围有多大，根本上还要看农户之间建立新的人际关系和社会联系付出努力的程度。不过一般的情况是在新社区的初期，社会文化冲突比较明显，三峡工程、宁夏西海固吊庄移民工程等例子说明了该问题存在的现实性。（2）贫困人群在新的地方稳定之初，生活状态一般都处于当地平均水平之下，同时对于这部分人的社会保障工作没有到位，产生贫困人口的“位移”，甚至使原有贫困人口更加贫困。

此外，环境保护政策造成的贫困和农民生计替代的问题也不容忽视。自然条件恶劣和生态恶化本身是导致贫困的重要原因，解决此类地区的贫困问题首先要关注生态的可持续发展。然而当诸如21世纪初退耕还林还草政策和自然保护政策执行之后，农民生计替代问题显现出来。具体表现为：农户生产活动受到限制；农民失地需要寻求新的生活来源；农民自身受到各种条件影响改变了对闲暇的追求而需要得到对如何利用时间和闲置劳动力产生经济效益的指导。在农民生计转化过程中的任何一个环节都有可能导致农民生计替代的问题，进而导致贫困。在对宁夏等地的调查中发现影响农民生计转化的因素是多方面的。从政府政策实施方式上看，脱离实际的“一刀切”往往是导致政策负面影响和致贫的催化剂。从农民自身因素来看关键在于自身素质的局限导致贫困。在生计转换失败的例子中，农民个体的贫困特征集中表现为：（1）知识贫困。指获取、交流、创造知识的能力匮乏，即人们获取和交流知识的能力被剥夺。从教育资源拥有的差异来看，很大一部分人群的边缘化就来自于“知识隔离”。（2）信心贫困。在一项政策颁布实施后，贫困群体的相对剥夺感增强。相对剥夺感反映了人们要求改变现状的愿望，当对外部干预和未来的发展很有信心时，这种愿望在某些时候表现出良性竞争的特点，对于社会进步具有积极作用。但是，当对于未来的发展失去信心时，相对剥夺感的增强所产生的负面影响却是明显的，主要是对该人群产生的精神压力，以及为减轻压力而采取的一些违背常理的行为以及其他人对这些行为的认同。而且，相对剥夺感容易让人产生对现有机制的怀疑态度，从而阻碍该人群对社会性事务的参与和贡献，又进一步剥夺了该人群获取各种资源的权利，进而导致了生计替代的失败。（3）经济贫困。贫困群体中的一部分人对于外部支持的生计转换项目有信心的情况下，最集中的问题就表现为投资资金来源短缺。甚至在部分地区，为了能够获得资金很多贫困农户每年贷款填补上一年贷款的滚雪球方式获取资金，渡过转换期。我国贫困群体的资金来源还是一个有待解决的问题。没有一个完好的金融信贷制度与扶贫政策相配合来解决贫困人群的资金需求，贫困问题无法解决。

此外，扶贫政策或扶贫项目如果缺乏因地制宜和可持续扶贫的观念，则只能导致人力、物力、财力的浪费，在项目期过后返贫现象和持续性的贫困依然存在。以退耕还草政策为例，在粮食补贴期过后，如果不能成功地实现生计替代和转型，对于依靠单薄农业收入为生的农户来说，贫困是潜在的。

（三）市场化、私有化及经济全球化与减贫的关系

随着全球化和市场化步伐的加快，农户面临的市场风险问题愈加凸显，与自然风险并立。有学者对返贫特征进行过研究，认为返贫的原因，包括“灾”、“病”、“学”、“愚”、“婚”、“懒”、“粗”、“险”等八种类型①，而在新时期，市场风险的原因越来越突出。不只是市场所具有的不确定性为贫困人群增加了风险，某些有权势群体对市场的垄断和控制、贫困地区市场信息的不完全，在很长时期都将是市场风险难以克服的主要原因。许多贫困人群长期以来在获取资源及控制资源方面的不利地位，在市场面前他们在面临机会的时候不但不能及时掌握机会，而且还会因为放弃一些原有的资源和利益而面临生产生活甚至心理方面的困难。例如在内蒙古的奶牛扶贫项目中以上因素都有所体现。从奶牛的来源上，某些具有竞争力的奶牛品种来自于国外进口，价格非常高，相应的对于饲养技术、饲料品质都有很高的要求。在奶牛价格攀升、饲料价格上涨、牛奶价格不变甚至在竞争激烈的行情下，饲养优质奶牛对于普通的农户来说风险非常大。而许多国内的奶牛甚至还出现了欺骗农户的假牛，给农户带来了巨大的经济损失。在巨大的风险以及不健全的市场机制下，就算是有外部扶贫项目的干预，农户的致贫、返贫现象也时有发生。建立保护农户经济利益、降低市场风险的保障机制还存在缺位。现有的保险往往因为相对于农户收入水平费用较高将农户的排除在外，名存实亡。现阶段市场风险导致贫困问题依旧是一大难题。同时，随着在全球化进程中，部分有竞争力地区的农户生产也面临着受到冲击的风险，需要相应的配套保障机制。

此外，随着我国加入WTO，由于我国农产品加工工艺落后，科技含量低，在质量上也不具备竞争优势。这就使本来就卖粮难的农村贫困人口减少了收入，使本来就艰难的生活雪上加霜。因此加入WTO对我国农村贫困人口会带来巨大的冲击和挑战。

（四）社会保障体系定位与减贫的关系

社会保障制度是指国家和社会对生活困难的社会成员予以物质帮助、保障其基本生活的制度和措施。它是生产力发展到一定阶段的产物，是社会进步的一个重要标志。国内外实践表明，建立和完善社会保障制度，进一步完善社会保障体系，对于促进经济社会全面协调可持续发展有着不可替代的重要作用。我国在统筹城乡发展、构建和谐社会的过程中，针对农村当前的情况的相关社会保障体系，主要包括：建立健全与经济发展水平相适应的多种形式的农村社会保障制度，不断加大公共财政对农村社会保障体系建设的投入，全面推进新型农村合作医疗制度健康发展，着力建立农村最低生活保障制度，探索建立多种形式的农村养老保险制度。这些保障政策的作用具体体现在“社会安全阀”和“平衡器”作用上。即一是为年老、失业、患病、工伤、生育时的人群提供基本收入和基本医疗，对无收入、低收入以及遭受各种意外灾害的人民群众提供生活来源，满足他们的基本生存需求，解除他们的后顾

① 灾即自然灾害，病即突然生病，尤其是大病，学即孩子的教育，愚即暂时脱贫后又‘超生’，婚即结婚铺张浪费，懒即接受支持后不继续努力，坐吃山空，粗即不在生产上创新，生产效率得不到提高，险即指市场风险。

之忧；二是通过调节中高收入群体的部分收入，提高最低收入群体的保障标准，发挥收入再分配的功能，在一定程度上缩小不同社会成员之间的收入差距，使其保持在一个适度的水平，从而发挥“平衡器”作用。

在我国农村社会保障体制的构建中，低保制度由试点进入到了全面推进的阶段。我国从20世纪90年代开始探索建立农村低保制度，从试点开始，逐步向面上推进。1996年底，民政部正式下发了《关于加快农村社会保障体系建设的意见》，开始在全国进行试点工作。2006年12月召开的中央农村工作会议和2007年中央1号文件明确提出“在全国范围建立农村最低生活保障制度”，这标志着农村低保已基本完成试点探索的过程，进入了全面推进的新阶段。农村低保制度大范围的建立推进已经取得了巨大的成效。截至到2007年5月，全国已有27个省份全面建立了农村最低生活保障制度，农村低保对象达到1815万人；尚未出台农村低保政策的只有4个省份，这4个省份的农村低保文件以及实施方案都已上报省级政府审议。目前全国已实施农村低保的中西部地区年低保标准一般在600—800元之间，东部地区一般在1000—2000元之间。

低保制度在农村的推广实施和我国的扶贫政策是相辅相成，统一的整体。一方面低保制度对扶贫工作是一种促进和补充，为农村贫困人口建立了“保障安全网”。我们目前的农村很大一部分没有脱贫人口主要是一部分老弱病残等缺乏发展能力人群，在这种情况下，农村最低生活保障制度的建立，对稳定解决农村绝对贫困人口温饱问题起到了保障作用。今年的5月份，国务院总理温家宝主持召开国务院常务会议，部署在全国范围建立农村最低生活保障制度工作，就明确要求将符合条件的农村贫困人口纳入保障范围。将病残、年老体弱、丧失劳动能力等符合救助条件的农村贫困群众纳入保障范围，稳定持久地解决农村贫困人口的温饱问题，是实施农村低保制度的主要目标。另一方面，扶贫工作的战略重要性没有改变。农村低保制度的建立，使我们面临的形势发生了新的变化，但是扶贫开发工作的长期性、艰巨性和复杂性并没有改变。由于农村低保制度刚刚起步，在很多的诸如保障范围、补助标准和实施等方面还有待进一步的研究调整，而且很多地方享受低保和社会救助的人数还不能覆盖到全部绝对贫困人口以及低收入人口。最后，由于低保和开发式扶贫的工作重点的不同而形成了新的分工与合作。农村低保的工作对象是因病因残、年老体弱或生存条件极为恶劣等情况造成丧失劳动能力的人口，而开发式扶贫的工作对象主要针对农村有劳动能力并能够通过劳动脱贫致富的群体，包括尚未解决温饱的绝对贫困人口和刚刚越过温饱线但不稳定的低收入人口。由于绝对贫困人口中确有一部分具有劳动能力，因此，对于有劳动能力又处于温饱线以下的贫困人口，一方面要通过低保维持基本生存，一方面要通过扶持提高收入。扶贫和民政两个部门的工作表现在减贫政策上是相互统一的，前者表现为在后者基础上的有能力人群的进一步提高。

参考文献

1. 董棣：“贫困标准理论运用与当前扶贫新问题探索”，《农业经济问题》，1999年第6期。

2. 胡善联：“中国农村贫困地区合作医疗实施中政府失灵和市场失灵的表现”，《中国卫生经济》，2002年第1期。

3. 刘贵平：“新世纪我国农村贫困的特征和未来政策选择”，《郑州大学学报》，2002年第3期。

4. 王德文、何宇鹏："城乡差距的本质、多面性与政策含义"，《中国农村观察》，2005年第3期。

5. 王萍萍："中国农村贫困的地区聚类分析——兼论分地区反贫政策选择"，《贫困问题专刊》，2000年。

6. 王卓："中国现阶段贫困特征"，《经济学家》，2000年第2期。

7. 许飞琼："中国贫困问题研究"，《经济评论》，2000年第1期。

8. 乐章："反贫困与社会发展——关于农村扶贫开发的一个实证分析"，《中南财经政法大学学报》，2005年第1期。

9. 赵昌文、郭晓明："贫困地区扶贫模式：比较和选择"，《中国农村观察》，2005年第6期。

10. "中国农村扶贫开发报告"，重庆农业信息网，2001。

11. "2004年中国农村贫困状况监测公报"，http：//www. stats. gov. cn/index. htm 2004。